prometeo
libros

prometeo
libros

MICROPOLÍTICAS, CULTURA Y LAZOS SOCIALES

Karina Benito

MICROPOLÍTICAS, CULTURA Y LAZOS SOCIALES

prometeo
libros

Benito, Karina

Micropolíticas, cultura y lazos sociales / Karina Benito. - 1a ed. -
Ciudad Autónoma de Buenos Aires : Prometeo Libros, 2018.
320 p. ; 23 x 16 cm.

1. Historia de la Cultura. 2. Gestión Cultural. 3. Filosofía de la
Cultura. I. Título.
CDD 306.01

Armado: Ian W. Howlin
Corrección de galeras: Magalí C. Álvarez Howlin y Liliana Stengele

© De esta edición, Prometeo Libros, 2018
Pringles 521 (C1183AEI), Buenos Aires, Argentina
Tel.: (54-11) 4862-6794 / Fax: (54-11) 4864-3297
editorial@treintadiez.com
www.prometeoeditorial.com

Índice

Prólogo de Ana Wortman

El libro de Karina Benito nos remite a un momento emblemático de la sociedad, la política y la cultura argentina que fueron los momentos anteriores a una crisis sin precedentes en la Argentina, como fue la crisis social, cultural y centralmente política y económica del 2001. ¿Qué podemos decir hoy en relación a esa crisis? ¿Qué quedó de esas experiencias autogestivas quince años después? ¿Son iguales, se modificaron? ¿Eran realmente nuevas o se nutrían de viejas tradiciones? ¿De qué manera incidieron en esas experiencias los discursos vinculados a la globalización periférica, el Foro Social Mundial y diversas instancias de crítica cultural a las formas que el capitalismo posfordista iba adoptando en diversos países, debilitando —lo que Robert Castel denominó— la sociedad salarial y la trama en la cual dicha sociedad se asentaba. En esa sociedad de individuos como solía definir Bauman a este mundo arrasado por la lógica neoliberal, donde desaparecían vínculos de solidaridad, moral, lealtad y contención cotidiana y compromisos, como también desarrolla Richard Sennet en *La corrosión del carácter*, allí aparece la cultura y la apelación a sus posibilidades como una salvaguarda subjetiva. Para llegar a dicho momento, Benito se propone resignificar cierta tradición asociativa en el plano cultural que se constituyó en la Argentina en otro contexto muy difícil, distinto obviamente, como fueron los años de la dictadura militar. Como fue señalado en diversas investigaciones, la ferocidad de la dictadura en relación al campo cultural no impidió que se constituyeran en las catacumbas diversas formaciones artísticas e intelectuales lo cual daba cuenta de una reserva simbólica muy fuerte a pesar de la devastación de la represión. Ese potencial y esa capacidad de autogenerarse aun en las mayores adversidades, hizo posible que —en otra crisis— la cultura asumiera un papel significativo.

A partir de su participación personal en una de esas experiencias culturales, Benito se propone argumentar el lugar de dicha práctica y también de su propio involucramiento en una serie de constelaciones sociales. Así es como

La fábrica ciudad cultural se constituye en un paradigma de acción cultural autogestiva, en un espacio diezmado por políticas culturales neoliberales. El libro se desarrolla a partir de una serie creativa de categorías sociales, pero también psicológicas y filosóficas. Lo que le otorga una singularidad especial. Es decir que la autora se propone pensar este singular momento no solo desde categorías sociológicas, sino que también se sostiene en sus propio *background* interdisciplinario ya que la autora es psicóloga de origen y luego Doctora en Ciencias Sociales, para argumentar cómo el individuo se posicionó en un contexto de crisis. Así aparecen conceptos como los de grupo, experiencia, práctica. Es decir, se pregunta acerca de qué tipo de lazo social estos grupos autogestivos desplegaron en un momento signado por la agudización de la destrucción de los vínculos sociales, políticos, por formas anómicas provocadas por situaciones económicas de crisis. ¿Qué reserva simbólica movilizaron a partir de la creación artística como ámbito de contención social?

En otras palabras, en este texto se piensa a la cultura no solo en su sentido habitual, sino como ámbito disparador de sentidos generadores de lazo social y de resguardo del individuo así como también en tanto espacio generador de una nueva dimensión simbólica necesaria para darle sentido al lenguaje, particularmente vaciado en un contexto de crisis y de extrema mercantilización. Varios son los ámbitos culturales a los cuales la autora recurre para argumentar su hipótesis, así como también vastas son sus herramientas conceptuales. La crisis del 2001 suele ser muy nombrada, pero poco estudiada, y menos en su dimensión micro social y cultural. El libro de Karina Benito constituye una excelente oportunidad para volver a pensar en esta trama tan significativa, para comprender el pasado y el devenir posterior.

Agradecimientos

En principio, quisiera agradecer a varios profesores, investigadores con los que trabajé y estudié en el marco del primer proyecto UBACYT en el Instituto de Investigaciones Gino Germani, a través del cual presenté un proyecto para una beca doctoral en Ciencias Sociales. Me refiero a Gregorio Kaminsky, Marcelo Percia, Patricia Digilio, Miriam Kriger, Javier Pelacoff, Alejandro Kaufman y especialmente a Mónica Cragnolini, quien leyó mi primer borrador de proyecto, recuerdo en plena mudanza. También a profesores con los cuales cursé seminarios de postgrado en la Facultad de Ciencias Sociales de la Universidad de Buenos Aires quienes me brindaron herramientas para mi labor. Quisiera resaltar el apoyo de mis compañeros: Pablo Di Leo por su escucha atenta y Agustín Santella por las recomendaciones bibliográficas.

También a las lecturas minuciosas de Ana Fernández y Julián Rebón, y a los jurados Marian Moya, Débora Gorbán y Carlos Belvedere. A las bibliotecas y bibliotecarios de cada facultad y centros culturales barriales por su trabajo de acopio. A mi codirectora de tesis Ana Wortman, con quien transitamos los laberintos culturales de esta ciudad, con frecuencia en crisis, aunque siempre encantadora.

Asimismo, a la infinita paciencia de Pablo Alabarces desde la gestión del postgrado, junto a Silvina Emanuelli y Claudia Danani. A la calidez y sabiduría de la directora del Instituto de Investigaciones Gino Germani: Carolina Mera. Muy especialmente a mi actual director de trabajo en el CONICET Ariel Gravano, quien alienta mi curiosidad y rigurosidad; y a mi actual codirectora Susana Novick por su generosidad.

Quisiera agradecer también a los integrantes del Consejo de Superior de Investigación Científica en Madrid, donde realice una estancia y me recibieron en sus seminarios, así como en el denominado informalmente "comedor soviético" donde compartíamos nuestras reflexiones acerca de los cambios en la política científica global. A quien es hoy su actual directora Concha Roldán y codirector Antolín Sanchez Cuervo. A Reyes Mates quien me envió su libro cuyas palabras inspiraron la culminación del texto. A José María Gonzáles

García quien me invitó al Instituto de Filosofía. Su trabajo sobre "metáforas políticas" me permitió una vía de acceso a un campo problemático. A mi directora de tesis doctoral Sonia Arribas quien desde Barcelona se comprometió a complejizar mi reflexividad y análisis de lo local.

A Adrián Scheinkestel, Silvia Szmidt y Omar Tringler.

A quienes me acompañaron frente al desierto de la página en blanco con relatos sobre cómo el viento lo atraviesa, como también puede hacerlo el río de palabras cuando el viento lo absorbe y lo lleva a su destino, dejándolo caer a modo de lluvia.

A mis padres, Graciliano García Benito y María Cristina Ferrer.

"Nunca, ahora que la vida misma sucumbe, se ha hablado
tanto de civilización y cultura.
Y hay un raro paralelismo entre el hundimiento generalizado de la vida,
base de la desmoralización actual,
y la preocupación por una cultura que nunca coincidió con la vida,
y que en verdad la tiraniza.

Antes de seguir hablando de cultura señalo que el mundo tiene hambre,
y no se preocupa por la cultura;
y que sólo artificialmente pueden orientarse hacia la cultura pensamientos vuel-
tos nada más que hacia el hambre.

Defender una cultura que jamás salvó a un hombre de la
preocupación de vivir mejor y
no tener hambre no me parece tan urgente como
extraer de la llamada cultura ideas de una fuerza viviente idéntica a la del hambre.

Tenemos sobre todo necesidad de vivir y de creer en lo que nos hace vivir;
y lo que brota de nuestro interior misterioso no debe aparecérsenos siempre
como preocupación groseramente digestiva."

Antonin Artaud

1. INTRODUCCIÓN

Este libro refiere a un estudio de los modos de lazo social en determinadas experiencias generadas por distintos tipos de grupos, desde el retorno de la democracia hasta los efectos de la crisis del 2001 en el ámbito de la ciudad de Buenos Aires. El período ha sido atravesado por diversas crisis económicas, políticas y sociales. Ante la coyuntura enunciada, determinados colectivos las resisten con disímiles formas organizativas cuyas tramas vinculares posibilitan que los grupos autogestionen espacios, clubes y/o centros culturales.

Se explicita el momento sociohistótico en el cual se emplazan las experiencias analizadas en el marco de la democracia que se logra incluso a escala sudamericana tal como lo expresa Alcaraz[1] refiriéndose a Latinoamérica ya que el retorno a los gobiernos democráticos en la década del 80 fue un terreno fértil para el florecimiento de centros culturales. Desde Maracaibo a Santiago de Chile, desde Buenos Aires a Santo Domingo; en todas las ciudades florecieron las propuestas culturales al compás de la apertura política, mayores grados de libertad y ampliación de la participación ciudadana. La etapa de las dictaduras quedaba atrás y una nueva y generalizada oxigenación libertaria invadió a la sociedad toda, que intuyó que el horror y la violencia política habían cedido terreno. Por consiguiente, la intención no es concentrarse en esa época, sino entenderla como un marco en el que se presenta la participación de grupos en la escena cultural. Esta lógica se presenta como una característica particular en Buenos Aires en ese período, motivo por el cual se vertebra el siguiente interrogante: ¿Cuál es la relación entre el contexto y la fundación, o refundación, de espacios culturales?

---

[1] Alcaraz, M. V. (2007). *Centro Cultural San Martín, un clásico en evolución*. Buenos Aires: Gobierno de la Ciudad de Buenos Aires. Pág. 31.

El retorno de la democracia delimita un período de esplendor de la democracia alfonsinista[2], teñido *a posteriori* por los procesos de hiperinflación que obligaron a un rápido cambio de presidencia. La hegemonía menemista[3] y la perdurabilidad del plan de convertibilidad son analizadas minuciosamente para articular el descalabro social de 2001 en el cual colapsa tanto una lógica económica como política. Asimismo, las diversas crisis en la dramaturgia social encuentran como contrapunto expresiones artísticas que sin proponérselo narran las coordenadas culturales de una época. A pesar de la imprevisibilidad de cualquier posibilidad de planificación en ese aspecto geopolítico los grupos han encontrado formas de supervivencia de sus proyectos *"desde abajo"* a través de una trama de relaciones para producir en situaciones impredecibles.

Generalmente, las propuestas se tratan de exhibiciones de obras, talleres de arte, ciclos de cine, música, programación teatral, organización de fiestas, o eventos de distinta índole que se ofrecen a la comunidad. En algunas experiencias, la tarea convocante es un medio para el encuentro con otros en una situación grupal, propiciado desde un soporte estético[4] que traza el fin sin que éste constituya la única finalidad que los congrega.

La denominación *experiencias* constituye una categoría teórica que remite a Giorgio Agamben,[5] quien profundiza en el concepto acuñado por Walter Benjamin ya en 1933, en su mención de la *pobreza de la experiencia,* respecto de la época moderna en tanto se le ha expropiado al sujeto contemporáneo de su biografía la posibilidad de tener y transmitir experiencias. En relación a tal categoría en determinados apartados, entonces, se entrelazan también mis experiencias a modo de relatar mi relación con el campo de estudio y

---

[2] Raúl Ricardo Alfonsín (1927-2009) fue elegido como Presidente de la Nación en 1983 con lo cual finalizó el gobierno de facto de la dictadura militar autodenominada Proceso de Reorganización Nacional. Fue también el fin de los golpes de Estado ya que no hubo interrupciones al orden constitucional desde entonces hasta la actualidad.

[3] Modo de nombrar los períodos presidenciales de Carlos Menem entre su primer período de 1989 a 1995. Luego impulsó la reforma constitucional que lo habilitó a una reelección presidencial en 1995 que se extendió hasta 1999. Bonnet dice: "Fue en el marco de esta hegemonía que se impusieron las transformaciones económicas, sociales, políticas e ideológicas que delinearon los rasgos del capitalismo argentino en nuestros días." Bonnet, A. (2008) *La hegemonía menemista. El neoconservadurismo en Argentina, 1989-2001.* Buenos Aires: Prometeo.

[4] Bourriaud N. (2008). "Los contratos estéticos y los contratos sociales son así: nadie pretende volver a la edad de oro en la Tierra y sólo se pretende crear *modus vivendi* que posibiliten relaciones sociales más justas, modos de vida más justos, modos de vida más densos, combinaciones de existencias múltiples y fecundas. Y el arte ya no busca representar utopías, sino construir espacios concretos." *Estética relacional.* Buenos Aires: Editorial Adriana Hidalgo. Pág. 55.

[5] Se explicita que tales conceptos acuñados por el autor serán trabajados desde la traducción que realiza Antonio Gimeno Cuspinera. IF. CSIC de su obra, tanto para la edición de Pretextos como de sus conferencias.

complejizar tanto el vocablo como el enfoque que la categoría aborda en una articulación no positivista entre objeto y sujeto.

Se reconoce que la Ciudad de Buenos Aires es conocida tanto a nivel nacional como internacional por su "potencial creativo" en tanto coexisten diversas *formas* de expresión artística. Reinaldo Laddaga[6] dirá que el presente de las artes está definido por la inquietante proliferación de un cierto tipo de proyectos, que se deben a las iniciativas de escritores y artistas quienes, en nombre de la voluntad de articular la producción de imágenes, textos o sonidos y la exploración de las formas de la vida en común, renuncian a la producción de obras de arte o a la clase de rechazo que se materializaba en las realizaciones más comunes de las últimas vanguardias, para iniciar o intensificar procesos abiertos de conversación (de improvisación) que involucren a no artistas durante tiempos largos, en espacios definidos, donde la producción estética se asocie al despliegue de organizaciones destinadas a modificar estados de cosas en tal o cual espacio, y que apunten a la constitución de "formas artificiales de vida social," modos experimentales de coexistencia. Específicamente se trata de ese gran dinamismo de los grupos que autogestionan espacios culturales *"independientes"*[7], *"a pulmón,"* o en una lógica que se denomina: *amateur*. Convendría explicitar que la categoría no remite a una oposición entre aficionados y profesionales, sino a aquellos quienes participan atendiendo problemáticas que interpelan a la comunidad[8] sin un fin lucrativo, es decir *"por amor al arte"*. Así es que se desarrollan los siguientes interrogantes que guiaron el trabajo de exploración: ¿Qué razón guía la producción autogestiva? ¿Los grupos existen como formas de intervención crítica que pretenden contrarrestar los procesos actuales de "desvinculación" o "mercantilización de la cultura" en nuestra contemporaneidad? ¿Qué modelos asociativos existen entre sujetos que cooperan agrupándose por fines artísticos-culturales? ¿Los espacios con tales fines como clubes, espacios o

---

[6] Laddaga, R. (2006). *Redes y culturas de las artes. Estética de la Emergencia*. Buenos Aires: Editorial Adriana Hidalgo. Pág. 21.

[7] Las categorías destacadas en bastardilla y entrecomilladas son categorías nativas, es decir relevadas en el trabajo de campo siguiendo el método etnográfico característico de la antropología.

[8] Se reconoce la obra de Ferdinand Tönnies (famosa por su distinción entre comunidad y sociedad) nociones de quien se desprenden ideas de muchos de sus contemporáneos tales como Weber o Durkheim, incluso Simmel también desde la perspectiva sociológica aborda la complejidad de la cuestión. Y se podría dejar a los clásicos para sumergirse en Senett, Scott Lash, Habermas, Giddens, Luhmann, Bourdieu o Bauman. No obstante, no son estos los autores que acompañan a pensar los modelos y estrategias políticas de las *experiencias* relevadas que articulan críticamente con las nuevas formas de hacer lo político en el proceso del nexo con el espacio cívico que supera e integra las diferencias. La orientación de Foucault sobre la problematización del declive de lo social y el revival de la "comunidad" resulta el enfoque más apropiado.

centros culturales conforman ámbitos de pertenencia? ¿Por qué en épocas de crisis[9] se remite a éstos como facilitadores de inclusión social? ¿En qué sentido favorecen la interrelación entre sujetos y su comunidad? ¿Se trata sólo de restaurar y recuperar ámbitos propicios para el desarrollo de actividades? ¿Cómo influyen los lazos sociales sobre la finalidad artística-cultural y por consiguiente de producción simbólica? ¿Por qué en una era de lo virtual se busca de todos modos establecer relaciones en ámbitos territorializados?

Se han seleccionado experiencias cuyo criterio se ha basado en el carácter de enunciabilidad de complejización de las preguntas desde una misma perspectiva epistémica aunque contaminada por diversas nociones. Se trata así de la selección de experiencias cuyos grupos que las emprenden en circunstancias disímiles advierten un conflicto que no desaparece con el saber adquirido sino que subsiste en sus condiciones de producción y pretenden transformarlo con su accionar.

El análisis es realizado sobre registros de campo, documentos, textos críticos, debates, grupos focales, la propia implicación y desde una perspectiva de la complejidad que articula diversos enfoques teórico-metodológicos. En virtud de interpretar determinados fenómenos sociales desde una dimensión que no diluya las tensiones del *campo problemático*[10] distinguido. Se trata de un clivaje epistemológico de la localización donde la parcialidad y no la homogenización es la posibilidad para aprehender pretensiones de los actores sociales, desde sus vidas, sus historias, en contra de una visión estructurada desde arriba. Por consiguiente, simple y a la vez matizada con contradicciones.

Se explicitan supuestos epistemológicos referidos a las ciencias sociales y, específicamente, al método de investigación cualitativa. La intención es

---

[9] "Donde la saturación del historicismo moderno permitió reconstruir otra tragicidad de lo propio: otro tiempo entre memoria y olvido, entre retorno originario y vil botín de cultura. Donde las políticas homogeneizantes y victoriosas sobre la historia, desafiaban a salvarla redencionalmente en un diálogo decisivo con los muertos, con lo filiar, con la comarca, con los pretéritos que siguen siendo vencidos (Benjamin). Frente al despojamiento y el vaciamiento actual de estas tensiones, se trata de abordar la problemática desde sintomatologías fragmentarias (de vieja y nueva data) como parte de una auscultación de nuestra época." Casullo, N. (2004). *Pensar entre época. Memorias, sujetos, y crítica intelectual.* Buenos Aires: Norma. Pág. 173.

[10] "Existe un combate "por la verdad", o al menos "en torno a la verdad"; una vez más entiéndase bien que por verdad no quiero decir "el conjunto de cosas verdaderas que hay que descubrir o hacer aceptar", sino "el conjunto de reglas según las cuales se discrimina lo verdadero de lo falso y se ligan a lo verdadero efectos políticos de poder"; se entiende asimismo que no se trata de un combate "en favor" de la verdad sino en torno al estatuto de verdad y al poder económico-político que juega. Hay que pensar los problemas políticos de los intelectuales no en términos de "ciencia/ideología" sino en términos de "verdad/poder". Y es a partir de aquí que la cuestión de la profesionalización del intelectual, de la división entre trabajo manual/intelectual puede ser contemplada de nuevo." Foucault. M. (1992). *Microfísica del poder.* Madrid: Ediciones Endymión. Pág. 192.

recuperar la discusión en torno a la relación entre el sujeto que produce conocimiento y el objeto de estudio. Se podría considerar que en la escritura etnográfica existen zonas de opacidad y olvidos. Incluso, se podría pensar que, de algún modo, acontecen durante el proceso de investigación. Conjeturo así que el objeto de conocimiento es circunscrito, delimitado y elegido por un sujeto que, aún en sus fallidos, es sujeto de conocimiento. Se busca, entonces, dar una representación coherente mediante descripciones de costumbres y pautas que se han conocido y registrado en tanto constituyen evidencias.[11] Se reseña brevemente el proceso de construcción del problema, asimismo, se pretendió cuestionar la herencia positivista de la ciencia a los fines de tornar legible el modo de registro, incluso de los errores, en el proceso de investigación. Así es que se relevo un análisis semiótico a través de expresiones metafóricas[12] en tanto guían el funcionamiento cotidiano[13] y estructuran las percepciones y la manera de establecer relaciones con otros sujetos, en términos de George Lakoff y Mark Johnson.

En una producción colectiva se entretejen singularidades y de ese modo no se estima que a todos les guste lo mismo. En lo grupal se da la posibilidad de un espacio compartido entre cada cual y se da también la oportunidad de albergar lo extraño con uno mismo, y es en ese abismo donde se aloja el gusto mutuo. Se estima que a partir de la posibilidad de alojar lo impensando en torno a un otro no predecible se delinea un espacio investido afectivamente como ámbito de encuentro donde no hay propiedad de uno, ni lo otro. Se trata de lo que no se puede pensar, representar racionalmente porque no se corresponde con la mismidad o una represtación homogénea sino que se suscita y por eso simplemente ocurre; el bien común. Es decir, el movimiento productivo-deseante conlleva una intensidad difícilmente mesurable aunque condensa en sí la distinción de quienes están *"comprometidos"* y quienes solo asisten como espectadores o consumidores. Por consiguiente, la participación no es restringida a un producto del mercado porque el gusto se encuentra en el estar con otros en determinados procesos de autogestión. ¿Por qué los gestos de solidaridad asociativa facilitan la existencia de los grupos? ¿Cómo es posible que los conflictos sociales se amortigüen *"por amor al arte"*?

"En la mitología, Eros, el constructor de ciudades, domina a la naturaleza y crea la cultura, pero lo logra en articulación con Thanatos, que acecha en el

---

[11] Ver Guber, R. (2001). *La etnografía. Método, campo y reflexividad.* Buenos Aires: Norma.

[12] "Lenguaje, pensamiento y acción se basan en la capacidad de metaforizar. Sin metáforas no es posible el lenguaje, pensamos sobre metáfora y actuamos sobre la base proporcionada por metáforas fundamentales." Ver González García, J. M. (1998). *Metáforas del poder.* Madrid: Alianza. Pág. 12.

[13] Ver Benito K. (2007) "La metáfora en el campo de la investigación científica; su pertinencia y aporte en tanto unidad de análisis." En *Tercer Encuentro de Investigadores del Mercosur.* Buenos Aires: UBA. Tomo II. Pág. 38.

interior. Es decir, la cultura alberga a la muerte, que la empuja más allá pero a la vez es constitutiva de la misma. Dicho de otro modo, la misma fuerza amenaza con desarticular lo mismo que es capaz de fundar."[14] Se focaliza tanto en esa dimensión fundante que acontece en la ciudad, desde una lógica *"desde abajo"* donde ningún grupo es sólo por sí mismo sino que se percibe un grupo cuando entra en contacto con otro y lo observa. Por consiguiente, se presenta la relevancia de interrelación de los grupos, los fenómenos intra-grupales o las dinámicas de reconocimiento que se articulan según el modo en el cual cada grupo es reconocido a través de otros. Se presentan las nociones que permiten leer específicamente las experiencias culturales relevadas esclareciendo la noción de micropolíticas utilizada por Rolnik Suely[15] en su producción junto a Felix Guattari para nombrar colectivos que producen sentidos.

Finalmente, en el libro se resalta que la modalidad de descripción contempló un análisis semiótico en el trabajo metodológico partiendo de entender que los amateurs están insertos en tramas de significación. Es decir, el análisis cualitativo posibilitó analizar expresiones que operan metafóricamente. Ya que si bien categorías tales como *"autogestión"*, *"independiente"* o *"no vender el alma"* estructuran relaciones, rigen el pensamiento, modos de relaciones y adquieren protagonismo en la construcción de la realidad social y política del campo de estudio. Así se entendió que aquello que los salvaba y permitía la subsistencia de sus proyectos se trataba de la prevalencia del lazo social que cooperativamente posibilitaba una trama subyaciendo en cada experiencia donde se aspiraba al bien común. Se dilucidó que las formas de sociabilidad en una trama de relaciones, es decir, la asociatividad propicia espacios delineados para tal fin. Las elecciones de los fragmentos de entrevistas o diverso material, entonces, aparecen demarcando el desarrollo de las experiencias culturales, específicamente, aquellos hitos que merecen ser interpretados porque condesan la visión de los amateurs en el fenómeno que se analiza sin por eso remitir constantemente a una cronología histórica sino más bien a su lógica de pensamiento.

Los formatos creativos se autogestionaron atravesados por circunstancias donde no se podría afirmar que la función simbólica de la cultura evita el descalabro social, o cancela los conflictos subyacentes, no obstante, se considera que surgen de problemáticas sociales y trazan un devenir posible.

---

[14] Benito, K. (2016). Clase redactada para el postgrado virtual en Ides-Conicet. Construcción de Proyectos en Ciencias Sociales. *Gestión cultural y trama vincular.*
[15] "Toda problemática micropolítica consiste, exactamente en intentar agenciar los procesos de singularización en el propio nivel en el cual emergen." Guattari, F. y Rolnik, S. (2005). *Micropolíticas.* Buenos Aires: Tinta Limón. Pág. 185.

"Toda creación de arte es creada por su tiempo,
Toda etapa de la cultura produce un arte específico
que no puede ser repetido."

VASILI KANDINSKY

2. Estilo colectivo en la democracia

El período histórico en el cual se emplazan las experiencias analizadas se delimita a partir del retorno de la democracia en la ciudad de Buenos Aires y se extiende hasta las proximidades y efectos de la crisis de 2001. Se trata de pensar desde un territorio recordando que la comunidad[1] es una nominación que ante temblores sociales adviene con su propia dinámica plagada de contradicciones, esfuerzos y también espejismos. Se trata de un pasado reciente, por lo tanto, abierto en sus interpretaciones, en el sentido de inconcluso. Marina Franco[2] dirá un pasado que, de un modo peculiar y característico, entreteje las tramas de lo público con lo más íntimo, lo más privado y lo más propio de cada experiencia. De un pasado, que a diferencia de otros pasados, no está hecho sólo de representaciones y discursos socialmente construidos y transmitidos, sino que además, está alimentado de vivencias, y recuerdos personales, rememorados en primera persona. Se trata más bien de un pasado "actual" o más, bien, de un pasado en permanente proceso de "actualización".

---

[1] "Las ciudades, como bloques molares, garantizaban al individuo un terreno donde encubrirse en el anonimato; con ello, las fronteras de la libertad se expandían. Pero también, junto a la ampliación de libertad, empezaban a predominar, en las relaciones sociales, las formas racionales e intelectuales. En este punto, las formas ligadas a la afectividad, el conocimiento y la confianza, propias de las pequeñas comunidades, se retraían; el resultado de estos desplazamientos fue un proceso ambiguo y tensado entre la radicalización de las singularidades y la impersonalidad; entre los intercambios objetivantes y la ampliación de los espacios de libertad individual." Vilker. S. (2009). La red como un ambiente. Comunidad, libertad, seguridad y sus anversos. [en línea]. [consulta: 28 de junio 2008]. Disponible en: http://www.revista-artefacto.com.ar

[2] Franco, M. Levín, F. (2007). *Historia Reciente*. Buenos Aires: Paidós. Pág.31.

¿Búsquedas de un orden?

Se puede pensar en los grupos con fines culturales desde el retorno de la democracia en 1983 ya que es conocido que la dictadura militar iniciada en 1976 en Argentina bajo la denominación Proceso de Reorganización Nacional intentó hasta 1983 hacer desaparecer también los espacios colectivos de producción cultural. Se puede distinguir el uso atenuante de la palabra "intento" ya que a pesar del plan organizado de secuestros masivos, tortura y desaparición de personas en un régimen de exterminio de los espacios de reuniones, los encuentros entre sujetos se siguieron dando. En la vida pública, la politicidad de los grupos de la sociedad civil siempre ha configurado el terreno fértil para que se gesten ideas, aunque se las calificara de subversivas.[3]

El Estado Terrorista aparece como consecuencia de la imposibilidad que encuentra el Estado Militar de llevar adelante sus fines mediante el solo control discrecional de la coerción y de la subordinación de la sociedad civil. La represión pública, por muy intensa que sea no alcanza para el logro de los objetivos propuestos. Faltan dos componentes esenciales que son los que aportará el Estado terrorista: el accionar clandestino global del Estado Militar y el crimen y el terror como método fundamental según Duhalde.[4] A través de tal método se pretendió arrasar con cualquier tipo de grupo que construyera imaginarios sociales distintos a los propuestos por el terrorismo de Estado. Se pretendió eliminar a aquellos grupos con capacidad de influir en las mentalidades de la comunidad, en tanto actores hábiles de afectar con sus ideas a los procesos de toma de decisiones en el sistema político. Se hace referencia a aquellos grupos cuyas "concepciones de mundo" diferían respecto de las ideologías dominantes en tal período histórico. La represión sobre los grupos no sólo tuvo como propósito acallar a los opositores; también buscó disciplinar a la sociedad civil para que se despolitice, desarticulando así los lazos sociales que entraman la vida comunitaria. En términos del dictador Rafael Videla: "un terrorista no es solamente alguien con un revólver o una bomba sino cualquiera que difunda las ideas que son contrarias a la civilización occidental y cristiana".[5]

---

[3] Ver CONADEP (Comisión Nacional sobre la Desaparición de Personas) (1997). *Nunca Más.* Buenos Aires: EUDEBA. 1.ª Edición 1984. Dicha Comisión es encargada por el Presidente Raúl Alfonsín en el período de transición democrática concluyó que los desaparecidos eran aproximadamente 9.000. Mientras las organizaciones de derechos humanos acumulaba la cifra de 30.000 reclamos por desaparecidos. Dicho número se popularizó como legítimo así como se divulgó el imaginario que tales sujetos eran subversivos.

[4] Duhalde, E. (1999). *El Estado terrorista argentino. Quince años después, una mirada crítica.* Buenos Aires: EUDEBA. Pág. 218.

[5] Declaraciones de Videla, Jorge Rafael en conferencia de prensa en 1978 citado en Duhalde, E. (1999). Ob. cit. Pág. 67.

La "reorganización nacional" que buscaba la dictadura genocida requería destruir los lazos sociales preexistentes para instalar un nuevo orden económico social. Realmente no es fácil, ni siquiera viable, encontrar indicadores históricos que dieran cuenta de que una menor conflictividad política, una menor radicalización de las luchas en el período o incluso una mayor oposición a llevar la confrontación al plano político militar hubiesen permitido detener la matanza o hubiese transformado los objetivos exterminadores de los perpetradores genocidas argentinos. La destrucción y reorganización de relaciones sociales que buscaban dichos perpetradores requerían al terror y a la muerte como parte ineludible de su operatoria; no resultaban posibles sin el papel central y constituyente del aniquilamiento según palabras de Feirestein.[6] El 2 de junio de 1975, Celestino Rodrigo asume como Ministro de Economía del gobierno de María Estela Martínez de Perón. Permaneció en el cargo apenas cuarenta y nueve días, pero partió en dos la historia económica del país. Se instaló la "cultura del miedo"[7] pulverizando la oposición civil y fracturando el sentido comunitario a través de metáforas tales como *"no te metás"* o *"por algo será"*, que se emplazaron sobre los pliegues de una sociedad inestable después del denominado Rodrigazo.[8] El 24 de marzo de 1976, las Fuerzas Armadas se presentaron como las restauradoras del "orden" social perdido y su intervención, como algo "inevitable" frente al vacío de poder, representación que se vio legitimada por diversos actores sociales y redimensionada por la prensa nacional en términos de Marcelo Borelli.[9] En un intento mesiánico pretendían refundar la sociedad, curarla de sus males y de la crisis que disgregaba y amenazaba el país. El modo de ejecución de las políticas de hostigamiento tuvo como función principal la destrucción de los lazos sociales entramados comunitariamente. Sin necesidad de usar siempre el encierro material, fragmentaron el tejido social ya que el aislamiento producto de la despolitización que sufre la sociedad, se configura como un gesto que prescinde del encierro cartográfico.

[6] Feirestein, D. (2007). *El genocido como práctica social*. Buenos Aires: Fondo de Cultura Económica. Pág. 380.

[7] Corardi, J. (1996). El método de destrucción. El terror en Argentina. En *A veinte años del golpe. Con memoria democrática*. Rosario: Homo Sapiens.

[8] Rodrigazo: vocablo que se popularizó luego de la asunción del ministro de Economía, Celestino Rodrigo quien intentó un brusco cambio de política por medio de una devaluación real y el incremento de las tarifas públicas, a los fines de corregir el desequilibrio fiscal y el de la balanza de pagos. Dichas medidas suscitaron una fuerte redistribución de ingresos en contra del sector asalariado y un salto de la inflación, lo que causó la desmonetización de la economía y el deterioro de los ingresos del sector público y se configuró como antecedente económico que llevaron al golpe militar del 76.

[9] Borelli, M. (2008). *El diario de Massera. Historia y política editorial de Convicción: la prensa del "Proceso"*. Buenos Aires: Koyatun. Pág. 24.

> *Este cronista recuerda aún el terror de ciertas madrugadas, cuando se veían a la distancia las luces del patrullero y el grupo de amigos debía desperdigarse, tirarse en el cordón de la vereda al abrigo de un auto, meterse en un edificio, salir de la vista, desaparecer. Los milicos no sólo borraban gente en sus campos de concentración, también buscaban eliminar toda forma de agrupamiento, de coincidencia, de organización, aunque no fuera más que de una amistad adolescente.[10]*

Durante los años de dictadura, los grupos culturales existieron clandestinamente arriesgando sus vidas por sus encuentros y compromisos. Diseñaron señales y códigos para no ser identificados por sus lógicas de asociatividad y algunos sobrevivieron camuflados o exiliados. En el período de la dictadura militar el desorden social se disciplinó con "la cultura del miedo," y al desorden económico intentaron atenuarlo con lo que se denominó la época de *la plata dulce* por la sobrevaluación del tipo de cambio. Por un lado, se trataba de la compra de bienes importados y por otro, la quiebra de gran parte de la industria nacional. En 1979, como política favorable a la atracción de capitales, las tasas de interés, en relación a la tasa de devaluación, eran muy altas. Además, el moderado déficit de la cuenta corriente y las altas y crecientes reserva extranjeras confirmaban que la política cambiaria era sostenible.

En consecuencia, el flujo de capitales durante ese año fue extraordinariamente alto. La política implementada por Martínez de Hoz[11] significó, en lo económico, el fin del modelo de sustitución de importaciones. Y en el plano político simbolizó la ruptura del empate hegemónico[12] a favor del establishment. No obstante, existían otros signos que denunciaron la fragilidad de la economía; por ejemplo, la quiebra de importantes bancos (que obligó al Estado a hacerse cargo de éstos) y las deudas que se habían acumulado como consecuencia de las altas tasas de interés reales mantenidas durante mucho tiempo. Dicha condensación de factores produjo una fuga de capitales, que a partir de 1980, como consecuencia del deterioro de la cuenta corriente y el aumento de los servicios financieros, se agravó aún más. La fuga de capitales causó pérdidas insostenibles en las reservas y ya para fines de 1980 los anuncios cambiarios dejaron de ser creíbles. Eso obligó a Martínez de Hoz a devaluar la moneda nacional en un 10% por encima de la devaluación anunciada. Este proceso es incluso narrado en el film *Plata Dulce*, de Fernando Ayala, donde se ven los intentos de dos empresarios de muebles por sostener una fábrica en un contexto de desindustrialización como el que ocurrió en

---

[10] Fabregat.E. Puro Grupo. (2010, 21 de marzo) [en línea]. [consulta: 21 de marzo de 2010]. Disponible en: http://www.pagina12.com.ar/diario/suplementos/espectaculos/17-17326-2010-03-21.html

[11] Ministro de Economía durante la dictadura militar entre los años 1976 y 1981.

[12] Cfr. Portantiero, J. C., (1996). Economía y política en la crisis argentina (1958-1973). En *Estado y Sociedad en el Pensamiento Nacional*. Buenos Aires: Cántaro.

la dictadura. Mientras que el personaje que encarna el actor Federico Luppi se dedica a los negocios financieros, mejorando notablemente su calidad de vida, el del actor Julio de Grazia se empecina en darle continuidad a la fábrica a pesar de todo. Con el tiempo, el banco cierra y los "dueños" desaparecen dejando como responsable al personaje del gerente, que encarna Luppi.

El período, desde el colapso del programa de Martínez de Hoz hasta la asunción en 1983 del gobierno democrático, denominado de ajuste caótico, se caracterizó como un proceso de inflación creciente, de intensificación de los problemas de la deuda y la crisis interna de la deuda. "A la vez esas políticas emblemáticas asociadas con el nombre de José Alfredo Martínez de Hoz habían producido los primeros y decisivos efectos sobre la sociedad: comenzó por entonces una polarización y empobrecimiento, que a la larga cegarían la capacidad de la sociedad para producir ciudadanos. En ambos casos, el Proceso dejó plantadas bombas de acción retardadas, que estallaron posteriormente: 1985, 1989, 1995, 2001. Sus efectos destructivos serían achacados a quienes entonces gobernaban".[13] La pérdida de cohesión social articulada con la puja distributiva, el abandono de la producción, las graves problemáticas en torno al empleo y los mecanismos de la represión dejarían secuelas imborrables que se imbricarían a las formas de representación política, afectando la dimensión social y sus tramas vinculares hasta nuestros días.

A lo dicho con anterioridad, se agrega el conflicto bélico internacional en 1982 entre la Argentina y el Reino Unido, que se desarrolló en las Islas Malvinas entre el 2 de abril, día de la invasión de las islas por parte del ejército argentino, y el 14 de junio de 1982, fecha de la rendición que conllevó la reocupación del archipiélago por parte del Reino Unido. La idea de buscar un enemigo y culpable afuera duró hasta la derrota del conflicto armado, que precipitó en términos políticos la caída de la Junta Militar que gobernaba el país.

De todos modos quedó inaugurada la apropiación de las calles por parte de la agrupación Madres de Plaza de Mayo, que complejizó la forma de habitar el espacio público ocupándolo y resistiendo incluso en el silencio. Asimismo, en el campo del arte se vivió la contradicción que aquellas bandas de música que habían sido prohibidas durante la dictadura en el período de la guerra, se reivindicaron a los efectos de promover música nacional y no foránea.

---

[13] Romero, L. (2004). Veinte años después: un balance. En *La historia reciente. Argentina en democracia*. Buenos Aires: Edhasa. Pág. 274.

> *Hace más de 25 años, a los rockeros les cortaban el pelo en la comisaría. Hoy los contratan, los adulan y les prometen estadios llenos, pero no sé si está claro que el poder de la creación artística está en las bandas.*[14]

La cita da cuenta no sólo de la persecución que sufrieron en determinada época, sino de que también el poder de la creación artística está en los grupos. Si los militares lo consideraron un enemigo de poca monta, para la clase política de la flamante democracia el rock tuvo el efecto opuesto: todos lo querían de aliado. Es por eso que en todos estos años hubo acercamientos y rechazos, utilizaciones con permiso (como en tantos eventos y campañas en los que los músicos vieron, antes que una adhesión real, otra forma de mostrarse ante el público) e intentos de apropiación, según Fabregat.[15]

Democracia e hiperinflación: una combinación inestable

El retorno de la democracia concertado ante las elecciones presidenciales de 1983 provocó una apropiación de las calles. Los festejos se desplegaron en el espacio público a lo ancho y a lo largo del país. Algunos exiliados regresaron y los grupos con finalidades artísticas y/o culturales conformados por la sociedad civil comenzaron a hacerse visibles interviniendo en la ciudad. Las vibraciones anímicas de una época, aunque se materialicen formalmente en propuestas artísticas, siempre se evaporan sobre nuestras conciencias esparciendo una vitalidad que se escurre de cualquier intento de representación homogénea. La fragilidad de la experiencia que a continuación se menciona tiene sus precedentes entre las huellas que persisten en la memoria colectiva en torno al Di Tella y Tucumán Arde. Se trataba de un grupo de artistas de vanguardia porteños y rosarinos que protagonizaban una serie de acciones que rompía con los modos consagrados de hacer arte ya desde el año 68. Así es que instalaban una dimensión del arte como acción que pretendía impactar desde su nuevo lenguaje y sus medios en el proceso de transformación radical de la realidad: intentos de alternar la confluencia del arte y la política sosteniendo la tensión de fusión de ambos campos en un espacio en el que los procedimientos y las búsquedas, ya sean de la política o del arte, se

---

[14] Hernán "Cabra" de Vega, Las Manos de Filippi, En Provéndola, J. I. (2008, diciembre 4). *Las mutaciones del rock en democracia.* [en línea]. [consulta: 4 de diciembre 2008]. *Página 12: Suplemento No.* http:www.pagina12.com.ar/diario/suplementos/no/12-3773-2008-12-04.html

[15] Ver Fabregat E. (2008, diciembre 10) Ninguna bala parará este tren. [en línea]. [consulta: 4 de diciembre 2008]. *Página 12:* http:www.pagina12.com.ar/diario/especiales/subnotas/116391-37070-2008-12-10.html

entrecruzaban y mezclaban. En dicha articulación la propuesta estética condensaba metáforas políticas, bélicas, lo que provocaba una transformación en el arte político; se pasaba de la representación al acto, de la denuncia de una violencia a otra acción violenta. "A pesar de que los artistas hablan de un uso simbólico de la violencia (y, a veces, de un ejercicio de simulacro) el gesto de exponer el cuerpo en tiempos de dictadura significó riesgos reales y tuvo consecuencias no sólo imaginarias: represión policial, clausuras, hostigamiento, cárcel. Un antecedente de las dimensiones brutales que alcanzó el terrorismo de Estado durante la última dictadura".[16] En la referencia citada se distingue, entonces, también la mención del riesgo que se soporta en articulación con determinados compromisos ideológicos que provienen desde tiempos pretéritos. Otra experiencia a resaltar que se entrelaza con esos antecedentes estéticos y se suscita al retorno de la democracia se la denomina el Siluetazo, se da el 21 de septiembre de 1983 por una iniciativa grupal que ocurría ya que los artistas conjuraban la posibilidad de hacer una obra que interpelara al contexto. Se sabe que el proyecto tomó forma como una acción colectiva que incluía la participación de personas en las calles de ciudad de Buenos Aires, siendo el punto de partida la Plaza de Mayo, donde las Madres lanzarían una convocatoria. La acción consistió en el trazado sencillo de la forma vacía de un cuerpo a escala natural sobre papeles, luego adheridos a los muros de la ciudad. Un intento de representar lo irrepresentable, hacer presente lo ausente: los desaparecidos por la última dictadura militar.

Una experiencia que se inscribe políticamente sin intentos de institucionalizarse como política pública, sino como una acción estética gestada y gestionada por un grupo. El Siluetazo no era sólo un gesto estético sino un trazo social en una gramática política. Un estilo de producción colectiva, y como la etimología de la palabra *estilo*,[17] remite a *estilete*; instrumento capaz de grabar hasta en la gélida superficie del metal, tornar una inscripción perdurable. Desde los antiguos el estilete se usa para escribir e imprimir mucho más que una huella. Existieron grafitis ya desde la Antigüedad como trazos en los muros, en la ciudad de Pompeya se han encontrado, incluso, debajo de la lava testimonios de tensiones entre lo social y lo cultural presentando lo

---

[16] Longoni, A. y Mestman, M. (2000). *Del Di Tella a Tucumán Arde. Buenos Aires*. Buenos Aires: Ediciones El Cielo por Asalto. Pág. 256.

[17] Estilo, según Mannheim consiste en describir los modos diferentes de ver las cosas y enfocar los problemas como si reflejasen las "perspectivas" cambiantes de sus grupos, esperando por este método hacer ver la unidad interior de un "estilo de pensamiento" y las modificaciones que el aparato conceptual de todo el grupo tiene que sufrir dentro de la "constelación" cambiante de los factores teóricos y extrateóricos que afectan a la vida del propio grupo. Mannheim, K. (1963). El pensamiento conservador. En *Ensayos sobre sociología y psicología social*. México: Fondo de Cultura Económica. Pág. 84.

irreconciliable tal como lo fueron también los escraches[18] a los militares por estas latitudes. Durante la transición democrática, la cultura conformó un eje de las políticas públicas ya que, junto a los derechos humanos, se delineó como un bastión de la democracia, como un intento también de conquistar ese terreno que la última dictadura militar había desarticulado. Es decir, se intentó recuperar a través del eje cultural un ámbito propicio para el desarrollo de la democracia, constituyendo incluso su *leitmotiv* y diseñando de este modo políticas culturales. Incluso, su gestión estuvo a cargo de intelectuales y artistas, por lo que se invirtió así en cierto reconocimiento hacia quienes fueron perseguidos durante el proceso, con el fin de revertir de este modo ciertos imaginarios sociales. Asimismo, en ese momento resurgen grupos con fines artísticos que asumen formas de cooperativas. Según Horacio Gonzalez[19] la cultura argentina de este último cuarto de siglo resurge bajo el imperativo de pensar el terror, las esperanzas perdidas y la posibilidad de que un débil hilo reconstructivo pueda aún recorrerla. El pensamiento político emancipador –nombre que resurge, cauto pero exigente– se pregunta si se ha fundado definitivamente una sociedad del miedo, efecto latente del período anterior, o si, dicho llanamente, hay alguna forma de progreso efectivo en la vida nacional. Para saberlo, habría que mostrar primero las evidencias del daño producido. Aún falta encarar una apreciación más profunda de la infinidad de obras que se hicieron cargo de la pregunta por la prosecución de la trama colectiva y hasta qué punto un tiempo de horror la había desarticulado.

La cultura vive cierto esplendor, está imbuida más bien de las promesas de una democracia que auguran la libertad de expresión. Hacia 1983, un grupo de alumnos de la Escuela Municipal de Arte Dramático comenzó a nuclearse, dispuesto a encontrar nuevos modos también de exploración estética. Surgió entonces, la "Organización Negra", coordinada por Charlie Nijhenshon, cuyas primeras experiencias se realizaron en las calles transgrediendo la sorpresividad de los transeúntes. En la discoteca Cemento presentaron UORC en 1986 con un despliegue de monstruos con ojos fluorescentes, depredadores con lanzallamas. Ya en 1988 presentaron la Tirolesa que trasladaron a la plaza pública y al Obelisco combinando acrobacia y montañismo. Las Gambas al ajillo (mezcla de revista y music hall) después de muchas trasnoches salieron a la luz con su denominada "Varieté de trasnoche" comenzaron a ser reconocidas en un período donde surgían a la vez "los Melli", el "Clu del

---

[18] Significa "sacar a la luz lo que esta oculto", "develar lo que el poder esconde." En la cultura argentina, la sociedad convivía con torturadores, apropiadores de bebés y asesinos que se mantenían en el anonimato y que los escraches develaban.

[19] González H. (2008, diciembre 10) La leyenda nacional en la cultura. Página 12. [consulta: diciembre de 2008 línea] Disponible en: http://www.pagina12.com.ar/diario/especiales/subnotas/116391-37068-2008-12-10.html

Claun" formado por diez actores que recuperan los clásicos del cine. También surge "la Banda de la Risa" con su espectáculo *Fausto* e igual que los Macocos que perduran hasta nuestros días. Vivi Tellas creaba las Bay Biscuits. La consideración de los marcos contextuales en los que se inserta este movimiento renovador del teatro permite relativizar su pretendida "marginalidad" y determinar en que medida se vincula con el proyecto cultural que caracterizó la década del 80. En efecto, si bien presentaron sus espectáculos en *espacios no convencionales* (pubs, discotecas, sótanos de librerías, garaje, playa de estacionamiento, plazas, etc.) así como en horarios que convocaban a un público juvenil acostumbrado a los horarios de medianoche, no es menos cierto que, tal como señalamos, contaron con el apoyo de los centros culturales de la municipalidad y de la Universidad de Buenos Aires. y aunque carecieron de respaldo económico sistemático por parte del Estado, fueron beneficiados con subsidios especiales o con invitaciones de delegaciones extranjeras según Beatriz Trastoy.[20]

"La primavera cultural comenzó a decaer, a perder brillo, a la par del declive de la transición y la pérdida de entusiasmo por los beneficios en términos de bienestar que traería la democracia. La economía comenzó a ser el centro de las preocupaciones cotidianas, dada la inestabilidad en la que se comenzó a vivir, como consecuencia de la nunca cuestionada presión de los grandes grupos económicos que coparían el vínculo con los políticos años más tarde".[21] La Argentina se aproximó a un estado de cesación de pagos interna y externa, lo que podría implicar, en un futuro, un estado de insolvencia. Esta situación introdujo una generalizada incertidumbre sobre los contratos y los derechos de propiedad del sector privado, que afectó las conductas fiscales de los particulares, así como también sus comportamientos de ahorro e inversión, sometidos a un deseo de fugar capitales. Por otra parte, se produjo cierto deterioro de la credibilidad, la gente dudaba de la frase presidencial "con la democracia se come, se educa y se cura" debido al proceso hiperinflacionario. En febrero de 1985 Juan Vital Sourrouille asume como ministro de Economía del gobierno de Raúl Alfonsín y aplica una serie de medidas tendientes a contener la inflación. El famoso "Plan Austral" fue anunciado en junio de 1985, y estaba basado en una teoría desarrollada por dos economistas brasileños (Percio Arida y André Lara Resende) que comprendían la importancia del elemento psicológico en la autodestrucción de las hiperinflaciones por la pérdida de la memoria de los precios relativos por parte de los agentes económicos. La gestión de Sourrouille estuvo, desde el comienzo,

---

[20] Trastoy B. (1991). En torno a la renovación teatral argentina del los 80. En *Latin American Theatre Review.* Vol.24. Nª2. Pág .98-99.
[21] Ver Wortman, A. (comp.) (2009). *Entre la política y la gestión de la cultura y el arte. Nuevos actores en la Argentina contemporánea.* Buenos Aires: EUDEBA.

atravesada por una tensión esencial entre la concentración del poder de decisión para hacer frente a la emergencia económica y el recurso a prácticas de consenso para conseguir y mantener apoyo a los planes lanzados con este objetivo. Esta tensión se encontraba ya en la premisa que, según Sourrouille mismo enunciara en su primer discurso como Ministro, alentaría el conjunto de su tarea: 'El desafío que la naciente democracia argentina tiene por delante es hacer compatible el pluralismo y la justicia social con el manejo racional y eficiente de la economía según Bonavechi.'[22]

Aunque muchos apoyaban la estabilidad alcanzada, así como los juicios a los genocidas motivados por el presidente Raúl Alfonsín (1983-1989), en 1986 la conflictividad social[23] comienza a producirse, incluyendo las cuatros primeras huelgas lanzadas por la CGT unificada y adscripta al peronismo, conforme a los costos de los ajustes antiinflacionarios que se descargaban crecientemente sobre los ingresos y el empleo de los trabajadores. Y esta alta conflictividad continuaría entre 1987 y 1988. En dicho contexto empezaron a tomar relevancia las demandas económicas y sociales debido a que hacia agosto había una inflación anual acumulada de más del 250% y ya se iniciaban las campañas para las elecciones presidenciales de 1989. Asimismo, en 1988 hubo sublevaciones militares como las de Monte Caseros y Villa Martelli. La economía se deslizó hacia una hiperinflación que propició a la población de Rosario y Buenos Aires una acción intempestiva de asalto de los supermercados. El conflicto ocasionó el Estado de sitio, en un nuevo descalabro social. Las elecciones se tuvieron que adelantar de octubre a mayo y se anticipo así la retirada del presidente en julio. En 1989 triunfaría el peronismo con un 47,3% de los votos.

---

[22] Ver Bonvecchi, A. (2004). La eficacia de las inconsistencias: teoría y práctica del gobierno de la economía. En *La historia reciente. Argentina en democracia*. Buenos Aires: Edhasa. Pág. 76.

[23] "Le cuento una anécdota que ilustra muy bien el mundo que enfrentaban Alfonsín y Sourrouille. En una charla con Ubaldini (secretario general de la CGT), Sourrouille le dijo: 'Saúl, ¿usted no se da cuenta de que si en este contexto aumentamos los salarios nominales se va a espiralizar la inflación y van a caer los salarios reales?'. Y Ubaldini le contestó: 'Ministro, ¿y usted no se da cuenta de que si yo consigo un aumento del salario nominal es una victoria mía y si después se acelera la inflación es una derrota suya?'" Entrevista a Pablo Gerchunoff, economista e historiador, en Serrichio, S. (2008, octubre 28). *Alfonsín debió cargar con la cruz de la deuda*. [en línea]. Publicación Digital de la Universidad Torcuato Di Tella. [consulta: 6 de abril 2008] http:/www.utdt.edu//ver_nota_prensa.php?id_nota_prensa=2674&id_item_menu=6

Una estabilidad aparente

La asociación del Estado de derecho y el Estado social debía permitir construir una "sociedad de semejantes" donde, a falta de una estricta igualdad, todos pudieran ser reconocidos como personas independientes y resguardadas contra los avatares de la existencia (desempleo, vejez, enfermedad, accidentes de trabajo, entre otras), "protegidos", en una palabra según Castel.[24] Este doble pacto —civil y social— en la década del 90 comenzó a verse amenazado; por un lado, por una protección sin límites, de naturaleza tal que generaba su propia frustración, y por otro, por una serie de transformaciones que erosionaban progresivamente los diques levantados por el Estado social y que provocaban la declinación de las organizaciones colectivas protectoras. Determinadas experiencias culturales resurgen precisamente con fuerza en este período menemista (1989-1999).

El problema del carácter obsoleto de los dispositivos clásicos de protección y la impotencia de los Estados para hacer frente a las nuevas coyunturas constituyen el telón de fondo de la "cultura del riesgo", en términos del autor Castel, que resultan articulables con ciertas características específicas del entorno local, tales como la gran variedad de paquetes de ajustes en general. En un primer momento, la concepción del ajuste parte del endeudamiento externo con el intento de lograr un equilibrio en el balance de pagos, generando un superávit en la balanza comercial, expandiendo las exportaciones de bienes transables, comprimiendo las importaciones y controlando las restantes variables macroeconómicas. Es decir que el retorno de la democracia, que se presentaba como una promesa para todos los males, rápidamente se vio teñido por ajustes que obligaron a los sujetos también a ajustarse en sus elecciones y posibilidades de circular, ya no por las calles que se tornan habitables por los grupos de la sociedad civil después de la dictadura, sino por un mercado que se restringe y ajusta. Dicha apuesta esperaba un comercio internacional en expansión con los países industrializados, para recuperar sus niveles de crecimiento y un mercado internacional de capitales con tasas de interés en baja. Estabilizados los precios y generando un excedente para el pago de los servicios del endeudamiento externo se esperaba restaurar la inversión, de modo tal que el ajuste fuese sólo provisorio y por un breve período, pero estos no fueron los resultados porque la inversión no se recuperó y las economía no creció ni se consiguió la estabilidad de precios. El superávit comercial se entroncó así con el problema del desequilibrio fiscal que apareció como núcleo de la crisis. Entonces, se propusieron nuevas modalidades

---

[24] Castel, R. (2004). *La inseguridad social. ¿Qué es estar protegido?* Buenos Aires: Ediciones Manantial.

de ajuste. Se pretendió un equilibrio desde el gasto que se intentó reducir desde los ingresos del sector público. Se ajustaron las remuneraciones del empleo público por debajo de la inflación y más: suspensión de la inversión pública, atraso a los pagos de la deuda interna y externa, reducción del gasto social, control de transferencias a municipios y provincias, esquemas de despidos, retiro, y/o jubilaciones forzosas de empleados públicos, entre otros.

El déficit fiscal presentaba crecientes dificultades de equilibrio y las presiones inflacionarias se agudizaban de modo tal que se comenzó a pensar en ajustes más drásticos y relacionados a transformaciones que implicaron el desmontaje explícito del aparato del sector público. Se instaló una política de ajustes y medidas que no darían los resultados esperados mientras la recesión se prolongaba, la inflación crecía, el desequilibrio fiscal se agudizaba y los empresarios continuaban sin invertir y los trabajadores sin recibir mejoras en su calidad de vida para reparar los elevados costos sociales de los sucesivos ajustes.

Dichos vaivenes correspondientes a la crisis, inflación, deuda, programas de ajuste sacudieron a la población e impusieron cambios estructurales en la realidad económica y social del país y los sectores medios tendieron a desvanecerse, ya que se comprobó la ausencia de los servicios básicos del Estado en los sectores de menores ingresos, lo cual comenzó a construir progresivamente un individualismo que dejó a cada cual librado a su suerte con grandes dificultades de recomposición del tejido social. El desarme de las estructuras de los servicios sociales se produjo en América Latina y se agudizó en la década del 90 en los siguientes términos:[25] comportamiento procíclico, vaciamiento presupuestario (se produce una reducción al mínimo del presupuesto disponible para los sectores sociales que comienza por el gasto en inversión y corte de los gastos de operación) descentralización de servicios; el Estado nacional transfiere servicios a los Estados locales completamente deteriorados o financiados. Privatización total o parcial de los servicios: al abolir la gratuidad de los servicios sociales o sus subsidios se facilita la exclusión de mayores sectores sociales. Ritualización de los ministerios sociales: los ministerios sociales se transforman en "gestores" ante los ministerios. Focalización restringida: el gasto social debe concentrarse solamente sobre los pobres estructurales. Los pobres cíclicos no constituyen una preocupación de la política social y serán absorbidos cuando se restaure el crecimiento económico. Flexibilización de las relaciones de trabajo: la idea fue disminuir los costos fijos de las empresas para posibilitar un descenso de los precios reales y una mayor generación de empleo. Utilización de organismos no gubernamentales

---

[25] Ver Minujin, A. (1997). *Cuesta Abajo. Los nuevos pobres: efectos de la crisis en la sociedad argentina.* Buenos Aires: Editorial Losada. Pág. 127.

y la familia: se produce un retorno a la familia y a distintos organismos de la sociedad civil sin fines de lucro, como efectores de bienestar.

El panorama de la realidad social ha sido simplificado con categorizaciones útiles a los propósitos de la contextualización. Se entiende que se han presentado en nuestra historia reciente dinámicamente donde según Bonnet muchos analistas y politólogos vislumbraron la existencia de algún vínculo entre los procesos hiperinflacionarios registrados en 1989-90 y la convertibilidad de la moneda doméstica establecida a partir de 1991, por una parte y esa hegemonía menemista por otra. La valoración de la estabilidad de precios alcanzada gracias a la convertibilidad[26] y su incidencia en las intenciones de voto, puesta de manifiesto por innumerables encuestas electorales, bastaba la existencia de semejante vínculo.[27]

Ante tal desmantelamiento del Estado, llevado a cabo por la denominada hegemonía menemista, parecería que la población votó la estabilidad aparente. Mientras tanto, la sociedad civil aparecía como aquella capaz de asumir determinadas responsabilidades en términos de una provisión de servicios sociales básicos mínimos; en salud y educación. Y surgían así otros ámbitos participativos que intentaban, desde la autoorganización, asumir algunas de las responsabilidades de los mencionados desbarajustes sufridos entre diferentes variables por los procesos inflacionarios. En este sentido interesan particularmente los grupos que se comprometieron en diversos proyectos en el intento de disminuir los cambios suscitados en diversas circunstancias de crisis sociales (en la mayoría de las experiencias encarnando los mismos problemas de tal período histórico) y buscando a la vez respuestas colectivas con formas de organización autogestivas o cogestivas.

El proceso de crisis en el que se encontraba la Argentina implicó profundas políticas de ajuste tendientes a la superación del período recesivo, lo que trajo aparejadas consecuencias sobre amplios sectores de la población. Los efectos del proceso recesivo y de reubicación se vieron reflejados en nuestra contemporaneidad como un signo principal de ese proceso; el empobrecimiento. La concentración económica estuvo ligada a la centralización del capital a través de la constitución de grandes grupos económicos, mientras que la crisis afectó a las medianas y pequeñas empresas. El sector público, que en algún momento cumplió un rol dinamizador de procesos masivos de

---

[26] La convertibilidad en Argentina fue implementada a partir de la Ley 23.928 sancionada y promulgada el 27 de marzo de 1991 por el Congreso de la Nación. De acuerdo a esta norma, como se expresa en su artículo 1°, se declara "la convertibilidad del austral con el dólar de los Estados Unidos de América [...] a una relación de diez mil australes (10.000 A) por cada dólar, para la venta en las condiciones establecidas por la presente ley.", fijándose así el tipo de cambio que luego transformaría en "un peso = un dólar".

[27] Bonnet, A. (2008). *La hegemonía menemista. El neoconservadurismo en Argentina, 1989-2001*. Buenos Aires: Prometeo Libros.

cambios sociales, se enfrentó a sus propias contradicciones y a un proceso de estancamiento y recesión económica. Empeoró su papel redistributivo y garante de equidad y universalidad de los derechos y necesidades básicas de la población. En este sentido se suscitó la descentralización desfinanciada de servicios deteriorados, privatización total o parcial de servicios sin reglas que aseguraran su eficiencia, y mecanismos que permitieran un acceso a éstos. La caída generalizada pero desigual de los ingresos, la creciente dispersión de los ingresos y un trabajo más segmentado y excluyente, sumados a los procedimientos en el papel del Estado, dieron como resultado una sociedad que se reestructuraba en un país que se empobrecía. De este modo responsabilidades que antes pertenecían a la esfera pública se transfirieron a las familias y a la comunidad en general. Así se configuraron nuevas formas de apropiación del espacio público en la ciudad, algunas por un impulso estético y/o políticas por la utopía de realización de una democracia directa cuestionan las formas de representación vigentes de la democracia delegativa. Se presenta otro modo de apropiación de la cultura vinculada a reclamos y protestas donde confluyen también tensiones entre cuestiones locales que al modo de micropropuestas en los barrios se vinculan con la provisión de insumos para los centros sanitarios, hospitales locales, se realizan compras comunitarias, huertas orgánicas y diversos emprendimientos productivos autónomos con incidencia en el plano económico y social.

Los centros, clubes, espacios, grupos o asociaciones culturales se enmarcaron en este contexto brevemente presentado y fueron gestados *"desde abajo"*. Según Graciela Rodríguez [28] el cruce de los análisis de medios con prácticas y las experiencias es uno de los cruces que permiten llegar al fondo de las relaciones de poder, porque vincula los dispositivos representacionales *"desde arriba"* con las formas de construcción de las experiencias *"desde abajo."* Se particularizan, así, las distancias entre las experiencias y las representaciones, entendiendo que es allí donde se hacen evidentes que las distancias entre el discurso hegemónico y las operaciones de los practicantes en posición de subalternidad. La adopción de una cautelosa postura equidistante de perspectivas extremas permite tomar en cuenta ambas dimensiones para observar, en la tensión que las articula, las luchas por el sentido de nuevas hegemonías, y el papel de la cultura en este proceso. Es decir, grupos de amigos, vecinos, artistas y otros que, lejos de poder asumir las responsabilidades de las políticas públicas, intentaron establecer lazos promovieron asociaciones que permitirían sobrellevar los vaivenes de un período histórico en sus inicios próspero por su libertad de expresión pero sobre un final complejo.

---

[28] Ver Rodríguez, G. (2008). La pisada, la huella y el pie. En *Resistencias y Mediaciones*. Buenos Aires: Paidós. Pág. 307.

El descalabro social se agudizó en el desmantelamiento del Estado durante el menemismo, momento en el que las políticas neoliberales implantaron las privatizaciones como una medida que permitiría la paridad de dólar con el peso y establecería una estabilidad aparente. En el sector de las políticas públicas culturales dicha estabilidad económica facilitó que se viva el auge de los festivales y se inauguraran el Festival Internacional de Tango, en diciembre de 1998, el Festival Internacional de Teatro, en octubre de 1997, en 1998 el Festival de Danza, y el Festival de Cine Independiente en el Abasto, en abril de 1999. A la vez se vivía un efecto de *tinellización*[29] de la cultura. La expresión remite a un modo de nombrar una estética popularizada por Marcelo Tinelli, un empresario televisivo y radial que también es conductor de distintos programas, cuyo estilo es el show constante con exaltación de la competencia. Es decir, se promovía una cultura del espectáculo que, no sólo se centraba en los medios de comunicación masivos, sino que se propagaba incluso hacia los ámbitos más informales del sector, donde la cultura es entendida como un show o espectáculo sin más fundamento político que el de las privatizaciones y los grandes grupos empresariales que las sustentan y se encuentran en el trasfondo de las mismas. En este marco se dieron políticas de privatizaciones que posibilitaron la concentración mediática en el clima de un capitalismo dominante.

Las protecciones clásicas se desbarajustaron, la cultura no encontró marcos regulatorios para defender sus derechos y el mercado fue paulatinamente avasallado sobre tal sector, consolidándose de este modo las denominadas industrias culturales que provocaron incluso en cierta medida la perdida de todo valor aurático del arte. El concepto de "aura" según Benjamin[30] refiere a la noción de autenticidad en una obra de arte en tanto margen de

---

[29] Su programa atraviesa los años del menemismo en un clima donde se acrecienta la pérdida de credibilidad y legitimidad del gobierno democrático. "Ante el vaciamiento y el descrédito de la palabra pública frente a la creciente corrupción económica, tenía más valor la rapidez, el humor, el cinismo, la capacidad lúdica de los políticos para conversar en torno a aspectos vinculados a su vida privada, y también debían ser divertidos y hedonistas: para ello fueron a Punta del Este, participaron en fiestas fastuosas con figuras televisivas, se abrazaron con empresarios meteóricamente enriquecidos, bailaron y tuvieron relaciones amorosas con figuras del espectáculo... La preocupación por la imagen reemplazó a las obligaciones de los funcionarios como representantes del pueblo, dado que se debía "modernizar" la imagen de los políticos. Es de esos años, precisamente, el término "farandulización" de la política. En vez de preguntarse por qué la democracia no lograba fortalecerse y dar respuestas a problemas sociales e institucionales emergentes de la transición democrática, los políticos se vincularon con la sociedad adoptando los esquemas de la cultura de masas encarnada ahora centralmente por la lógica televisiva." Wortman, A. (2008, Septiembre 21). *La influencia de showmatch en la Argentina. Tinelli traspasa los límites.* [en línea]. Diario *Perfil.* http://www.diarioperfil.com.ar/edimp/0297/articulo.php?art=9995&ed=0297

[30] Ver Benjamín, W. (1989). "La obra de arte en la época de su reproductibilidad técnica". En *Discursos interrumpidos I, Filosofía del arte y de la historia.* Buenos Aires: Editorial Taurus.

susceptibilidad para su reproducción. Benjamin trabaja sobre tal categoría a los fines de complejizar los procedimientos reproductivos, técnicos que han permitido un comercio del arte y así su masificación. Por ejemplo, analiza como el invento de la xilografía atacó en su raíz la cualidad de lo auténtico, antes desde luego de que hubiese desarrollado su último esplendor. Según él lo auténtico conserva su autoridad plena, mientras que no ocurre lo mismo con la reproducción técnica. Conforme a una formulación general: la técnica reproductiva desvincula lo producido del ámbito de la tradición. La unicidad de la obra de arte se identifica con su ensamblamiento en el contexto de la tradición. El valor único de la auténtica obra artística se funda en el ritual que tuvo su primer y original valor. Para el autor incluso en la reproducción mejor acabada falta algo: el aquí y ahora de la obra de arte, su existencia irrepetible en el lugar en que se encuentra. En este sentido, resulta relevante revisar el rol de los grupos culturales en un proceso sociohistórico donde se produce el desmantelamiento del Estado y aparecen como aquellos que intentan expresiones democráticas a través de distintos ámbitos de encuentro desde su comunidad. Mientras que el sujeto está solo para hacerle frente a un entorno que arrasó con las posibilidades de dar respuestas colectivas a los cambios coyunturales, surgen otros ámbitos participativos que intentan desde la auto-organización asumir determinadas responsabilidades. Así se conforman y se comprometen en diversos proyectos culturales con el intento de disminuir los cambios ocurridos asumiendo responsabilidades colectivas. El modelo neoliberal implantado se configuró acorde a las exigencias de una pretendida racionalidad técnica, que expresaba las expectativas de los mercados financieros internacionales en tanto alentaba la clausura del sistema político respecto de las demandas de una sociedad creciente afectada por el desempleo y la exclusión. Las medidas se promovieron como un alegato a favor de la estabilidad frente a las consecuencias catastróficas que sobrevendrían de los incumplimientos con los compromisos externos. Asimismo, los expertos, aquellos economistas "especialistas" que adherían al modelo, fundamentaban el carácter racional y estrictamente técnico del ajuste fiscal exigido para continuidad del modelo. En términos de Carlos Freytes la referencia a una racionalidad técnica implica sustraer las decisiones de política económica a la posible formulación de una voluntad democrática, lo que constituye, a su vez, un rasgo necesario de las políticas neoliberales en la medida que su implementación implica el deterioro de las condiciones de vida de sectores mayoritarios de la población. En este sentido, neoliberalismo y racionalidad tecnocrática[31] guardan entre sí una profunda afinidad, y son ambos contradictorios con la formulación de una voluntad política autónoma al interior de las instituciones del régimen democrático. Mientras que la referencia a la racionalidad económica fue decisiva en la producción de los recursos simbólicos que contribuyeron a sancionar las políticas neoliberales, la continuidad de esas políticas a lo largo de los años noventa permite explicar aspectos decisivos del proceso político de la Argentina reciente, en particular la pérdida de legitimidad de los actores del sistema político, cuya expresión más viable fueron las masivas movilizaciones que acompañaron el quiebre definitivo de la convertibilidad en diciembre del 2001.

La larga hegemonía neoliberal y su modelo político colapsaron en 2001, ya que si bien las reformas estructurales se produjeron durante la presidencia de Carlos Menem, en 1999 había asumido el gobierno Fernando de la Rúa y su gestión se caracterizó por una recesión favorecida por la ley de convertibilidad vigente desde 1991, que representaba una política económica de estabilidad durante los primeros años del menemismo pero que sobre su último tiempo de mandato mostró varias falencias. A pesar de esto, de la Rúa mantuvo esta ley, lo cual se entroncaba con el endeudamiento cada vez mayor con el exterior. En ese período varios ministros de Economía se sucedieron: J. L. Machinea (1999-marzo de 2001) Ricardo López Murphy (marzo-abril de 2001) y, por último, Domingo Cavallo,[32] que en 2001 fue vinculado a la alternativa de sacar a la República Argentina de la hiperinflación y nombrado ministro de Economía por el entonces Presidente. Se trató de un intento de sortear la recesión que hundía a la economía desde 1999. La crisis se agudizó en noviembre de 2001 cuando los inversionistas comenzaron a retirar sus depósitos monetarios de los bancos y, por consiguiente, el sistema bancario colapsó por la fuga de capitales. A los fines de contrarrestar esa fuga, el 2 de diciembre Cavallo anunció en cadena nacional que la nueva política económica introducía restricciones al retiro de depósitos bancarios: el conocido "corralito" limitaba a cada ahorrista a retirar 250 pesos cada semana. La medida, según el ministro, duraría 90 días. Comenzó así el descontento, la crisis y el estallido de los días 19 y 20 de diciembre, que a pesar del estado de sitio propuesto desde el gobierno, desembocó en una protesta masiva y ocupación de los habitantes de sus calles.

---

[31] En otros apartados se trabajará el problema de la racionalidad tecnocrática como una complejidad que acecha a los grupos amateurs en sus intentos de diferenciarse de los "expertos", "especialistas," "la gestión" y la política pública del sector cultural.

[32] Domingo Cavallo se incorpora al gobierno de Carlos Menem en 1989 como ministro de Relaciones Exteriores, y en 1991, en medio de una nueva hiperinflación, asume el cargo de ministro de Economía hasta 1996.

La crisis del modelo neoliberal, llevado a su extremo en la década de los 90, estalló en la Argentina a fines de 2001. El proceso de reforma estructural acentúo las desigualdades sociales y económicas de gran parte de la población de la región, y aumentó a niveles sin precedentes la desocupación, la pobreza y la marginalidad social. En términos de Mabel Thwaites Rey[33] en la Argentina, las consecuencias de la apertura económica indiscriminada ligada a la sobrevaluación del peso, la privatización de los servicios públicos y del sistema jubilatorio, y la descentralización de funciones básicas como la educación y la salud, implicaron un cambio radical en el mapa social del país. El remate se dio con el colapso del régimen de convertibilidad que desde 1991 había logrado una precaria estabilización de precios equiparando el peso al dólar. La salida caótica de este régimen ya agotado, impuesta por el FMI, los acreedores externos y la administración de George Bush, provocó una brutal devaluación y la caída en *default* de la deuda pública y llevó a los índices de pobreza a superar, de modo inédito el 50% de la población. Lo inédito de tal crisis también se traslada a los modos de expresión, circulación y apropiación de la dimensión simbólica de la cultura por parte de los grupos que emprendieron la autogestión de espacios culturales junto a asambleístas que intentaban otras salidas a la crisis eligiendo al arte como formato de expresión. Andrea Giunta[34] expresa que hoy resulta evidente que muchas de las propuestas que se instrumentaron para responder a la crisis estaban planteadas en los años precedentes. Pero la radicalidad del cambio, la sorpresa, la velocidad con la que se sucedió produjo la percepción de que todo lo que acontecía colocaba al país, a sus ciudades y también a las prácticas culturales en un nuevo punto de partida.

La participación activa de asambleístas post cacerolazo[35] renueva la participación de grupos y formas expresivas que se multiplican y proliferan en

---

[33] Ver Thwaites Rey, M. (2004). *La autonomía como búsqueda, el Estado como contradicción.* Buenos Aires: Prometeo. Pág. 16.

[34] Ver Giunta, A. (2009). *Poscrisis Arte Argentino después del 2001.* Buenos Aires: Siglo XXI. Pág. 27.

[35] El cacerolazo es una forma de manifestación, de protesta espontánea, en este caso autoconvocada y caracterizada por el ruido de cacerolas que se sacuden enérgicamente desde distintos barrios de Buenos Aires. A las 22.41 del 19 de diciembre de 2001, De la Rúa anunció el estado de sitio por cadena nacional. El diario *Página/12* reportó el 20 de diciembre que "justo después del discurso de De la Rúa la irritación se concentró en el Presidente. Miles de personas salieron a las calle con cacerolas, sartenes, espumaderas y tapas, en un fenómeno que se verificó en Belgrano, Caballito, Palermo, Parque Chacabuco, Villa Crespo y Almagro. El cacerolazo fue incluso mayor que el de la semana pasada, aunque esta vez ninguna cámara de comerciantes lo hubiera convocado y a pesar de que por la noche reinara el temor a nuevos saqueos. El tono era festivo, ganador. Mucha gente salió de sus casas a la calle, y en Independencia y Entre Ríos una fogata en la calle acompañó el ruido de los metales. Todo el país había tomado las calles." [en línea] Revisión electrónica en junio del 2008. Disponible en: http:/www.pagina12.com.ar

distintos ámbitos de la ciudad de Buenos Aires. En algunos casos articulan sus acciones con las políticas culturales públicas pero con ciertas tensiones y conflictividades subyacentes e inauguran aún así diversas experiencias culturales. Algunos de los cambios mencionados por la expansión neoliberal habían provocado que emergieran grupos de documentalistas que registraban las mutaciones del entorno social empobrecido, así como cineastas bajo la nomenclatura del nuevo cine argentino (una tendencia estética de cine independiente que introdujo el retrato de nuestra realidad social) a la vez que se asume como contemporáneo. La definición de Nuevo Cine Argentino involucra una serie de films que si bien comparten complicidades estéticas o narrativas que críticos y académicos encuentran, también condensa un determinado estilo de cinematografía en la Argentina que ubica como hito fundante de tal tendencia a la película *Pizza, birra, faso* de Caetano y Stagnaro y estrenada en el año 1997. De este modo la mirada sobre la dirección fílmica también reconocía que se planta al mundo desde el lugar y el tiempo en el que se encuentra sin adoptar posiciones o poses foráneas. Asimismo, también hubo grupos de artistas y de vecinos que se autoafirmaron desde una dimensión expresiva que intentaba narrar lo que acontecía en su entorno. Así crecieron también vertiginosamente los encuentros de teatros comunitarios. El teatro comunitario es un teatro de vecinos. Puede ser de calle o de sala, pero siempre sus integrantes no son actores profesionales, sino vecinos. Se sustenta en la firme convicción de que la comunidad toda tiene derecho a acceder a la práctica artística, de que el arte, por consiguiente, no es una actividad destinada únicamente a los artistas, sino una acción transformadora de la comunidad, la cual, por medio de esta práctica, que es llevada a cabo de manera colectiva, en el barrio, con los vecinos, deja de ser mera espectadora pasiva de su destino y comienza a intervenir activamente en él. [36] Así como también aparecieron los grupos que organizaban los viajes al Foro Social Mundial en Porto Alegre.[37] Esta particularidad que se registró en Buenos Aires después de la crisis de 2001 (tal como se mencionó tuvo antecedentes que aquí se enuncian sólo con el intento de distinguir las características

---

[36] Surgió en 1983 en el barrio Catalinas, de La Boca. El grupo, marcó un camino para muchos otros que vinieron después. Ver breve historia en http://7encuentrodeteatrocomunitario. blogspot.com En el último encuentro, realizado en octubre de 2008, se registraron 26 grupos de todo el país con una asistencia de 1500 vecinos, con grupos artísticos que organizan redes y encuentros.

[37] Integrantes de diversos grupos culturales participan y conforman un grupo transversal del trabajo en el área de Cultura y participan activamente en la realización de la gestión del viaje al Foro Social Mundial, un encuentro anual que llevan a cabo miembros del movimiento por una globalización diferente, para organizar campañas mundiales y redefinir estrategias entre los movimientos existentes. Se realiza en el 2001, 2002 y 2003 en Porto Alegre, Brasil; en 2004 en India; 2005 en Porto Alegre; 2006 en Venezuela; 2007 en Kenia y en 2008 en Berlín.

del período) y se enmarca en las problemáticas que suscitaron las políticas neoliberales que corroyeron las bases económicas, sociales, políticas y culturales de una incipiente democracia. Por este motivo se vislumbró en el campo cultural la aparición de grupos cuyas diversas experiencias culturales a veces se denominan *"alternativas"* a la cultura oficial o las políticas públicas culturales. Dichas experiencias existían antes de la crisis de 2001, solo que en ese período se revitalizaron, se establecieron redes y asociaciones, de modo tal que el clima de época facilitaba que los sujetos establecieran vínculos para intercambiar información sobre las actividades que ya hace años desarrollaban.[38]

La heterogeneidad de experiencias culturales tuvo su auge y apogeo en la vinculación con asambleas barriales, pero muchas de ellas continuaron incluso después de la crisis mencionada, desarrollándose en *espacios no convencionales*,[39] como el caso de una asociación cultural instalada en un antiguo andén de trenes abandonado en la zona de Caballito, donde se desarrollan diversas prácticas de producción cultural tal como lo expresa un vecino pianista:

> *La Estación de los Deseos comenzó por 2001 y surgió por los sucesos de 2001 y la verdad que existe porque existió el 2001 porque en un momento la asamblea busca un espacio físico. Habíamos empezado a hacer las gestiones para que se hiciera la cesión, en principio al Centro de Gestión y Participación número 7. La asamblea a la cual yo pertenecía nos mandó a dos personas y luego terminé yo en las reuniones del Consejo Consultivo del Centro de Gestión y se decidió en el Consejo Consultivo pedir la cesión y esto es lo que digo que no sé si hubiese ocurrido en otro momento que no fuese en el 2001. La asamblea en ese momento se preguntaba con quiénes compartían el espacio porque también había otras organizaciones pero cuando uno tiene que agarrar la escoba, el tacho de basura y empezar a recuperar un lugar que estaba completamente destruido somos pocos. El lugar habla de la memoria*

---

[38] "En nuestro estudio sobre el teatro de la postdictadura (Dubatti 2002) procedimos por vía inductiva y advertimos que, en el canon de la multiplicidad, se genera un crecimiento del espesor de lo micropoético, que dificulta el pasaje a las agrupaciones de la macropoética y la formulación de una archipoética. Las diferentes producciones de subjetividad se hacen evidentes cuando se confrontan las micropoéticas y las ideologías estéticas de los teatristas, grupos y compañías entre sí. Este rasgo de funcionamiento de las micropoéticas debe ser comprendido como metáfora epistemológica de nuestra manera actual de estar en el mundo y es solidario con la noción de "subjetividad alternativa" formulado por Deleuze. Hoy en la raíz de las micropoéticas una consideración del teatro como espacio de resistencia a través de la creación, de producción contracultural y de contrapoder, la búsqueda de otras y nuevas formas de habitar el mundo y pensarlo." Dubatti, J. (2002) *El teatro jeroglífico*. Buenos Aires: Atuel. Pág. 63.

[39] Los *espacios no convencionales* se caracterizan por diferenciarse de los cánones que consagran al escenario clásico, fundamentalmente del escenario a la italiana o frontal. Y trabajan estéticamente con la memoria del espacio.

*histórica del barrio y de la memoria colectiva porque no en vano Caballito es un
barrio que tiene un Club que se llama Ferrocarril Oeste y el eje del barrio es un eje
ferroviario aunque obvio cada vez más olvidado.*[40]

En esta oportunidad, existió un intento de articular la experiencia cultural
descripta con el Centro de Gestión y Participación[41] (CGP) del barrio ya que
les cedieron el predio para el desarrollo de actividades culturales. Se pretendió una instancia de conversación a los fines de sostener un diálogo con las
autoridades gubernamentales pero ni siquiera pretendían un financiamiento
del Gobierno, sólo buscaban desarrollar el proyecto con cierta autonomía
para la toma de decisiones. Desde su fundación se instaló una demanda al
CGP y desde el momento en que les cedieron el inmueble se estableció un
intercambio que, más allá de lo fluido o esporádico del mismo, constituyó una pretensión de vinculación entre el grupo de vecinos autoconvocados
y un organismo gubernamental que les había otorgado la responsabilidad
del desarrollo de un espacio. Desde el inicio discutieron sobre la pluralidad
de propuestas que hasta el día de hoy aún albergan pero se fue definiendo
el perfil del espacio que se distinguió por sus peñas folclóricas y sus empanadas acompañando determinadas velada. Lo consideraron un espacio
de incubación cultural y así crearon una biblioteca y albergaron los talleres de artistas, profesores de institutos de arte que habían sido despojados
de sus materias porque se restringieron en determinados planes curricula-
res las materias prácticas (aquellas que transmitían un saber hacer por otras
teóricas).También pensaron que el perfil que podría adquirir (respetando la
dinámica organizacional autogestiva y cooperativa vecinal) sería apuntar a
producir bienes culturales al estilo de una incubadora de propuestas donde
germinaran y se desarrollaran. El valor patrimonial es otro eje que pretenden
defender ya que los vecinos revalorizan la memoria común como un modo de
afirmarse con sus historias en torno al playón de cargas que está situado en
el derredor del andén. Los jóvenes participan en la realización de sus producciones de sonidos en las salas de ensayo que han diseñado en estos años y de
ese modo han encontrado un modo de autosustentar sus quehaceres. En esa
dinámica el grupo afianzan sus fines para lograr la continuidad del proyecto
tal como sucedió en diversas asambleas barriales que lograron concretar paulatinamente sus ideas. Es decir, encontraron un canal propio de expresión y

---

[40] Fragmento de la entrevista realizada a Fernando del Centro Cultural Estación de los Deseos
el 29 de noviembre del 2007.

[41] Los Centros de Gestión y Participación Comunal son la base de la descentralización
administrativa del Gobierno de la Ciudad de Buenos Aires y están organizados según los límites
territoriales de la Ley de Comunas. En ellos, los vecinos pueden efectuar trámites de Rentas,
Registro Civil, Infracciones de tránsito, entre otros.

comunicación a nivel horizontal que fue capaz no solo de conformar tribunas de quejas contestarias sino que tomaron elementos impugnadores y creativos de su cultura para transformarlos. En términos de Rolnik y Franco Berardi,[42] más que nunca, entonces, precisamos de las situaciones no sólo como concepto llave de la articulación entre pensamiento y práctica, sino también como realidad concreta en que la potencia política se descubre, se inicia y nos lleva más allá de los saberes. Es en ellas también donde se despliega el combate cotidiano contra los clichés, promovidos por el *habitus* mediático y los cálculos puramente utilitarios. Despojados del alivio que esos clichés proveen, se abre la posibilidad de hallar una incesante movilidad social que agujerea de modo intermitente los intentos de normalización, alimentando luchas en todos los niveles y actualizando las figuras que expresan lo común.

Formas de una cultura que no es política pública

"Danza butoh entre la colosal estructura abandonada de una fábrica metalúrgica, una instalación en un baldío donde funciona un "merendero" para chicos en San Telmo, un mural colectivo donde sesiona una asamblea barrial, una acción que simula una detención a escasos metros de los policías que efectivamente custodian el desenlace de un piquete en algún puente del Gran Buenos Aires... En los últimos tiempos se ha vuelto evidente una serie de iniciativas de los artistas (plásticos, músicos, videastas) para articular sus prácticas con la revitalizada praxis social, e intervenir en los nuevos movimientos sociales."[43] ¿Nuevas categorías para nuevos géneros o formas expresivas cuyo estilo resiste a los esquemas conceptuales existentes? Es preferible, entonces, nombrar como experiencias culturales a tales estilos de producción cultural colectiva aunque no se puede afirmar que elijan ese nombre para sí mismas. La novedad que involucra tanto a artistas, amateurs o a vecinos como a jóvenes, obliga a cuestionarse las propias concepciones que catalogan un fenómeno social complejo que no podría quedar reducido solamente a una *cultura alternativa* o "tendencia artística vanguardista", en un período de transición en la democracia, o ante el desmantelamiento del Estado en los noventa o la crisis de 2001. En términos de Grimson[44] hubo

---

[42] Ver Rolnik, S. Berardi, F. (eds) (2009).*Conversaciones en el impasse. Dilemas políticos en el presente*. Buenos Aires: Tinta Limón Ediciones. Pág.9.

[43] Longoni, A. (2003, Marzo 21). Los colectivos de arte ganan la calle. *Clarín: Revista Ñ.* [consulta: mayo de 2006] Disponible en: http://www.clarin.com/

[44] Grimson, A. (julio 2007) Introducción. *En publicacion: Cultura y Neoliberalismo.* CLACSO, Consejo Latinoamericano de Ciencias Sociales, Buenos Aires. [en línea]. [consulta: 20 de junio 2008]. Disponible en: http://bibliotecavirtual.clacso.org.ar/ar/libros/grupos/grim_cult/Introduccion.pdf

resistencias y protestas sociales de diversa intensidad. En ocasiones, también en esos conflictos se hace presente una nueva configuración cultural. Se trata de comprender que la hegemonía es, también, un proceso histórico de institución de límites precisos a la imaginación social y política. Es necesario distinguir las luchas sociales y culturales que se desarrollan dentro de esos marcos de aquellas otras que desafían las fronteras o buscan, aún más, modificar las fronteras de la imaginación de una etapa histórica. De algún modo también nos exige rastrear en las diversas corrientes estéticas existentes.[45] Es decir, entender que determinadas producciones se sitúan incluso en *espacios no convencionales* tales como antiguos galpones de tren, fábricas en quiebre, clubes barriales olvidados, edificios públicos desmantelados, ya que están insertas en un momento histórico específico reelaborando, incluso, la memoria de esos espacios.

Asimismo, existen las miradas de los críticos de arte, también existen los curadores, programadores, editores y demás intermediarios culturales que operan en un determinado campo cultural estableciendo paradigmas, señalando fronteras y apreciaciones, e instalando las modas y modos del quehacer local en torno a los espacios del arte y sus formas. No convendría, entonces, analizarlas ni de un modo pesimista respecto de sus lógicas de organización colectiva —en algunos casos poco productivas según la lógica del mercado— ni tampoco románticamente respecto de la dimensión horizontal en los procesos comunicativos caracterizados por una modalidad asamblearia que revitaliza la participación y la democracia. No se considera que adquirir posición por alguna de ellas sea el modo más apropiado para entender la cuestión, ya que ni siquiera a nivel internacional existe un acuerdo para nombrar las particularidades de los acontecimientos estéticos que acontecen en estas latitudes. Ya que incluso aquellas expresiones artísticas que se presentan en espacios convencionales explican: "¿Por qué este distanciamiento entre los políticos y los artistas? Me temo que este desencuentro tiene como causa principal un sentimiento: la desconfianza. Los políticos tienen una mirada simplista sobre los artistas. Simplista y atrasada, de la época de la bohemia, del malvestirse y del ajenjo. Los ven como tipos y tipas difíciles,

---

[45] "El modelo metodológico de la sociología del conocimiento es, pues, el de la historia moderna del arte, y de ella deriva Mannhein bastantes de las metáforas utilizadas para sus análisis "estilo de pensamiento", "intención básica", y perspectiva. Estos y otros conceptos metafóricos se construyen a partir del modelo de la historia del arte, pues esta ha creado un método muy completo para clasificar los distintos estilos artísticos, reconstruir sus características básicas y analizar los procesos de cambio que conducen a la sustitución de un estilo por otro. De manera análoga el sociólogo del conocimiento debería ser capaz de reconocer el grupo social o histórico al que pertenece una idea determinada, pues también el pensamiento humano se desarrolla en "estilos" y las diferentes escuelas de pensamiento se diferencian por el uso de diferentes formas y categorías de pensamiento." González, J. M. (2008). Sociología e Iconología. *Reis.* 84, 23

imprevisibles, cuestionadores, casi antisociales. Eso cambió. Por su parte, los artistas ven a los políticos como seres especuladores que todo lo que hacen es en función del poder. Suelen decir: "quieren utilizarnos". Eso no cambió, pero es la misma estupidez de siempre".[46]

Quizás algunos prefieren la nomenclatura de arte político, a veces, por determinados contenidos simbólicos o por los modos de organización, pero eso supone que hay un arte por fuera de la polis, una arte sin utopía. La cuestión es compleja y correspondería indagar si los grupos que emprenden sus experiencias culturales entienden su quehacer siempre bajo una perspectiva política o sólo como producto de una coyuntura que tiene efectos sobre sus experiencias y se imbrica incluso en sus formas. Dirimir sobre la complejidad de las formas y su relación con la dimensión política y las particularidades de agrupamiento en torno a los modos de tomas de decisiones implica pensar en heterogeneidades y no en fórmulas preestablecidas.

Se podría esbozar el siguiente interrogante en el marco de una mutación del capitalismo en el cual se exacerba la competencia y deja intersticios para la siguiente inquietud: ¿Los grupos que autogestionan espacios, clubes y centros culturales sostienen el *"compromiso"* de restaurar arquitecturas destruidas, *espacios no convencionales* para el desarrollo de actividades artísticas y de recuperación también de espacios de participación democrática, colectiva y construcción de contenidos simbólicos? Según Vasarely, el creador del enunciado por intermediarios como el Op Art, diría que el arte de mañana será un tesoro colectivo o no será arte en absoluto.

---

[46] "En días anteriores a la elección de 2003 un grupo de autores, directores y actores montamos un espectáculo en el teatro Liceo donde ficcionamos un juicio al estilo Hollywood. Se titulaba algo así como "Juicio a los políticos por su indiferencia hacia la cultura". Apelando a los personajes clásicos, "abogados defensores", "fiscales" y "testigos", queríamos demostrar la importancia de la cultura, no sólo en lo social sino también en lo político. Recuerdo que uno de los "testigos" era el mariscal Goering, aquel que dijo "cuando escucho la palabra cultura llevo la mano a la pistola". Pues bien, un Goering desolado reconocía en la ficción que la derrota del Tercer Reich no la habían ocasionado los tanques y los aviones sino las artes. Decía algo más o menos así: "Nos derrotaron con el cine, la poesía y el teatro". El "juicio" terminaba con una condena a los políticos por su indiferencia hacia la cultura, pero también castigaba a los artistas por su individualismo, por su incapacidad para luchar por sus derechos. Este desencuentro es lamentable. Porque es superficial, prejuicioso. Los políticos miran de reojo a los artistas porque no los conocen. Y no hablo de que no los conocen personalmente. No conocen sus obras. No los re-conocen. Y los artistas les desconfían a los políticos, sin darse cuenta de que sin el apoyo del Estado es imposible el desarrollo de las artes." Tito Cosa. *Página 12*. (2009, septiembre 2). *La hora de los artistas*. [en línea]. [consulta: 3 de junio 2010]. Disponible en: http://www.pagina12.com.ar/diario/principal/diario/index-2009-09-02.html

"El mundo sometido es el del perito y el especialista,
y el mundo reacio es el de la conciencia rebelde,
de las necesidades biológicas del hombre como especie.
Aquél juzga con un criterio standart;
éste, con su voluntad, su sangre y su conciencia.
Aquél tiene ya la contextura de la organización taylorizada;
éste malgasta su caudal, pierde su tiempo,
arriesga su ganancia, pero está en la zona caótica de la vida."

Martínez Estrada

3. "¿Por amor al arte?"

Los modos de lazo social existentes en determinadas experiencias culturales desde el retorno de la democracia en el ámbito de la ciudad de Buenos Aires han sido generadas *"desde abajo"* y por grupos conformados en una lógica que enunciaremos *"por amor al arte."* Es decir, amateurs en tanto amantes de su quehacer, elección desde el deseo y no por una obligación o dicho de otro modo hacedores. "De modo tal que el enfoque se ciñe a descolonizar la relación entre profesionales y asistidos que encarnan la caridad y voluntarismo característicos de una filantropía eclesiástica de larga data que aún se inmiscuye en las tareas de los denominados expertos al momento de abordar la cuestión social.".[1]

En los grupos que autogestionaron las experiencias (cuyas actividades artísticas-culturales operan desde determinada eficacia simbólica) existe una trama vincular donde prima la lógica de la amistad o vecindad y se podría decir que el punto de vista artístico tiene como esencia la búsqueda de belleza para derramar felicidad sobre su comunidad. "Es decir, el trato directo con los materiales y los procesos productivos, que debe ser un trabajo que produzca placer y no sumisión como en la manufactura capitalista".[2] Asimismo, corresponde una aclaración sobre el término *estética* definido previamente y ya utilizado para explicar a la belleza como una interrelación. Es decir, las cosas en las relaciones estéticas se perciben entre la unidad de contenido y forma, fondo y forma. Asimismo, el carácter concreto de esa relación requiere también de un hombre concreto y lo bello para unos no puede serlo para otros. "Colonizada, tecnificada o industrializada, la mirada feliz del punto de

---

[1] Benito, K. (2010). Experiencias culturales gestadas por vecin@s, amig@s y artis@as como diagnóstico de situación e intervención comunitaria. En *Premio Facultad de Psicología.* Buenos Aires: UBA. Pág. 37.

[2] Durán, J. M. (2008). *Hacia una crítica de la economía y política del arte.* Madrid: Editorial Plaza y Valdés. Pág. 15.

vista artístico devino entretenimiento, consumo, pobreza que empobrece el experimentar y pudre el resto que persistió como experiencia."[3]

Se desprende de lo expuesto que nadie participaría en ningún grupo si no estuviera directa o indirectamente motivado para ello. Ya sean grupos formales o informales siempre existe tal orientación subyacente. Por consiguiente, se prefiere la noción de *entrecruzamientos* para tornar legible que las discursividades anudadas en torno a lo histórico, social, institucional y deseante facilita aprehender a las motivaciones de los amateurs. Bajo la denominación "pequeños grupos,"[4] se entiende que existe una agrupación de personas interdependientes suficientemente limitada como para que cada una de ellas sea directamente consciente de la presencia de los otros. Desde su etimología, grupo remite a nudo y círculo en el sentido de reunión de personas, implicando una particular estructuración de los intercambios entre integrantes. Hay multiplicidades de sentidos en lo grupal que se entrecruzan en la interacción de sujetos que participan a través de complejos mecanismos de asunción y adjudicación de roles.

Me interesa la dilucidación de los *entrecruzamientos* que posibilitan que los sujetos se agrupen para autogestionar los espacios, clubes y centros culturales entendiendo que existen organizadores[5] que permiten el agrupamiento. Se abordará esta complejidad heterogénea de grupos sociales cuyas prácticas a veces han encontrado para su quehacer otros criterios normativos como el de asociaciones. Asimismo, se trabaja en ese interés sobre *lo grupal* que comenzó como estudio vinculado a tremendas conmociones de períodos críticos de la primera mitad del siglo XX, donde se trabajaron las rupturas del orden simbólico provocadas por la destrucción voluntaria y sistemática que significaron las dos guerras mundiales. De algún modo el contexto en el que se desarrollan las experiencias que se analizan está atravesado por situaciones de crisis sociales. "El interés por la comprensión de aquello que tiene lugar en los grupos estará signado de aquí en más —en todo los autores que se dedicaron a ello, como hemos visto en la obra de Lewin y Moreno— por este doble trabajo, psíquico y cultural, de intento de elaboración de profundas crisis sociales que implicaron o fueron seguidas por una ruptura del orden simbólico".[6] En este sentido, se articula la cooperación que se gesta en lo grupal ante entornos en desestabilización. Ya que determinados temblores sociales ponen a la vista desafíos e interrogantes sobre las razones políticas

---

[3] Martyniuk, C. (2008). Prólogo. En *En tu ardor y en tu frío: arte y política en T. Adorno y Deleuze*. Buenos Aires: Paidós. Pág. 14.

[4] Filloux, J.C. (1980). *Los pequeños grupos*. Buenos Aires: Libros de Tierra Firme.

[5] Ver Fernández, A. (1998). Los organizadores fantasmáticos. En *El campo grupal*. Buenos Aires: Nueva Visión.

[6] Romero, R. (2008). *Grupo, Objeto y teoría*. Buenos Aires: Lugar Editorial. Pág. 89-90.

que se han desorientado al perder la brújula tanto de la crítica como de la construcción de alternativas factibles.

En el intento de evitar de pensar para un territorio, sino desde un territorio ante la comprensión de los problemas que atañen al campo cultural en estas latitudes sostuve inquietudes en primera persona como un modo de interrogar lo implícito, incluso, en mi mirada.

La tarea mencionada no sólo me obligó a revisar las obviedades que yo misma había invisibilizado sino a articular el plano vivencial con el intelectual y finalmente, tales interrogantes resultaron los más potentes. Así mi trabajo difuminó las etiquetas categoriales que circunscriben pertenencias institucionales y cualquier sofisticación corporativa de pensamiento a los fines de apropiarme de mis propias dudas para avanzar en lo que sin planificarlo configuraba en cierto sentido una parresía. La expresión remite a un discurso que se emite en tanto la verdad se encuentra en la adecuación del sujeto que habla, o sujeto de la enunciación. Se trata de una palabra que facilita percibir lo que se dice porque se reproduce en una cadena de ejemplos y discursos en los que la relación con la verdad se amplifica. Michel Foucault expresa que hay una transmisión pura y simple de pensamiento, pero —y éste es el segundo elemento que caracteriza la ostentación del pensamiento, ese *quid sétima ostendere* que es el objeto de esta *parrhesia*, esta libertad— también es preciso manifestar que esos pensamientos que se transmiten son precisamente los pensamientos de quien los transmite. Son los pensamientos de quien los expresa, y lo que hay que mostrar no es sólo que ésa es la verdad sino que soy quien considera que esos pensamientos son efectivamente verdaderos; soy aquel para quién también son verdaderos."El texto lo dice explícitamente: hay que hacer comprender *Omnia me illa sentire, qua dicerem,* que yo efectivamente, siento (*sentire*) como verdadera las cosas que digo."[7] De modo tal que durante el proceso de trabajo escribí articulando emociones y razones lo cual me posibilitó reflexionar sobre mis saberes previos con los nuevos que encontraba.

"Es sabido que la historia del pensamiento social esta atravesado por la oposición entre estructura y acción, entre sistema y actor. La opción por uno o por otro polo de la antinomia configura los límites de nuestra visión teórica-epistemológica y por ende, alienta el pulso de nuestro análisis. Cierto es que en las últimas décadas diferentes teóricos y analistas han cuestionado el carácter binario y esquemático de esta oposición, buscando romper la lógica excluyente que subyace a este planteo, a partir de la construcción de paradigmas comprensivos o multidimensionales que subrayan la relación

---

[7] Foucault, M. (2002). *La hermenéutica del sujeto.* Buenos Aires: Fondo de Cultura Económica. Pág. 385.

inseparable entre estructura y acción".[8] En las ciencias sociales y humanas la pretensión de neutralidad del recorte del objeto de estudio se diluye ante las incongruencias propias de la realidad social ya que se percibe la complejidad de la articulación de los saberes que portan los actores sociales y que construyen en diálogo con investigadores en calidad de "informantes claves."

Me encontré en la encrucijada de revisar a nivel paradigmático algunos tópicos que me permitieran ampliar el horizonte interpretativo y buceando en los interrogantes es que recurrí a diversas categorías que aunque (in)disciplinadas se articulaban y contaminaban entre sí por una proximidad epistémica.[9] Los modelos teóricos de la modernidad fueron reacios a lo indomesticado de las redes no sólo entre sujetos al momento de producir conocimiento en interacción sino también entre las relaciones existentes entre perspectivas teóricas afines. Ya que las vinculaciones resultaban invisibles por las vigilancias paradigmáticas ante determinadas matrices metodológicas que en "la era de las redes" seguían conservando coordenadas cartesianas. "El trabajo en campos de problemas y no de objeto unidisciplinario implica considerar que *pensar problemáticamente* es trabajar ya no desde sistemas teóricos que operan como ejes centrales sino pensar puntos relevantes que operen permanentemente descentramientos y conexiones no esperadas; el problema no es una pregunta a resolver sino que los problemas persisten e insisten como singularidades que se despliegan en el campo. Vuelven una y otra vez, a punto tal que detener el movimiento problemático es crear condiciones de dogmatización de un pensamiento; por lo tanto no referirá a verdades a descubrir sino a producir y será necesariamente un pensamiento plural".[10] Por consiguiente, a los fines de no encapsular la descripción e interpretación del material relevado decidí tomar conceptos provenientes de distintas disciplinas ya que se imbricaban permitiéndome dilucidar las experiencias y sus condiciones. Las combinaciones se expresaban así como si se tratará de un eclipse donde un planeta hace sombra sobre la luna pero al despejarse la tiniebla el movimiento torna inteligible otro espacio, otro punto de vista.

---

[8] Svampa, M. (2008). Notas provisorias sobre la sociología, el saber académico y el compromiso intelectual. En *Gérard Althabe: Entre varios mundos*. Buenos Aires: Prometeo. Pág. 170.

[9] "También hay, por último, interferencias ilocalizables. Y es que cada disciplina distinta esta a su manera relacionada con un negativo: hasta la ciencia esta relacionada con una no ciencia que le devuelve sus efectos. No sólo se trata de decir que el arte debe formarnos, despertarnos, enseñarnos a sentir, a nosotros que no somos artistas, y la filosofía enseñarnos a concebir, y la ciencia a conocer. Semejantes pedagogías sólo son posibles si cada una de las disciplinas por su cuenta está en una relación esencial con el NO que la concierne." Deleuze, G. Guattari, F. (1993). *¿Qué es la filosofía?* Buenos Aires: Editorial Anagrama. Pág.219

[10] Fernández, A. (2008). *Las lógicas colectivas*. Buenos Aires: Editorial Biblos. Pág. 29.

Experiencia: una categoría y su articulación ante coyunturas críticas

El concepto de experiencias culturales podría considerarse como un registro o nivel de análisis (y en todo caso un modo de presencia y acción de procesos históricos sociales) y no como un objeto de estudio con un desarrollo histórico-conceptual. La noción de *experiencia* remite a los escritos de Agamben y a la tensión que describe como existente en nuestra contemporaneidad, en la que se vive en un vértigo tal que se complejiza no sólo entender tal categoría sino explicarla. "En la actualidad, cualquier discurso sobre la experiencia debe partir de la constatación de que ya no es algo realizable. Pues así como fue privado de su biografía, al hombre contemporáneo se le ha expropiado su experiencia; mas la incapacidad de tener y transmitir experiencias quizá sea uno de los pocos datos ciertos de que dispone sobre sí mismo. Benjamin, que ya en 1933 había diagnosticado con precisión esa 'pobreza de la experiencia de la época moderna'[11], afirma que en la jornada del hombre contemporáneo ya casi no contiene nada que todavía pueda traducirse en experiencia: ni la lectura del diario —tan rica en noticias que lo contemplan desde una insalvable lejanía—, ni los minutos pasados al volante de un auto en un embotellamiento; tampoco el viaje a los infiernos en los trenes del subterráneo, ni la manifestación que de improviso bloquea la calle, ni la niebla de los gases lacrimógenos que se disipa lentamente entre los edificios del centro, ni siquiera los breves disparos de un revolver retumbando en alguna parte; tampoco la cola frente a las ventanillas de una oficina o la vista al supermercado, ni los momentos eternos de muda promiscuidad con desconocidos en el ascensor o en el ómnibus. "El hombre moderno vuelve a la noche a su casa extenuado por un fárrago de acontecimientos —divertidos o tediosos, insólitos o comunes, atroces o placenteros— sin que ninguno de ellos se haya convertido en experiencia".[12] Según el autor esa incapacidad para traducirse en experiencia es lo que vuelve hoy insoportable —como nunca antes— la existencia cotidiana, y no una supuesta mala calidad o insignificancia de la vida contemporánea respecto de la del pasado. El autor explica la importancia de la experiencia como aquello que constituía la materia prima que cada generación le transmitía a la siguiente. "Cada acontecimiento, en tanto que común e insignificante, se volvía así la partícula de impureza en torno a la cual la experiencia condensaba como una perla su

---

[11] Agamben, G. (2001). *Infancia e Historia*. Buenos Aires: Adriana Hidalgo Editora. Pág. 7.
[12] *Idem*, Pág. 8.

propia autoridad".[13] De este modo el autor complejiza que la autoridad de la experiencia tiene su correlato en el relato, en la palabra, mientras que en la actualidad se prefiere que ésta sea capturada aunque sea por un celular en una foto.

Dicha noción resultará válida y reemplazará en el transcurso de este libro a la idea de casos. Si bien se presentan lo que se ha denominado epistemológicamente: casos de estudio, constituyendo este el paso lógico para entender el campo desde una perspectiva metodológica, se prefiere la categoría experiencia, considerando que en determinadas configuraciones históricas contingentes se pueda nombrar y rescatar, aunque sea con un vocablo, una antigua tradición respecto del conocimiento[14] que la contemporaneidad nos ha expropiado de nuestra existencia cotidiana. Se sostiene como una apuesta teórica que en ciertas conmociones sociales se encuentran experiencias y las mismas logran relatarse, transmitirse como en tiempos pretéritos. "La memoria que se hace cargo de la tradición no es la que nos traslada a un tiempo inmóvil sino la que hace presente un pasado que nos desestabiliza".[15]Asimismo, se considera que la noción posee matices filosóficos con respecto a la complejidad que conlleva tornar legible, a través del lenguaje, determinadas experiencias, ya que la categoría condensa la mera diferencia entre lo humano y lo lingüístico. Y que el hombre no haya sido siempre hablante también nos remite a la experiencia. El vocablo está directamente relacionado con dicho *carácter de tránsito* que se articula en torno a la adquisición del lenguaje. Los grupos que autogestionan se encuentren en un tránsito particular en el que se inscriben en el ámbito político de la República Argentina, que signa contextualmente una particular relación con las posibilidades de adquisición de enunciados de sus propias prácticas.

---

[13] *Idem*, Pág. 9.

[14] "Por eso quien se propusiera actualmente recuperar la experiencia tradicional se encontraría en una situación paradójica. Pues debería comenzar ante todo por dejar de experimentar, suspender el conocimiento. Lo cual no quiere decir que sólo con eso haya recobrado la experiencia que a la vez se puede hacer y tener. El viejo sujeto de la experiencia de hecho ya no existe. Se ha desdoblado. En su lugar ahora hay dos sujetos, que una novela de principios de siglo XVII (o sea en los mismo años en que Kepler y Galileo publicaban sus descubrimientos) nos muestra mientras caminan uno junto al otro, inseparablemente unidos en una búsqueda tan aventurera como inútil. Don Quijote, el viejo sujeto del conocimiento, ha sido encantado y solo puede hacer experiencia sin tenerla nunca. A su lado Sancho Panza, el viejo sujeto de la experiencia, sólo puede tener experiencia, sin hacerla nunca." Agamben, G., ob. cit., Pág. 31-32.

[15] Grimson, A. (2004). *La experiencia argentina y sus fantasmas. La cultura en las crisis latinoamericanas.* Buenos Aires, Argentina: CLACSO.

También la participación democrática atraviesa a los modos de autogestión de experiencias culturales[16] que han tomado la forma de espacios, clubes o centros culturales configurados en Buenos Aires; se desarrollan e insertan en un marco sociohistórico donde se establecen otros modos de *transitar* el acceso a la toma de la palabra. En el transcurso de este libro se analiza cómo pudieron desarrollarse las experiencias culturales, distinguiendo los procesos que utilizan en su marcha o que se han fabricado para sus necesidades en los momentos históricos actuales. Las experiencias culturales están normativamente enmarcadas en su mayoría como asociaciones sin fines de lucro.[17] Por lo tanto, podrían no incluirse en la lógica del modelo de economía de libre mercado por considerarse no competitivas ya que no comercializan bienes sino que sólo brindan algunos servicios culturales (talleres, eventos, exposiciones de obras, fiestas, tertulias).

El potencial creativo en cuestión

En ciudad de Buenos Aires existen múltiples espacios, clubes y centros culturales. Incluso, la ciudad es conocida tanto a nivel nacional como internacional por su movida cultural. "Buenos Aires tiene una enorme ventaja comparativa en este nuevo escenario internacional: la riqueza cultural, el nivel de instrucción, la inteligencia social y el potencial creativo de su sociedad. Esos factores —que no siempre aparecen en las contabilidades económicas— le permiten a nuestra ciudad insertarse con contenidos propios y distintivos en las redes trasnacionales de la cultura y la comunicación."[18] Los ámbitos no siempre son instituciones u organizaciones gestadas por las políticas públicas sino experiencias que en muchas circunstancias suscitan propuestas novedosas, y que atraen a un público heterogéneo y siempre interesado en conocer un nuevo espacio cultural. Generalmente, provocan la participación que asociativamente se imbrica en proyectos que intervienen a nivel comunitario.

---

[16] Ver conceptualización de sociedad civil en Mato, D. (coord.) (2004). *Políticas de ciudadanía y Sociedad Civil en Tiempos de Globalización.* Caracas: Faces. Universidad Central de Venezuela.

[17] Según el Art.33 del Código Civil, las asociaciones civiles se caracterizan por ser sin fines de lucro, poseer un objeto de bien común, tener autorización estatal para funcionar e inscripción en la Inspección General de Justicia y la vez se designa la imposibilidad de subsistir únicamente de asignaciones del Estado.

[18] Marchini, J. (2007). *El Tango en la Economía de la Ciudad de Buenos Aires.* [en línea]. Publicación electrónica del OIC. [consulta: 7 de mayo 2008] http://www.buenosaires.gov.ar/areas/produccion/industrias/observatorio Pág. 9.

Los espacios, clubes o centros culturales se declaran como *"indepen-dientes"*. Es decir, se caracterizan por otros modos de subsistencia que no dependen exclusivamente de las políticas públicas, y si se vinculan con ellas a veces reniegan de las mismas, así como expresan su desconcierto ante la mercantilización de la cultura que pretenda circunscribir sus prácticas a con-sumos culturales. Algunos de dichos ámbitos, incluso, no son rentables si se los analiza desde una perspectiva económica, en términos de constituir emprendimientos productivos. No descartamos la posibilidad de que exista la lógica del mercado implícita, ni tampoco la profesionalidad, aunque se vis-lumbra que no es la cuestión predominante, tal como lo expresa un amateur de la zona del Parque Avellaneda:

> *A veces, nosotros ponemos los recursos, es un compromiso que asumimos entre nosotros, lo hacemos a pesar de que no exista financiación.*[19]

Durante el proceso de exploración, me planteé, entonces los siguientes in-terrogantes: ¿A qué lógica responden dichas organizaciones? ¿A qué se debe su existencia?[20] ¿Están guiadas por la pasión[21] que no piensa y menos aún entiende? Estos aspectos que componen la dimensión cooperativa en torno a las fuerzas que se unen por un fin remiten, a una inscripción jurídica-legal en el Código Civil, art. 33. donde se las distingue como *asociaciones civiles sin fines de lucro.*[22]

Asimismo, convendría registrar el período histórico en el que se im-brican los interrogantes, no configura un detalle menor contemplando los

---

[19] Roberto. Entrevista del 2 de agosto del 2008.

[20] La referencia que se ofrece desde el ámbito artístico posibilita reflexionar sobre el poder transformador de lo social en relación al aporte del teatro comunitario que resulta relevante en tanto focaliza sobre los espacios en los que se desarrollan los espectáculos, las plazas, los galpones, la "plaza techada", los modos de transformar un espacio físico en algo de otro orden, en un lugar habitado, en un territorio, en fin, en un sitio de pertenencia. Las obras que realizan tales grupos están descriptos, analizados y vinculados con su coyuntura. Así se podría esgrimir una articulación entre la memoria del pasado, el interés por el presente y la utopía como horizonte futuro aunque inefable. Ver Bidegain, M. (2007). *Teatro comunitario. Resistencia y transformación social.* Buenos Aires: Editorial Atuel.

[21] "La pasión no piensa y menos aún entiende. ¿Loca irracionalidad? Porque son otras sus "razones", sus "objetos", sus "fines". No invoca trascendencias; la pasión es fuerza que se realiza —gozar, doler— sin pre-conceptos, cuidando sus usos y haciendo —eso sí— que los mismos extingan, agoten, consuman las fuerzas que compone." Kaminsky, G. (1997). La frontera de las palabras. *Confines.* 4, 66.

[22] Según los estudios realizados sobre el Tercer Sector en Argentina existe una definición en la que hay cinco criterios que deben cumplir las organizaciones sin fines de lucro para formar parte del sector: *estructuradas:* supone la presencia de cierto grado de formalidad y de permanencia en el tiempo; aunque no es indispensable que cuenten con personería jurídica: privadas que estén formalmente separadas del Estado, aunque esta contemplada la posibilidad

acontecimientos que el Gobierno de la Ciudad ha tomado en su plan de embellecer la ciudad.[23] "En los últimos años la ciudad ha cambiado su imagen y se ha reposicionado a escala internacional, por un lado, se han embellecido sus espacios y refuncionalizado para atraer inversores. Es decir, se trata de una renovación urbana que pretende tornar funcionales y atractivas antiguas áreas obsoletas y abandonadas en puntos neurálgicos de la ciudad. Por otro lado, el uso estratégico de la cultura como recurso se vincula directamente con la crisis económica del 2001. Resulta pertinente destacar que la relación internacional que mantenía la Argentina con su moneda homologada al dólar permitía un intercambio con el exterior fluido y periódico, situación que se modifica tajamente con la agudización de la crisis, cambiando las coordenadas de relaciones. Por dicho motivo, se diseña una estrategia que intenta atraer al turismo internacional tratando de posicionar a la ciudad de Buenos Aires como "Capital Cultural Latinoamericana". Consideramos que en el contexto actual del turismo cultural, la cuestión de la cultura se instala en la agenda urbana local observándose en diferentes discursos y actores (políticos, mediáticos, académicos, económicos). Desde una mirada crítica a la relación turismo y cultura se expresa la inquietud por la mercantilización de la cultura (Benito, Gómez, 2008)[24] Motivo por el cual me replanteé una cartografía que evidenciará mis preguntas y demostrará mis afirmaciones sin exponer a los espacios en cuestión a conflictos mayores que los que ya habían asumido en sus procesos de autogestión. En términos de María Carman[25] se refiere a los procesos de gentrificación que es una categoría utilizada para

---

de que reciban fondos públicos y/o funcionarios del Estado formen parte de su directorio; *autogobernadas*: que tengan la capacidad de manejar sus propias actividades y de elegir sus autoridades; *que no distribuyan beneficios entre sus miembros*; este criterio supone que las ganancias generadas por la institución no deben ser distribuidas entre sus miembros; *voluntarias*; de libre afiliación. Bombal; I.G. Roitter. (2000). *Estudios sobre el sector sin fines de lucro en Argentina*. Buenos Aires: Cedes. Pág. 15-16.

[23]"Una nueva corriente, que en Argentina se ve favorecida por el boom turístico instaura la fórmula de la "cultura como recurso económico". Formula que se engloba en un contexto mayor: la cultura urbana como mercancía; la cual se ha convertido en moneda corriente para la gestión urbana de los gobiernos locales latinoamericanos con una fuerte influencia de las experiencias y producción teórica española (Ballart Hernández y Tresseras 2001, Cortés Puya 2005, Santana, 1997, Prats, 1997, Puig, 2004, etcétera.)." Gómez. M, Benito K.. (2008, 19- 23 de septiembre,) "Valorización turística y cultural de ciertos iconos como un modo de gestionar la ciudad de Buenos Aires." Ponencia publicada en V Jornadas de Investigación en Antropología Social. Instituto de Antropología Social. Facultad de Filosofía y Letras. UBA., Buenos Aires.

[24] Benito K. y Gómez. M. (2008, Septiembre 5 - 8,). "Transformaciones del espacio en la Ciudad de Buenos Aires: El rol de las políticas culturales a partir del fin de la convertibilidad." Ponencia presentada ISA Barcelona Forum *Sociological Research and Public Debate September. Barcelona, España.*

[25] Carman. M. (2006). *Las trampas de la cultura: los intrusos y los nuevos usos del barrio de Gardel*. Buenos Aires: Paidós. Pág.25.

explicar determinados procesos de transformación urbana como el descripto, en la que un barrio empobrecido es progresivamente desplazado por otro de mayor poder adquisitivo. Por un lado, se mejora y recicla una zona y por otro se desplazan poblaciones. Se trata básicamente de inversiones inmobiliarias tal como la acontecida por ejemplo en la zona del Abasto. Ahora bien, ¿cuál es el contenido de dichas disputas? En los diversos momentos señalados, resulta posible analizar la orientación hegemónica de los discursos y acciones de los actores con mayores posibilidades de imponer su visión del mundo como legítima ("vecinos notables", "empresarios culturales," instituciones barriales y el poder local) a partir de dos grandes ejes: la exaltación cultural, —según interpretaciones especificas de los bienes culturales— y la *búsqueda de una purificación de un territorio* a través de la salida negociada de los *"indeseables"* que no conforman sino dos caras de una misma moneda.

Análisis de experiencias culturales

La visión sobre las experiencias culturales permite estimar que el fluir de los acontecimientos, registrado en detalle, confiere sustancia a un determinado bosquejo esquemático. El trabajo de campo y la bibliografía permiten reconstruir un retrato circunstancial de la lógica de organización de cada experiencia analizada. No obstante, interesan las fases de desarrollo y no los segmentos de realidad cronológica. Es decir, proporcionan una forma inteligible al flujo de incidencias registradas. Los datos recogidos contrastan, no sólo en el tiempo, sino también en el espacio antes de ser utilizados como líneas en la interpretación. En este sentido, la perspectiva de la metodología cualitativa aporta herramientas en tanto se pronuncia como aquella que renuncia a intentar escribir una crónica de acontecimientos en un período histórico, ya que se emplea el *material etnográfico* para reconstruir una secuencia conexa de incidentes particulares. Los detalles registrados son relevantes para un entendimiento de las formas características de lazos existentes en la autogestión de cada experiencia analizada, es decir, de la estructura intrínseca. En esta perspectiva, el tipo de modelo es conceptual, no solo histórico. Por lo tanto, en el texto es factible encontrar una representación simplificada de cada experiencia.

Así se ha captado reflexivamente el significado de las expresiones relevadas a partir de:

- Las entrevistas: compusieron una herramienta metodológica que permitieron pensar situaciones a partir de contrariedades, avances y retrocesos del fenómeno estudiado. Así se constituyeron como vía estratégica para comprender las relaciones establecidas.

- Observaciones de campo: contribuyeron a construir la cotidianidad en detalles significativos por ejemplo, la fluidez de comunicación entre actores y las dificultades de interacción con las políticas públicas.

- Conversaciones informales: ampliaron la información porque en ellas se expresaban sus sentimientos de desasosiego en virtud de las dificultades que encontraban.

- Reflexividad: constituyó una referencia para entender no sólo el fenómeno estudiado y mi rol en la investigación, sino también para complejizar los efectos del la indagación tanto en mi trabajo como en el de otros.

Se presenta, a continuación, un esquema donde se exponen las características distintivas de las experiencias analizadas sin respetar por ello a un orden cronológico aunque si lógico. Las experiencias comparten como denominador común que han sido autogestionadas por grupos cuya trama asociativa resulta un eje fundamental no sólo para su fundación sino para su subsistencia. De modo que el resultado de este proceso no pretende universalizar el estudio, sino que intenta precisar el debate en torno a tales organizaciones. Es decir, en el siguiente cuadro de un modo sintético se describe brevemente la configuración de lo enunciado.

Experiencia α	Análisis de IMPA la Fábrica Ciudad Cultural.
	Es una fábrica situada en el barrio de Almagro (corazón geográfico de la ciudad) que produce aluminio en todas sus fases. Esta cooperativa, en 1999, se encuentra al borde de la quiebra. Sus integrantes deciden compartir los espacios ociosos de la producción para desarrollar un centro cultural en el recinto. Se convierte así en un referente tanto para la producción cultural local e internacional y también para otras cooperativas que ante la crisis de 2001 copian el modelo e instalan en sus pequeñas industrias al borde del colapso centros culturales. Los lazos que establecen tanto un grupo de artistas como trabajadores para la autogestión de un centro cultural a pesar de las circunstancias desfavorables en la que se encontraban en esa época. Es un dispositivo con influencia sobre su territorio.

Experiencia β	Análisis del Club Cultural Resurgimiento.
	Crisis del modelo de convertibilidad (2001). El peligro de la pérdida de los bienes materiales y simbólicos se torna eminente. Ante dicha circunstancias se dirimen distintas salidas posibles, y el cacerolazo es una de las formas que toma la protesta. Ante la contingencia se desarrollan espacios asamblearios cuyos grupos deciden crear centros culturales precisamente como ámbitos donde se derrame la cultura en tanto potencial simbólico. Se encuentran soportes estéticos y expresivos para albergar la queja y la pérdida de sus ahorros y entramar solidaridades emergentes en un club abandonado en la ciudad en el barrio de La Paternal.
Experiencia γ	Análisis de Troupes *"independientes"*.
	Desde el retorno de la democracia hasta la actualidad, la ciudad de Buenos Aires alberga diversas experiencias autogestionadas por grupos cuyas tareas están regidas por una finalidad artística, ya que sus objetivos y actividades trazan tal horizonte. Así conforman asociaciones que no siempre poseen un marco normativo, pero conforman encuentros de personas en cuyos intercambios denominan a sus quehaceres como *"independientes"*.
Experiencia δ	Análisis del Complejo Cultural Chacra de los Remedios.
	Se trata de un Complejo Cultural que se encuentra en el Parque Avellaneda. La casona en la que se encuentra hoy el Complejo Cultural es un edificio declarado patrimonio histórico. No obstante, antes de ser reconocido como tal estuvo abandonado y deteriorado. La Casona, inserta en el corazón del Parque, estaba *"embrujada"* según los vecinos. Los lazos entramados lograron la restauración de tal edificio y adquirieron un reconocimiento gubernamental por esa labor. En 1986 se inició la recuperación del parque. Un grupo de vecinos fundaron el Centro de Estudios Sociales y Actividades Vecinales Parque Avellaneda (CESAV) y convocaron a la tarea de cuidar el parque.

Experiencia ε	Análisis del Club Europeo.
	Es un club que se refunda luego de la crisis de 2001, en cual los lazos sociales emprenden la cooperación de diversos clubes ya existentes correspondientes a distintas colectividades: el Club Alemán en Buenos Aires, Asociación Belga en Buenos Aires, Club Francés, Asociación Holandesa, Club Danés, Club Sueco, Asociación Argentino Austríaca, Club Español y Círculo Italiano. Pretendieron estrechar los vínculos en el proyecto planteando un correlato en nuestras latitudes de lo que la Unión Europea significó en el viejo continente. De este modo se establece una trama asociativa que refunda un espacio de encuentro social y cultural revalorizando sus tradiciones.

Mecanismos de funcionamiento interno en los grupos

Los grupos están constituidos por un conjunto de personas interrelacionadas que se han reunido por determinadas razones y parecen funcionar de acuerdo con procesos que le son comunes, los cuales operan como mecanismos de funcionamiento interno. Las fuerzas de *progresión* y *cohesión,* llamadas así por Lapassade,[26] resultan ejes relevantes que contemplé en la dinámica de los grupos.

Las *fuerzas de progresión* son aquellas que "tiran" a un grupo hacia los fines que éste se propone, y las segundas son las que motivan a los miembros en el sentido de permanecer en él. A veces, se confunde la cohesión con la atracción ejercida por el grupo sobre sus integrantes. Se pueden separar dos series de factores: ciertas propiedades del grupo (objetivos, talla, modo de organización) por una parte, y por otra la propiedad que posee el grupo de satisfacer las necesidades de sus miembros de relaciones interpersonales, entre otras.

Entre los factores de *cohesión* del grupo es posible distinguir, en función de las finalidades:

-La pertinencia de las finalidades.

---

[26] Ver Lapassade, G. (1985). *Grupos, organizaciones e instituciones.* México: Editorial Gedisa. Pág.72.

-La claridad de las finalidades; esto implica una concordancia en la percepción de las finalidades por los diferentes miembros del grupo.

-La aceptación de la finalidad por los miembros.

Tales acuerdos de los miembros definen *fuerzas de atracción;* las divergencias constituyen, en cambio, *fuerzas de repulsión.* Si dominan las primeras, se efectúa cierta perdurabilidad. En cambio si dominan las segundas se produce cierta repulsión. En el trabajo de análisis de cada experiencia focalicé la atención sobre tales fuerzas a los fines de entender las dinámicas organizativas. ¿Cómo operan tales fuerzas en los inicios de cada proyecto? ¿Cómo los conflictos implícitos despertaban potencialidades? ¿Qué relevancia tienen las fuerzas morales? ¿Cómo ante malestares sociales encontraban resistencias constructivas? Dada la complejidad de demostrar la efectuación de las mismas, me centré en las tensiones pero también en los acuerdos de los miembros y al escribirlos, describirlos y analizarlos en un texto etnográfico logré tornar legible la existencia de dinámicas subyacentes. Asimismo, contemplar el problema de los intercambios dentro de cada grupo implica también registrar la relación con el territorio en el que se emplazan. Emisores, receptores, incluso los malos entendidos constituían evidencias de las modalidades prevalecientes. A los fines de seguir un determinado patrón comunicacional en cada experiencia se podría decir que respete en circunstancias disímiles desde tal perspectiva teórica las siguientes cuestiones:

-Estudio de las redes de comunicación, en el que se busca determinar los efectos de las estructuras de los canales de comunicación sobre la circulación de la información y su estructuración progresiva, así como la respectiva eficacia de ciertas estructuras en la resolución de problemas o en la aparición de determinadas funciones.

-Revisión de la dinámica general de las comunicaciones donde se encuentran tanto las redes formales (folletería, boletines mensuales, informes, notas, actas) como redes de comunicación informales (rumores).

-Focalización sobre actitudes y comportamientos de cada uno de los miembros del grupo en la esfera de las comunicaciones (incluye, por ejemplo, qué actitudes de los sujetos facilitan o no la comunicación de los miembros).

-Constatación de comunicaciones: ya sean verbales o gestuales.

-Apreciación de las formas en las que la comunicación circula y las consecuencias sobre la vida de los sujetos, sobre el "clima" ya que según su modo influye en el nivel de los sentimientos de los miembros del grupo.

Espacio, comunidad y dinámicas de interrelación en la ciudad de Buenos Aires

Las experiencias culturales están situadas en la ciudad de Buenos Aires, no obstante, se trata de analizar específicamente los recintos en los que ocurren, contemplando cuestiones geográficas que las instalan en un territorio[27] y delimitan su relación con la comunidad, así como sus modalidades de relación que acontecen en el interior. Asimismo, se tratan los centros, clubes, o diversos espacios culturales como espacios investidos afectivamente por los grupos involucrados que denominan como espacios de pertenencia.

La configuración espacial en la cual se emplazan los intercambios entre sujetos, relevando códigos formales e informales implica pensar las articulaciones tanto territoriales como arquitectónicas, que de algún modo revela y narra la trama de vínculos entre sujetos. "La sociedad crea los espacios, y en muchos casos, los conflictos sociales urbanos muestra las marcas que quedan inscriptas en el territorio de lo barrial, un barrio, una comunidad, un espacio, es un texto que es posible develar. Al mismo tiempo, la sociedad es el lugar donde se expresa la complejidad de los lazos sociales, ya que es el espacio donde transcurre gran parte de la cotidianeidad".[28] La delineación de los componentes de los establecimientos se relaciona con la afirmación de que los lazos se entraman en un espacio que opera como ámbito de encuentro de sujetos gracias a un determinado soporte que los convoca a participar en la preservación, recuperación y autogestión del mismo dispositivo. Entonces, la dimensión espacial no constituirá sólo una unidad más de los procesos sino otra variable que facilitará la comprensión de los motivos que posibilitan los desarrollos. En términos de Ignacio Lewkowick y Pablo Sztulwark[29] el riesgo de los espacios construidos fácticamente es el riesgo de la deshumanización por sustracción de la fuerza arquitectónica. Lo cual plantea, con muchísima sutileza, el problema de la construcción por fuera de la subjetividad urbana. La función de la arquitectura como espacio de humanización queda severamente cuestionada cuando opera como mero techo fáctico o como mera imagen que no alberga la vida.

---

[27] En términos de Bustamente. J.B.: «Espacios donde las personas que tengan iniciativas imaginativas puedan relacionarse entre sí y desarrollar sus proyectos, productos, servicios, experiencias hasta que lleguen a ser innovadores." Ver Parramon, R. (2006). *Arte, experiencias y territorios en procesos.* Idensitat Calaf/Manresa 05. Centre Cultural El Casino. Manresa. España.

[28] Carballeda, A. J. (2005). *La intervención en lo social.* Buenos Aires: Paidós. Pág.115.

[29] Lewkowick, I. y Sztulwark, P. (2003). *Arquitectura plus de sentido.* Altamira: Buenos Aires. Pág. 13

La dimensión ya intrínseca de la cultura nos remite, entonces, a cierta dialéctica entre naturaleza y cultura, que no opera como dicotomía sino como articulación. Es decir: hay reglas, pero éstas no son aleatorias ni están rígidamente determinadas, sino que la propia categoría implica tensiones entre espontaneidad y racionalidad. Siguiendo esta línea de pensamiento se toma la categoría de espacio desde las preposiciones de Dorren Massey[30] para explicitar sus características. Es decir, el espacio es producto de interrelaciones. Se constituye a través de interacciones, desde lo inmenso de lo global hasta lo ínfimo de la intimidad. El espacio es la posibilidad de la existencia de la multiplicidad; es la esfera en la que coexisten distintas trayectorias, la que hace posible la existencia de más de una voz. Sin espacio, no hay multiplicidad. Sin multiplicidad no hay espacio. Si el espacio es en efecto producto de interrelaciones, entonces, debe ser una cualidad de la existencia de la pluralidad. La multiplicidad y el espacio son co-constitutivos. El espacio es producto de las "relaciones," que están necesariamente implícitas en las prácticas materiales que deben realizarse, siempre están en proceso de formación, en devenir, nunca acabado, nunca cerrado.

La configuración espacial[31] es considerada ya que la posibilidad de interacción entre sujetos depende tanto de la existencia de la multiplicidad como de un tiempo determinado. De este modo existe una ubicación geográfica y también una reorganización de las relaciones que excede específicamente el territorio, y se invisten libidinalmente los espacios, clubes, o centros culturales con formas específicas de interrelación caracterizadas en todas las experiencias por un intento de apropiación y recuperación del ámbito donde se desarrollan las actividades. Es decir, se plantea el *espacio* como producto de las formas, esfera de encuentro donde se ponen en juego las intrincaciones, complejidades, entrecruzamientos y conexiones de las relaciones. En el desarrollo de los trabajos se complejizan los siguientes interrogantes: ¿Los espacios surgen primero y luego los resultados dan como consecuencia la existencia de los mismos? ¿O la instancia de habitarlos configura la posibilidad de distinguirlos como tales? De un modo u otro sabemos que dado el

---

[30] Ver Arfuch, L. (2005). *Pensar este tiempo. Espacios, afectos, pertenencias.* Buenos Aires: Editorial Paidós. Pág. 105.

[31] "La formación cultural del individuo permite establecer en su mente una actitud frente al mundo, más o menos indiferente más o menos comprometida. Los indiferentes recorren el planeta sin inmutarse, los comprometidos vibran con la caída de una hoja. La disposición interior de cada ser lo prepara para vivir intensamente o para deambular por el mundo sin emociones. La experiencia de la arquitectura es mediada por esa vocación de sentir. La experiencia distraída es una forma económica de transitar por el mundo, la experiencia intensa es una forma mucho más costosa —en términos emocionales— y más gratificante de integrarse a él." Saldarriaga Roa, A. (2002). *La arquitectura como experiencia.* Colombia: Villega Editores. Pág.68.

carácter relacional y abierto de los mismos, albergan también lo inesperado e impredecible. Según Marc Augé[32] el no lugar es también ambivalente; puede ser subjetivo y objetivo, al igual que el lugar. Pero el paralelismo estricto espacio público/ espacio privado, no lugar/ lugar no es posible, pues el espacio público tiene una definición positiva y el no lugar no. Es preciso partir del lugar (del lugar ideal donde se expresan la identidad, la relación y la historia) para definir en no lugar como el espacio donde no se expresa nada de todo eso. Con todo, se puede admitir que el lugar se crea en el no lugar. En este sentido, el espacio no es una superficie donde ocurren determinados eventos sino que es precisamente la interconexión entre tales elementos mencionados en una determinada ubicación, que si bien ocupa un lugar, no necesariamente debe remitirse sólo al mismo, ya que también existe la interrelación entre sus componentes. Incluso, en la dimensión material de la arquitectura, Gaudí,[33] por ejemplo, explica también el espacio entendiéndolo por sus interrelaciones en tanto existe una posición de equilibrio interno para la estructura que se utiliza. Explica de un modo simple que cuando se dimensiona una viga, esta se sostiene siempre que se logré encontrar una posición de equilibrio compatible con su capacidad de resistencia. ¿Cuáles son las posiciones de equilibrio interno en los ámbitos elegidos? ¿Cómo los espacios encontraban equilibrios equidistantes que albergaban sus incongruencias pero así también sus resistencias? ¿Por qué las interrelaciones posibilitaban como conjunción de lo disperso su habitabilidad? "Precisamente, en las experiencias culturales la dimensión espacial demuestra esa convergencia entre el diagnóstico de situación realizado y su intento de intervención sobre problemáticas psicosociales confluyendo en un mismo acto. Agregaría a dicha convergencia, un mismo espacio físico. Es decir, se conjugan en el espacio las mismas problemáticas que se pretenden atender. Motivo por el cual resultó pertinente la noción de "analizador" que deriva de la perspectiva teórica del *Análisis Institucional* y lo define como un modo y momento en el que se exponen los aspectos silenciados, desconocidos, carentes de legitimidad reconocida por la institución. Según dicha concepción la sociedad como la institución puede reconocer en sus *analizadores* la expresión de una voluntad sin expresión. ¿Qué nos expresa la dimensión espacial? ¿Qué puede (d) enunciar su delimitación, su geometría? Las experiencias culturales analizadas se desarrollan

---

[32] Augé, M. (2004). *¿Por qué vivimos?* Barcelona: Gedisa. Pág. 134.

[33] En la historia este arquitecto es reconocido por su sensibilidad respecto de la resistencia y las medidas idóneas sin tener que recurrir a recursos del cálculo que se habían iniciado con Clapeyorn y siguieron luego con métodos actuales. Ver *Gaudi*. (20 de marzo-29 de septiembre del 2002). *La búsqueda de la forma. Espacio, geometría, estructura y construcción.* Daniel Girard-Miracle, director de la exposición. Lunwerg Editores. Ayuntamiento de Barcelona. Museu d´ Història de la Ciutat. Saló del Tinell.

en espacios sumamente inéditos. Ya sea que se pronuncien como alternativa posible a los centros, espacios o clubes culturales establecidos y hasta quizás lo sean por algún tiempo, o se institucionalicen adquiriendo un reconocimiento por parte del gobierno, o decididamente manifiesten su imposible realización, emergen en un contexto socio-histórico donde no se trata de analizar si pueden o no modificar la sociedad sino lo que expresan sobre ella".[34] Según Doreen Massey[35] se trata entonces de reimaginar el lugar, de modo que no fuese limitado, ni definido en términos de exclusividad, ni definido en términos de contraposición entre un interior y un exterior, ni dependiente de nociones falsas sobre una autenticidad generada internamente. Las nociones que se trabajan se oponen a la conceptualización en términos del esencialismo newtoniano. Ya que se piensan los modos en que las interrelaciones motivan situaciones donde se habitan espacios *"desde abajo"* de una manera colectiva, arraigados en un territorio con patrones de intercambio e investidos de afectividad. Según Spinoza[36] la vida humana es el devenir de las relaciones entre el cuerpo y el mundo, los avatares y peripecias de un cuerpo con otros cuerpos, una sucesión de modos de ser en los que la potencia en que consistimos fluctúa: va de mayor intensidad a menor, y viceversa. Constantemente hay distintos grados de mayor y menor perfección o potencia, acrecentando o menguando su felicidad. Las relaciones se suceden sin parar. No obstante cada interacción es única. Y en su singularidad es definible con exactitud matemática. La mirada matemática y mirada microscópica son lo mismo en Spinoza. Pero para el autor se podría hablar en resumen de que nos hace humanos no la racionalidad ya fría o el cálculo defensivo al modo hobbesiano sino a la alegría y expansión íntima, amistad profunda que nace del amor y por eso es tan cierta e indestructible. Spinoza apela a un *amor fati* profundo, una vez que uno ha hecho cuanto podía, para afirmar la vida, no exento además de cierto espíritu deportivo ante la adversidad.

---

[34] Ver Benito, K. (2005, septiembre 29-30). Experiencias culturales en Ciudad de Buenos Aires: una geometría que (d) enuncia el peligro de extinción. En III Jornadas de Jóvenes Investigadores. Instituto de Investigaciones Sociales Gino Germani. Facultad de Ciencias Sociales. UBA. Buenos Aires. Pág.3.

[35] Massey, D. (2005). *La filosofía y la política de la especialidad: algunas consideraciones. Pensar este tiempo. Espacios, afectos, pertenencias.* Buenos Aires: Paidós. Pág. 125.

[36] Ver Deleuze, G. (1984). *Spinoza: filosofía práctica*, Barcelona: Tusquets.

"Cuando miramos una constelación [...]
tenemos algo así como la seguridad de que el acorde,
el ritmo que une a sus "miembros" es más hondo,
más sustancial que la presencia aislada de sus estrellas."

JULIO CORTÁZAR

4. Lo grupal: un modo de autogestión cultural

> "Por atmósfera grupal o "moral del grupo" se entiende el
> nivel de eficacia del grupo, así como también el sentimiento
> de pertenencia de los individuos al grupo.
> En otras palabras, se puede describir la moral
> del grupo como la capacidad para mantenerse unido ante
> situaciones adversas o frustrantes en términos del
> sentimiento del "nosotros", del sentimiento de solidaridad o
> de espíritu de cuerpo y habla".[1]

Este capítulo pretende situar al lector en categorías que ofrecen un vocabulario específico para pensar lo grupal. Existen corrientes de pensamiento que se presentan como antecedentes de la cuestión, y han trazado un horizonte de trabajo. En términos de Juan Carlos De Brasi,[2] recuperar no es retomar conceptos, acciones, teorizaciones o experiencias que han transcurrido en tiempos diferentes y, quizás respondían a sus demandas. Por el contrario, recuperar lo que se ha hecho, deshecho, constituido, balbuceado o coherentemente formulado sobre la problemática grupal, será ponerla en perspectiva. Hacer coactual lo significativo del pasado para que un futuro distinto —en todas direcciones— sea posible. En este sentido, se hilvanan contribuciones porque una trama de referencias teóricas posibilita precisar los términos adecuados para nombrar lo grupal. El marco teórico requiere de un enfoque plural donde se toman aportes de determinados autores a los fines de complejizar las experiencias. Desde la perspectiva de Gilles Deleuze se

---

[1] Scaglia, H. y García, R. (2000). *Fenómenos Sociales*. Buenos Aires: EUDEBA. Pág. 78.

[2] De Brasi, J.C. (2002). *Notas mínimas para una arqueología grupal*. Madrid: Editorial Grupo Cero. Pág 10.

entiende que los conceptos[3] son como las olas múltiples que suben y bajan, pero el plano de inmanencia es la ola única que los enrolla y desenrolla. Así los conceptos son las velocidades infinitas de movimientos finitos que recorren cada vez únicamente sus propios componentes los cuales contribuyen a precisar la lectura de cada experiencia.

En este apartado se dilucidan los modos de reconocimiento que operan como procesos en la interrelación de sujetos en la autogestión de espacios, clubes y centros culturales. A continuación, se detallan las nociones utilizadas y se presenta una ejemplificación.

- Una palabra y su historia en el pensamiento: se trata de una revisión etimológica del vocablo, un análisis de la categoría y un recorte sobre determinada tendencia de pensamiento al respecto.

- *Micropolíticas,* en este apartado se trabaja sobre las conceptualizaciones que ha forjado Rolnik para nombrar fuerzas colectivas que producen sentidos, sin desconocer por eso los aportes de los autores que la precedieron tales como Felix Guattari, Gilles Deleuze, Michel Foucault e incluso Baruch Spinoza.

- ¿Quiénes son los amateurs que desarrollan proyectos *"por amor al arte"*? ¿A quiénes remite la referencia cuando se enuncia que han existido grupos exiliados o camuflados hasta el retorno de la democracia?

- *Performance*: en esta sección se trata de pensar la interrelación existente para adquirir determinada legitimidad en tanto se la utiliza para exigir emancipación. Es un modo estratégico de *activismo* encarnado por diversos grupos sociales de la sociedad civil. Asimismo, se podría enunciar como *performatividad* en tanto producto de una construcción social de sentido donde en el decir hay un hacer y así se produce lo que se nombra.

- La cooperación y lo cooperativo en lo grupal: se presenta la relevancia que tienen convenciones y los acuerdos como ajuste continúo de las partes de un grupo que cooperan respecto de las condiciones cambiantes en las que se desarrolla su quehacer o su inscripción en un orden jurídico determinado.

- Asociatividad, una matriz en la historia argentina: pensar lo grupal implica también analizar los modos de asociatividad distinguiendo sus particularidades, porque de un modo u otro nos constriñen a una contextualización de las asociaciones culturales en la línea temporal de la historia asociativa, donde pareciera que en la sociedad argentina ante las diversas crisis acontecidas, la asociatividad emerge como un horizonte posible.

---

[3] Deleuze, G. y Guattari, F. (1993). *¿Qué es la filosofía?* Barcelona: Anagrama. Pág. 39

Una palabra y su historia en el pensamiento

El término francés *groupé* que proviene del italiano *gruppo*, concepto técnico de las bellas artes, designa a varios individuos pintados o esculpidos que componen un tema. El término *groppo sculturico* en el origen italiano constituía una forma artística propia del Renacimiento a través de la cual las esculturas, que en los tiempos medievales estaban siempre integradas al edificio, pasan a ser expresiones artísticas en volumen, separadas de las estructuras arquitectónicas que permiten para su apreciación caminar a su alrededor, es decir, rodearlas. Cambia así la relación entre el hombre, sus producciones artísticas, la relación con su entorno, el espacio, la ciudad y la trascendencia; al mismo tiempo, otra de las características a señalar del groppo sculturico es que sus figuras cobran sentido cuando son observadas como conjunto, más que aisladamente. "Es necesario pensar entonces que —hasta cierto momento histórico y para los actores sociales de la época— los pequeños colectivos humanos no habrían cobrado la suficiente relevancia como para formar parte de la producción de las representaciones del mundo social en el que vivían, quedando así sin nominación, sin palabra".[4]

Si bien el término aparece *a posteriori* vinculado a las artes surge el estudio sobre los grupos centrándose en el estudio de *la dinámica del campo grupal* a través de la observación y la experimentación, concentrando la atención en las fuerzas que intervienen para hacerlo funcionar y cómo se combinan según procesos y leyes que actúan al modo de fuerzas que operan dinámicamente retomando ideas de Kurt Lewin.[5] El autor se opuso así a la estática, a la morfología, a la anatomía y explicó los fenómenos de grupo por *campos de fuerzas*. En este sentido el hecho de personas encuadradas por coordenadas espacio-temporales con conciencia de las relaciones entre ellos implica que los miembros de un grupo sientan que forman parte del mismo. Así es que los demás también pueden reconocerlos como perteneciendo a un grupo y esto es fundamentalmente lo que se diferencia de un agrupamiento. Además sus miembros poseen conciencia de las relaciones propias y de los fines en común que los agrupan. Es decir, ese ámbito de asociación de pocas personas que persiguen objetivos comunes —y cuyas actividades se desarrollan en conglomerados restringidos— están signados por un dinamismo que se imprime sobre los fines que se persiguen. Kurt Lewin explica los fenómenos de grupo por campos de fuerza y difiere así de las categorizaciones

---

[4] Ver Fernández, A. (1989). *El Campo grupal. Notas para una genealogía*. Buenos Aires: Editorial Nueva Visión. Pág. 29.
[5] Ver Lewin, K.. (1969). *Dinámica de la personalidad*. Madrid: Editorial Morata.

sociométricas de Jacob Levy Moreno,[6] que se centra en la medida de las *afinidades entre los miembros*. Recién en la década del setenta se toman los aportes de los institucionalistas y autores como René Lourau[7] o Georges Lapassade[8] incluyen también en el pensamiento la dimensión situacional de los grupos, es decir, la relación intrínseca o latente en instituciones e incluso atravesados por circunstancias del contexto.

Existen otros trabajos respecto de los *pequeños grupos* realizados por Dedier Anzieu,[9] quien entiende a un grupo como una envoltura gracias a la cual los individuos se mantienen juntos. Por otro lado, René Kaës[10] se aboca al estudio del efecto organizador en los grupos y en el psiquismo y trabaja sobre las formaciones de fantasías estructuradas grupalmente; *grupos internos*. Wilfred Bion[11] considera la situación de grupo como un movimiento permanente entre una actividad transformadora de la realidad y una tendencia a la regresión. Prefiere acuñar la categoría de *supuestos básicos* para pensar que el funcionamiento de un grupo en función de la tarea manifiesta se ve obstaculizado, diversificado o asistido por un clima emocional subyacente, considera que existen tendencias emocionales que se imbrican en lo grupal, entre las cuales dicha actividad mental del grupo se denomina *supuesto básico*. En la Argentina, Pichon-Rivière[12] recepciona y complejiza las ideas existentes en torno a lo grupal y elabora el concepto de los *grupos operativos,* cuyo aporte consiste en centrar el foco sobre la tarea. De un modo u otro se estima que a la tarea explicita realizada por un grupo le subyace una tarea implícita, latente. Dicha visión resulta útil para entender las lógicas de relación que se ponen en juego en las tramas vinculares en cada espacio cultural. Ya que los grupos, al realizar una tarea, afrontan no sólo obstáculos epistemológicos (entendiendo por los mismos a obstáculos conceptuales o teóricos, referidos al fin que se han propuesto —dicho de un modo breve—), sino también obstáculos epistemofílicos (*afectos-afectaciones* que operan de un modo subyacente).

Las tensiones provocadas por los *afectos,* esa dimensión intangible y a la vez relevante, existe en lo grupos permitiendo o entorpeciendo el fin que persiguen. Se adhiere a las ideas de Pichon-Rivière, ya que se piensa lo grupal reconociendo la complejidad de las tramas en la que un grupo se inscribe donde opera tanto lo implícito como lo explícito, porque se tensiona tanto lo dicho como lo no dicho en una articulación discursiva compleja. ¿Cómo

---

[6] Ver Moreno, J. (1978). *Psicrodrama*. Buenos Aires: Paidós.

[7] Ver Lourau, R. (2001). *El análisis institucional*. Buenos Aires: Editorial Amorrortu.

[8] Ver Lapassade, G. (1980). *Socioanalisis y potencial humano*. Barcelona: Gedisa.

[9] Ver Anzieu, D. y Yves Martín, J. (1971). *La dinámica de los grupos pequeños*. Buenos Aires: Kapelutz.

[10] Ver Kaës, R. (1977). *El aparato psíquico grupal*. Barcelona: Gedisa.

[11] Ver Bion, W. (1963). *Experiencias en grupos*. Buenos Aires: Paidós.

[12] Ver Pichon-Rivière, E. (1975). *El proceso grupal*. Buenos Aires: Nueva Visión.

operan los implícitos en las experiencias? ¿Qué tensiones y *afectos* se imbrican en las fuerzas morales de los amateurs? Se tratan de interrogantes a desplegar en las experiencias a analizar. En tal corriente de pensamiento se inscribe también Armando Bauleo,[13] quien destacó la existencia de determinados planos de enunciación que resultan herramientas conceptuales para el análisis de cada experiencia ya que se focaliza:

1. En la elaboración de toda concepción de grupo la presencia de la historia social es un elemento indispensable y por lo tanto la realidad debe tener su lugar en esa conceptualización.

2. Esa misma historia social se hace presente en la práctica y en la experiencia, tiñe toda la empiria grupal, permitiendo, avalando, aceptando o rechazando el posible trabajo grupal.

3. La presencia de la realidad no conlleva a una cuestión moral de lo aceptado o de lo rechazado (vinculado con el orden de la adaptación), o de lo verdadero y lo falso (problema de sentimiento a lo dado), sino que constituye el marco para la dialéctica entre lo utópico y lo posible, pensada desde los grupos y el contexto donde ellos están insertos.

En tal tendencia el enfoque de De Brasi[14] distingue que para unos un grupo será la fila de gente que espera el autobús. Para otros, los obreros que construyen los vehículos que circulan diariamente por el campo y la ciudad. Igualmente alguien dirá que un gran grupo dio el grito patriótico en la plaza tal en un día memorable. Y así se constatará que el mismo término se aplica a diversos "repertorios empíricos". Detalla que la gente que espera no conforma un grupo sino un agregado, sus elementos comunican poco y nada entre sí, están ansiosos por la llegada del transporte para tomar cada cual su rumbo. Carecen de un fin común, por eso son un agrupamiento serial. En el segundo ejemplo, el de los obreros que arman, tampoco se trata de un grupo. Ellos trabajan dentro de una fábrica, con máquina de alta complejidad tecnológica, deben producir en tanto tiempo tal o cual pieza, responder ante férreas exigencias administrativas. Aquí se está ante una institución que contiene en su interior "racimos" grupales y no puede confundirse con un grupo, sea grande o pequeño. Las normas, reglamentos, objetivos de producción u otros son fundamentales, y las distintas tramas personales y sectoriales siempre serán subordinadas —salvo casos límite— así tengan un carácter instituyente. En el tercer caso quienes se dan cita en la plaza para expresar su

---

[13] Bauleo, A., De Brassi, J.C. y Kaminsky, G. (1983). *La propuesta grupal*. México: Folio Ediciones. Pág. 63.

[14] De Brasi, J.C. (1990). *Subjetividad, Grupalidad, Identificaciones. Apuntes metagrupales*. Buenos Aires: Editorial Ayllú. Pág. 74.

fervor nacional, su consenso frente a una política o lo contrario; tampoco forma un grupo. La congregación de individuos, los vínculos que se establezcan entre ellos, el sentimiento personal hacia su líder, los convierte en una masa restringida, es decir, en una multitud que concurre a un lugar para expresar una adhesión o rechazo patriótico.

¿De qué se trata un grupo? Según De Brasi[15] es un proceso desencadenado por los cruces y anudamientos deseantes entre miembros singulares. La indicación que ofrece es *productivo-deseante* como lo que pone en marcha algo descompuesto, donde el movimiento precede algo descompuesto, y éste genera por el movimiento mismo un resultado más valioso —impulso de otros aconteceres— que el de una simple respuesta.

Micropolíticas: impulso de aconteceres

Lo grupal es entendido entonces como *un movimiento* en articulación con una dimensión *productivo-deseante,* conmoviendo la capacidad de leer críticamente lo que acontece en el entorno social. De ese modo el movimiento de los grupos no sólo precede lo descompuesto sino que se propone una alternativa. Es decir, en lo grupal se articulan fuerzas que operan dinámicamente y configuran también valores plasmados en la tarea que cada grupo realiza.[16] Desde dicha perspectiva se resignifica tanto en práctica artística como en redes capilares existentes que en sus encuentros se apropian de su cultura. Se considera así que en lo grupal subsiste también una dimensión estética, incluso ya vinculada a la acuñación del vocablo donde converge en torno a la idea de *groppo sculturico*[17] tanto la producción artística como el reconocimiento de los otros en esa trama de discursividades históricas, institucionales y sociales.

Micropolíticas resulta, entonces, una categoría posible para nombrar los procesos grupales en el que se ubican a las *experiencias culturales*. Dicho vocablo sobre el que también trabajan Rolnik y Guattari es utilizado para

---

[15] De Brasi, J.C. Ob. cit. Pág. 83.

[16] "El teatro tiene un gran nivel de compromiso en lo que llamó la micropolítica, una red de grupos que no tienen representación institucional y que se reúnen para escucharse unos a otros, para recrear valores y para experimentar. Para ir en contra de esa fuerza uniformadora de los modos de pensar. Yo creo que la gente joven intenta reencontrarse con ciertos valores que hacen a su identidad cultural, que desde muchos lugares se está perdiendo o metamorfoseando. Son focos resistenciales. Yo creo que la gente se cura agrupándose, a veces, con los vínculos de la solidaridad, con el hecho de crear nuevas subjetividades y nuevos valores." Pavlosky, E. en Cecilia Hopkins (2000). Entrevista a Eduardo Pavlosky. *El Tonto del Pueblo*. 5, 45.

[17] Ver Fernández, A. (1989). *El Campo grupal. Notas para una genealogía*. Buenos Aires: Editorial Nueva Visión. Pág.29.

explicar las formas expresivas que emergen en el Tercer Mundo contemporáneo y definen un nuevo tipo de fuerza colectiva de trabajo del "[...] dominio de aquello que los sociólogos americanos llaman 'grupos primarios' (el clan, el grupo, la banda)".[18] Se refieren a que los fenómenos de expresión social se suscitan en esa zona de entrecruzamiento de determinaciones colectivas. Insisten con que "la función de autonomización en un grupo corresponde a la capacidad de operar su propio trabajo de semiotización, de cartografía, de insertarse en el nivel de las relaciones de fuerza local, de hacer y deshacer alianzas".[19]

Los grupos viven un *agenciamiento*[20] de procesos de expresión lo cual constituye actualmente una suerte de reserva posible de expresividad en medios imprevistos e inesperados como los esténciles, batucadas, murgas, blogs, murales, hip-hop, etc, de formas que no son sólo textuales o connotados con contenidos políticos pero si poseen una ejecución que rompe con el modelo ególatra del arte solitario y exhibitivo aunque dejan sus huellas que interpelan. Emergen en diversas modalidades de agrupamiento, agenciando expresiones entre las cuales se encuentran fundamentalmente las artísticas. Se conforman grupos de tareas para la realización de eventos y así retroalimentan su confianza, y sus redes. Los autores encuentran cierta transformación tanto en los países del Tercer Mundo como en ese Tercer Mundo desarrollado en el seno de los países. A continuación, se cita una entrevista donde es posible leer ese movimiento mostrando así la motivación explícita respecto de un grupo que gesta un espacio cultural. En la siguiente expresión se refleja cómo los sujetos se animan a asumir la autogestión de un centro cultural:

> *Y Caco ve la fábrica, imagínate, arquitecto, ve esa estructura industrial y se engancha. Entonces Matías le dice: "Yo quiero mover el lugar, armar un centro cultural". Bueno, entonces a Caco se le ocurre: "Hagamos una cena. Porque esto*

---

[18] Guattari, F. y Rolnik, S. (2005). *Micropolíticas*. Buenos Aires: Tinta Limón. Pág. 50.

[19] *Idem*, Pág. 65.

[20] Agenciamiento, del francés *"agencement"*: "Esta palabra se encuentra traducida —*Dictionnaire Français Espagnol Larousse*, París, 1967— por la palabra castellana 'disposición'. Aún cuando este término mantiene en castellano su sentido común, para los efectos de esta traducción no nos satisface completamente. El término 'agencement' en el pensamiento de F. Guattari tiene un uso más extenso e implica, a la vez, tanto diversas entidades, como territorios y procesos. La palabra 'disposición' podría ser, efectivamente, su homóloga, pero a condición que se entienda como 'disposición particular'. Dado que lo que comporta un 'agencement' son disposiciones de cosas heterogéneas relacionadas, vinculadas entre sí, un 'agencement' no es una colección de objetos o una colección de entidades distintas y punto. Un 'agencement' o una 'disposición particular' —para el caso— es más bien una o varias series de cosas o entidades diversas, conectadas, ligadas conjuntivamente: tal cosa y tal otra; y esa otra, etcétera". (Introducción de Miguel Norambuena a la selección de textos de Félix Guattari, que bajo el título *Cartografías del deseo* fuera publicada por Francisco Zegers Editor, Santiago de Chile, 1989). (N. del T.).

tienen que conocerlo". Se pone a hablar con Robledo, con Campito, con Nacho. Dice "hagamos una cena." Consigue un chef, consigue gente por todos lados. Empieza a llamar, a invitar ¡Organicemos eventos, organicemos performances mientras cenan! Y ahí nos llama a nosotros, sus amigos teatreros, que también nos enganchamos, obvio.[21]

Convendría utilizar una especificidad teórica para entender tal *"enganche"* a los efectos de que el vocablo no quede diluido en una mera animosidad, y en este sentido resulta pertinente la noción de *grupo-sujeto* remitiendo a Guattari. Se entiende por tal clase de grupo a aquel que se propone operar ciertos desprendimientos de lo establecido y que puede abrirse más allá de sus intereses puntuales, motivo por el cual se configura un grupo. Es así que el *grupo-sujeto* "aspira a tomar la palabra"[22] porque tiene algo que decir. De todos modos convendría recordar que *tomar la palabra* no se reduce sólo a una cultura letrada sino también a diversos *formatos* como la narración oral, pictórica, escultórica, fílmica, fotográfica, sonora o diversos soportes estéticos que motivan a los sujetos a un *agenciamiento* o dichos en términos del entrevistado un *"enganche"*. Y en lo grupal se inmiscuyen *fuerzas* que impulsan aconteceres. "Como si constantemente una línea de fuga, incluso si comienza por un minúsculo arroyo, fluyese entre los segmentos y escapase a su centralización, eludiese su totalización. Así se presentan los profundos movimientos que sacuden una sociedad, aunque sean necesariamente "representados" como un enfrentamiento entre segmentos molares. Se dice equivocadamente (sobre todo en el marxismo) que una sociedad se define por sus contradicciones. Pero eso sólo es cierto a gran escala. Desde el punto de vista de la micropolítica, una sociedad se define por sus líneas de fuga, que son moleculares".[23]

A continuación, se citan los motivos fundantes de un grupo denominado "La Nave de los Sueños" que nació como un grupo autogestivo y se orientó desde sus inicios, en 1995, a propiciar espacios de difusión y exhibición de obras de arte audiovisual (específicamente cortometrajes)[24] ya que allí radicaba su *micropolítica*, porque tenían algo para decir al respecto de lo instituido en tanto no resultaba en aquellos años un género auspiciado por la política pública. En la expresión que se adjunta se percibe tanto el matiz crítico del

---

[21] Raúl del Colectivo Cultural de IMPA la Fabrica Ciudad Cultural. Director de la compañía teatral el TIT. Entrevista-encuentro realizada el 17 de diciembre del 2006.

[22] Kaminsky, G. (1994). *Dispositivos Institucionales*. Buenos Aires: Lugar Editorial. Pág 10.

[23] Deleuze, G. y Guattari, F. (2002). *Mil Mesetas*. Valencia: Editorial Pretextos. Pág. 220.

[24] Fueron pioneros junto al Festival de Uncipar en distinguir un determinado formato de producción cultural local; *el cortometraje* realizado por aquellos años de la década del 90 especialmente por jóvenes que producían y así lograban un agenciamiento de enununciación aunque aún carecían de legitimidad y espacios de difusión de este tipo de propuesta estética.

grupo en sus inicios, donde leen el contexto advirtiendo su situación donde se inscriben:

> *Nacemos en principio como una banda de rock, José y yo somos primos y ya desde los 12 años nos encontrábamos a tocar de un modo informal. Y teníamos nuestra sala de ensayo donde a veces había en un tocadiscos opera, en otra sala se cantaba pop y en otra había otra ambientación. Cuando armamos la Nave, yo seguía con el rol de baterista y él de tecladista, obvio, eran otros roles, pero trasladamos eso a la dinámica del grupo. Y aunque todo era informal e impreciso en sus inicios ya discutíamos que había muchos afuera de la cultura y sobre todo en el ámbito del cine que es lo nuestro hoy. Veíamos mucha frivolidad y poco reconocimiento a una generación que estaba produciendo. Te digo, en ese entonces, sólo éramos un puñado de entusiastas desencantados ante un mundo cultural que nos parecía verdaderamente un museo.[25]*

La expresión *"un puñado de entusiastas"* es una metáfora que describe con precisión esa atmósfera en cuya latencia se encuentra el nivel de eficacia de un grupo en tanto distinción, incluso de *"mucha frivoldad y poco reconocimiento a una generación que ya estaba produciendo."* Asimismo, la decisión de agruparse implica la aparición de relaciones y composiciones afectivas al estilo de roles que incluso constituyen los pilares del proyecto a lo largo del tiempo y perduran hasta el día de hoy como un engranaje grupal. En este sentido, lo *micropolítico* no se relaciona con su representatividad sino también con niveles semióticos heterogéneos y con lo que ya hemos denominado invención en tanto relación con las articulaciones exteriores o interiores de un grupo.

Intervenciones entre lo molar y molecular

¿Quiénes son los amateurs que desarrollan proyectos *"por amor al arte"*? ¿Quiénes son los que propician impulsos de otros aconteceres, aquellos que forman bandas, clanes, grupos, tribus, guetos, troupes en este Tercer Mundo?

---

[25] Entrevista a Gabriel Patrono y José Ludovico integrantes del grupo Nave de los Sueños (Productora de Contenidos Culturales) en el bar del Centro Cultural Rojas en el 2006. Actualmente coproducen junto a la Biblioteca Nacional el ciclo dedicado al cine entre otras de sus actividades.

Los grupos emprendedores de prácticas artísticas forman parte de la sociedad civil[26] y se manifiestan de diversos modos, así es que se expresan no sólo por lo que dicen sino por lo que producen en su obrar, por ejemplo, habitando el espacio público y estetizando problemas. "Una intervención callejera que se llama *Privatizado*: cada uno lleva pegada en la espalda una de las once letras que forman la palabra *p-r-i-v-a-t-i-z-a-d-o*. Vestidos de negro, resaltan las letras blancas. Un aviso visible, contundente, que denuncia la venta de espacios públicos".[27] La estetización configura una forma de poner en escena y tornar más perceptible los significados colectivos.[28] Así se visibiliza una realidad de la historia social en tanto cuestiona las reformas estructurales ocasionadas durante la hegemonía menemista. Dicho matiz crítico denuncia a través de una instalación estética la complejidad del contexto. Así como en tiempos pretéritos los grupos escultóricos aparecían en el espacio público gracias a los escultores, hoy aparecen los grupos de aquellos artistas plásticos que en la ejemplificación se ha denominado *intervenciones urbanas*. La denominación refiere a proyectos en espacios públicos donde se pretende un diálogo entre la propuesta plástica del artista con la arquitectura y el espacio preexistentes. Si bien su búsqueda es artística pretende la participación activa porque sin la mediación pública la obra no podría ser considerada bajo esta categoría: la intencionalidad es reinventar el espacio público porque la ciudad se torna el escenario de interacción artística. Se trata de una creación colectiva en una arquitectura que pretende relaciones entre todos los participantes. Por consiguiente, al estilo de un grafiti que (d)enuncia y marca un zona también es necesaria la presencia de otro que decodifique los

---

[26] En términos conceptuales por estas latitudes se está sobre las huellas de la noción de sociedad civil. Dicha categoría es entendida como aquel conjunto de actores que contribuyen específicamente a la reconstrucción de la *polis* y la ciudadanía, como aquel sujeto de demandas y proyectos que reconstituyen efectivamente el espacio donde la sociedad y el país se producen como tales. Cheresky, I. (comp) (2006). *Ciudadanía, Sociedad civil y participación política.* Buenos Aires: Edit. Miño y Dávila. Pág. 57. Definición correspondiente a Garretón,Manuel A.

[27] Percia, M. *Anaconda duerme en clase.* (2004). [en línea]. [consulta: 3 de diciembre 2004] http:/www.rayandolosconfines.com.ar

[28] "Melero perteneció al grupo La Mutual Art-Gentina, que entre 1999 y 2001 realizó una serie de acciones en las calles. Afiches, volantes, periódicos, pintadas callejeras y hasta inusuales "objetos" –sobres para votar con una feta de salame en su interior, por ejemplo– constituyeron el abanico de recursos –muchos de ellos con antecedentes directos en la actividad política– mediante los cuales buscaron provocar la reflexión del habitante urbano sobre situaciones sociales históricas y de actualidad.

El espacio público fue también el escenario de las acciones del grupo Costuras Urbanas. En su intervención callejera Privatizado, un conjunto de cuerpos actúan como señalizadores de las transformaciones del entorno público como consecuencia de las políticas privatistas. Los actos son simples pero contundentes, y revelan aspectos que sin ser desconocidos, en su lenta y constante implementación tendieron a pasar desapercibidos." Alonso, R. (2003). *Fundación Proa. Una mirada del Arte Argentino reciente.* Buenos Aires. Fundación Proa.

significados que se exhiben. Ya que si provoca un cuestionamiento podría decirse que siembra la incertidumbre y propicia la función crítica.[29]

Se desprende de lo expuesto que mientras la política antes ocupaba casi todo, ha dejado de hacerlo ahora y los grupos con fines culturales se manifiestan de diversos modos, pareciera que reemplazando a los partidos políticos con sus intervenciones. Si bien en América Latina hubo un momento histórico en el cual la política ocupó casi todo el espacio de la vida social —por supuesto con diferencias nacionales que se referían al carácter institucional, representativo o movilizador, partidario o personalizado de esa política—, en el período histórico analizado ha sufrido cierta deslegitimación. "Al vaciarse en parte la política de contenido simbólico y material, los partidos e instituciones que la encarnaban se han convertido mucho más en maquinarias electorales o de administración del poder estatal y han perdido parte significativa de su capacidad de convocatoria aun cuando, con excepciones importantes, mantienen su legitimidad como instancias de representación política".[30] Así es que, si bien en los grupos se encuentra la capacidad de expresarse en diversas formas creativas, también se distingue el modo en el que la historia se inscribe en sus intervenciones. O dicho en términos de Arribas "La actitud política presupone la creación histórica de todas las significaciones y el que, valga la paradoja, la contingencia sea algo necesario; es decir, el que la contingencia deba afirmarse sin cesar si queremos creer en otras instituciones para determinar nuestras vidas autónomas".[31]

Si la política sufre una pérdida de esta centralidad absorbente emergen tales grupos que irrumpen en el espacio público con sus expresiones estéticas, y las asociaciones ya existentes adquieren relevancia. "En resumen, todo es política pero toda política es a la vez macropolítica y micropolítica. Supongamos unos conjuntos del tipo percepción o sentimiento: su organización molar, su segmentaridad dura, no impide todo un mundo de micropreceptos inconscientes, de afectos inconscientes segmentaciones finas que no captan

---

[29] "La ciudad intervenida por el arte convierte al *flâneur* en un *performer* que entrega su voluntad a las instrucciones de recorridos inscriptos en la obra o en los folletos y noticias de la prensa que la acompañan. Pero como esa obra es una intervención *in situ*, porque es específicamente *site specific*, corre el riesgo (alegremente asumido como teoría) de hundirse en el sitio y perder su especificidad de obra para ser absorbida en su continente. En el límite, toda intervención en el espacio público puede ser leída como intervención de un artista. [...] Su objetivo generalmente es crítico (de la sociedad, de la cultura, de la política), pero tiende a ingenuidad o a lo autoevidente porque es arte público y necesita de una comprensión que le otorgue el sentido público al que aspira, contando con lo que los críticos digan en las explicaciones escritas (a veces pesadamente didácticas) sobre las intervenciones." Sarlo, B. (2009). *La ciudad vista*. Buenos Aires: Siglo XXI. Pág. 165-166.

[30] Garretón, M. A. (2003). *El espacio cultural Latinoamericano. Bases para una política cultural de integración*. Santiago, Chile: Fondo de Cultura Económica. Pág. 25.

[31] Arribas, S. (2008). Castoriadis y el imaginario político. *Foro Interno*. 8, 108.

o no experimentan las mismas cosas, que tribuyen de otra forma, que actúan de otra forma".[32] Los diversos grupos irrumpen defendiendo derechos, reclamándolos o estatizando una conflictividad subyacente presentando instalaciones en el espacio público y ámbitos insólitos de la metrópolis.

Performance: Estetizar[33] un problema

Los grupos emprenden sus quehaceres de un modo autogestivo, lo cual en términos de George Yúdice[34] se podría repensar como dimensión de una solidaridad grupal ya que la interrelación se torna fundamental para adquirir determinada legitimidad en tanto se la utiliza para exigir emancipación. Se trata de un modo estratégico de *activismo* encarnado por diversos colectivos. El autor destaca las tácticas que legitiman la adjudicación y legislación de derechos sobre la base de necesidades grupales y ya no en términos posesivos e individualistas como se utilizó tradicionalmente. La solidaridad grupal entrama un sentimiento de pertenencia que no sólo se caracteriza por el conjunto de prácticas sino también por las relaciones con otros que demarcan lo colectivo constituyendo el principal recurso.

La *performatividad*[35], es entonces un modo de *activismo* por quienes toman la palabra ya que (d)enuncian un problema, lo teatralizan, lo presentan directamente en el espacio público. Así en el espacio participan cierta combinación de objetos geográficos, objetos materiales, sociales y la vitalidad que asumen en movimiento. El despliegue que se pretende con las bellas formas[36] es precisamente impresionar los sentidos, pero lo que cuenta no es esto sino los significados que dichas formas revelan o sugieren. El ejemplo de lo ya enunciada como el "siluetazao" demarcaba un conflicto al que se le otorgaba una forma estética al retorno de la democracia. La estrategia *performativa* es eficaz porque es producto de una construcción social de sentido colectivo

---

[32] Deleuze, G. y Guattari, F. Mil..., ob. cit. Pág. 218.

[33] El despliegue que se pretende con las bellas formas es precisamente impresionar los sentidos pero lo que cuenta no es esto sino los significados que dichas formas revelan o sugieren tal como ya se ha complejizado en torno al estatuto de la belleza.

[34] Yúdice, G. (2002). *El recurso de la cultura. Usos de la Cultura en la era global*. Barcelona: Editorial Gedisa. Pág. 77.

[35] "Considerada así la responsabilidad como relación no pasiva o meramente atributiva, sino activa o performativa, traza un arco vital que comienza con el hecho de "estar en relación de", de responsabilidad con la existencia misma, con la toma de conciencia de lo que ello significa, en todos sus niveles de efectuación." Cruz, M. (2008). Un presente sin tregua. *Revista Isegoría.* 34, 315.

[36] La salvedad refiere a lo que ya se ha explicitado con anterioridad la dificultad de considerar como belleza siendo una categoría controvertida en el campo de la estética.

donde en el decir hay un hacer. "La acción directa es la estrategia central de la resistencia creativa, una estrategia que, al contrario que la racionalidad y la objetividad de la mayor parte de la política, revoca el énfasis en las palabras y en la razón para reclamar que se reconozca la intuición y la imaginación."[37] Aunque la acción directa no es solo teatralidad, esa es su función en tanto actúa delante de un público y no sólo es un recurso para interpelar a los medios de comunicación. Se trataría no de representación sino de presencia, sin aplazar el cambio social a través de la política a futuro sino a una transformación en la inmediatez. Resulta conveniente revisar las posibilidades que ofrece también la categoría de *performatividad* tomada por Judith Butler que trata la descripción del acto de habla de John Austin, definida como un acto que "produce lo que nombra." Se refiere a aquellos grupos a quienes se les impone atestiguar con su presencia la representación de normas de obligatoriedad, especialmente si esas normas invalidan lo que ellos son (o mejor, lo que ellos hacen) lo cual conlleva que a menudo respondan con el silencio, la parodia, el desvío e incluso la resistencia.[38] Otro rasgo de la *perfomatividad* consiste en que se trata de grupos dedicados a la defensa de individuos que se interpretan como minorías e incluso formados por miembros de esas minorías. Según Butler,[39] en la medida que un grupo cualquiera haga una afirmación con respecto a la identidad sin reconocer su imbricación en los discursos de los otros, eso constituye una forma de repudio. Se trata así de entender las dinámicas que operan en muchos grupos que exigen determinado reconocimiento. El *"compromiso"* entre los sujetos involucrados en tales experiencias es alcanzar legitimidad a través de sus expresiones artísticas cuya eficacia *performativa*[40] consiste en la construcción social del sentido. Tal como se expresa en la siguiente cita: *"Nuestra generación creía que la utopía*

---

[37] Jordan, J. (2008). El arte de la necesidad: la imaginación subversiva de la anti-road protest y Reclaim the Streets. *Ramona.* 86, 50.

[38] Yúdice, G. (2002). *El recurso de la cultura. Usos de la Cultura en la era global.* Barcelona: Editorial Gedisa. Pág. 66

[39] "De modo que la performatividad no es pues un "acto" singular, porque siempre es la reiteración de una norma o un conjunto de normas y, en la medida en que adquiere la condición de acto en el presente, oculta o disimula las convenciones de las que es una repetición. Además, este acto no es primariamente teatral; en realidad, su aparente teatralidad se produce en la medida en que permanezca disimulada su historicidad (e, inversamente, su teatralidad adquiere cierto carácter inevitable por la imposibilidad de revelar plenamente su historicidad)." Butler, J. (2008). *Cuerpos que importan.* Buenos Aires: Paidós. Pág. 34.

[40] "Justamente, la performance, el arte efímero, el body art, la instalación, y la video instalación, el reality painting y otras variables inclasificables, que incluyen los materiales más diversos y los efectos más pertubadores, están a la avanzada, en coexistencia con formas pictóricas menos disruptivas y también con la valorización creciente de las retrospectivas, de autores o tendencias, que proponen un diálogo, formal e histórico, con el pasado." Arfuch, L. y Catanzaro, G. (2008). *Pretérito Imperfecto.* Buenos Aires: Prometeo. Pág.111.

de la revolución era posible", recuerda. Formado en el teatro independiente uruguayo, con inflexión en lo grupal, él cruzó el río y se instaló en Buenos Aires en 1973 con un malestar que no estaba dispuesto a digerir. *"El teatro no era transformador de nada; hacíamos teatro para convencidos."* Poco a poco comenzó un trabajo colectivo que él define como "bisagra", entre la clase media y la clase trabajadora, con los vecinos de La Boca; una actividad que consiste en desarrollar prácticas artísticas comunitarias con eje en la transformación social. *"Estábamos saliendo de la dictadura y teníamos que recuperar el espacio público con un planteo del teatro como fiesta, como celebración. Esa misma gente de clase media y trabajadora, que había estado encerrada, sale a las plazas"*, recuerda el actor y director. *"Si vivíamos en ese territorio, teníamos que saber la historia del barrio, recuperar una memoria artística de esa zona a la que llegaron los primeros titiriteros. Así nació Catalinas Sur hace 25 años, por contagio entre vecinos."* La epidemia, felizmente, se expandió tanto que 300 vecinos de todas las edades integran el grupo. *"Las organizaciones sociales, muchas muy valiosas, creen que el arte es la decoración de la torta. No se dan cuenta de que también tienen derecho al arte no sólo como espectadores sino como productores"*, critica el director.[41]

El carácter cooperativo en lo grupal

¿De qué modo se conforman los grupos y a través de qué construcciones sociales? Howard Becker nos permite entender los vínculos de los sujetos en combinación con la afirmación de la autonomía creadora y un reconocimiento de los lazos que se imbrican. De este modo explica, por ejemplo, cómo una orquesta requiere de un grupo numeroso de personas que implica que los instrumentos hayan sido fabricados y conservados, que los músicos los aprendieran a tocar en escuelas, que se haga publicidad del concierto, que haya públicos formados a través de una historia musical, con disponibilidad para asistir y disfrutar de tal tipo de evento. "En verdad, todo arte supone la confección de los artefactos físicos necesarios, la creación de un lenguaje convencional compartido, el entrenamiento de especialistas y espectadores en el uso de ese lenguaje, la creación, experimentación o mezcla de esos elementos para construir obras particulares".[42] Es decir que, en las interre-

---

[41] Silvina Friera. *Página 12*. (2009, 13 de diciembre). [en línea]. [consulta: 24 de junio del 2010]. Disponible en: http://www.pagina12.com.ar/diario/suplementos/espectaculos/17-16339-2009-12-13.html

[42] García Canclini, N. (2003). *Culturas Híbridas. Estrategias para entrar y salir de la modernidad.* Buenos Aires: Paidós. Pág. 56.

laciones del arte, es necesario el desarrollo de sentidos colectivos para que pueda configurarse un determinado circuito. Incluso, a pesar de la aparición de tecnologías más avanzadas que intervienen en la reproducción del arte, la frontera entre productores y colaboradores siempre es incierta porque se origina de igual modo la interacción entre todos los elementos mencionados. Becker se especializa en distinguir los acuerdos que se suscitan entre los muchos participantes de una expresión artística. Así denomina como "grupos de apoyo" a intérpretes, actores, editores, camarógrafos, quienes en determinadas circunstancias desenvuelven sus propios intereses y patrones de gusto, de modo que adquieren lugares protagónicos en la realización y transmisión de las obras. En dicha perspectiva nos encontramos con un mundo complejo en el cual se inscribe cualquier tendencia estética y cualquier grupo[43] humano con intenciones de creación colectiva ya sea éste innovador o conservador. De un modo u otro se requiere siempre de una instancia colectiva para compartir su quehacer con otros. "De ahí que lo que sucede en el mundo del arte sea producto de cooperación y también de la competencia. La competencia suele tener condicionamientos económicos, pero se organiza principalmente dentro del "mundo del arte" según el grado de adhesión o trasgresión a las convenciones que reglan una práctica".[44]

La sensibilidad colectiva es intrínseca a las convenciones que operan como restricciones y rigen el trabajo a través de convenios y acuerdos entre los participantes de un grupo donde se reducen al mínimo las pretensiones de un arte emancipado del contexto en el que se produce. En este sentido se resaltan las convenciones en tanto hacen posible que el arte sea un acontecimiento social a través del cual se establecen también formas compartidas de cooperación.

La propuesta planteada Becker define lo artístico no según valores estéticos a priori sino que se retoma ya que focaliza sobre los grupos de personas que cooperan en la producción de bienes que, al menos ellos, llaman arte. De modo que abre el camino para análisis no etnocéntricos ni sociocéntricos de los movimientos que se ocasionan en el campo donde se practican esas

---

[43] "El proceso grupal como dimensión de la creación colectiva para la transformación a través del arte debe tener en cuenta lo que cada uno de los integrantes aporta como inquietud artística o temática, así como las características e intereses grupales y sus potencialidades. Estas inquietudes, deseos e intereses de los integrantes circulan en el trabajo colectivo, posibilitando que cada persona pueda hacer grupo y conformar un cuerpo artístico en el conjunto. De esta forma, se reconoce a los participantes en su dimensión subjetiva como personas portadoras de potencialidades creativas y expresivas que pueden desarrollar de forma activa." Wajnerman. Bang. (2010). Arte y transformación social. La importancia de la creación colectiva en intervenciones comunitarias. En *Revista de Psicología RAP.* 48,92.

[44] García Canclini, N. (2003). *Culturas Híbridas. Estrategias para entrar y salir de la modernidad.* Buenos Aires: Paidós. Pág. 57

actividades. Es decir, focaliza sobre los modos de agrupamiento colectivos y los procesos de los sujetos involucrados. Así la atención se ciñe sobre la caracterización social de los modos de interacción grupal. [45]

Se entiende que la atmósfera grupal no es sólo armonía sino una composición compleja. Incluso, Becker logra distinguir que existen conflictos entre los integrantes del mundo del arte, los nombra como disputas entre artistas y personal de apoyo, por ejemplo que según él se resuelven mediante la cooperación y el deseo de culminar el trabajo o quedan como una tensión secundaria respecto de los mecanismos de colaboración solidarizando a los integrantes. Es decir, las convenciones y los acuerdos permiten que se atraviesen obstáculos y se continúe con la tarea e incluso que se finalice.

Los acuerdos son pactados en los grupos donde se trabaja con equipos que requieren de alguna brújula para lograr los objetivos trazados colectivamente. En algunos equipos de producciones fílmicas realizadas *"a pulmón"* o *"independientes"* —como las realizadas por el director de cine Raúl Perrone— existe, incluso, un decálogo para amortiguar los conocidos vaivenes coyunturales, que pueden ir desde problemas presupuestarios hasta tecnológicos. Por ese motivo en el último ítem plantea: "Pase lo que pase terminar la película." [46]

La existencia de *decálogos* o *manifiestos* con premisas como las señaladas es una tendencia muy usual, básicamente para establecer acuerdos explícitos en un grupo de sujetos con hábitos disímiles, y con intenciones de llegar a consensos para alcanzar la realización de sus fines. A continuación,

---

[45] Bourdieu también analiza lo que ha denominado la formación y disolución de grupos desde otra perspectiva. Infiere que "los ocupantes de posiciones dominantes, sobre todo económicamente, como el teatro burgués, son muy homogéneos, las posiciones de vanguardia que principalmente se definen negativamente, a través de la oposición a las oposiciones dominantes, acogen entre sus filas durante un tiempo, en la fase de *acumulación inicial de capital simbólico*, a escritores y artistas muy diferentes por su procedencia y sus disposiciones, cuyos intereses, momentáneamente próximos, acabarán divergiendo más adelante. Las solidaridades que se establecen, en el seno de los grupos artísticos, entro los más dotados y los más desvalidos constituyen uno de los medios que permiten sobrevivir a algunos artistas pobres pese a la falta de recursos ofrecidos por el mercado. Pequeñas sectas aisladas, cuya cohesión negativa va pareja a una intensa solidaridad afectiva, a menudo concentrada en el apego a un líder, esos grupos dominados tienden a entrar en crisis, debido a una paradoja aparente, cuando acceden al reconocimiento, cuyos beneficios simbólicos a menudo van a parar a un grupo reducido, cuando no a uno solo, y cuando se debilitan las fuerzas negativas de cohesión; las diferencias de posición en el seno del grupo, y sobre todo las diferencias de posiciones sociales y académicas que la unidad oposicional de los inicios permitía separar y sublimar, se retraducen en una participación desigual en los beneficios del capital simbólico acumulado." Bourdieu, P. (1995). *Las reglas del arte*. Buenos Aires: Anagrama. Pág. 396.

[46] La cita fue tomada del decálogo del director de cine conocido por su producción, y un estilo en el cine caracterizado por la austeridad de recursos técnicos que luego otros cineastas tomaron como una estética. Ver Sitio web de Raúl Perrone [en línea]. [consulta: 6 octubre 2007] http://www.raulperrone.com/decalogo/decalogo

se adjunta la expresión de un actor que ilustra lo expresado. En la cita que a continuación se adjunta, se narra la modalidad existente en una cooperativa[47] de teatro (forma usual ya que jurídicamente se encuentra enmarcada así en la Asociación Argentina de Actores[48]):

> *Las reuniones de cooperativa eran un verdadero caos [...]. Por suerte estaba Rebeca, la productora, que la volvíamos loca, a ella y a la vestuarista, Mariela, porque sin ellos no sé qué hacíamos. Los Papotas fue algo increíble, todos los sábados la sala explotaba. No sé, éramos un grupo, había cariño y queríamos lo que hacíamos, y nos divertíamos. En una ciudad que tiene un ritmo caótico todas las semanas nos juntábamos igual a tomar decisiones, que nadie quería tomar a veces. Pero bueno, nos reuníamos a tomar decisiones.*[49]

Los encuentros se originan en esa zona donde se dinamice la tarea incluso atravesando los obstáculos del caos y se distingue con relevancia el rol de una productora que aparece como aquella que organiza las reuniones. En esta experiencia, el grupo denominado *"Los Papotas"* junto a *"Clowns no Perecederos"* centran en sus conversaciones desde inquietudes respecto de si resultaba conveniente hacer funciones teatrales los días feriados o como recolectar los alimentos no perecederos para luego redistribuirlos. Ya que el ingreso a ver estas propuestas artísticas se caracterizaban por llevar

---

[47] "Según la ley de cooperativas, estas son entidades fundadas en el esfuerzo y la ayuda mutua para prestar servicios. En este sentido, lo primero que se destaca es la función de servicio que cumplen estas entidades. Así, en la exposición de motivos la citada ley, se define al *acto cooperativo* estableciéndose claramente que *no implica observación de mercado sin la realización de un servicio social, de conformidad a los principios tipificados por la ley.* [...] Ahora bien el tema más complejo consiste en la definición de las cooperativas como entidades sin fines de lucro es la efectiva posibilidad de distribución de beneficios entre los asociados. [...] Es decir que la pertenencia de las cooperativas al terreno de la "economía solidaria o la "economía social. Establece algunas peculiaridades en el tipo de beneficio a distribuir que es necesario examinar." Roitter, M. M. González Bombal. (2000). *Estudios sobre el sector sin fines de lucro.* Buenos Aires: Cedes. Pág. 23, 24.

[48] La Asociación Argentina de Actores se fundó el 18 de marzo del año 1919 y sus socios trabajan de manera cooperativa en su sistema de puntajes según la categoría de desempeño de cada uno de los actores y opera tanto como gremio y mutual desde donde se descuentan los porcentajes de bordereaux del sistema de pagos de los actores que están asociados y por eso reciben determinados beneficios laborales. Ver sitio web [en línea]. [consulta: 30 julio 2010]. http://www.actores.org.ar

[49] Camilo y Marina fueron actores-clowns de Los Papota Payasos Grup, integrado además por Lila, Darío, Fernando y Erica. Sus funciones se hicieron como varietés con artistas invitados en el Teatro Puerta Roja, en Lavalle 3636, y en el Espacio Callejón en Humahuaca 3759, en el barrio del Abasto. Tuvieron un promedio de 130 personas por función. Y asimismo, eran invitados por Cristina quien coordinaba a un ciclo denominado Clowns no perecederos en la sala teatral Batato Barea.

un alimento de tales características. Este tipo de decisiones se toman de un modo cooperativo[50] y se destaca también el valor por los detalles que hacen al hecho estético. Aunque, resulte, por momento un caos. El impedimento frecuente es que aborrezcan las tareas de administración o cualquier trámite que les quite tiempo para el desarrollo de su arte, o desempeño de su proyecto cultural motivo por el cual aparece enunciado que no querían tomar ciertas decisiones. Incluso, la dimensión administrativa conocida como gestión cultural es tan reciente en nuestras latitudes que con frecuencia es una amigo quien asume la tarea denominada bajo el rol de *producción* que implica desde la difusión hasta los acuerdos con algunos espacios cuando se tratan de grupos sin una pertenencia a un centro cultural específico hasta la confección de gacetillas de prensa. Se desprende de lo expuesto que se resalta que las convenciones y los acuerdos representan el ajuste continuo de las partes que cooperan respecto de las condiciones cambiantes en las que se desarrolla su quehacer.

Asociatividad: una matriz en la historia argentina

La cuestión de entender lo grupal en su obrar al momento de *autogestionar,* ya sea un intersticio de espacio en la ciudad para una *performance,* o un club o centro cultural, permiten entender las dinámicas de reconocimiento entre los grupos y las interrelaciones entre los sujetos, precisando así los vocablos adecuados. En dicha perspectiva se encuentra también la pertinencia de reflexionar sobre la solidaridad grupal y sobre la performatividad, así como también el carácter cooperativo de producción. En este apartado se trata de pensar también la tradición de la asociatividad ya vigente desde la aparición de los *groppos sculturicos* que por aquellos años presentaban a la existencia de los grupos de asociaciones de oficios.

---

[50] Palomino, H. (2002). Las experiencias actuales de autogestión en la Argentina. *Nueva Sociedad.* 184, 128 "Aquí debe tenerse en cuenta que en Argentina las formas de organización de los agentes económicos se limita a la empresa privada, la cooperativa o mutual y la asociación civil. Estas formas jurídicas parecen hoy día limitadas para contener las fuerzas solidarias liberadas por la nueva economía social. No se trata de negar las formas existentes, sino de encontrar nuevas figuras jurídico organizativas capaces de potenciar el desarrollo de la economía social."

Los estudios sobre la asociatividad[51] posibilitan comprender la matriz asociativa subyacente en los espacios, clubes y centros culturales ya que contribuyen a recuperar la historia de dichas iniciativas, no sólo las exitosas y formalizadas, sino la multiplicidad de emprendimientos informales. Resulta verosímil que hayan existido y aún permanezcan y por lo tanto tengan su propia historia y hayan contribuido a las matrices asociativas en la cultura argentina, organizaciones efímeras o permanentes cuya presencia no ha quedado registrada de manera suficiente. Algunas experiencias son organizaciones formales de entrada y salida libre, producto de una decisión de un grupo inicial de individuos de asociarse de manera duradera para compartir o hacer juntos determinadas actividades. De acuerdo a pautas que son mucho más que un decálogo, en ciertas ocasiones se tratan de reglamentos a los que ellos mismos adhieren expresamente. Incluso, se las podría diferenciar entre aquellas asociaciones voluntarias de individuos o las de un conjunto de organizaciones o personas, interindependientes pero autónomas de otras, donde la totalidad de los integrantes es inseparable de lo que constituyen, como es por ejemplo una comunidad de raíces ancestrales. Los estudios recientes sobre la cuestión consideran que la forma de encarar una solidaridad genérica no es equivalente en ambos casos aunque afirman que "salvo que hubiera sido recreada como tal a partir de individuos que recuperan o son portadores 'descendientes' de esa identidad, y decidieron reconstruir una comunidad que fue fragmentada y de la cual sus antecesores fueron separados o se separaron por propia voluntad.

La "cultura asociativa," ese conjunto institucionalizado de valores, predisposiciones, reglas, pautas de compartimiento comunes a la génesis, consolidación y desarrollo de asociaciones voluntarias, puede pasar por épocas de auge o decadencia, en parte, por su mayor o menor utilidad, y también los vaivenes socioeconómicos, históricos y políticos".[52]

---

[51] "Respecto del contexto socioeconómico, si bien la reciente crisis de 2001-2002 constituyó un importante obstáculo en términos de sustentabilidad de la sociedad civil, paradójicamente la misma puso en evidencia también el creciente rol que desempeñan las OSC como proveedoras de servicios sociales y es innegable que dio impulso a múltiples iniciativas solidarias, muchas de las cuales expresan una alta capacidad de innovación. Este mismo contexto ayuda también a explicar la notable eficacia de las OSC para operar con escasos recursos, así como el creciente reconocimiento de parte de otros actores acerca del rol protagónico del sector en el espacio público. Este reconocimiento se cristaliza en forma creciente en nuevos modelos de articulación con el Estado y las empresas, y en la multiplicación de experiencias de participación en consejos consultivos y de gestión asociada." Ver Civicus, GADIS (2006). *La sociedad civil por dentro: Tiempo de Crisis y de Oportunidades. Índice de Sociedad Civil (2004-2005)*. Buenos Aires: Civicus Argentina. Pág. 12.

[52] Di Stefano, R., Sabato, H., Romero, L., Moreno, J. L., Luna, E. y Cecconi, E. (2002). *De las cofradías a las organizaciones de la sociedad civil. Historia de la Iniciativa Asociativa en Argentina. 1776-1990*. Buenos Aires: GADIS. Pág. 16.

Asimismo, se sabe que las condiciones estructurales se modifican según las coyunturas de cada época y no pueden separarse de la historia del asociativismo, sin tener los procesos de transformación de las macroestructuras. El sistema capitalista globalizado ha tendido a excluir a gran cantidad de sujetos y para los dedicados a este tema, la asociatividad constituye un mecanismo de supervivencia que puede volver a motorizar la unión informal de diversos grupos a los fines de atender problemas colectivos. Así es como se ilustra la dimensión histórica en la que se inscribe el asociativismo en sus modos de construcción de redes de relación intercomunitarias remontándose a años pretéritos, resulta conveniente recordar que ha consistido también una estrategia de supervivencia en ciertas circunstancias de postguerra. Asimismo, la trama de vínculos forjados en tal perspectiva asociativa presenta también solidaridades grupales tejidas a los fines de intervenir en la comunidad.[53] Así como lo hicieron las asociaciones de socorro y ayuda mutua, de beneficencia y de trabajos voluntarios. Sus funciones consistían en resolver problemas comunitarios y también simbólicos como la preservación y difusión de sus tradiciones.

Lo grupal: entre creencia y deseo

La sociología se ha preocupado por el entendimiento de la sociedad. Y la psicología se ha desvelado por los problemas que atañen a lo individual y han olvidado que lo grupal puede combinar el cruce de ambas lecturas. Las dicotomías entre la psicología y la sociología ya habían sido disipadas por las producciones microsociologías de autores como Gino Germani, quien se había interesado por el relativismo metodológico de la ciencia afirmando que no podía emplearse para fundamentar el *relativismo ético*. Así las categorizaciones utilizadas para pensar sobre *lo grupal*, entonces, permiten reflejar el agenciamiento de los procesos creativos con dinámicas cooperativas donde se entraman lazos. "Es de creencia o deseo (los dos aspectos de todo agenciamiento), un flujo siempre es de creencia y de deseo. Las creencias y los

---

[53] "La comunidad nombra de este modo una disponibilidad hacia lo común siempre alerta, siempre generosa. Es indudable que esta manera de concebir la forma-comunidad está llevada, aquí, a su límite positivo. El texto ha extremado sus rasgos, su potencial emancipativo para desarrollar combates urgentes contra su anacronización modernizante, pero también para revelar, por contraste con otras formas actuales de vida, la existencia de fuerzas sensibles y políticas que la ponen en movimiento. La comunidad opera, entonces, en este texto, como nominación de las formas de la acción colectiva, y lo hace con toda la intención de circular a contrapelo de la sensibilidad evanescente para la cual todo lo sólido se desvanece en el aire." Zibechi, R. (2006). Notas sobre la noción de comunidad. En *Dispersar el poder. Los movimientos sociales poderes antiestatales*. Buenos Aires: Tinta Limón Ediciones. Pág.1

deseos son la base de toda sociedad, porque son flujos y como tales "cuantificables", verdaderas cantidades sociales, mientras que las sensaciones son cualitativas y las representaciones siempre resultantes".[54]

La morfología puede oscilar bajo la forma de instalaciones urbanas, performances, asociaciones civiles, clubes barriales o centro culturales, y en todas resulta crucial el particular intercambio que se da entre los integrantes en esos grupos donde lo político adquiere relevancia. "La decisión política está inmersa necesariamente en un mundo de microdeterminaciones, de atracciones y de deseos, que ella debe presentir o evaluar de otra manera: una evaluación de los flujos y de sus cuantos, bajo las concepciones lineales y las decisiones segmentarias".[55]

¿Por qué estas modalidades de lo grupal se consideran como una *micropolítica* en movimiento? Los grupos conforman una estructura de convocación hacia emplazamientos de configuraciones vinculares, es decir, los miembros aportan a la construcción de un espacio con sus creencias, normas perceptivas, adhesión a ideales y sentimientos cooperando con el propósito de la realización de sus fines. Obviamente, estudiar las tramas requiere de un plano de detalle,[56] es decir, focalizar sobre los lazos, obliga a centrarse sobre las relaciones entre sujetos en cada experiencia que en los próximos capítulos analizaremos. Los lazos se entraman en los grupos en cuya atmósfera se producen sentidos colectivos y también afectos. "Aquí ya no hay en modo alguno formas o desarrollos de formas; ni sujetos y formación de sujetos. No hay estructura ni génesis. Tan sólo hay relaciones de movimiento y de reposo, de velocidad y de lentitud entre elementos no formados, al menos relativamente no formados, moléculas y partículas de todo tipo. Tan sólo hay *haecceidades*, afectos, individuaciones sin sujeto, que constituyen agenciamientos colectivos. Nada se desarrolla, pero, tarde o temprano, suceden cosas, y forman tal o tal agenciamiento según sus composiciones de velocidad".[57]

---

[54] Deleuze y Guattari. Mil..., ob. cit. Pág.223.

[55] *Idem*, Pág. 218.

[56] Ver Arfuch, L. (2005). *Pensar este tiempo. Espacios, Afectos y Pertenencias*. Buenos Aires: Paidós.

[57] Deleuze y Guattari. Mil..., ob. cit. Pág.269.

"¿Cuáles son las causas de convivencia Enjambre de abejas?
¿Por qué hay pasión de enjambre en las abejas y no en los mosquitos aunque las abejas
están dotadas de armadura, de suerte que podrían vivir solitarias?
Quizá la obligación de luchar siempre en circunstancias
en que la acción individual es ineficaz, determinó reunión tan íntima:
lo que no podía el pequeño poder ofensivo de una picadura para abatir un enemigo
lo podrían veinte picaduras, es decir la comunidad."

MACEDONIO FERNÁNDEZ

5.α. ANÁLISIS DE IMPA, LA FÁBRICA CIUDAD CULTURAL

DIAGNÓSTICO DE SITUACIÓN: Durante los años de reestructuración capitalista se incrementó la concentración económica.[1] Se atrajeron capitales especulativos. Los patrones de distribución del ingreso desplazaron la industria manufacturera. Se derogó la ley Nacional de empleo, reduciendo el salario. Las pymes no podían competir y cerraban. La desregulación posibilitó el ingreso de capitales extranjeros. Las industrias locales quedaron desamparadas y perdían su imagen de dignidad social como fuente de empleo. Los sindicatos no mostraron oposición. Se propiciaba la expansión acelerada de servicios. Las importaciones sustituían la industrial local. Las maquinarias se tornaban obsoletas. En síntesis, se trato del abandono del modelo de industrialización. En esta experiencia la conflictividad[2] subyacente se resume en deterioro y pauperización de una cooperativa de trabajo.

- Propuesta de intervención: un movimiento de jóvenes artistas inaugura un centro cultural en virtud de tornar visible una problemática que es difundida por los medios de comunicación masivos.
- Espacio: Impa La fábrica Ciudad Cultural autogestionada en el año 1999.

---

[1] Ver Rebón, J. y Saavedra, I. (2006). *Empresas Recuperadas. La autogestión de los trabajadores.* Buenos Aires: Capital Intelectual. Pág. 13.

[2] "Es en este punto donde los trabajos que llevan el nombre de Michel Foucault pueden aportar para pensar la problemática del conflicto social desde dos perspectivas sólo separables por razones analíticas: se trata de los cuerpos, los cuerpos vivientes de los sujetos, cuerpos sometidos pero también resistentes, creativos, potentes. Al mismo tiempo, se trata de las relaciones de poder desde las que se constituye a esos sujetos y frente a las que los cuerpos se rearticulan en resistencias. (Foucault, 1980)." Murillo, S. (2008). El conflicto social en Michael Foucault. *Conflicto social.* 0, 164.

Problemática: La cooperativa en cuestión

IMPA, Industrias Metalúrgicas y Plásticas Argentinas es una cooperativa limitada, una de las más grandes de Buenos Aires y la primera convertidora de aluminio, ya que lo procesa en todas sus fases. Es una de las dos únicas del país en la que se puede realizar el procesamiento completo del aluminio en las fases de fundición, laminación, extrusión e impresión. Fue fundada como empresa en 1910, se nacionalizó en 1947 y fue privatizada en 1961 bajo la forma de cooperativa de trabajo. En 1997 sufrió un proceso de vaciamiento que la llevó al cierre, hasta que en mayo de 1998 los trabajadores recuperaron la fuente de trabajo y la tornaron nuevamente productiva. Su planta de 22.000 m² está ubicada en la calle Querandíes entre Rawson y Pringles, a la altura de Avenida Rivadavia al 4200, justo frente a las vías del tren. Su producción cubre desde lingotes, chapas y rollos de distinto espesor, hasta la posibilidad de aplicación total de productos en los que el aluminio, junto con otros componentes y sustratos, es el elemento básico de la industria.

Es una empresa argentina, con más de medio siglo de participación en el mercado, que se dedica a la producción de materiales básicos tales como papel, pomos, chapas, rollos, envases rígidos y desechables. De sus laminadoras salieron los fuselajes plateados de los Pulqui 1 y 2, los primeros y últimos aviones a reacción que se fabricaron en América latina. Había sido fundada por alemanes en 1920 e inició la laminación de aluminio en el país durante la década del 30. En 1946 participó de la nacionalización en masa tras la Guerra, y en 1948, Juan Domingo Perón la reunió con las demás empresas de ese origen en la Dirección Nacional de Industrias del Estado. Pero cuando la Revolución Libertadora permitió a los alemanes recomprarlas, ellos seleccionaron sólo las más pujantes: Hoesch, Bayer, Crisoldine. Impa reunía todavía 3.000 operarios en tres plantas: su primer casco —el que hoy sobrevive— la actual Escuela de Aeronáutica de Quilmes y una tercera base en Ciudadela. En 1961, Arturo Frondizi la forzó a cooperativizarse. La UOM y sus trabajadores resistieron la orfandad del Estado hasta que quedó claro que la opción era cooperativa o cierre. Tuvo opción a una gran apuesta más, en 1971, cuando Lanusse licitó la construcción de ALUAR en Trelew. El grupo económico encabezado por FATE resultó más fuerte, y se alzó con la planta de elaboración de lingotes de mineral, e IMPA acabó por ser su primer cliente. Desde entonces, la fábrica de Almagro, entre Rawson, Querandíes, Pringles y las vías del Ferrocarril Sarmiento fue decreciendo y su producción decayó. Todavía trabajaban 500 personas allí cuando se desató el efecto "Tequila", en 1995. En diciembre de 1997, entró en concurso de acreedores. La quiebra y el cierre definitivo se esperaban para mayo de 1998. En enero sólo quedaban

50 trabajadores activos, pero los 100 cesantes, de hecho más recientes, se negaron a aceptar la situación, y junto a los pocos activos reaccionaron contra el Consejo de Administración y la gerencia general de la Cooperativa, a quienes acusaron de vaciar los restos de la fábrica. En una asamblea histórica reemplazaron al anterior presidente por Oracio Campos, uno de los que ya estaban afuera, y resultó electo.[3]

En este capítulo se complejiza la cuestión de los lazos existentes en grupos que autogestionan un espacio cultural en la ciudad de Buenos Aires. La experiencia analizada a continuación presenta también la característica de ser producida por un colectivo artístico pero en la industria mencionada. Asimismo, demuestra una eficacia *performativa;* es decir, esa categoría remite a un acto que "produce lo que nombra" en tanto en el decir hay un hacer y así el discurso realiza una puesta de sentido. Se trata de que es relevante la existencia de un procedimiento convencional aceptado, que posea cierto efecto; dicho procedimiento debe incluir la emisión de ciertas palabras por parte de algunas personas en ciertas circunstancias. Además, en una experiencia dada, las personas y circunstancias particulares deben ser las apropiadas para recurrir al procedimiento particular que se emplea.[4]

Los grupos y sus repertorios performativos

Los antecedentes[5] de la autogestión del espacio remiten a la 501, un movimiento que se vinculó con los momentos fundacionales del centro cultural. Tuvo un día preciso de acción: el 24 de octubre de 1999 se reelegía al Presidente, ante lo cual un grupo de 400 jóvenes decidió apelar a una ley del Código Electoral Nacional que eximía de obligación a quienes por encontrar-

---

[3] Información relevada en IMPA LA FÁBRICA CIUDAD CULTURAL [en línea]. [consulta: 30 de mayo del 2005]. Disponible en: http://www.impa-lafabrica.com.ar

[4] Ver Austin, J.L. (1971). *Cómo hacer cosas con palabras.* Buenos Aires: Paidós.

[5] "Varias razones han sido examinadas para explicar los bajos niveles de legitimidad de los gobiernos en América Latina: (1) una tradición autoritaria, (2) la incapacidad de las instituciones convencionales en agregar y mediar los intereses entre Estado y sociedad de manera eficiente y efectiva, (3) los elevados índices de corrupción que corroen los principios democráticos y, como resultado, (4) disminución de la confianza de las personas en el proceso democrático. Este último factor, la falta de confianza alimenta la percepción en los ciudadanos sobre la inexistencia de alternativas significativas al sistema vigente, lo cual reduce aún más la confianza. Al mismo tiempo sin confianza, las políticas públicas de los gobiernos son vistas como formas de manipulación para ganar elecciones. En este contexto la gobernabilidad y la legitimad de los gobiernos es cada vez más difícil." Baquero, M. Credibilidad política e ilusiones democráticas: Cultura política y capital social en América Latina. (2004). En publicación: *Ecuador Debate*, N° 62. CAAP, Centro Andino de Acción Popular. [en línea].Disponible en http://www.dlh.lahora.com.ec/paginas/debate/paginas/debate1126.htm

se más allá de 500 kilómetros de su domicilio no podían ir a votar. Este grupo de jóvenes, la mayoría estudiantes de Ciencias Sociales o Humanidades decidió viajar a Sierra de la Ventana, para expresar su repudio ante el estado de cosas de un modo colectivo y respetando asimismo el Código Electoral. Se menciona tal movimiento porque para programar el viaje y concensuar al respecto necesitaron un espacio para sus reuniones. Y alguien refirió a IMPA, que era un ámbito propicio para desarrollar sus encuentros. La cooperativa tenía varios espacios ociosos, ya que al bajar su producción determinadas oficinas y galpones estaban vacíos. De este modo se acercaron los jóvenes de la 501 a IMPA que prestó sus instalaciones para las reuniones. Su proclama afirmaba:

> *[...] nosotros creemos que la política no es de los políticos aunque la tengan secuestrada, amordazada, sofocada. Hacer política significa decidir colectivamente sobre el devenir de nuestras vidas; el Km. 501 puede ser un lugar para empezar a pensar por qué y cómo hacerlo. Estamos seguros de que es necesario reencontrarse con la pasión política, darle brillo a palabras hoy gastadas, abandonar la inercia y el lamento ante lo que nos sucede. Intentar trazar el recorrido de una hipótesis política, comprometernos, juntarnos. 501 es esa apuesta. 501 es el nombre de un malestar, es el nombre de una crisis, es el nombre de un ya basta; 501 es el nombre de todos aquellos que están hartos de estar hartos. Ellos somos nosotros.* [6]

Este pronunciamiento tuvo cierta recepción por los medios de comunicación que, haciendo mención al período histórico y los problemas de la época, le otorgaron prensa a su descontento. Lo que planteaban estaba acompañado de una acción precisa, la de movilizarse 501 kilómetros para no votar. Dicha acción, avalada constitucionalmente, se distinguiría socialmente de lo que suele ser un voto en blanco o un voto en contra. Las *formas creativas* que tomaron las protestas en la década de los noventa han incluido nuevos repertorios de acción colectiva: apagones, lluvia de telegramas y correos electrónicos, paros de remates, escraches por parte de la agrupación HIJOS[7], la instalación de la carpa blanca y una enumeración de matices semióticos

---

[6] En folletería correspondiente al Colectivo Urbanautas.

[7] HIJOS es el acrónimo de Hijas e Hijos por la identidad y la Justicia contra el Olvido. Es una organización de derechos humanos cuyos objetivos son la lucha contra la impunidad, la reconstrucción fidedigna de la Historia, la restitución de la identidad de los hermanos y familiares secuestrados y apropiados, así como la reivindicación de la lucha de sus padres y sus compañeros. La organización se caracteriza por una forma horizontal de funcionar, es decir, que todas las decisiones se toman en el ámbito de una asamblea en la cual pueden participar todos sus integrantes.

que albergaron medios inesperados.[8] Un análisis de esta rápida enumeración puede detenerse en diferentes aspectos, pero interesa subrayar aquí la aparición de formas creativas u originales de protesta, en las cuales el componente simbólico tiene un papel central. Es decir, el objetivo principal de muchas de las protestas en los noventa se orientó tanto a influir en los representantes electos como llevar a cabo algún tipo de acto que, poniendo en juego alguna expresión "novedosa", llamara la atención de los medios de comunicación. Se pueden observar momentos de alta movilización y períodos de baja intensidad. Es decir, de latencia aunque la protesta[9] expande su conflictividad social a una multiplicidad de *formatos*. Específicamente, interesa reflexionar sobre dicho formato creativo para pensar el modo en el cual se articula un centro cultural en una industria en quiebra.

En la atmósfera grupal de encuentro para los preparativos de la 501, en la fábrica se gesta la idea de un centro cultural. A continuación, se adjunta el relato de quien asumió la coordinación del proyecto entre los años 1999 y 2001 (período al cual se circunscribe este trabajo, ya que remite a su período fundacional en el que se encuentra esa micropolítica).Así es que se explicita la enunciación respecto del modo de autogestión colectiva por parte de Matías:

> *Yo había vuelto de Humahuca[10] y un amigo me invitó a la asamblea de la 501 que se hacía en el corrugado de Impa, los sábados. Ahí conozco a la "gente de fábrica" porque en las asambleas, participaban todos, estaba Eduardo, Oracio, Guillermo y los de la 501. Mi tarea específica en el movimiento del cual participé se centraba en lo artístico porque esa era mi experiencia. Y cada cual aportaba desde su experiencia. (…)Me convertí un referente en eso. Un día Guillermo me cuenta la situación de la fábrica, que era necesario una apertura hacia el barrio, la*

---

[8] Guiarraca, N. (Coord.). (2001): Bidaseca, K.; Lapegna, P.; Mariotti, D.; Aramendy, C.; Lio, M.; Mingo Acuña, C.; Mingo Acuña, E.; Partenio, F.; Sosa, J.; Weinstock, A. Vejaciones X 8. Arte y Protesta Social en Buenos Aires. Buenos Aires: Instituto de Investigaciones Gino Germani. Facultad de Ciencias Sociales, Universidad de Buenos Aires (Informes de Coyuntura, N°2).

[9] "Para la sociología en (y desde) Latinoamérica siempre ha sido un continuo desafío responder a las preguntas y dilemas que las prácticas capitalistas instalan en nuestras sociedades. Existen tres ejes de una misma cinta mobesiana que atraviesan dialéctica y helicoidalmente la situación actual del capitalismo a escala planetaria y regional: las practicas de depredación de los bienes comunes, la elaboración de los mecanismos de soportabilidad social, los dispositivos de la regulación de las sensaciones y las redefiniciones de la represión-militarización de las sociedades." Scribano. A. (2009). Acciones colectivas, movimientos y protesta social: preguntas y desafíos. En *Revista Conflicto Social*.1,88-89.

[10] La referencia a Humahuaca remite directamente a un Centro de Investigación en Artes Escénicas, Música y Literatura donde el actor-acróbata trabajaba. Desde 1996, el grupo de teatro El Baldío dirigido por Antonio junto al grupo de teatro Viajeros dirigido por Daniel, fundó la Red de Teatro El Séptimo, que realizaba encuentros, seminarios y festivales en la ciudad de Humahuaca, Jujuy, y construye un espacio de aprendizaje artístico en la misma ciudad. [en línea]. [consulta: 20 de junio 2008] Disponible en http:www.elseptimo.org

> *comunidad, las instituciones. Y ahí salió la idea de un centro cultural en semejante espacio porque de los 22.000 metros cuadrados que tenían sólo utilizaban el 30%, había mucho espacio desperdiciado.*[11]

El espacio de encuentro donde se hacían las reuniones del movimiento era IMPA y algunos de los integrantes empezaron a percibir las particularidades de la fábrica y la posibilidad de tornar productivos los espacios ociosos. La 501 fue un movimiento acotado a la fecha de las elecciones aunque algunos de sus miembros vieron la posibilidad de desarrollar allí otras actividades. Entre ellos, Matías, integrante de la 501 cuya disciplina artística era la acrobacia y la actuación, encontró un espacio lo suficientemente amplio para entrenar. Resulta oportuno destacar la dificultad de encontrar en Buenos Aires ámbitos para determinadas disciplinas artísticas que requieren de techos con alturas precisas y superficies extendidas. También Marcela descubrió allí un espacio donde trasladar su taller para la construcción de objetos.[12] Esta tendencia se centra en el teatro de objetos, con técnicas afines a la animación de títeres (los objetos cotidianos son valorizados, "animados" en puestas escénicas donde adquieren protagonismo, dicho de un modo breve) a la vez que retoman el auge de determinadas instalaciones y performances[13] en Europa. Esta búsqueda estética articula las artes plásticas con el teatro y mantiene una interrelación singular con el espacio. De modo tal que no constituye sólo una escenografía donde se mueven actores y objetos sino que adquiere una especial relevancia en la composición escénica, revolucionando así parámetros estéticos que conciben la puesta como un mero decorado. Sobre estos parámetros estéticos existen teorizaciones de larga data

---

[11] La entrevista fue realizada en el año 2006 en París, Francia, donde reside actualmente el actor, acróbata y coordinador de IMPA la Fábrica Ciudad Cultural. Si bien allí vive, trabaja en diversos países de Europa. En el período analizado, circunscripto a la fundación del proyecto, tenía 26 años y yo por aquel entonces tenía 24 años.

[12] Se había formado en esa especialidad, tendencia en boga en ese momento conocida en el país por la compañía teatral el *Periférico de Objetos*. Cuya particularidad es que los objetos logran humanizarse en una dialéctica de sujeto objeto. "En este tipo de teatro el objeto real, físico, artificial, irracional, encontrado, construido, perturbado o interpretado es sometido a una acción, a un procedimiento frente al público, por un sujeto (su manipulador) que acciona sobre este objeto de tal modo que no es posible asegurar dónde termina uno y comienza otro." Alvarado. A. (2010). *El Objeto de las Vanguardias del siglo XX en el Teatro Argentino de la Post-dictadura: Caso Testigo El Periférico de Objetos*. Tesis de Doctorado, IUNA, Buenos Aires. Resumen [online] disponible en http://www.analvarado.com/tesisana.doc

[13] "El Performer, con mayúscula, el hombre de acción. No es el hombre que hace la parte del otro[...] El ritual es perfomance, una acción cumplida, un acto. El ritual degenerado es espectáculo. No quiero descubrir algo nuevo, sino algo olvidado. Algo tan viejo que todas las distinciones entre géneros estéticos no son válidas." Grotowsky,J. (1999). El Performer. En *Revista El Tonto del Pueblo*. 3,154.

como los pronunciamientos efectuados por Gordon Craig,[14] quien ya a finales del 1800 había planteado en relación a las artes escénicas la necesidad de una reformación respecto de lo que se entendía por escenografía en su banal intento de copiar la realidad. El reconocido arquitecto, luego de intervenir en varias obras, plasmó en su teatro en Florencia, Italia, las primeras búsquedas de un teatro que utilizaba, por ejemplo, la luz del exterior como elemento del espacio escénico, intentando desechar toda clase de decorados que pudiesen provocar ilusión en el espectador. Así fundó precedentes para distintas búsquedas estéticas posteriores en el campo de las artes escénicas que modificaron el concepto único de disposición frontal de la escena.

La fundación de un encuentro innovador

Toda historia, para ser narrada, necesita un comienzo, aunque en la cotidianeidad los hechos no inician y terminen nunca de un modo lineal. Seguir el rastro de los grupos que gestionan formas creativas constituye, por momentos, una tarea inconmensurable y lo indeci(di)ble, trasciende los marcos epistémicos de esta experiencia. Motivo por el cual el análisis se centra en el corazón de una industria, allí donde se gestó Impa La Fábrica Ciudad Cultural en el año 1999. Dicha experiencia ha suscitado un devenir incalculable, el cual se torna inaprensible en su complejidad. Su fundación presenta en el campo artístico la seducción de lo novedoso recubierto con el valor del aura de aquella distinción que excede la serie de producción de la industria cultural. Por un lado, se trata de la congregación de obreros y artistas que conviven en la misma industria aproximando el arte a la vida cotidiana y, por otro, resulta insólito ya que se trata de una estrategia ante la precarización laboral conmocionando así el statu quo de consagración en el circuito de promoción, difusión y circulación del arte en la ciudad de Buenos Aires.

IMPA La Fábrica Ciudad Cultural se trataba de un centro cultural, poseía su estructura y características en su fundación pero su particularidad residía en otra situación, ya que era una fábrica que producía aluminio. En este apartado se intenta no olvidar el proceso de abandono del modelo de

---

[14] Ver Hartnoll, P. (1968). *The Theatre. A concise history.* Singapore: Thames and Houdson.

industrialización en el que se da su quiebra[15] pero se evita centrarse únicamente en éste, ya que interesa como una contextualización a los fines de pensar la *función simbólica* que tuvo la cultura. Es decir, se remitirá al efecto de un discurso que construyó el atractivo de un lugar ya que, se entiende, no es una característica intrínseca al mismo.

El espacio analizado no es otra cosa que el efecto o producto de una construcción social de sentido (mistificación) enmarcado en un determinado contexto. En este apartado se explicita la fundación del centro cultural a los fines de tornar legible los modos de autogestión a través de los lazos conformados por grupos de arte, motivo por el cual se adjuntan fragmentos de una entrevista realizada a uno de los artistas que trabajó desde los inicios en el centro cultural. A continuación, Pablo, profesor de danzas folclóricas, menciona el acuerdo realizado con la *"gente de fábrica"*. Es decir, refiere el compromiso asumido entre los integrantes de la cooperativa IMPA y los artistas que asistían allí:

> *Ellos nos dijeron: 'nosotros queremos un centro cultural, por un lado, para darle espacio a la gente que no tiene espacio, porque hay una cultura oficial y una cultura que está escondida que no tiene lugar para existir. Y por otro lado, necesitamos un paraguas político, que surja en este lugar por sus trabajadores que además de producir trabajo, producen cultura'.[16]*

En el marco de una crisis profunda que atravesó el herrumbrado sistema de producción industrial se buscó, por un lado, albergar a una *"cultura escondida, que no tiene lugar para existir"* y por otro, un *"paraguas"*, un amparo ante la difuminación de las fronteras de las protecciones clásicas. El centro cultural se pensó como resguardo ante una coyuntura ya conocida; la industria local se encontraba en debacle. El colectivo estetiza un conflicto histórico, embellece un espacio degradado y de ese modo alcanza visibilidad

---

[15] "Con la crisis, la economía y muchas fábricas cierran o trabajan parcialmente incumpliendo los contratos salariales, bajo la sombra de un posible cierre. La producción deja de ser capitalísticamente rentable y los procesos de quiebra no encuentran nuevos inversores que recuperen la empresa. En este marco de depresión se intensifica la expulsión de la fuerza de trabajo de la producción y el empobrecimiento de la población. Es en este contexto de colapso y quiebra de numerosas empresas y de generalización de desempleo y la pobreza que un conjunto de trabajadores intentará evitar un destino, un horizonte que aparecía no solo como inevitable, sino como parte ya de las experiencias cotidianas del colectivo laboral. Rebón, J. Saavedra, I. (2006). *Empresas recuperadas. La autogestión de los trabajadores.* Buenos Aires: Claves para todos. Pág.17-18.

[16] La entrevista-encuentro se realiza el día 14 de diciembre del 2006 a la salida de una de sus clases de folclore en la Casa Abasto.

en los medios masivos de comunicación[17] que promocionan una fábrica que produce aluminio y cultura en el corazón de la ciudad[18]. La construcción mítica que se hace de esta historia constituye uno de los aspectos más importantes porque provoca concientización de un problema *"escondido"* y a la vez, sensibilización, lo cual origina el denominado *"paraguas;"* refugio ante la intemperie.

En estas coordenadas nace un centro cultural que comienza a nuclear a artistas de distintas edades y latitudes que se acercan ante lo novedoso del fenómeno. El hecho de que un centro cultural se desarrollara en *un espacio no convencional* atraía a trapecistas, exploradores de las danzas aéreas y también a diseñadores y demás disciplinas que encontraban en dicho espacio un ámbito propicio para el desarrollo de disciplinas artísticas que se vinculaban por el uso de *un espacio no convencional*. La nomenclatura específica podría ser resumida haciendo referencia a las características arquitectónicas que permiten realizar actividades artísticas con una relación particular con el espacio; danza con telas, trapecios, acrobacia, etc.

Esta arquitectura remite a otros centros artísticos tales como el existente en la zona de la Courtecherie;[19] el predio se encuentra en Francia tras las dos altísimas columnas que señalan el emplazamiento de la Porte de Vincennes, en el bosque, en el antiguo depósito de municiones del ejército francés. Allí,

---

[17] "Por el contrario, la Opinión pública que ha emergido, en su expresa voluntad de contraponerse a los poderes instituidos que sólo tributan al ensanchamiento de un pensamiento único, incluye también a los medios de comunicación entre sus adversarios estratégicos. Porque hasta hoy mismo cuando se invoca la idea de Opinión Pública, surge casi de inmediato antes que la imagen de una asamblea de ciudadanos, antes que una manifestación pública al uso más frecuente, lo que aparece es un soporte mediático, adalid del concepto de libertad de expresión que sin embargo ha devenido de forma inexorable, representante desemboscado de la libertad de la empresa, de la libre circulación de la mercancía ideológica cuyas afinidades con el sistema que lo sostiene y para el cual trabaja, resultan no sólo evidentes, sino más aún, aceptados e incuestionados por la ciudadanía misma." Santamarina, C. (2004). La opinión pública: el tercero incluido. En *Guerra y Paz. En nombre de la política.* pp.227-228. Madrid: Calamar Ediciones.

[18] "Contemplación y construcción. Inmensidad y proyecto. Las ciudades también lo tienen. Si no nos lo proponemos. Porque las ciudades no son aparatos, campamentos, cemento, gente amontonada, deriva, monotonía, planificación de despacho…Están vivas. O deberían estarlo. Hoy, demasiadas sobreviven. Algunas están en cuidados intensivos. Éstas necesitan el beso del amanecer para levantarse y echarse a correr. Las supervivientes urgen de un huracán de vida. Las vivas deben adecuarse al futuro, que ya no es lo que era: es más apasionante. Y nos exige más. Más de todo, especialmente inteligencia creativa, diseño-pensar antes de hacer- y más de todos. Puig.T. (2009). Ciudades con marca y ciudades desmarcadas. En *Marca Ciudad.* Buenos Aires: Paidós. Pág.21-22.

[19] Allí se encuentra un predio acondicionado para los siguientes propuestas artísticas; Théâtre du Soleil (Direction, Ariane Mnouchkine), Théâtre de l´Aquarium (Direction, Julie Brochen), Théâtre du Chaudron (Direction, Anne-Marie Choisne), Théâtre de l'Epée de Bois (Direction, Antonio Diaz-Florian), Théâtre de la Tempête (Direction, Philippe Adrien), Atelier de Paris de Carolyn Carlson, Atelier de Recherche des Traditions de l'Acteur (Direction, Lucia Bensasson et Jean-François Dusigne), Atelier de Recherche et de Réalisation Théâtrale (Direction, Philippe Adrien).

diversas *troupes* teatrales desarrollan sus actividades y cada una de ellas hizo su teatro en estos hangares. Es internacionalmente reconocido el Théâtre du Soleil, de Ariane Mnouchkine, quien instaló allí desde la década del 70 la noción de compañía; *troupe*, produciendo una ética de grupo sobre reglas y acuerdos, albergando así alrededor de setenta artistas en torno a sus obras; además de fundar la concepción del teatro como fiesta y la construcción de una ética para la creación colectiva concibiéndolo como lugar de encuentro.

La arquitectura industrial también remitía a determinados paisajes fabriles de Alemania, como el edificio sobrio, en la ciudad de Wuppertal, donde se radicó Pina Bausch en la década del 70 y desde entonces ensayó allí sus obras de danza-teatro dejando su impronta en la ciudad que la vio crecer internacionalmente. A 25 minutos de Düsseldorf, entre paisajes decadentes e industriales, el circuito cultural y no tanto, se siente atraído por Thanz-theater. Allí la coreógrafa confiesa no sentirse interesada por el movimiento de las personas sino por lo que las mueve. Se trata de tendencias estéticas cuya característica performativa[20] modifica la relación tradicional con quienes asisten a sus propuestas escénicas y la interrelación que se propicia con el espacio. Hay quienes prefieren la nomenclatura de *espacios no convencionales* para el desarrollo de diversas obras de arte, que oscilan desde exposiciones de pinturas hasta ciclos de danza contemporánea en emplazamientos como los descriptos. No obstante, en Europa, las políticas culturales públicas financian y auspician estas arquitecturas y allí los espacios han sido reciclados en el marco de proyectos de renovación urbana. En nuestras latitudes se trataba de una combinación exótica en una fábrica en quiebra gestionada a modo de cooperativa por obreros en articulación con un centro cultural[21].

Claude Becker, director administrativo de L'Usine-Lieu Unique, centro cultural de la ciudad de Nantes, había estado en Buenos Aires y quedó asombrado por las características de IMPA la Fábrica Ciudad Cultural. En Lieu Unique se realizaban actividades culturales en una fábrica que llevaba el nombre de las famosas galletitas francesas, LU, aunque el recinto se había vaciado como fábrica porque fue captada por una trasnacional que albergó sus actividades en otra ciudad de Francia. Así es que la infraestructura que contuvo la industria se otorgó a través de las políticas públicas al desarrollo de actividades artísticas. Aunque antes de establecer comparaciones con

---

[20] Ver Cruciani, F. (2004). Cultura y performatividad: la puesta en escena del proceso. Revista *Gestos*. 38, 13-34.

[21] "El escenario es siempre el mismo: la ciudad. Tiempo y espacio componen el guión, la trama de la historia. Pera esta trama será vacía sin la presencia de sus protagonistas: la gente. Cada situación, implica un reconocimiento de quienes la habitan y constituyen." Messing, L. (2005). *La construcción social del espacio*. Buenos Aires: Diseño Web.

otros centros de arte convendría rememorar los acontecimientos fundacionales que a continuación se detallan.

La cultura en el tapete

El corrugado, un ámbito destinado a almacenar la producción de aluminio, constituía un espacio lo suficientemente extenso en el tercer piso de IMPA. Tenía un tinglado capaz de albergar las más disímiles expresiones estéticas. Allí estuvo la *troupe* de trapecistas de la compañía Aeroniñas: Ana, Valentina, Victoria, Verónica, con la dirección de Livia, que habitó cotidianamente el espacio. También la obra *3x*, de Mariana y Gustavo, fue presentada incluso en el marco del III Festival Internacional de Buenos Aires. Luego, además, se hicieron conciertos de artistas como Palo Pandolfo, Karamelo Santo, Liliana Herrero y Manu Chao.

¿Cómo llegaron allí antes de que los medios de comunicación difundieran una propuesta esnob en la Ciudad, incluso antes de que los documentalistas europeos filmaran y exportaran a diversos confines del planeta el fenómeno? ¿Cómo fue el inicio, aún antes de que el campo intelectual comience a fijar su lupa allí? ¿Cómo se gestó? La mayoría llegó ahí porque se *"empezó a correr la voz, de boca en boca"* que en una fábrica se abría un centro cultural. Así muchos encontraron un sitio para entrenar sus rutinas artísticas, dar clases o tomarlas, disfrutar de muestras de arte, programación en cine, teatro y música en variedad de estilos y géneros. La pequeña fiesta que se había dado al retorno de la estadía en Sierra de la Ventana, con integrantes de la 501 a fines del 99 había generado una primera convocatoria con efecto expansivo. A los pocos días se empezó a conformar un espacio asambleario para la toma de decisiones respecto del rumbo del proyecto. Matías asumió la coordinación del centro cultural, aunque el vértigo de la difusión de boca en boca desbordaba la posibilidad de cualquier organización.

La primera obra allí fue presentada el 19 de diciembre de 1999, en el día de apertura del centro cultural. Se trató de una puesta escénica, tal como lo relató el coordinador Matías por aquel entonces:

> *[...] me acuerdo que ese día se utilizó un tapete, si, como una gran alfombra, un súper sistema que nosotros lo habíamos aprendido y copiado de trabajar con el Odin Theatre. Sí, porque habíamos visto cómo el Odin llegaba y desplegaba el tapete y con él un sistema muy sofisticado de recortar la propuesta artística en el espacio. Bueno, había un modo de pegarlo y el material tenía particularidades para que quede prolijo. También era un modo de llegar a un lugar, montar y enmarcar un espacio. [...] Y me acuerdo que fue un estrés la inauguración porque lo instalamos*

*en el corrugado y corrimos las cajas para que no se develara el misterio [...] y
cuando vieron que movimos las cajas y semejante tapete ahí... me acuerdo que ya
lo habíamos hablado. Pero cuando lo vieron Robledo, Campos, Peche querían que
sacáramos el tapete. ¡Ah, no, no, no, fue terrible! Y yo había invitado a los artistas
y tenía el compromiso con ellos.*

La referencia al "*tapete*" y su modo de uso remite a la compañía de antropología teatral Odin Theatre,[22] que si bien se radicó en Holstebro, ha girado
con sus obras por diversos festivales internacionales con su "*tapete*", además
de otras estrategias que le permitían arribar a diversos territorios e instalar-
se en la región propiciando un reconocimiento de su labor. Dicha mención
resulta relevante para entender una dinámica organizacional respecto de la
realización de eventos artísticos aprendida por muchos de quienes estuvimos
en IMPA. Si bien la *troupe* citada llegaba al puerto rioplatense en el marco de
festivales internacionales de teatro, en la década del noventa también dicta-
ban cursos donde se aprendían sus mecanismos de intercambio (trueques)
a los fines de difundir sus propuestas en diversas regiones. Los relatos de
sus viajes incluían formas que no se circunscribían sólo a un "*tapete*" para
desarrollar sus obras y oscilaban desde los modos de difusión hasta la administración de un colectivo de artistas con costumbre de arribar a un lugar y
generar una convocatoria para sus propuestas enmarcadas en una corriente
estética denominada *Antropología Teatral*[23]. Esta tendencia es conocida por
varios de los grupos que trabajan en el colectivo en tal perspectiva, tanto

---

[22] Los integrantes del Odin Theatre abandonaron Oslo, Noruega, en junio de 1966 y se trasladaron
a Holstebro, una ciudad danesa en el oeste de Jutlandia donde fundaron su teatro Laboratorio.
Allí cada año organizaban un seminario de un tema específico: Commedia dell´Arte, lenguaje
escénico, teatro de grupo, teatro japonés. Desarrollaron el aprendizaje de tareas de administración
promoviendo actividades desde su gestión colectiva que ninguna otra institución de Dinamarca
desarrollaba. Ver Barba, E. (2000). *La tierra de cenizas y diamantes. Mi aprendizaje en Polonia.
Seguido de 26 cartas de Jerzy Grotowsky a Eugenio Barba.* Buenos Aires: Editorial Catálogos.

[23] "El campo de estudio de la Antropología Teatral es la técnica del actor. Cada artesano pertenece
a la propia cultura, pero a la vez pertenece a la cultura de su propia actividad artesanal. Tiene
una identidad cultural y una identidad profesional. A raíz de esto puede uno encontrarse como
"compatriota" con los artesanos que en distintos países profesan el mismo oficio. En el pasado,
el *wanderlehere*, el "viaje de instrucción" más allá de los confines del país natal, formaban parte
del adiestramiento, aún para el más humilde de los artesanos." Barba, E. (1997). *Teatro, Soledad y
Oficio.* Buenos Aires: Catálogos Editora. Pág.320.

estética[24] como organizativa. Incluso la obra de teatro *La Boxe*, dirigida por Diego Starosta, se inscribe en tal tendencia de entrenamiento y se estrena en Impa, construyendo un escenario particular, modificando también la relación entre el espacio y el espectador. Es decir, cambia la tradicional disposición frontal. Y prefiere para esta ocasión una al estilo de un ring de boxeo donde el público rodea los acontecimientos que ocurren en el foco de la acción dramática. La sinopsis de la obra decía:

> *En el cuadrilátero, los luchadores están sujetos al tiempo, pero la lucha en sí es atemporal. En cierto sentido se convierte en todas las luchas, del mismo modo que los boxeadores podrían ser todos los hombres. El tiempo, al igual que la posibilidad de muerte, es el adversario invisible con el cual los boxeadores y los seres humanos en general se enfrentan.*

Las dimensiones industriales que el espacio ofrecía no sólo atraía obras para la presentación de sus puestas, también había provocado la atracción de diseñadores[25] que encontraban en el aluminio un material propicio para la composición de sus objetos. Es decir que había quienes integraban en el desarrollo de sus actividades artísticas elementos de la producción fabril en una combinación novedosa. Y las modalidades de inclusión de lo que el espacio existente ofrecía a la producción posibilitaban la integración de diversos saberes artísticos al terreno fabril. No obstante, la convivencia entre artistas y obreros no era una tarea fácil, ya que las cosmovisiones siempre son heterogéneas y en ciertas circunstancias resultaban incompatibles. Los modos de concebir la producción diferían aunque ambas poblaciones convivían. La imbricación de las trapecistas con sus cuerpos esbeltos colgados desde los techos en una industria cuya cooperativa intentaba salir de una gran crisis financiera seducía a los medios de comunicación y cierto gusto esnob. En el epicentro de tal *glamour* encantador se albergaba una relación compleja; ni las trapecistas estaban acostumbradas a salas de ensayo donde tantos

---

[24] Diego, director del Muererío Teatro, dirige una compañía que aún entrena en dicha perspectiva y estrena en La Fábrica Ciudad Cultural dos de sus obras. La Boxe, en 2001, y en 2000 presenta: *¿Quién es nuestro Juan Moreira?* En su sinopsis explicita: "¿No es el recorrido de Juan Moreira el camino del héroe mítico que pelea por deshilvanar su destino, como todos los hombres lo hacen en mayor o menor medida? Sí, para nosotros sí. En su derrotero, Juan Moreira se enfrenta de una manera cíclica a obstáculos como las persecuciones, las injusticias y las marginaciones cometidas contra él, cuya superación sin embargo deja una experiencia y una reflexión con los fines de alcanzar un objetivo en el trayecto vital y encontrarse con el meollo de su providencia." Ver El Muererío Teatro [en línea] [consulta: 3 junio del 2008]. Disponible en: http://www.elmuererioteatro.com.ar/

[25] "Es que justamente en un momento en el cual es casi imposible acceder a productos importados debido al encarecimiento de los mismos, sus proyectos se enmarcan en recuperar la producción local, apelando a la creatividad, al conocimiento adquirido a través de sus formaciones (en plástica, escultura, ingeniería eléctrica como enseñanza superior, arquitectura, orfebrería, etc.),

hombres las observen entrenar, ni los obreros estaban preparados para apreciar jóvenes que cuelguen trapecios en sus galpones.

Hasta el momento de la fundación de IMPA La Fábrica Ciudad Cultural no existían precedentes en términos de otra fábrica que posibilitara la convivencia de artistas y obreros en un mismo ámbito. Quizá valdría la pena mencionar que en otras ciudades cosmopolitas donde se desarrolla arte en *espacios no convencionales* generalmente se trata de infraestructuras, industrias vacías tal como lo mencionamos con anterioridad, y es usual en Berlín, por ejemplo, pero no habitadas por trabajadores que están intentando sobrellevar una cooperativa.

La convivencia entre el arte y la industria implicaba que las obras se programen en los horarios nocturnos porque era un horario en los que no sonaba la sirena de la planta y a veces, los balancines se apagaban cuando había conciertos para evitar ruidos que perturbaran el disfrute sonoro de una banda, grupo o afín. La articulación entre tales mundos tramaba un engranaje de respeto por los horarios y espacios de la diversidad de producciones con un tablero de comando que regía el portero, encargado de tener las llaves de todos los sectores, administrando así vericuetos de un emprendimiento complejo. La convivencia fue muy impactante para los medios de comunicación que recibieron tal coexistencia sensibilizados por la magnitud de los hechos, comparándolo con la Escuela Bauhaus,[26] aquella que sentó los patrones hoy conocidos en el diseño industrial al incorporar a la vida cotidiana una nueva tendencia estética.

---

a la búsqueda de innovación constante a prueba de ensayo y error, y también a la sensibilidad propia, a la intuición innata, al sentido visionario, y así, estos creadores, productores, artistas y también diseñadores buscan o buscaron, a partir de la crisis, generar sus propios proyectos apelando a sus recursos en tanto capitales poseídos." Correa, E. (2009). La producción cultural como estrategia de inserción: el caso de los diseñadores independientes de la Ciudad de Buenos Aires. En *Margen*. 55, 5.

[26] "Las novedades europeas y americanas se comenzaban a conocer en la Argentina y, con ellas, los planteos de Bauhaus (Whitford, 1991; Wingler, 1976) y los debates en torno a la industria. El mundo ya no era el mismo, y lo que en el período de entreguerra no dejaba de ser un debate instalado en el seno del arte y de las Escuela de Artes y Oficios, ahora se perfilaba (como un problema que excedía la paternidad) sobre el campo de la forma. Se trataba de la industria y del desarrollo industrial en la segunda posguerra, la activación del mercado y el pasaje de un capitalismo que, lejos de buscar nuevos mercados, apostaba a la reconstrucción de los suyos y al pleno empleo. El mundo industrial necesitaba cantidad, calidad y una línea de producción que no se detuviera. La tecnología, la ciencia, la investigación sobre los productos eran las claves que podían garantizar una rápida recuperación. Éste fue el momento cuando la problematización de la forma deja de reconocer en el arte a su principal interlocutor y se desplaza hacia el territorio de la elaboración de productos cotidianos. Se trata de la definitiva consagración del Diseño, pero entendido solamente como el Diseño Industrial." Devalle, V. *El diseño gráfico en la Argentina. En ALPHA* 27, 220.

Los grupos culturales formaron un colectivo y lograron darle visibilidad desde una dimensión performativa al modelo de producción industrial local que sufría la desatención de las políticas públicas. El formato creativo del centro cultural refiere, precisamente, al modo en que una acción colectiva aparece y se hace visible en la escena pública. La variable 'formato' da cuenta del *cómo* de la protesta social y describe *qué se hace* durante la protesta[27]. En esta experiencia se protestaba produciendo cultura, lo cual sensibilizaba a quienes asistían y de ese modo la industria se investía de esa mística característica del arte. Se trata de esa experiencia donde se subvierte la comprensión ya que no hay formas preestablecidas que establezcan los modos de entender. Por ese motivo los conceptos hacen intentos por subsumir formas que desbordan generalmente la comprensión. Porque mientras se desoculta un sentido al tiempo se contraen otras interpretaciones. Así es que las formas creativas no dejan atraparse plenamente por ciertas conceptualizaciones y conservan su carácter enigmático.

En el diario *La Nación* aparece un intento de capturar lo inefable, una foto en la tapa de la revista: Oracio con las herramientas típicas de la industria y Victoria, una trapecista con las herramientas del circo, una imagen contundente. Una postal en claroscuro que realzaba una belleza digna del *Global Conceptualism point of origin*[28]. Se construía un sentido que albergaba la autenticidad de una propuesta estetizando los conflictos sociales que se encontraban subyaciendo en el proyecto. En sus inicios, la conflictividad sólo configuraba el telón de fondo, aunque relucía la *forma creativa*. Una nota en el diario lo expresaba al comenzar del siguiente modo:

> *Comedor. El cartel dice comedor y se supone que debería ser un cartel sobrio, obligado por las circunstancias y tirando a desprolijo, pero no. Esta fileteado. Tiene colores. Es lindo.*[29]

La Fábrica Ciudad Cultural se la veía linda, fileteada y con colores, así la veían los medios. El *"Taller de los Sueños"*[30] era el nombre que le daban a otra

---

[27] Ver Schuster, F. L.; Pérez, G. J.; Pereyra, S.; Armesto, M.; Armelino, M.; García, A; Natalucci, A; Vázquez, M.; Zipcioglu, P. (2006). *Transformaciones de la protesta social en Argentina 1989-2003*. Buenos Aires: Instituto de Investigaciones Gino Germani. Facultad de Ciencias Sociales. Universidad de Buenos Aires.(Documentos de Trabajo 48). [consultado: 18 de agosto del 2008].Disponible en: http://www.iigg.fsoc.uba.ar/Publicaciones/DT/DT48.pdf

[28] Muestra de arte curada por Jane Faver, Rachel Weiss Luis Camnitzer con el propósito de descentrar la historia del conceptualismo en Queens Museum of Art, New York, 1999 bajo el título Global Conceptualism: Point of Origin. 1950-1980.

[29] Guerreiro, L. (2001). Mundo IMPA. La Fábrica Ciudad Cultural. En *Revista La Nación*. 1659: 24-36.

[30] Del Buono, M. (2001). El taller de los sueños. En *Revista Entrecasa*. 82, 10-12.

nota en una revista en épocas posteriores al atentado a las torres gemelas de Nueva York, el 11 de septiembre de 2001, en cuyos subtítulos decían *"Arte en Bandejas de la lata, Espectáculos de Primer Nivel, Renacer de las Ruinas."* Las palabras que aparecían en los medios de comunicación también construían sus *puestas de sentidos* en las proximidades del 19 y 20 de diciembre que se avecinaba. Al respecto el coordinador desde su departamento en París resalta:

> *IMPA empezó a salir en los diarios por el centro cultural pero no todo era como los medios decían y nosotros terminamos adoptando el título que ponían [...]. El título que ponían era Cultura y Trabajo, una fábrica que hace cultura, todos juntos, unidos, esa fue la primera nota me acuerdo. Buenísimo, y yo pongo eso en la Facultad y me besan, me abrazan, lloran y ¡gracias por permitirnos soñar cosas que acá ya no vemos más! Así fueron las palabras de una profesora francesa de París VIII de la materia de gestión económica de cultura muy ubicada en el medio profesional acá. Pero eso no era una fábrica que estaba vacía como hacen acá.*

El surgimiento de un centro cultural atractivo configuraba un *formato creativo* tanto por la aparición de nuevos parámetros artísticos como por la divulgación de una problemática que acechaba no solo a los trabajadores de una fábrica situada en Almagro, sino al núcleo de un modelo de producción que estaba en crisis. Es decir, el sistema industrial y sus modos de funcionamiento previo a la mundialización y terciarización de los mercados.

Propuesta de intervención:
El colectivo, un invento argentino

La fábrica estaba en quiebra y los artistas que allí asistían lo sabían, motivo por el cual el futuro se presentaba siempre incierto[31]. Entendían que los obreros en su calidad de asociados estaban en una crisis extrema cuya pauperización laboral intentaba resistir ante los vaivenes políticos económicos. Asimismo, el mayor problema para los grupos artísticos en ciudad de Buenos Aires que se dedican a la realización de obras artísticas consiste en generar convocatoria, es decir, encontrar a su público y abrirse del sector ecléctico del arte. La tarea se suele complejizar cuando las propuestas no comulgan con las formas consagradas del arte comercial y se caracterizan por innovar en territorios que rompen con los patrones establecidos en el campo cultural standarizado. Los diversos grupos artísticos que allí se presentaban tenían una convocatoria asegurada porque toda clase de curiosos de distintas edades, latitudes y circunstancias sociales se sentían atraídos por un centro cultural en una fábrica. Incluso, fue apoyado por la legislatura porteña que leyó en clave de vanguardia lo que allí acontecía. De un modo informal y formal cada vez adquiría más difusión una propuesta que se inicio tímidamente en 1999 y que en el 2000 realizaba fiestas contando con la participación de dos mil personas en sus eventos cada fin de semana.

El colectivo cultural formado por artistas, amigos e inclusos familias de artistas, se dio la forma organizativa de tipo asamblearia donde se tomarían las decisiones. Luego se organizaron comisiones para delegar áreas de trabajo ordenadas bajo la figura de un coordinador. El colectivo diariamente se veía inundado de propuestas remotas que caían desde distintas geografías del planeta en una vorágine impredecible. A lo que se agregaba otra variable, no todos sus miembros se conocían previamente. En el transcurso de un año el *staff* estaba integrado por veinte personas aproximadamente que asumían responsabilidades y decidían sobre la marcha el trabajo.

La autogestión cultural estaba a cargo de un grupo de artistas entre los que se encontraban los ya mencionadas y también Carlos, arquitecto, Livia, actriz cantante recién arribada de trabajar como integrante del Roy Hart Theatre en

---

[31] El poder, a su vez, junto con las capacidades de acción de los individuos o de los grupos dentro de una organización depende a fin de cuentas del control que puedan ejercer sobre una fuente de incertidumbre que afecte la capacidad de la organización para alcanzar sus propios objetivos y de la pertinencia de esta fuente de incertidumbre con relación a las demás que condicionan igualmente esta capacidad. Así cuanto más crucial sea la zona de incertidumbre controlada por un individuo o un grupo para el éxito de la organización, con más poder contará. Crozier, M. Friedberg, E. (1990). Ver *El actor y el sistema*. México. Alianza Editorial.

Francia, Pablo, gaucho urbano, reconocido por sus danzas folclóricas y tango, Marcela quien se dedicaba a la construcción de objetos y títeres gigantes también trapecista, Sebastián artista plástico, muralista, Martín, especializado en artes gráficas, Enrique, orfebre, Peche de la Buenos Aires Negro, Raúl y Ana desempeñándose en las artes escénicas, Cinthia en fotografías, Ana, con su grupo de Teatro Del Buscar, integrado también por Ariel, Esteban y yo integraba en aquel entonces un grupo teatral llamado Los Moreto. Un cúmulo de artistas con tradición de trabajo en cooperativa funda, entonces, un centro cultural y le da el nombre de la Fábrica Ciudad Cultural.

El *manifiesto* que realizan en su fundación describe la propuesta cultural y la búsqueda de integración de articulación entre artistas y trabajadores. El documento proclama los principales propósitos como declaración pública:

> *Una fábrica, sus trabajadores, máquinas, personas portadoras de saberes múltiples, artistas. Una ciudad cultural en las entrañas de la ciudad.*[32]

La ubicación geográfica de la fábrica la tornaba asequible desde distintas distancias y encontrar el pasaje específico implicaba atravesar ciertos vericuetos de la metrópolis. Ya luego en su interior y dada las dimensiones de la misma se presentaba como un verdadero laberinto con dos puertas de acceso que consistían en portales inmensos. Esas puertas de acceso luego, se entonaron con murales que contaban con aplicaciones en relieve de aluminio. La monumentalidad de las imágenes componía formas que se desprendían de la pared entrelazando el soporte que ofrecía el muro con una composición pictórica. Esas imágenes al igual que el texto del manifiesto expresaban los intentos de entramar tanto lazos como saberes múltiples.

> *La fábrica Ciudad Cultural es la continuidad de una utopía que lleva adelante IMPA cooperativa de trabajo, donde son los trabajadores los que conducen su propio destino, los que llegaron a la conclusión de que la forma de romper con el individualismo del "sálvese quien puede", fomentado desde los estratos del poder, radica en la interacción de los individuos en pos de una cultura solidaria con participación activa que asume expresiones artísticas y las comparta con la comunidad.*[33]

En aquellos inicios fundacionales la utopía era encontrar apoyo oficial no sólo como un subsidio a una cooperativa en crisis sino en un papel activo de

---

[32] Manifiesto de IMPA La Fábrica Ciudad Cultural, año 2000.
[33] *Idem.*

redinamización del modelo industrial[34] que se había desmantelado desde la dictadura. Se sobreentiende que una industria no produce, comercializa ni exporta sola sino dentro de todo un complejo sistema que se había desarticulado y no mostraba rasgos de recomposición. Así como también se pretendía revertir el imperialismo del aislamiento e individualismo en un contexto que había socavado las bases de una *cultura solidaria*.

La Fábrica Ciudad Cultural es previa a la crisis de 2001 e incluso temporalmente se sitúa antes del movimiento de empresas recuperadas. Es decir, el material que se ha presentado es previo incluso al movimiento. Se sostiene que es el centro cultural quien le otorga una *valorización* a la conflictividad subyacente, que es captada como visibilidad mediática al presentarlo en el espacio público a través de los medios de comunicación sensibilizando así a la población ante el fenómeno. *A posteriori* de su fundación la idea de *"paraguas"* no sólo constituyó un refugio para esa *"cultura escondida que no tenía lugar"* sino un amparo para el desalojo. No obstante, en otros estudios[35] se analiza el fenómeno de empresas recuperadas, autogestionado también desde IMPA subrayando la gestión obrera, la toma, la ocupación sin especificar sobre el valor *aurático* del arte en sus inicios donde existió una fundación colectiva por parte de un grupo de artistas. En este capítulo se trata de dar cuenta de la existencia de la trama vincular existente que posibilita la autogestión de un centro cultural de un modo cooperativo. Además, "lo cultural no es una simple mercancía que se extingue en el acto de su consunción: más bien, si se quiere insistir con la metáfora, es como la fuerza de trabajo, que produce un 'plus valor'".[36]

Tentativas de producir otros procesos sociales

Una lectura crítica de nuestra contemporaneidad nos obliga a reflexionar sobre esa *dimensión intangible y simbólica de la cultura* cuando se centra en esa capacidad cognitiva que genera tantos significados a descifrar, como

---

[34] "En consecuencia la red de lazos a través de los cuales se conectan e interactúan los múltiples agentes de este sistema (como científicos, especialistas y técnicos) que actúan en tareas afines a la producción (en laboratorios, empresas y plantas fabriles), ofrece una clave de los mecanismos que potencian la actividad global. Este es otro fenómeno clave de la industria que hoy se conoce como "sistema nacional de innovación." Schvarzer, J. (2005). *La industria que supimos conseguir.* Buenos Aires: Ediciones Cooperativas. Pág.47.

[35] Osera. (Observatorio Social de Empresas Recuperadas) IIGG. UBA. Programa Facultad Abierta. Facultad de Filosofía y Letras. UBA. constituyéndose como dos referentes que acopian material de archivo especifico sobre el tema aunque existan diversas tesis o trabajos afines también sobre la cuestión.

[36] Grüner, E. (2000). *Un género culpable.* Rosario: Homo Sapiens. Pág. 55.

sujetos creativos produciendo nuevas estrategias. Franco Berardi[37] plantea que debe acabar la hegemonía ideológica neoliberal aunque se interroga si debemos volver a las viejas categorías analíticas del marxismo y a las estrategias políticas del movimiento obrero del siglo XX, a los horizontes del socialismo democrático o del comunismo revolucionario. Según su análisis no nos bastan las categorías de la crítica de la economía política porque determinados procesos corresponden a campos más complejos de análisis. Sostiene que los conceptos forjados por dos siglos de pensamiento económico parecen disueltos, inoperantes, incapaces de comprender gran parte de los fenómenos que han aparecido en la esfera de la producción social desde su dimensión creativa. La actividad cognitiva siempre ha estado en la base de toda producción humana, hasta de la más mecánica. No hay trabajo humano que no requiera un ejercicio de inteligencia. No obstante, en la actualidad, esta capacidad se ha vuelto el principal recurso productivo. El no es el único en distinguir este fenómeno reciente que se da en las entrañas de América latina con especial intensidad, también Félix Guattari y Suely Rolnik reparan en las formas expresivas que emergen definiendo un "nuevo tipo de fuerza colectiva de trabajo." [38]

¿Cómo es posible que se elija un centro cultural como propuesta de amparo ante el quiebre de las protecciones clásicas? "Por eso los centros de poder se definen más por lo que se les escapa que por su zona de poder. En resumen, lo molecular, la microeconomía, la micropolítica no se define de por sí por la pequeñez de sus elementos, sino por la naturaleza de su "masa": el flujo de cuantos, para diferenciarlo de la línea de segmentos molar".[39]

Telón de fondo: *Cachivache tour*

Cachivache Tour es otra de las obras que se estrenaron en Impa La Fábrica Ciudad Cultural. Se trata del trabajo sonoro de dos saxofonistas; Sergio y Damián. La propuesta escénica combinaba el virtuosismo de los músicos, capaces de tocar en escena varios saxos de diversos tamaños, timbres e intensidades sonoras, acompañados de un percusionista que vibraba en sintonía

---

[37] "El modelo productivo que se dibuja en el horizonte de la sociedad postmoderna es el Semiocapital. Capital flujo, que se coagula, sin materializarse, en artefactos semióticos. Los conceptos forjados por dos siglos de pensamiento económico parecen disueltos, inoperantes, incapaces de comprender gran parte de los fenómenos que han aparecido en la esfera de la producción social desde que ésta se ha hecho cognitiva." Ver Berardi, F. (2003). *La fábrica de la infelicidad*. Madrid: Traficantes de sueños.

[38] Rolnik, S. y Guattari, F. (2005). *Micropolíticas*. Buenos Aires: Tinta Limón. Pág. 51.

[39] Deleuze y Guattari. Mil…, ob. cit. Pág. 222.

con objetos que la estructura industrial ofrecía. Cuando llegaba, el público entraba por el portón de la calle Querandíes y se encontraba en la planta baja de una fábrica de aluminio. La puerta estaba abierta sólo para el horario predeterminado de la obra. En ese espacio de espera se encontraba con alguno de los porteros, quienes escuchaban la radio en la penumbra mientras tomaban mate amargo en su mesita de fórmica. A veces se superponían también las voces de los programas televisivos que captaban su atención, tanto como al cuidado de las llaves de los distintos sectores de la fábrica. El portero era fundamental en la articulación entre la vida fabril y la vida cultural porque con el cuidado de las llaves y de las distintas zonas entendía las distinciones y combinaciones de espacios. Tenía el mapa de la fábrica en funcionamiento y distinguía superposiciones de áreas y préstamos de objetos desde ambas partes. Asimismo, cuando se realizaban espectáculos como el descrito se quedaban horas extras para abrir y cerrar las puertas a los espectadores. Para el público era algo exótico ese tiempo en el garage, así como también el ambiente fabril rodeado de máquinas de diversos tamaños, colores, formas como telón de fondo de las obras artísticas. En el piso era factible encontrar un resto de aluminio, souvenir de la visita que se llevaban a sus domicilios después del recorrido por la realidad fabril. *Cachivache Tour* comenzaba con dos azafatas gesticulando e invitando a un viaje mientras guiaban a los participantes por las escaleras y el ámbito destinado al concierto. El espacio se había rebautizado y acondicionado como *"teatrito"* y combinaba en su interior escaleras y pasarelas en una estructura que les permitía a los músicos desplazarse por distintos niveles del espacio con sus instrumentos musicales sonando al unísono, en una pantalla donde se proyectaban imágenes con el ritmo de la música. Los músicos vestían overoles, de los cuales colgaban objetos que permitían, al terminar el encuentro, seguir su camino propiciando sonido. La puesta en escena integraba de este modo los objetos de diseño industrial con cada uno de los objetos escénicos y musicales. Al finalizar la obra los participantes quedaban desconcertados, ya que habían entrado por la calle Querandíes y saldrían por el portón del pasaje Rawson. Si no les explicaban el recorrido de regreso se perdían en los vericuetos, abstraídos por la composición sonora. El laberinto arquitectónico no resultaba sólo impactante para los espectadores ocasionales, ya Berni había distinguido en su cuadro "Cristo en el garaje" las terrazas y techos de Impa que se veían desde su atelier, ubicado cerca de allí. El pintor sabía elegir las tonalidades adecuadas, así como combinarlas en sus collages y en su famosa claraboya, por donde se veía el cielo, a pesar de la humildad que pretendía retratar.

Enigmas para reflexionar

"El artista, como el trabajador, es simplemente un productor".[40]

¿La visibilidad mediática fue la que le otorgó reconocimiento al proyecto al ubicar la cultura en el tapete? ¿Se logró mostrar que el artista, como el obrero, es un productor? ¿El formato creativo sensibilizó a quienes tenían posibilidades de visibilizar el problema de fondo? ¿La *función simbólica* desocultó[41] problemáticas que parecían escondidas o quizá desatendidas? ¿El centro cultural que atraía a extranjeros y toda clase de curiosos podría haber atraído capitales no especulativos del exterior y redinamizar la economía e industrial local? ¿El centro cultural fue un *"paraguas"* que no estaba preparado para amparar la tempestad que se desencadenaría post crisis de 2001? ¿La legitimación alcanzada por el centro cultural en su *gesto* esnob se reconvirtió luego en un recurso para salvar al movimiento de empresas recuperadas, que se autogestiono después del centro cultural? ¿Los artistas del colectivo se aliaron tanto con los de *"abajo"* como con los de *"arriba"*, pero no lograron ser reconocidos también como productores?

Los avatares del mundo industrial no se resolverían a la brevedad ya que todo un sistema se encontraba deteriorado y merecía repensarse en el mundo del trabajo actual, en crisis por un modelo político económico excluyente, instaurado desde mucho antes del estallido de 2001. "Ni por fuera de la crisis ni alienada en ella, la cultura —como el arte y la política— aún lejos de la "salvación" tiene sin embargo mucho por decir: sobre las trazas instituyentes del pasado y también sobre ese territorio incierto que (todavía) no nos atrevemos a llamar futuro."[42] La problemática sociohistórica, valorizada desde el centro cultural, estetizaba desde el corazón de una fábrica en la ciudad de Buenos Aires una complejidad que articulaba el pasado (abandono del modelo de industrialización en la Argentina) con en el futuro (una crisis global que estallaría en torno al mundo del trabajo entre 2008 y 2009).

El centro cultural valorizó el conflicto que configuraba el telón que enmarcaba las propuestas artísticas tomando la palabra al respecto. "El problema de fondo es la desatención al problema de fondo, consecuencia de que las crisis económicas son consideradas como si fueran tsunamis o tornados, que

---

[40] Arribas, S. (2007, noviembre 28-29). Imagen-Aceleración- Digitalización. Imagen y Autodestrucción de la Cultura. En Seminario Internacional. Memoria e Industria Cultural. IFS-CCHS-CSIC. Madrid.

[41] "El topo hace su trabajo sordo sin cesar incluso cuando en la superficie reina el orden y nada parece indicar que se avecina una turbulencia." Sader, E. (2009). *El nuevo topo*. Buenos Aires: Siglo XXI. Pág. 36.

[42] Arfuch, L. (2003). Crisis y Cultura. Intersecciones. En *Revista Argumentos*. 3, 1-6.

suceden con independencia de las decisiones humanas".[43] La construcción de sentido también es un estilo colectivo a ocupar desde el retorno de la democracia. El modo en el que se autogestionó La Fábrica Ciudad Cultural fue posible por la labor de un grupo de artistas comprometidos con sus decisiones en la creación de una experiencia que se producía al nombrar su coyuntura sociohistórica. Se podría decir que, amparados por la visibilidad de Minerva, la diosa de las artes valorizó lo intangible, eso que se hace con las palabras cuando se construyen sentidos. Ya que las primeras obras que allí se estrenaron no eran sólo puestas escénicas, sino también puestas de sentido por lo cual los grupos emprendieron la tarea de tornar evidente el "telón de fondo" de determinadas cuestiones. En tal perspectiva, se entiende que se disputa también un modelo cultural de la sociedad sin pretensiones de respuestas inmediatas. Su intervención es instalar preguntas en el tapete, enigmas que obligan a reflexionar. El centro cultural, epicentro de una autogestión colectiva, construyó una mística y así desocultó[44] un problema sociohistórico que aún merecería analizarse en articulación con la crisis precipitada en 2009. Lo demás, lo que vino después de 2001, ya es la historia que han contado muchas veces sobre las empresas recuperadas en ese marco en el que la falta de regulación y retraimiento del Estado generó una ruptura de las instituciones que funcionaban como mecanismos de cohesión del orden social: el mercado laboral y el Estado quedaron subyugados bajo una política económica excluyente. En este marco donde la producción no era rentable y no se encontraban inversores para recuperar las empresas. Impa había sobrevivido como cooperativa y se configuraría en el pilar del Movimiento de Empresas Recuperadas aprovechando el estado de anomia social de 2001 y al caer la rentabilidad muchas fábricas podrían ser recuperadas si se autogestionaban y tomaban la producción por sus propios medios. El orden jurídico que podría amparar a otras pymes en proceso de quiebra y en convocatoria también de acreedores era la cooperativa. Desde Impa se ofrecía ese asesoramiento legal así como la estrategia impensada de que un centro cultural para ellos

---

[43] Courel, R. (2009, enero 15). La cuenta infinita del sultán. Sobre la crisis financiera internacional. Página 12, Psicología. [en línea] [consulta: 20 de febrero del 2009] http://www.pagina12.com.ar/diario/psicologia/9-118237-2009-01-15.html

[44] "La obra de arte, en cambio, tiene su finalidad en sí misma, en la relación de su propia materialidad. Sería en el interior de esa realización que el arte se vincula con la esfera más propia de la praxis. Sin embargo, el disfrute estético presente en el consumo artístico hoy evocaría la disponibilidad para la producción industrial. La intención teórica de Agamben es restaurar la dimensión original del estatus poiético del hombre sobre la tierra, esto es un modo de verdad. Lo que ellos (los griegos) llamaban la techné —insiste Agamben— no era la actualización del deseo ni simplemente una construcción, sino un modo de verdad [...] de la revelación que produce cosas que estaban ocultas a la presencia." Durán, J. M. (2008). *Hacia una crítica de la economía política del arte*. Madrid. Editorial Plaza y Valdés.

constituía una estrategia ante el desalojo[45] así como una apertura hacia la comunidad a modo de encontrar la solidaridad del vecindario ante las diversas tomas y ocupaciones. Mientras, los documentalistas filmaban los fenómenos azorados por los cambios vertiginosos que acontecían en virtud de las tomas y ocupaciones de fábricas en tanto se consolidaba el movimiento social se erosionaba el proyecto cultural concebido en sus inicios del 1999 debido a un desborde en la demanda de asesorías y desencuentros según las posiciones adquiridas de sus integrantes. Por ejemplo, el muralista acompañaba las tomas de fábricas que habían sido abandonas por sus patrones y dejaba una huella del paso del movimiento social con una estampa pictórica lo cual le daba un carácter lúdico. Al respecto se podría vislumbrar que "es fácil observar la naturaleza preformativa y carnavalesca de los diversos movimientos de protesta que han surgido en torno a las cuestiones de la globalización. Las manifestaciones, aunque ferozmente combativas, también son muy teatrales, con monigotes gigantescos, disfraces, danzas, canciones satíricas, consignas entonadas a coro, etc. En otras palabras, esas son fiestas callejeras, en donde la cólera de las manifestaciones coexiste con el júbilo del carnaval y no sólo son carnavalescas en su atmósfera sino también en su organización. Aquí es donde interviene Bajtin. En la organización política, como en los relatos, se produce un diálogo constante entre diversos sujetos singulares, una composición polifónica de los sujetos, y un enriquecimiento general de cada uno a través de esta constitución común".[46] Algunos integrantes del colectivo de artistas se trasladaban a trabajar a otros centros culturales emplazados en una fábrica acompañando lo que acontecía a partir de la postconvertibilidad. El coordinador viajaba a París y desde allá pensaba en estrategias para el funcionamiento de lo que se hacía desde el centro cultural para recaudar fondos tanto para Impa como para las propuestas artísticas. Mientras el proyecto colectivo comenzaba a mutar de forma porque se replanteaba el lugar de articulación con lo esbozado en el manifiesto. ¿Estetizar un conflicto y/o albergar a una cultura que no tiene espacio es sinónimo del arte como propaganda? Algunos ya no encontraban que lo reflejado en el momento fundante se contemplará en la cotidianeidad ya que el centro cultural cambiaba sus

---

[45] "Tras la quiebra, las empresas cerraban sus puertas, las máquinas se paraban y una lista de obreros se sumaban a la cola de desocupados. Pero durante los últimos años los trabajadores comenzaron a revertir ese proceso. Tomaron en sus manos las fábricas, las abrieron nuevamente y las pusieron a funcionar en forma de cooperativas controladas por los obreros. La autogestión los llevó a compartir su experiencia con el resto de la sociedad y a recibir su solidaridad de buena parte del sector cultural. Así fue como, en cada fábrica, la actividad artística se terminó transformando en otra herramienta de lucha para los trabajadores. En las fábricas también se comenzó a producir cultura." Gabriel Plaza. (2003, diciembre 6). Fábricas que producen cultura. *Página 12*. [en línea]. [consulta: 25 de junio 2010]. Disponible en: http://www.lanacion.com.ar/nota.asp?nota_id=551949

[46] Ver Negri A. y M. Hardt. (2004). *Multitud.* Buenos Aires: Editorial Debate. Pág. 248.

coordenadas de producción y se desdibujaba en tanto herramienta para la inclusión social.

Entre discrepancias y desbordes el movimiento social se reapropió de los espacios fabriles no sólo en la cooperativa en cuestión sino que los trabajadores se erigieron a preservar las fuentes de trabajo en diversos puntos del país donde alrededor de 128 empresas[47]recuperadas pusieron, incluso en discusión la función social de la propiedad apelando a procedimientos jurídicos también inéditos.[48] ¿Cómo fueron las relaciones de poder en torno a tales espacios? "No existen relaciones de poder sin resistencias; que estas son más reales y más eficaces cuando se forman allí mismo donde se ejercen las relaciones de poder, la resistencia al poder no tiene que venir de fuera para ser real, pero tampoco está atrapada para ser la compatriota del poder. Existe porque está allí donde el poder está: es pues como él, múltiple e integrable en estrategias globales".[49] La visibilidad internacional del fenómeno social resultó de cierto amparo. No obstante, o en términos de Foucault[50] la inadecuación la explica como densidad ensimismada donde lo que importa ya no son las identidades, los caracteres distintivos, sino las grandes fuerzas escondidas desarrolladas a partir de su núcleo, origen, causalidad e historia. Para Foucault el "umbral de modernidad" de una sociedad se alcanzó cuando la especie apostó a sus propias estrategias políticas. El movimiento social que se erigió agrupándose y asesorando a las cooperativas, realizó, así, esa apuesta en tanto especie que arriesgan sus propias vidas y luchan por sobrevivir bajo el eslogan de: "ocupar, resistir y producir".[51]

---

[47] Las empresas recuperadas en la Argentina: Informe del Segundo Relevamiento del Programa Facultad Abierta (SEUBE- Facultad de Filosofía y Letras-UBA), en el marco del Programa UBACyT de Urgencia Social F-701 de Transferencia Científico-Técnica con Empresas Recuperadas por sus Trabajadores.

[48] "La potencia de la carencia que corporiza el hambre, posibilita también la distinción entre quienes están realmente expuestos a su marca y quienes pueden estarlo. La diferenciación entre cuerpos precarios o expulsados y cuerpos en riesgo, sirve a los efectos de asumir que la fragilidad vital no afecta del mismo modo al conjunto social y a la capacidad de los sujetos de enfrentarlo (o no) mediante acciones colectivas." Collado. P. (2010). Cuerpos, territorios y población. *En Cuerpos, Emociones y Sociedad*. 2, 100.

[49] Foucault, M. (1992). *Microfísica del poder*. Buenos Aires: Ediciones La Piqueta. Pág.174.

[50] Benito, K. (2008, 26 al 28 de septiembre). La relación entre los movimientos artísticos y sociales. Análisis del caso Impa. "Un centro cultural como recurso de legitimación." Ponencia publicada en Jornadas Internacionales de Problemas Latinoamericanos. Universidad de Mar del Plata.

[51] Se retoma el eslogan del Movimiento de los Sin Tierra en Brasil (MST) es un movimiento de campesinos y desclasados surgido en Brasil. El MST se manifiesta en contra de los proyectos de colonización y reclama una política agrícola destinada al pequeño productor. Exige la democratización del agua en la región nordestina y el cobro del impuesto territorial rural para destinarlo a la reforma agraria.

Piedra libre

Los grupos de artistas, desde su modalidad asociativa y cooperativa, conformaron un colectivo y autogestionan, en 1999, sobre las ruinas de una cooperativa, un espacio cultural denominado IMPA, La Fábrica Ciudad Cultural, ubicado en la calle Querandíes 4290, en la ciudad de Buenos Aires. Así es que se considera que la puesta de sentido por parte de grupos en articulación con el subtítulo elegido remite a un juego de desocultamientos llamado "piedra libre", o conocido popularmente como "la escondida". En otros países se llama también escondite, escondijo. El juego tiene una base, denominada "la piedra", y se trata de un árbol o poste desde donde un jugador cuenta en voz alta con los ojos tapados mientras los demás compañeros se esconden. Al finalizar el conteo se suele gritar "punto y coma, el que no se escondió se embroma" y sale así a buscarlos. Los participantes corren y se precipitan por tocar la base sin ser vistos por quien los persigue, si llegan a ella sin ser vistos pueden gritar "piedra libre" y de ese modo se salvan de ser capturados. En el juego hay un acuerdo que trama las relaciones entre los participantes, si el último escondido logra tocar la piedra antes de quien contó, tiene que intentar salvar a sus compañeros liberando a todo el grupo de capturados, gritando *"piedra libre para todos los compañeros."*

"Es como pretender mirar de frente lo desconocido desde el centro de un diamante,
o como estar prisionera,
incrustada en un glaciar enceguecedor o, peor aún,
como precipitarme en un resplandor insoportable, alucinante,
por el que caigo y caigo
hacia ninguna parte,
sin ningún talismán, sin un hilo sagrado,
sin una piedra de amor apretada en la mano.
Contra la falaz luz que no permite ver, elijo lo invisible.
¿Será porque también la luz es un abismo?"

OLGA OROZCO

6. Enfoque metodológico y reflexiones en torno a una posición en el campo

En este capítulo se intenta reflexionar sobre las fuentes relevadas así como sobre mi posición como investigadora en el proceso de exploración a los fines de complejizar también el horizonte interpretativo. Por consiguiente, se tratan cuestiones vinculadas al proceso de producción, reconstrucción del problema y el enfoque epistemológico-metodológico. En términos de Aurora Morales,[2] mi pensamiento se ha nutrido directamente de la escucha de mis propias turbaciones, reconociendo a quienes las compartían, quienes las validaban, intercambiando historias sobre nuestras experiencias comunes y hallando pautas, sistemas, explicaciones de cómo y por qué ocurrían las cosas. Éste es el proceso central de la toma de conciencia, del *testimonio* colectivo. Así es como crece la teoría hecha en casa.

Los supuestos metodológicos en el método cualitativo

Se analizan supuestos epistemológicos referidos a las ciencias sociales y, específicamente, a este método de investigación cualitativa. Se inician interrogantes que se desarrollan en el transcurso del trabajo: ¿Cómo analizar

---

[1] Lenclud, G. (2004). Lo empírico y lo normativo en la antropología'. ¿Derivan las diferencias culturales de la descripción?. En *Constructores de otredad. Una introducción a la antropología social y cultural*. Buenos Aires: Antropofagia. Pág. 139.

[2] Morales, A. (2004). Intelectual orgánica certificada. En *Otras inapropiables*. Madrid: Traficantes de Sueños. Pág.64.

prácticas próximas? ¿Cómo hacer para que el marco de referencia propio logre presentar la complejidad de lo relevado? Asimismo, se analiza la relación entre el sujeto que produce conocimiento y el objeto de estudio. La escritura etnográfica trabaja sobre la concepción de los sujetos estudiados, se podría decir sobre un conocimiento situado. El objeto de conocimiento es circunscrito, delimitado y elegido por un sujeto que, aún en sus fallidos, es sujeto de conocimiento. Se plantea, entonces, que existen zonas de opacidad, olvidos y fallidos. Incluso, se podría pensar que, de algún modo, acontecen durante el proceso de investigación.

¿Por qué hablar de supuestos epistemológicos en el campo de la etnografía? Porque en este apartado me centraré en detallar la relevancia de la metodología cualitativa, siendo la investigación etnográfica la modalidad más emblemática de este modo de investigación, que se ha utilizado para este trabajo circunscribiendo casos de estudios a los cuales por motivos ya explicitados se han denominado experiencias. Dicha perspectiva surgió por los estudios sobre la clase obrera inglesa (siglo XIX), las colectividades migratorias en las megalópolis norteamericanas de comienzos del siglo XX, y los pueblos indígenas de la Melanesia. Fue la antropología social británica la que instauró la etnografía como perspectiva y como método de investigación empírica, y luego como texto para presentar los resultados. En el sentido de considerarla una perspectiva, se puede afirmar que también es una práctica de conocimiento que contempla la compresión de fenómenos sociales desde las categorías de sus miembros, cualquiera sea la posición teórica que el autor asigne a dichas perspectivas. Runciman[3] llama "comprensión terciaria", y Clifford Geertz[4] denomina "descripción densa". Esto es: dar cuenta de los "marcos de interpretación" dentro de los cuales las personas clasifican el comportamiento y le atribuyen sentido. Así, el enfoque etnográfico conduce a interpretar su significado con referencia a las categorías dentro de las cuales determinadas actitudes se producen, perciben e interpretan.[5] Estas demostraciones se obtienen a través de los "métodos etnográficos"; una modalidad abierta de investigación en terreno donde caben las técnicas no directivas —fundamentalmente la observación participante, las conversaciones y las entrevistas no dirigidas— y la residencia con los sujetos de estudio. Y he aquí un eje neurálgico ya que intento presentar no sólo aquello que podría resultar ajeno para posibles lectores sino también al trabajar sobre el texto me sentí interpelada sobre lo que resultaba impensable para mí misma. Se trata de plasmar la realidad que se ha

---

[3] Runciman, W.G. (1983). *A Treatise on Social Theory.* Volume I: The Methodology of Social Theory. Cambridge: Cambridge University Press.

[4] Geertz, C. (1994). *Conocimiento Local.* Barcelona: Paidós.

[5] Guber, R. (2006). Clase publicada en CAICYT-Conicet para un postgrado virtual denominado "Construcción de proyectos en ciencias sociales; Investigación cualitativa."

visto y vivido, y que se transcribe en un texto. Como género textual, el autor intenta representar, interpretar o traducir determinados aspectos de una lógica ajena para lectores que la desconocen. "Es por todo ello, repetimos, que las hipótesis científicas más interesantes son las que contienen predicados no observables y no son reducibles a simples datos o experiencias individuales en cierta medida no socializadas o mínimamente socializadas, sino aquellas proposiciones transempíricas y mutacionales y/o que impliquen en alguna medida una cierta problematización, desautomatización o reformulación del conocimiento acumulado y no debidamente problematizado".[6]

Estas concepciones de la etnografía —como perspectiva, como método y como texto— refieren a la tarea en diversas circunstancias de trabajo, que en cierta lógica articulan un campo desconocido. Este aspecto resultará complejo porque tal como se desarrolla a continuación existen nexos entre el campo de estudio y la comunidad científica propiamente dicha que permiten articulaciones y contaminaciones de categorías. Es decir, se producen encuentros que entrelazan cosmovisiones entre el plano vivencial[7] y la producción teórica. En este apartado se muestra el proceso de reconstrucción de datos en el trabajo de campo, e intentaré explicitar los presupuestos, modalidades y creencias que lo complejizan.[8] La idea es entender los tratos llevados a cabo con diversos sujetos y la manera en la que estos distinguen el rol. Y así entender las estrategias utilizadas y el modo de acceso a la información. En principio, haré una breve reseña del proceso de construcción del problema de investigación, el modo de relación y la manera en la que me moví y sus consecuencias. "Este género no es un simple pastiche entre un registro biográfico, sazonado aquí y allá con referencias a la producción intelectual. Muy por el contrario, M. Murmis nos muestra que Althabe construyó un "esquema analítico" a través del cual se puede comprender el desarrollo y la orientación que toma, finalmente la producción de cualquier "trabajador intelectual." En la decodificación de dicho esquema, M. Murmis identifica un primer componente, la "experiencia originaria," que, al ser conjugado con un segundo componente

---

[6] Mancuso, H. (2001). *Metodología de la investigación en ciencias sociales.* Buenos Aires: Paidós. Pág. 103.

[7] "La diferencia entre una macrohistoria y microhistoria no tiene nada que ver con la longitud de las duraciones consideradas, lo grande y lo pequeño, sino con sistemas de referencia distintos, según se considere una línea sobrecodificada de segmentos, o bien un flujo mutante de cuantos." Deleuze, y G. Guattari, F. Mil…, ob. cit.. Pág.225.

[8] "Lejos de rechazar la bibliografía –necesaria y urgente– sobre la crisis económica global y la consumación de la máquina del poder en el occidente posmoderno, advertimos sobre la necesidad de articular estas investigaciones con un modo de la sensibilidad capaz de desarrollar conceptos a partir de las situaciones que atravesamos. Conceptos que, de otro modo, tienden a autonomizarse en el espacio de la racionalidad puramente lógica donde pulimos las representaciones abstractas." Rolnik,S. y Berardi,F.(eds) (2009). *Conversaciones en el impasse. Dilemas políticos del presente.* Buenos Aires: Tinta Limón Ediciones. Pág.11.

del esquema, la "matriz universalizable," nos permite observar cómo funcionó aquella articulación entre el plano vivencial y la producción intelectual en un caso concreto".[9]

Reflexiones en torno al tema en cuestión

Mi título universitario es una Licenciatura en Psicología y Profesorado en Educación Superior en tal especialidad. Mi dedicación docente en una materia de Psicología Social de los Grupos y las Instituciones me da la posibilidad de participar en un proyecto de investigación en un equipo UBACYT de la Facultad de Ciencias Sociales, en el Instituto de Investigaciones Gino Germani de la UBA. Antes del inicio del proyecto de investigación citado, me vinculo con una cooperativa de trabajo, IMPA (Industria Metalúrgica de Plásticos y Aluminios), en donde, en 1999, se funda un centro cultural que convive con la gestión obrera. Allí trabajé desde sus inicios hasta 2002, luego, ingresé a otro trabajo: en el área de coordinación del Instituto Vocacional de Arte (Labardén. Gobierno de la Ciudad de Buenos Aires.). Trabajé allí hasta que obtuve un financiamiento en el marco de un UBACYT para el proyecto de investigación denominado "Experiencias culturales como intervenciones críticas", en el marco de una inscripción al Doctorado en Ciencias Sociales. UBA. Mi plan se proponía indagar la dimensión asociativa que configuran los grupos que gestan experiencias culturales considerando la coyuntura socio-histórica en la que emergieron. Desde el comienzo de la investigación intenté separarme del campo de estudio que analizo. Incluso, explicité en la delimitación de la cuestión que analizaría determinadas experiencias de colectivos de arte o grupos culturales cuyas modalidades resulten relevantes para los supuestos orientadores. No obstante, se trataría de experiencias que desconocía, ninguna en la que me desempeñé en algún rol. Y mencioné casos de estudio que precisamente se diferenciaban de cada centro cultural del que fui parte, debido a un supuesto rigor científico que teme no lograr establecer objetividad.[10]

La comunidad científica local, específicamente el Instituto de Investigaciones Gino Germani (donde confluye tanto la labor de los becarios como de investigadores formados), se interesa por mi conocimiento previo sobre IMPA. Así, mientras yo intento construir una neutralidad respecto del campo de estudio, constantemente me hacen recordar mi proximidad a éste. Mi

---

[9] Hernández V. y Svampa, M. (2008). *Gérard Althabe: Entre varios mundos*. Buenos Aires: Prometeo. Pág. 13.

[10] Ver Escolar, C. (2000). La recuperación del análisis institucional como perspectiva teórica-metodológica. En *Topografías de la investigación*. Buenos Aires: EUDEBA. pp. 29-47.

pregunta en ese entonces fue, por qué en vez de intentar olvidar mi pasado[11], no lo retomo. Por qué no volver a centros culturales que resultan de mi interés. Es decir, el sistema binario de sistema/ actor y objeto/ sujeto entorpecía el desarrollo de mi trabajo sobre un pasado reciente en el cual también había acumulado una serie de experiencias que podría relatar para nutrir la cuestión en interés. Según Susana Masseroni[12] el proceso de recuerdo de experiencias almacenadas en nuestra memoria es clave para comprender la validez de las respuestas a entrevistas abiertas y aún a encuestas. Ya sea que se trate de eventos o símbolos que son recordados por asociación con otras entidades almacenadas en la memoria o presentes en la situación de recuerdo o decodificación. La repetición de experiencias, así como el contexto son organizados en esquemas integradores que por lo general contribuyen a mejorar el proceso que implica la memoria. Claro que habrá diferencias si se trata de situaciones de biografía personal o si corresponden a sucesos colectivos-históricos.

Los trabajadores de la cultura eran los actores sociales con quienes debía contactarme y yo había elegido, en un afán de cientificidad, experiencias donde no me conocieran desde antes, de modo tal que pudiese presentarme como investigadora, como si esa sola nomenclatura ya me habilitara para obtener información. Después de los encuentros con otros investigadores del instituto, percibo que conozco el campo más de lo que imaginaba, y estimo conveniente retomar esos vínculos que había también establecido antes del proyecto de investigación presentado en el marco de la universidad. Igualmente, mi objetivo era obtener fuentes primarias y las experiencias de autogestión cultural por parte de los grupos eran mi interés. "Aquí cabe destacar que permanecer en el nivel de la universalidad es no trascender el nivel del discurso. Quedarse en la particularidad es dejarse atrapar por el empirismo. Es importante un análisis de la manera en que los discursos inciden y se materializan en prácticas concretas, caracterizadas por los distintos grados de organización creados por los grupos sociales o impuestos y recreados por ellos".[13]

Después de un tiempo transcurrido, entiendo y analizo que en las ciencias sociales —específicamente en la comunidad científica local— la experiencia en el campo, incluso el pasado militante desde el arte, no es desestimable.

---

[11] "La dimensión temporal del pasado que llamamos "reciente" o "cercano" se suele entrecruzar con otros elementos que son los que finalmente le otorgan al campo una legitimidad que no es necesaria ni únicamente disciplinar, sino que es, sobre todo, política." Franco, M. y Levin, F. (2007). *Historia reciente*. Buenos Aires: Paidós. Pág. 35.

[12] Masseroni, S. (2006). *Experiencia y memoria en la investigación social*. Buenos Aires: Mnemosyne. Pág.18.

[13] Escolar, C. (2000). La recuperación del análisis institucional como perspectiva teórica-metodológica. En *Topografías de la investigación*. Buenos Aires: EUDEBA. Pág. 31.

Si bien cuando diseñé el proyecto de investigación esta cuestión la percibí como un obstáculo. Temía no lograr distinguir las lógicas del sistema de acción, lo cual obstaculizaría la posibilidad de "descotidianeizar", o descubrir la artificialidad de las prácticas. "Si el proceso de extrañamiento consiste en la experimentación de una tensión entre la aproximación a un universo de sentidos y su distanciamiento por el contraste con el marco de referencia del investigador, ¿cómo extrañar prácticas y sentidos familiares? ¿Cómo monitorearlas, para hacerlas artificiales? ¿Cómo hacer para que el marco de referencia propio pueda ser exotizado?"[14]

Pensar desde un territorio[15]

Por consiguiente, decidí retomar el trabajo de campo en un centro cultural fundado en otra fábrica recuperada por autogestión obrera, denominado Chilavert Recupera, donde había personas que colaboraron en la época en la que yo estuve vinculada al Centro Cultural de IMPA La Fábrica Ciudad Cultural. El hecho de ser otro espacio cultural me permitía hacer comparaciones con IMPA y establecer similitudes en los diálogos. De ese modo no borraba mis experiencias previas sino que las enunciaba, pero en términos de un pasado que me permitía hacer comparaciones. El problema es que en los encuentros, a veces, se referían a la experiencia anterior haciendo comparaciones como si quisieran pensarlas conmigo en el presente, e incluso me interpelaban con sus inquietudes. En ese momento decidí detener los diálogos, las anotaciones en mi cuaderno y pensar si estaban reconociendo mi rol; que implicaba obtener información, y no participar sólo por una cuestión de disfrutar su compañía, diálogos, elucubraciones y proyectos.

---

[14] Frederic, S. (1998). Rehaciendo el campo. El lugar del etnógrafo entre el naturalismo y la reflexividad. En *Publicar en Antropología y Ciencias Sociales*. Año VI, N° VII. Colegio de Graduados en Antropología. Pág. 89.

[15] "Quiero aclarar un concepto básico, el de territorio, para lo cual tomo la definición de un diccionario geográfico. Así tenemos que territorio es una porción de espacio perteneciente a una nación, región, provincia[...]. Según Rafestin (1983): "el producto que resulta a partir del espacio por las redes, circuitos y flujos proyectados por los grupos sociales. El territorio se apoya en el espacio, pero no son términos equivalentes. El territorio es generado a partir del espacio y es el resultado de la acción de los distintos agentes, desde el estado al individuo, pasando por todas las organizaciones pequeñas o grandes[...]. Según Lefebre, el espacio es la prisión original y el territorio es la prisión que el hombre se proporciona. Aun más: el término territorio hace también referencia a la noción de límite. Esta noción explica la relación que mantiene un grupo con una porción del espacio. La acción de este grupo genera inmediatamente la delimitación. Tomando como base este concepto geográfico, me propongo ahora plantear el objetivo del presente texto. Demostrar que el arte que se ha producido en las dos últimas décadas en América Latina como en cualquier otra parte del mundo pertenece a un tiempo y a un lugar." Salcedo Miliani, A. (2005). América Latina Arte y Territorio. En *Revista Atrio*. 10,11. 133.

Cada vez estaba más trastocada por los intercambios que me motivaban a continuar la investigación. Conmigo se explayaban, conversaban. Decidí, entonces, sumar el grabador a los encuentros, eso me posibilitaría registrar y analizar el discurso más específico. Con esa nueva presencia se marcó la diferencia. No con la actitud, sino con el discurso. Cuando empecé a usar el grabador encontré un discurso combativo, de resistencia cultural, de auto-gestión, de la irresponsabilidad del Estado, del neoliberalismo, de la falta de regulación en los '90, del movimiento de empresas recuperadas, de las cooperativas, y más. Había un discurso un poco armado que operaba ni bien se prendía el grabador. Por el contrario, su cotidianeidad se veía más bien laboral con las vicisitudes de tales experiencias en Buenos Aires.

Un dato ya desapercibido[16] por mí era que las fábricas recuperadas era un fenómeno mundial, ya que tenían investigadores italianos, alemanes, ingleses, que suspendían su lupa sobre el tema, incluso cineastas documentando el fenómeno. Mi interés no era la toma, la ocupación, el poder hegemónico, el movimiento de empresas recuperadas, la resistencia, ni la pugna con el capitalismo, porque de eso ya habían escrito otros investigadores. Asimismo, me centraba en los centros culturales y en mi muestra sólo tomaría a IMPA como experiencia ya que su marco legal era cooperativo cuando un grupo de jóvenes fundamos el centro cultural en 1999 y el movimiento de empresas recuperadas surge después entre los años 2002 y 2003. Supongo que por eso conmigo hablaban de los problemas cotidianos; de la plata que no les alcanzaba para pagar la luz, de una tirada de ejemplares que les pidió una editorial, de lo que almorzaban en el comedor, de un esguince en el pie difícil de rehabilitar, de los problemas con la obra social, de la consola de luces que la lograron a través del Fondo Nacional de las Artes, de un grupo de sociólogos que hizo un documental que quedó bien, del buen libro que escribió Lourau sobre las instituciones, de una posibilidad de viajar a Italia a un encuentro de cooperativas, y más. Del boquete en la pared que daba a la casa de al lado donde los vecinos facilitaban que la producción saliera al exterior mientras ellos ocupaban la imprenta. Y estas conversaciones se daban en ese estar ahí

---

[16] "La conducta humana está sujeta a una serie de afecciones, sentimientos, pasiones y equivocaciones, que son producto de su propia Alma y del desconocimiento, su trabajo consiste en conocerlas y saber la forma en cómo actuarán en él. La ética es el estudio de esas afecciones, prediciendo lo que ocurrirá si... y describiendo la forma de actuar de una persona que conciba de igual manera el mundo. La mejor manera de evitar los errores es actuar con conocimiento de causa, pues nada se escapa de la relación causa-efecto y al conocer la causa por ende se conocerá también el efecto lo que implica predecir y entender el porqué. ¿Algún parecido con la ciencia?. Es posible afirmar que Spinoza no intenta otra cosa que desvelar la verdadera naturaleza del error." Ocampo, A. El carácter de la razón; una mirada a la ética de B. Spinoza. (2004). [en línea] *Revista Razón y Palabra*. 36. [consulta: 2 de octubre 2010] Disponible en: http://www.razonypalabra.org.mx/anteriores/n36/aocampo.html

participando de su cotidaneidad. Estudiar un contexto familiar se ve limitado porque uno no es distinguido como investigador, no obstante, intuí que el hecho de ser reconocida en ese rol presentaba también un problema.

Así es que a continuación, pretendo una reflexión de los acontecimientos y de la posición adquirida en el contexto estudiado. Eso me permite entender como sujeto social, condicionado por mi propio marco de referencia, mediante el cual participé activamente en el proceso de conocimiento y registrando que investigador e informante participan de una relación social con características particulares. "En este sentido, el conocimiento antropológico se coproduce entre investigador e informante. Al interactuar el etnógrafo es adscrito a distintos roles que le permiten, a los sujetos estudiados, anticipar e interpretar las acciones de aquél. Pero el investigador lucha por conseguir que se le asigne su propio rol. Esta tensión entre lo que los informantes piensan o desean que el investigador sea y lo que el investigador quiere ser, produciría la creación y recreación de universos de significado por efecto de la negociación del rol inscripto en el trabajo de campo. La productividad etnográfica como capacidad de descubrir la artificialidad y diversidad de normas y prácticas radicaría en parte en la capacidad del etnógrafo de sostener la negociación sin sucumbir a ninguno por más cómodo que se sienta en él, reflexionando sobre sus decisiones y las de los informantes; señales que arrojan datos de las posiciones adquiridas en el campo".[17] Siguiendo esta proposición es que puedo leer que la introducción del grabador, en un intento de ser reconocida en un trabajo de investigación, y no de participación por el placer de transitar en un centro cultural, sólo logró que me ofrecieran un discurso "armado". Pero en la proximidad también podía obtener información mucho más heterogénea y diversa que, aunque difícil de procesar, me ofrecía algo muy valioso en donde se disponían las pistas para entender algo que en principio no podía ver y que se relacionaba con un modo de asociatividad y lazo social para la sustentabilidad de los proyectos. "Resulta claro que las situaciones iniciales en cada investigación, la manera en cómo negociamos nuestra presencia, forma parte del trabajo de campo. Ese momento debe estudiarse como tal. Es en ese marco que se dibujaría el rol del investigador en el dispositivo, incluso si su posición se transforma durante la investigación. En dicho momento, se construye el análisis de la implicación. Así, uno es actor del campo en tanto investigador."[18]

---

[17] Frederic, S. (1998). Rehaciendo el campo. El lugar del etnógrafo entre el naturalismo y la reflexividad. *Publicar en Antropología y Ciencias Sociales*. Año VI, N° VII. Colegio de Graduados en Antropología. Pág. 95.

[18] Hernández, V. y Svampa. M. (2008). *Gérard Althabe: Entre varios mundos*. Buenos Aires: Prometeo. Pág. 117.

La descripción etnográfica posee la capacidad de convencer de que lo que se dice es el resultado de haber podido penetrar otra forma de vida. Es decir, si bien el trabajo de campo se caracteriza por su falta de sistematicidad, la supuesta carencia constituye una lógica tanto de obtener información como de mantener una reflexividad respecto del objeto de estudio. Por un lado, la herramienta de la experiencia directa implica la afectividad que aproxima al objeto ya que la participación es la condición *sine qua non* del conocimiento. Y por otro lado, la escritura de dicho involucramiento permite un modo de objetivación de las sensaciones vividas. "La observación participante pone de manifiesto, con su denominación misma, la tensión epistemológica distintiva de la investigación social y, por lo tanto, de la investigación etnográfica: conocer como distante (epistemocentrismo, de Bourdieu) a una especie a la que se pertenece, y en virtud de esa común membresía descubrir los marcos tan diversos de sentido con el que las personas significan sus mundos distintos y comunes".[19] En este sentido involucramiento e investigación no son opuestos sino necesarios para explorar una determinada realidad social sobre la cual producir conceptualizaciones."Es imposible escribir un relato puramente descriptivo de cualquier cultura humana por más simple que sea. Los datos registrados son el resultado de selección, consciente o inconsciente, de acuerdo con los intereses o perspectivas teóricas del investigador aunque se abstenga de poner cualquier interpretación especial sobre los datos".[20]

Quizá convendría decir que mi trabajo de campo comenzó antes de lo formalmente previsto, durante la instancia de exotización de determinado universo. Desde el período de construcción del problema,[21] y durante el curso del proyecto, no me tenía a mí como miembro competente del contexto estudiado, sino como una observadora que pretendía desde un determinado marco conceptual entender los modos de relación de los otros pero sin incluirme en ese universo. Estimo que recién sobre la marcha empecé a entender mi posición y sobre el período final los informantes aprendieron a entender algo en torno a mis propósitos."En este sentido, el conocimiento antropológico se coproduce entre investigador e informante. Al interactuar el etnógrafo es adscrito a distintos roles que le permiten, a los sujetos estudiados, anticipar e interpretar las acciones de aquel".[22]

---

[19] Guber, R. (2001). La observación participante. En *La etnografía. Método, campo y reflexividad*. Buenos Aires: Editorial Norma. Pág. 60.

[20] Beattie, J. (1950). *Los Bunyoro*. S/d. "Introducción: entrenamiento teórico".

[21] "La importancia de pensar desde un criterio problemático radica en que sus posibles desarrollos mantendrán como ejes preguntas abiertas que operan como recurrencias que en sus insistencias aspiran a delinear método. Desde esta perspectiva se piensa la problemática como una categoría y no como una dificultad o incertidumbre pasajera." Fernández. A. (2008). *Las lógicas colectivas*. Buenos Aires: Biblos. Pág. 29.

[22] Frederic, S. (1998). Rehaciendo ..., ob. cit. Pág. 95.

En mi proceso de investigación podría afirmar que la circunstancia de compartir cierta membresía previa al campo cultural y luego virar hacia la investigación científica plantea por un lado aspectos positivos (ya que me facilita el acceso a información) pero lo negativo es que dificulta que se registre mi rol, lo cual introduce notables diferencias respecto del modo de participar y observar, cuestión destacable tanto para quien dirige el proceso de investigación como para los sujetos entrevistados.

Recapitulaciones sobre los datos registrados

La relación que mantuve antes como durante el proceso de investigación se modificó a lo largo del trabajo de campo. Sin embargo, no fue artificial. Lo cual me permitió trabajar con un esquema epistemológico-metodológico cuyo clivaje de localización y posicionamiento enfocan tanto sobre las parcialidades como sobre su universalidad. Por el contrario, alcancé un conocimiento situado, o al decir de autores como Boaventura de Sousa Santos[23] que afirma que es cierto que ha habido muchos teóricos latinoamericanos que se han dado cuenta de esta inadecuación, de esta discrepancia entre el marco teórico y la realidad de nuestros países, pero no tuvieron éxito en su tiempo y no tuvieron la influencia que debieron tener, aunque hoy los consideramos clásicos. Entonces, lo primero que establecemos es que las ciencias sociales llevan la inadecuación de los conceptos.

Así paulatinamente, se fue atenuando la preocupación que para mí consistía la elaboración de un marco referencial. No obstante, a pesar de la proximidad antes mencionada fue precisamente a partir de albergar lo impensado y olvidado a modo de reflexiones que nutrieron el análisis de los datos. Incluso, de aquellos recuerdos que otros, ya sean investigadores, docentes o entrevistados me señalaban. En este sentido, se analizó la *implicación*.[24] El análisis realizado sobre determinadas experiencias, después de un viaje a otro Instituto de Investigación,[25] también me permitió entender el modo en el que la comunidad científica local lee determinados fenómenos sociales y de este modo contribuir a un análisis de otra arista de un mismo fenómeno.

La cuestión de registrar los circuitos comunicativos resultaba imprescindible ya que no sólo se trató de captar palabras vinculadas a los sujetos de

---

[23] Boaventura de Sousa Santos. (2009). *Pensar el Estado y la sociedad: desafíos actuales.* Buenos Aires: Clacso. Pág. 138.

[24] Ver Escolar, C. (2000). *Topografías de la Investigación, Métodos, espacios y prácticas profesionales.* Buenos Aires: EUDEBA.

[25] Consejo Superior de Investigación Científica, Instituto de Filosofía con sede en Madrid, España.

enunciación sino también en descifrar mensajes en determinados contextos incluyendo su gestualidad no verbal. Si en las situaciones de conflicto los cuerpos no pueden disimular sus estados de ánimo, la indagación sobre tales matices posibilitó reflexionar sobre lo involuntario y lo imperceptible. Usualmente ante la percepción de una intensidad anímica en la que se podía detectar un enojo, motivación u otra emoción afín, resultaba útil indagar ya que emergían así los pensamientos más viscerales y potentes. Así captaba las estructuras complejas e irregulares en tanto no explícitas pero perceptibles en su superficie. De ese modo las premisas de trabajo se articulaban con los supuestos orientadores en cada situación donde desplegaba criterios en función del proceso de indagación ya que rastreaba intensidades que mutaban en su devenir. Si bien todo se presentaba de un modo azaroso y podría pensarse que constituía un caos sin conexiones razonables, se trataba de otro tipo de orden impredecible pero no por eso sin causa. Así mientras los espacios de la política se realizaban con gestos grandilocuentes de declamación (y para algunos eran las proezas a publicitar porque lo audible era lo enunciado) desde mi interés reparaba en los pequeños gestos casi imperceptibles.

Mi trabajo de indagación sobre sus motivaciones buscaba la información en aquello microsocial. "Lo microsocial implica una mirada en lo local y una búsqueda en el escenario de acuerdo con sus propias características y su relación con lo macrosocial. Por otro lado, la singularidad forma parte de una construcción histórica de esa comunidad que va a tener significados particulares".[26] Ya que las fuerzas morales se encontraban en mínimos detalles. A pesar que los afectos podrían pensarse como algo inocuo porque nunca resultaban del todo enunciados desde mi enfoque adquirían sentido. Porque las tramas comunitarias se articulaban sobre gestos de complicidad que se encontraban en pequeñas sutilezas. Así resultaba que en las situaciones de conflicto era evidente que la gestualidad[27] no mentía. Esa dimensión de análisis no resultaba sólo fundamental para el avance de mi trabajo sino también para su retroceso porque las valoraciones se condensaban en algo

---

[26] Carballeda, J. A. (2005). *La intervención en lo social*. Buenos Aires: Editorial Paidós. Pág. 114.

[27] "El movimiento del nadador, no se parece al movimiento de la ola; y los movimientos del que nos enseña a nadar, que reproducimos sobre la arena, no son nada en relación con los movimientos de la ola que no aprendemos a precaver más que asiéndolas prácticamente como signos. Por ello es tan difícil decir como alguien aprende; existe una familiaridad práctica, innata o adquirida, con los signos que convierte toda la educación en algo amoroso, pero también mortal. No aprendemos nada con el que nos dice: haz como yo. Nuestros únicos maestros son los que nos dicen. "haz conmigo" y que, en vez de proponernos reproducir gestos, supieron emitir signos para desarrollar en lo heterogéneo. En otros términos no existe idea-motricidad, sino sensorio-motricidad. Cuando el cuerpo aúna sus movimientos con los de ola,

tan minúsculo como un simple guiño[28] en el que se condensaba la potencia evidente de la *micropolítica* existente.

En términos de Mario Margulis[29] una palabra aislada no significa nada; no me sirve para comunicarme: tengo que reconstruir el conjunto, remitirme al código. Además, para descifrar un mensaje tengo que conocer el contexto, o sea, las referencias personales, espaciales y temporales: en qué lugar, en qué tiempo, entre quiénes se produce esa comunicación. Ese esfuerzo por detectar los códigos que pueden hacer inteligible una situación social determinada, la reconstrucción de esos códigos particulares por medio de la observación y el análisis de las prácticas y demás observables y la atención al contexto, son pasos principales de ese trabajo de interpretación que propone Geertz.

---

anuda el principio de una repetición que no es la de lo Mismo, sino que comprende lo Otro, que comprende la diferencia, entre una ola y un gesto del Otro, y que transporta esa diferencia en el espacio repetitivo así constituido. Aprender es constituir ese espacio del encuentro con signos, donde los puntos relevantes se reintegran unos en otros, y donde la repetición se forma al mismo tiempo que se disfraza. Siempre se dan imágenes de muerte en el aprendizaje, gracias a la heterogeneidad que desenvuelve, a los límites del espacio que crea." Así los grandes cambioslos encontraba detrás de los estados de ánimos que los cuerpos no podían disimular y así se distinguían los amateur por su apasoniamiento que de algún modo expresaban ese "haz conmigo."Foucault, M. y Deleuze, G. (1995). *Teatrum Philosophicam. Repetición y Diferencia.* Barcelona: Editorial Anagrama. Pág. 96.

[28] "Desde cierto punto de vista, el del libro de texto, hacer etnografía es establecer relaciones, seleccionar a los informantes, transcribir textos, establecer genealogías, trazar mapas del área, llevar un diario, etc. Pero no son estas actividades, estas técnicas y procedimientos lo que definen la empresa. Lo que la define es cierto tipo de esfuerzo intelectual: una especulación elaborada en términos de, para emplear el concepto de Gilbert Ryle, "descripción densa". Ryle habla de "descripción densa" en dos recientes ensayos suyos (reimpresos ahora en el segundo volumen de sus *Coleected papers)* dedicados a la cuestión de, como él dice, qué esta haciendo *Le Penseur:* "pensando y reflexionando" y "pensando pensamiento." Consideramos, dice el autor, el caso de dos muchachos que contraen rápidamente el párpado del ojo derecho. En uno de ellos el movimiento es un tic involuntario; en el otro, una guiñada de conspiración dirigida a un amigo. Los dos movimientos, como movimientos, son idénticos, vistos desde una cámara fotográfica, observados "fenómenicamente" no se podría decir cuál es la señal ni si ambos son una cosa o la otra. Sin embargo, a pesar de que la diferencia no puede ser fotografiada, la diferencia entre un tic y un guiño es enorme, como sabe quien haya tenido la desgracia de haber tomado el primero por el segundo. El que guiña el ojo esta comunicando algo y comunicándolo de una manera bien precisa y especial: 1) deliberadamente, 2) a alguien en particular, 3) para transmitir un mensaje particular, 4) de conformidad con un código socialmente establecido y 5) sin conocimiento del resto de las circunstancias. Como lo hace notar Ryle, el guiñador hizo dos cosas (contraer su ojo y hacer una señal) mientras que el que exhibió el tic hizo sólo una, contrajo el párpado. Contraer el ojo con una finalidad cuando existe un código público según el cual hacer esto equivale a una señal de conspiración es hacer una guiñada. Consiste, ni más ni menos, en esto: una pizca de conducta, una pizca de cultura y, voilá!, un gesto." Geertz, G. (1987). Descripción densa: hacia una teoría interpretativa de la cultura. En: *La interpretación de las culturas*. México: Gedisa.

[29] Margulis, M. (2009). *Sociología de la cultura.* Buenos Aires: Editorial Biblos.

El marco teórico[30] sostiene que involucramiento e investigación no son opuestos sino necesarios para explorar una determinada realidad social sobre la cual producir conceptualizaciones. En este sentido, la entrevista[31] con el responsable del centro cultural de Chilavert Recupera la reservo para otro momento, ya que entendí que cuando prendo el grabador el discurso parece panfletario, en términos de algo muy sistematizado. Así que con el tiempo me fui entrenando a distinguir otros aspectos a indagar rescatando no solo lo dicho sino también lo no dicho o esa gestualidad en el discurso donde subyacen las intenciones sin palabras del todo sistematizadas. A continuación, se transcribe una entrevista al responsable del centro cultural de Chilavert Recupera, que se torna valiosa porque especifica el rol en el que adscriben al interlocutor. La entrevista está pautada con una semana de anticipación, y me sugieren un sábado como día posible para llevarla a cabo y cuando llego ese día tengo que esperar aproximadamente 25 minutos a que termine una prueba de sonido y luego se ocasiona el siguiente diálogo:

E: Tal como te expliqué, empezarías contando un poco la historia de...
M: ¿De acá?
E: Sí.
M: Trataré de hacerlo y... de no vender peras por...
E: Por olmos. ¿Cómo es la expresión? No vender...
M: No, la expresión es "no pedirle peras al olmo". Bueno...
E: Pero, ¿qué quiere decir eso?
M: No, que trato siempre de decir, en realidad, de no vender un espejito de color, sino más o menos contar la realidad de lo que sucede. Siempre y cuando teniendo en cuenta quién te viene a entrevistar y lo que necesites.

En este fragmento de la entrevista se percibe cómo le otorgan determinada importancia a la posición donde está ubicado el entrevistador, ya que lo consideran para narrarles algunas cuestiones. En este sentido, me interesa poder registrar el proceso de negociación de roles, lo que implica sostener

---

[30] "El surgimiento de las ciencias sociales se realizó a través del establecimiento de una separación entre el investigador y los sujetos, de la presentación del investigador como figura específica y de la constitución de un medio capaz de segregar sus propios modos de reconocimiento y transmisión, todo ello en un esfuerzo por diferenciarse de los sujetos y de su mundo social erigido en objeto de investigación. Con Emile Durkheim y sus herederos, esta separación se realiza de una manera inequívoca mediante una mimetización de las ciencias exactas. Toma la forma de una cientificidad dura y se reproduce instalando al distanciamiento del mundo de los sujetos y de su lenguaje, y a la elaboración de dispositivos simbólicos (lenguaje) e instituciones (universidad) especiales. Una ilustración ejemplar de esta orientación puede encontrarse en la obra de Pierre Bourdieu y Passeron, J. C. *El oficio del sociólogo.*" Althabe, G. (1999). *Antropología del Presente.* Buenos Aires: Edicial.
[31] Encuentro con Martín el día 5 de mayo del 2006.

un análisis, no sólo de la *reflexividad* del proceso de trabajo, sino también de mi posición en ese aspecto. "La implicación entra en escena en una forma particular: mediante las exclusiones de las cuales el antropólogo es objeto. El análisis de dicha dinámica (incorporación o expulsión del campo de interlocución) le permitirá comprender el modo de gestión del colectivo social. Las causas que autorizan la participación del investigador en situaciones de interacción o, al contrario, que justifican su expulsión, responden a una particular microfísica del poder".[32] Al finalizar la entrevista es posible para mí interrogar determinados enunciados implícitos que no niegan mi pasado y el modo de contacto con el espacio cultural. No obstante, se solicitan antecedentes con la expectativa de una mayor explicación para entender el rol al que me adscriben y de ese modo poder renegociarlo.

> *E: ¿Y con respecto a esto que vos decías del bagaje de otras historias? Digo, ¿cuál es la importancia? Hablaste explícitamente de IMPA como contagio con Chilavert y por ahí faltarían los antecedentes históricos, ¿no? ¿Qué pensás respecto del bagaje de otras experiencias culturales?*
>
> *M: Yo creo que el aporte más vivo, histórico, es la experiencia. El legado que va tomando la gente que se suma a la lucha, los trabajadores que se van abriendo de manera consciente, saliendo de la problemática individual incluso hacia fuera, y afuera de la fábrica, la mochila que se toma de las generaciones anteriores es eso, ¿no? Es la organización, es el pensamiento, el análisis, qué es lo que se ha hecho, obviamente, las historias de vida también. Lo cotidiano es también lo más sensible ¿no? Ver cómo un compañero que desde un punto de vista humano tiene las mismas condiciones que un compañero trabajador, digamos. Ha hecho un camino de lucha, ha hecho una intelectualización de un montón de cosas, también es algo que motiva, porque uno toma la experiencia de ellos.*
>
> *E: Hoy cuando empezamos me dijiste lo de las peras al olmo, no pedirle peras al olmo. ¿Quién sería el olmo y quiénes serían las peras?*
>
> *M: Yo soy, por ahí, de pedirle peras al olmo igual.*
>
> *E: ¿Cómo sería eso?*
>
> *M: A ver, quizás, a veces... Bueno, el olmo es la realidad. Igualmente la realidad se puede abordar desde infinitas conceptualizaciones. Para mí, el conjunto de las cosas más estables y perdurables en un determinado momento, ¿no? Y las peras, a veces es ese deseo, esa utopía que por eso te digo, está perfecto pedir peras al olmo, por ahí es el principio de la transformación. Y lo que digo es que muchas veces también hay una construcción idealizada de un montón de experiencias. [...] Esto es como una guerra. Pero en otros momentos también se vuelve en contra porque termina tapando conflictos que en realidad hay que sacarlos a flote para poder*

---

[32] Althabe, G. y Hernández, V. (2005). Implicación y reflexividad. En *Etnografías Globalizadas*. Buenos Aires: Sociedad Argentina de Antropología. Pág. 80.

resolverlos, ¿no? La frase partía desde ahí. Te decía que trato de no vender espejitos de colores...

E: Obvio.

M: Sí, a mí mismo en particular, y a la gente que sé que está y que en alguna instancia existe un compromiso real, obviamente, también. Porque ahí hay instancia de diálogo y el otro te puede hacer un aporte. Después hay un montón de gente que viene y viene a hacer una entrevista como viene a hacerla acá y va a hacerla a otro lado. O para cumplir una materia de la facultad o lo que sea. Y bueno, quizás el grado de riesgo que hay en esa charla es mínimo. Es una entrevista igual a un millón de otras entrevistas.

El entrevistado se refiere en términos de "*aporte*" a aquello que constituyen las experiencias de vida de "*los trabajadores que se van abriendo de manera consciente, saliendo de la problemática individual incluso hacia fuera.*" Asimismo, enuncia de un modo transversal la situación actual en la que se encuentra quien realiza la entrevista porque se menciona que "*la organización, el pensamiento*" también resultan una herramienta válida para un movimiento social porque ven cómo un "*compañero*" realiza "*una intelectualización*". Así como, se encuentran discrepancias que se exhiben en torno a la expresión "*compromiso real*" y que aparecen en el fragmento de la entrevista. En ese enunciado se podría analizar que los amateurs registran que hay gente "[...] *que se sabe que está y que en alguna instancia existe un compromiso real.*" No obstante, esa gente la distinguen del resto que solo busca "*cumplir con una materia de la facultad.*" El recorte sobre determinada población aparecería enunciado con un matiz peyorativo sobre aquellos que no apuestan a una transformación social. Es decir, recortan sólo sobre un sector que estiman que se "*compromete realmente.*" Lo cual se reitera tanto en otras entrevistas realizadas como en otras experiencias.

Desde el campo cultural local se podría inferir que se celebra a aquellos que poseen un "*compromiso.*" Se destaca a aquellos interlocutores capaces de afrontar ciertos riesgos que no son sólo académicos en términos de una "*formalidad escolar*". Esto se encuentra también en otras entrevistas hechas a trabajadores de la cultura "*independiente*", a aquellos responsables de espacios culturales autogestionados por grupos que expresan:

Nosotros estamos en la práctica.

Nos interesan los hechos y no solo las palabras.

La cultura es un espacio de acción y no sólo de teoría.

¿Por qué una cosa es la responsabilidad y la otra el compromiso? Responsabilidades tenemos todos, pero compromiso no.

Es como los políticos: hablan muy lindo pero para hacer, nada.[33]

---

[33] Expresiones relevadas en el marco de Jornadas de trabajo realizadas en el Centro Cultural Resurgimiento durante el año 2006.

Esa impronta sobre la importancia del *"compromiso"* que se gesta *"desde abajo"*[34] aparece de un modo recurrente en distintas entrevistas y, tal como lo anticipamos en el capítulo anterior, obliga a los sujetos con su lógica a sostener proyectos con sus propios recursos, exista o no financiación para ellos. Una lógica que apuesta a un compromiso y transita, incluso, ciertos riesgos que a veces excede lo que se ha denominado *"formalidad escolar."*

Sobre los modos de albergar lo impensado

Los autores de la sospecha —Freud, Nietzsche, Foucault— critican el enaltecimiento del sujeto moderno que restablece la fiabilidad racional del mundo y el sesgo positivista, y proclaman que nunca el sujeto es tanto él mismo como en lo que ignoran de sí. "Ante todo la sospecha que el lenguaje no dice lo que dice. El sentido que se atrapa y que es inmediatamente manifiesto no es, quizás, en realidad, sino un sentido menor, que protege, encierra y a pesar de todo, transmite otro sentido: siendo este sentido a la vez el sentido más fuerte y el sentido "de abajo." [...] " Yo creo que cada cultura, quiero decir, cada forma cultural dentro de la civilización occidental ha tenido su sistema de interpretación, sus técnicas, sus métodos, sus formas de rastrear el lenguaje que quiere decir otra cosa que lo que él dice y que hay lenguaje fuera del lenguaje. Parece pues, que habría que inaugurar una empresa para hacer el sistema o cuadro, como se decía en el siglo XVII, de todos estos sistemas de interpretación". [35] En tal perspectiva hay una dimensión impensada, ya no calculable, que el sujeto ignora de sí mismo, tal como ignora sus sueños, lapsus, actos fallidos o síntomas. En dicha línea de sentido, la noción de sujeto intenta dar una morada a la alteridad, en términos de señalar la escisión allí donde se leía unidad. En este sentido, en el sujeto también convive lo impensado en uno, lo que no se puede pensar, representar racionalmente porque

---

[34] "De parecido mutuo, la preocupante paradoja de una cultura para las masas que proviene de arriba en lugar de surgir de abajo, no permite aún definir en términos definitivos el problema: en el ámbito de esta situación, los éxitos son imprevisibles y a menudo contradicen las premisas y las intenciones. Toda definición del fenómeno en términos generales corre el riesgo de ser una nueva contribución a aquel carácter genérico típico del mensaje de masa. El crítico de la cultura se halla forzosamente enfrentado a una investigación que no le permite reacciones humorales ni indulgencias neuróticas. La primera cosa de la que debe aprender a dudar son las propias reacciones, que no hacen texto."Eco, U. (2008). *Apocalípticos e integrados*. Buenos Aires: Tusquets. Pág. 43.

[35] Foucault, M. (1995). *Nietzsche, Freud y Marx*. Buenos Aires: El cielo por asalto. Pág. 33-34-

no se corresponde con la mismidad o una representación homogénea.[36] La noción de sujeto a la que se hace referencia no remite tanto al sujeto racional que piensa. Tampoco al hombre de ciencia experimental que se auto-afirma en su capacidad de transformar el mundo exterior en un cosmos calculable, para amortiguar la exposición a los designios inescrutables sobre la base de una creciente autoconfianza en la predictibilidad, sino que se trata de un sujeto que es tanto lo que él mismo ignora de sí. El objeto de conocimiento es circunscripto, delimitado y elegido por un sujeto y es precisamente en sus olvidos donde se arrojan sin pensar los valores por la puerta que luego entran por la ventana. "Un error se advierte sólo contra el fondo de la verdad, más presumida que verificada. Pero, al mismo tiempo, miles de representaciones correctas, coherentes y compartidas por el etnógrafo pasan a través de la trama. Los acuerdos pasan inadvertidos, la diferencia se magnifica. El hecho de la diferencia no sólo procede de un diagnóstico valorativo del error, sino también de una selección valorativa que fluye del decreto epistemológico de pares cognitivos".[37] No se trata de fechar y datar la percepción de un error, un fracaso al introducir el grabador, una peculiaridad como una circunstancia anormal que permite al investigador tornar legible la vida de otros sino de aprehender sistemas de interpretación existentes que por momentos resultan ilegibles.

"No vender espejitos de colores"

Las conclusiones que esboza Lenclud[38] en torno a prácticas etnográficas se tornan pertinentes para pensar inquietudes planteadas en el desarrollo de este apartado. En este sentido, el autor destaca que los hechos etnográficos están imbuidos de valores. Debemos aceptar con modestia que los hechos en relación con sus valores no son como el carozo de una palta: algo separable. O dicho de otro modo, la valorización es parte de los hechos de la misma manera que el azúcar es parte del gusto de una fruta.

Se ha trabajado en este capítulo intentando dilucidar la *implicación* del investigador tal como la define Lourau diferenciándola de la participación, la dedicación de horas, el voluntarismo o la militancia, sino como él lo explica

---

[36] "El lugar del pensamiento en tensión es un no-lugar, un ámbito inapropiado de resistencia a toda apropiación que quiera enterrar lo diferente en el suelo de "lo mismo." Y en ese lugar de resistencia está, justamente, el otro." Cragnolini, M. (2005) *Modos de lo extraño; alteridad y subjetividad en el pensamiento*. Buenos Aires; Santiago Arcos editor. Pág. 27.

[37] Lenclud, G. (2004). Lo empírico y lo normativo en la antropología. ¿Derivan las diferencias culturales de la descripción?. En *Constructores de otredad. Una introducción a la antropología social y cultural*. Buenos Aires: Antropofagia. Pág. 183.

[38] *Idem*. Pág. 184.

en tanto un nudo de relaciones,[39] una trama compleja a dilucidar. Lo que se presenta en nuestras adhesiones y no adhesiones, nuestras referencias y no referencias, en nuestra participación y no participación, motivación y no motivación, investidura y desinvestidura libidinal atravesando nuestros propios valores. Así es que la noción de implicación remite a un conjunto de relaciones conscientes o no que existen entre el actor[40] y el sistema institucional.

La metáfora[41] que se menciona en la entrevista *"no vender espejitos de colores"* enuncia el problema de la verdad de los hechos acontecidos y resulta precisamente una expresión que porta valores inseparables de su contexto de enunciación. ¿Qué quiere decir que a mí no me va a vender espejitos de colores? ¿En las entrevistas a veces los trabajadores de la cultura venden espejitos de colores? ¿Qué quieren decir con espejitos de colores: que a algunos de los que son entrevistados no les narran los problemas de la cotidianeidad sino una construcción idealizada del fenómeno que no incluye todos los conflictos que tienen; que en mi trabajo de investigación me voy a enterar sobre los límites borrosos entre lo legal y lo ilegal y tendré que asumir ciertos riesgos respecto de lo publicable y lo olvidable; que el legado que retoman las experiencias culturales gestados por grupos de la sociedad civil es la que la última dictadura en la República Argentina interrumpió; que hay quienes afrontan ciertos riesgos más allá de la *"formalidad escolar"* y se comprometen con sus ideas? ¿Que los espacios se ocupan configurando procedimientos ancestrales de relación con el territorio en América Latina?

También resulta un desafío para mí afrontar la exposición de un fenómeno social de nuestra realidad sociohistórica. Después de la autogestión del centro cultural en IMPA en el año 1999, la cooperativa de trabajo se encontraba en quiebra[42] y convocatoria de acreedores, dada su pauperización.[43] Luego de

---

[39] Ver Lourau, R. (1992). Implicación y sobreimplicación. Mimeo. Desgrabación del 1° Encuentro en el Espacio Institucional.

[40] Ver Lourau, R. (1970). *El análisis institucional*. Buenos Aires: Editorial Amorrortu. Pág. 270.

[41] Ver Douglas, M. (1999). *Estilos de Pensar. Ensayos críticos sobre el buen gusto*. Barcelona: Gedisa.

[42]"En dicho período, los patrones de acumulación de capital y distribución del ingreso desplazaron progresivamente a la industria manufacturera como eje neurálgico y ordenador de las relaciones económicas y sociales de la economía, cediendo dicho lugar a los servicios y fundamentalmente, al capital financiero." Ver Rebón, J. y Saavedra, I. (2006). *Empresas Recuperadas. La autogestión de los trabajadores*. Buenos Aires: Capital Intelectual. Pág. 13.

[43] Este problema no sólo acechaba a tal industria."Una encuesta realizada en 1993 sobre 591 empresas grandes, que fueron responsables del 80% de la inversión total del sector fabril en el período 1993-88, permitió registrar 2.200 proyectos realizados o en marcha. De ellos, sólo treinta eran instalaciones de plantas nuevas; la orientación decisiva se limitaba a mejorar las plantas existentes, con inversiones menores, pero no a una renovación o ampliación significativa de las mismas." Schvarzer, J. (2000). *La industria que supimos conseguir*. Buenos Aires: Ediciones Cooperativas. Pág. 329.

un par de años de funcionamiento, el centro cultural se conforma como una estrategia para evitar el desalojo de la cooperativa en cuestión, mientras se constituye como bastión de un movimiento de empresas recuperadas que se gesta en el año 2002. Es decir, desde ahí comienzan a asesorar a otras fábricas en quiebra para que sean ocupadas y autogestionadas por sus obreros mientras adquieren el estatuto de cooperativas y una legislación que las proteja como tales. "No sólo se presentan estrategias en el plano de lo legal sino que produjeron acciones directas en tal sentido, interpelando jueces fiscalizando inventarios, custodiando máquinas y mercancías. La configuración por impedir el proceso de vaciamiento tiene efectos significativos directos sobre dos cuestiones fundamentales: por un lado, establece un fuerte correlato entre la lucha jurídica y el ámbito de lo legal, con la fábrica propiamente dicha. Es decir que convierte a la fábrica en el territorio en disputa, ocupación y vigilancia, unos, los empresarios, con la intención de vaciarla literalmente y otros, los trabajadores con el objeto de impedirlo".[44]

Los conflictos característicos locales se transcriben en la entrevista y hacen referencia a los grupos que ante la extranjerización de las industrias nacionales y la competencia con multinacionales decidieron sostener los puestos de trabajo y producir aún a pesar de la precariedad laboral que los acechaba, en un momento histórico en el cual aumentaba la desocupación ante la instauración de un modelo económico neoliberal excluyente. En los espacios en disputa se emplazan también centros culturales en fábricas en quiebra signadas por el intento de contrarrestar, incluso sin proponérselo, ciertas hegemonías de un mercado cultural altamente competitivo.

La metáfora señalada no alude sólo a territorios en disputas sino hasta la misma colonización de América Latina cuestionando incluso la idea misma de propiedad. Es decir, se me plantean dilemas al producir teoría sobre un fenómeno complejo. Porque se incrustan también los conflictos de ocupaciones de tierra de larga data en nuestro continente como matriz fundante de determinadas relaciones societales. O dicho de otro modo, de lo que se conoce en los relatos de experiencias no sólo orales sino en las transcriptos a través de las conquistas o colonizaciones variadas.

Describir involucra planificar la investigación, ir al campo, residir, entrar, salir, negociar la permanencia o salida, analizar datos, corregir, rememorar y olvidar valores que luego entran por la ventana. La escritura está atravesada por una presencia en el campo, entonces se conciben definiciones que logran afirmarse por su posibilidad de análisis de las relaciones sociales establecidas.

---

[44] Petriella, A. (2003). *Fábricas y Empresas Recuperadas. Protesta social, autogestión y rupturas en la subjetividad.* Buenos Aires: Ediciones del Instituto Movilizador de Fondos Cooperativos. Pág.37.

No se trata sólo de reconocer el objeto de estudio sino los valores que transportan. Las experiencias culturales analizadas emergen en un contexto socio-histórico donde sus expresiones metafóricas manifiestan precisamente el dilema de exponer una situación idealizada ante los interlocutores. Aunque se presenten como autogestión, modelos de cooperativas a imitar porque pareciera que es exitoso afrontar la crisis, lo cierto es que los obreros ocupan las fábricas y las intentan recuperar porque específicamente nacen de una crisis social compleja tal como se manifiesta en el fragmento de entrevista antes citado:

> *Lo que digo es que muchas veces también hay una construcción idealizada de un montón de experiencias. En algunos momentos porque es necesario salir con ese discurso, ¿no? Pero en otros momentos también se vuelve en contra porque termina tapando conflictos que en realidad hay que sacarlos a flote para poder resolverlos, ¿no? La frase partía desde ahí. Te decía que trato de no vender espejitos de colores...*

La posibilidad de analizar determinada información de un fenómeno social con el contexto de su enunciación, por lo tanto, posibilita reconocer la inseparabilidad del hecho y valor facilitando su complejidad. *"No vender espejitos de colores"* implica *"no tapar conflictos"* que operan en las experiencias analizadas en su relación comunitaria.[45] En términos de Arfuch[46], justamente, porque el discurso y la vida son inconmensurables se plantea el problema de la representación de la vida en el discurso. Lo que se busca es un acercamiento de lógicas que, abandonadas a su propio movimiento, se repelen más de lo que se acercan. La cuestión pasa por los materiales y por la disposición

---

[45] "Siguiendo a Espósito (1999, pp.25-31) diremos que el primer significado de la palabra *comunitas* mostraba que común era lo no propio, lo que empezaba donde lo propio terminaba, lo que concernía a todos y por lo tanto tenía carácter de público. El *munus* remitía a la idea del deber y también del don: *"Es el don el que se da porque se puede dar y no se puede no dar."* (Esposito, 1999, p.28.) Es de esta manera que prevalecía la reciprocidad o mutualidad del dar, que determinaba un compromiso; y entonces en el sentido antiguo, el significado de *comunis* era el de quien comparte una carga y *comunitas* era el conjunto de personas a quienes unía un deber, deber que las unía en tanto miembros de una comunidad. Fue más tarde en el Medioevo, cuando el término *comunitas* quedó asociado al término de pertenencia, y ese concepto fue adquiriendo el perfil de un territorio determinado. Y así posteriormente, las comunas que en principio configuraban un conglomerado urbano o rural, comenzaron a adquirir rasgos de instituciones jurídicos.-políticas. (Esposito, 1999). Es que el concepto de comunidad estaba asociado a la tierra, a la vecindad, y a las relaciones de familiaridad y amistad: era el denominado "pago" como comunidad de familias, basado en la vecindad y en las relaciones personales, que luego se convirtió en una unidad política, al generar un pacto expreso de ayuda mutua entre sus habitantes." Tonon, G. (2009). *Comunidad, Participación y Socialización*. Buenos Aires: Espacio Editorial. Pág. 15.

[46] "Arfuch. L. (1995). *La entrevista, una invención dialógica*. Buenos Aires: Editorial Paidós. Pág.12.

de los materiales, la lengua es múltiple y lleva inscriptas las marcas de usos dramáticamente diferentes. Además una mirada ve lo que otras miradas pasan por alto y alguien, señala lo que, para otros, es radicalmente inexistente. La frontera de los materiales con los que se construye el discurso no se restringe, ni se amplía progresivamente, pero sí cambia a través del tiempo.

La metáfora y su aportes a la lectura del material

"La mayoría de nuestras metáforas se han desarrollado en nuestra cultura en largos períodos de tiempo, pero muchas, también nos son impuestas por la gente en el poder, los líderes políticos, religiosos, los grandes de los negocios, de la publicidad, los media, etc. En una cultura donde el mito del objetivismo está vivo y la verdad es siempre verdad absoluta, la gente que consigue imponer sus metáforas sobre la cultura consigue definir lo que es verdad, lo que consideramos que es verdad-absolutamemente y objetivamente verdadero".[47] Por consiguiente, no se focalizará en la falsedad o veracidad empírica de las metáforas relevadas tal como la ejemplificada sino en las percepciones e inferencias que se siguen de ella, así como en las acciones que sanciona, en un determinado campo de estudio. Asimismo, se tratará este tropo que identifica términos entre los cuales existe alguna semejanza. Es decir, se indagará lo que implica "un dicho" articulado en una determinada expresión, porque "el lenguaje está instalado en esta ambigüedad entre lo que implica y lo que anuncia".[48]

Se considera a las metáforas plenas de sentido al establecer paralelos y similitudes entre ciertos campos discursivos que se articulan en su enunciación. La metáfora —del griego *meta*, «más allá» y *forein*, «pasar», «llevar»— es un tropo que identifica dos términos entre los cuales existe alguna semejanza. No obstante, se crea la semejanza antes que describir una existente con anterioridad. Así, se inventan similitudes entre conceptos.[49] Aristóteles definió que "metáfora es transferencia del nombre de una cosa a otra",[50] según las relaciones de analogía de género a especie y viceversa. Según la terminología semiótica de Saussure se enuncia que la metáfora es la substitución de un significante por otro significante. Desde otra perspectiva, Derrida subraya que existe en la metáfora una inscripción que ensambla: articula, separa, conserva y junta. En la metáfora está en juego un ensamble que articula, a la vez que

---

[47] Ver Lakoff, G. y Johnson, M. (1991). *Metáforas de la vida cotidiana*. Madrid: Cátedra. Pág. 202.

[48] De Certeau, M. (1999). M. *La cultura plural*. Buenos Aires: Nueva Visión. Pág.70.

[49] Douglas, M. (1999). *Estilos de Pensar. Ensayos críticos sobre el buen gusto*. Barcelona: Gedisa.

[50] Aristóteles. (1996). *La Poética*. México: Editores Mexicanos Unidos. Pág. 99.

separa y conserva juntos determinados términos. Este último autor denomina "encentadura" a dicho ensamble, que se mantiene velado —porque no es advertido—, ya que constituye un trazo que se abre paso haciendo una incisión, que desgarra, señala la separación, el límite, el margen, la marca. Este trazo de recorte relaciona al uno con el otro, pero no pertenece a ninguno de los dos. "El trazo de la encentadura está pues velado, retirado, pero es también el trazo que reúne y separa a la vez el velamiento y el desvelamiento".[51] Un ensamble que aunque velado posibilita la relación, la articulación de dos términos, otorgándole coherencia a la lógica de pensamiento. En este sentido se podría afirmar que el papel de la metáfora; *"no vender espejitos de colores"* es más amplio que el de un mero adorno estilístico susceptible de ser eliminado a voluntad o sustituido por un enunciado no metafórico. "Tal vez cabría postular, como lo hace por ejemplo Mark Johnson, que la metáfora no se puede limitar a su sentido tradicional como una mera figura retórica, sino que más bien conviene identificarla como una estructura penetrante e indispensable de la comprensión humana, mediante la cual captamos figurada e imaginativamente el mundo. Dicho brevemente, no sólo hablamos en metáforas, sino que además pensamos y conceptualizamos la realidad social en metáforas".[52]

---

[51] Derrida, J. (1989). Filosofía: la retirada de la metáfora, *La deconstrucción en las fronteras de la filosofía*, trad. P. Peñalver. Barcelona: Paidós.
[52] González García, J. M. (1998). *Metáforas del poder*, Madrid: Alianza. Pág. 13.

"Los seres urbanos estamos todos más o menos locos,
aunque casi todos vivimos por razones de espacio, fuera del manicomio.
Desalojados por los automóviles, arrinconados por la violencia,
condenados al desvinculo estamos cada vez más apilados y cada vez más solos
y tenemos cada vez menos espacios de encuentro
y menos tiempo para encontrarnos."

Eduardo Galeano

7. ¿Los espacios culturales nacen de la crisis? β. Análisis del Club Resurgimiento

Diagnóstico de situación: 2001.Crisis del modelo de convertibilidad. Fuga en helicóptero del presidente. Estado de Anomia Social. Los vecinos intervienen las calles con su acción directa como forma de repudio. 19 y 20 de diciembre se produce una afectación ante el resquebrajamiento de la trama social. Se nuclean en las calles, de un modo heterogéneo como formas provisorias de encuentro. Cacerolazo es el formato que la protesta adquiere como intervención callejera. Se gestan las asambleas en muchos barrios de la ciudad como espacios dialógicos. El eslogan es que "se vayan todos" (se refiere a quienes están en el poder, técnicos, burócratas, etc.) En el barrio de La Paternal se distingue el liderazgo de un grupo de vecinos que se conforma en el espacio público y aunque no todos se conocen, trazan un horizonte.

Conflictividad[1] subyacente; dificultad de acceso al sistema de salud.
- Propuesta de intervención: recolección de firmas en el barrio para la negociación con el gobierno por la reapertura de un centro de salud.
- Espacio: Club Resurgimiento configurado después de las asambleas post crisis 2001.
Al inicio de este libro se enunciaba que las experiencias culturales están enmarcadas en su mayoría como asociaciones sin fines de lucro y, por lo tanto, podrían no incluirse en la lógica del mercado porque no expresan tal intención desde su fundación y sólo brindan servicios culturales. Las preguntas esbozadas —y que a continuación desplegaremos— rondaban acerca de:

---

[1] "El conflicto social es el síntoma de una realidad social asimétrica y sostenida en el gerenciamiento de la vida y con ella el de la muerte. La vida humana sólo puede ser doblegada, modulada, sometida, en tanto la muerte sea gerenciada como una amenaza latente o manifiesta." Murillo, S. (2008.) El conflicto social en Michael Foucault. *Conflicto Social*, 0, 163.

¿qué posibilita el movimiento productivo-deseante?, ¿cómo son las fuerzas dinámicas de gestación en los grupos?, ¿son espacios de sociabilidad territorializados cuyos vínculos entramados causan espacios de pertenencia?

Las asambleas

En los grupos existe una labor colectiva y lo que motiva el trabajo grupal se ha descripto como un movimiento al que precede algo descompuesto, y éste genera, por el movimiento mismo, un resultado más valioso, impulso de otros aconteceres. En este sentido, se utiliza la categoría *micropolíticas* para pensar las formas expresivas que definen un nuevo tipo de fuerza colectiva de trabajo. En un apartado anterior se señala que ya no es posible suponer a los grupos en el espacio público, como el grupo de escultoras fijas en una plaza al estilo del *groppo sculturico,* sino que se considera desde la aparición de las intervenciones estéticas urbanas la existencia de grupos en movimiento habitando las calles de un modo crítico. Se trata de una modalidad de apropiación simbólica que incorpora al territorio en tanto búsqueda de participación que reinventa el espacio público como zona de interacción. "Pero es imposible referirse al micropoder sin referirse a Michel Foucault, el autor de la microfísica del poder. Ha despertado una nueva concepción del poder como flujo que atraviesa a todas nuestras relaciones, de manera que todos ejercemos y sufrimos el poder. Las sociedades no son más que un entrecruzamiento de poderes, de "redes" de poder, de las cuales es imposible de zafar. Ni se hable de macropoder, sólo macropoderes, redes de poder." Esta contradicción se entrecruza con la que contrapone la construcción con la toma de poder. La construcción de poder, denominada también contrapoder, tiene parentesco y algo más con el micropoder, y la toma del poder con el macropoder. Se ha expandido la concepción no sólo de que el poder no se toma, porque no es una cosa, un objeto, lo cual es correcto desde todo punto de vista, sino que directamente no hay que buscar el poder, no hay que querer el poder".[2]

En este capítulo se explica cómo un grupo de amigos, *"un puñado de entusiastas"* también conformado en torno a una asamblea barrial, se reúne en las calles de la ciudad postcrisis de 2001 y toma la iniciativa de reinaugurar un espacio, ya que se conmueven en torno a la posibilidad de gestionar un club cultural del barrio. Asimismo, se analiza el recinto en el que se suscita la *experiencia* al contemplar tanto cuestiones territoriales, como las lógicas de relación que se dan en dicho espacio. Es decir, es un ámbito investido afectivamente por el grupo involucrado. Tomando sus propias palabras; *"le*

---

[2] Dri, R. (2002). *La revolución de las asambleas.* Buenos Aires: Ediciones Diaporías. Pág. 29.

tenemos cariño al club, mi viejo y sus amigos venían acá", se configura así un espacio de pertenencia. Tal como fue planteado con anterioridad, el ámbito del encuentro donde se ponen en juego modelos y sentidos de la vida individual y colectiva. Asimismo, se trabaja en torno a los conceptos explicitados en el capítulo anterior para dar entender la interrelación empírica en torno a la solidaridad grupal, las formas asociativas y cooperativas que son utilizadas para exigir legitimidad.

> *Para mí fue como el terremoto, ese temblor en la ciudad hace tiempo. Algo pasaba y todo fue tan rápido, tan confuso, tan fugaz en la noche. La gente gritaba ¡peligro! Me acuerdo, espié por la ventana y vi a la gente en pijama, en calzoncillos en las calles. Estaba dispuesta a salir en camisón pero quería al menos usar mi rouge rojo para tener un rostro decente. En el baño, los adornos se caían de los estantes. Mis vecinos golpeaban la puerta, gritaban: ¡Despertate! El espejo se bamboleaba. Me maquillé según el recuerdo que tengo de mis labios porque era imposible detener el movimiento, salí a la calle y entendí que la tierra se movía. El 2001 en Buenos Aires fue como ese temblor.[3]*

¿Volvió a temblar en Buenos Aires? ¿O lo que se movilizó fue la depositación de la confianza en los bancos? Los ahorristas, esa figura de aquellos que creían en una cultura del ahorro, en la depositación no sólo de sus finanzas en los bancos, constituyeron personajes centrales en este escenario aunque no fueron los únicos protagonistas de dichos reclamos. La clase media damnificada por la incautación bancaria de sus fondos aparece como un pilar de las movilizaciones junto a otros sectores populares. De un modo u otro lo relevante es que se inauguró un cambio en la configuración histórica-social como resultado de un desmembramiento más complejo y profundo que estalló en las fechas mencionadas. La protesta inundó el espacio público, se derramó sobre la plaza pública, se materializó un fenómeno social emergente que requería de la participación de diversos actores sociales por la recuperación de un espacio ante el estado de sitio. De algún modo se recreó en el percutir de las cacerolas la vibración de una exclamación estrepitosa: "¡Despertate!" Se trata de una composición espontánea donde se entreteje el reclamo de intereses personales y se pide por los ahorros de cada cual aunque también se articulan intereses colectivos insistiendo en la ocupación de las calles a los fines de contrarrestar el estado de sitio. La posibilidad de vincularse se estableció, ahí, en las calles, en los barrios donde cada cual pretendió encontrar las posibles causas de un suceso, en diálogo con otro. Se trata de un formato de protesta donde los protagonistas descubren, en el discurrir del evento, la magnitud de lo que pasaba intentando tornar legible así a través del

---

[3] Estela es una vecina que participa del taller de tango del club.

transitar de la jornada los componentes de un jeroglífico. Así es que acontecieron tertulias en las calles a los fines de encontrarle o darle un sentido a lo que se estaba generando, de modo tal que se crearon asambleas en distintos barrios de la ciudad donde participaron vecinos que transitaban las calles azorados ante el contexto.

Los espacios asamblearios[4] se desarrollaron donde los grupos buscaron espacios donde la cultura articule simbólicamente la dislocación social. Así encuentran vericuetos donde, además de la queja y la protesta por la pérdida de sus ahorros, y por el descalabro de todo un modelo económico y político, existen grupos que intentan contrarrestar tal coyuntura de otro modo gestando un espacio cultural denominado "Club Cultural Resurgimiento," que nace de las asambleas, atravesado por las vicisitudes ya mencionadas. A continuación, se adjunta la desgrabación de la entrevista a Fernando, actual vicepresidente de la asociación civil, en la que se enmarca el club analizado. En el relato enuncia el modo en el que un grupo reunido en asamblea esboza la ocurrencia de gestar un espacio cultural para el barrio.

> *La asamblea empezó, y todo fue medio precipitado. Conseguimos un sonido que nos prestó una murga de Villa del Parque. La verdad no sabíamos ni cómo era una asamblea si bien algunos teníamos alguna participación política en la escuela o alguno en un partido político antiguamente, todo era más desde vecinos. Dany, que es el presidente de la asociación civil hoy, tomó la palabra, también el primero por una cuestión de que éramos lo que habíamos conseguido el sonido y queríamos presentarnos. Y en ese momento en todo el país se hablaba de que Estados Unidos le prestaría plata a Brasil y plata a Uruguay. Y todos decían: ¿Cómo puede ser que a Argentina, no? Y Dany dijo algo que conmovió a todo el barrio. (Transforma su voz y se torna grave para imitarlo.) Están hablando de los recursos que vienen del exterior y ¿qué pasa con los recursos que tenemos acá y nos los utilizamos? Y señaló para acá, la sede del Club y dijo que es un lugar que contuvo a varias generaciones, que pasaron los jugadores de Argentina, gente que se conoció ahí y se casó. La gente se puso muy contenta porque la mayoría tenía una pequeña historia vinculada al lugar.[5]*

---

[4] "Es muy difícil de entender una radicalidad política que tiene operatorias moleculares y no molares y se construye por fuera de espacios insurreccionales, por fuera de metodologías de la violencia que no construye grandes argumentaciones narrativas legitimadoras y que no intenta tomar el estado, sino que construye sus propios espacios-tiempos, a los costados, en los intersticios, en las fisuras y también por fuera de los poderes instituidos." Ver Fernández, A. (Comp.). (2006). *Política y Subjetividad. Asambleas barriales y fábricas recuperadas*. Buenos Aires: Tinta Limón.

[5] Fernando, vicepresidente de la Comisión Directiva de la Asociación Civil, entrevista el día 4 de septiembre del 2008.

En su expresión se distingue que en esa atmósfera grupal o moral del grupo se va a emplazar el nivel de su eficacia, así como también el sentimiento de pertenencia de los individuos al *grupo* porque, tal como relata en la entrevista, *"la mayoría tenía alguna pequeña historia vinculada al lugar."* La rememoración de ese espacio común se convierte en posibilidad de escenario de interacción social cotidiana. Es decir que en torno a la inquietud planteada: *"¿Qué pasa con los recursos que tenemos acá y nos los utilizamos?"*, se favorece un proceso grupal que se apropia del interrogante que articula tanto funciones materiales como tangibles. Lo visualizan como soporte físico de actividades con el fin de atender determinadas cuestiones colectivas que trascienden los intereses individuales.

Habitar la calle, el barrio, la historia, un espacio

La calle es un espacio de sociabilidad que se puebla de experiencias entre vecinos. No se nombran de tal modo por una cuestión de proximidad territorial sino por el vínculo establecido y se circunscribe en torno a quienes se reúnen en esa trama urbana que conecta a los sujetos. Lo que propicia las relaciones es el modo de habitar ese espacio. Se trata de la continuidad de los modos de lazos configurados ante determinados hechos que los interpelan en un punto de intersección; la calle, la plaza, lugares que se tornan ámbitos posibles de encuentro y que anteriormente configuraban un espacio banal. "Los espacios públicos son, en parte consecuencia del escenario urbano que los define y contiene, en su totalidad. Se crean como remanente en los intersticios de la ocupación privada de los espacios".[6]

La vida social que transcurría en otros años en las calles, ya sea en los juegos de la vereda, en los grupos infantiles o los encuentros entre las bandas de adolescentes, se vieron coartados por una vida doméstica privada reforzada también en el último período a partir de una inseguridad publicitada por todos los medios de comunicación masivos. La calle, durante la denominada hegemonía menemista, se había tornado amenazante y se transforma cuando los ciudadanos, grupos en las asambleas, se ubican en ella, reapropiándose de su barrio. En términos de Ariel Gravano[7] hablamos de la capacidad de lo barrrial para construir y ser construido por el imaginario barrial; lo que podríamos llamar la imaginalidad de lo barrrial. De acuerdo con esta

---

[6] Tonon, G. (2009). *Comunidad, participación y socialización política*. Buenos Aires: Espacio Editorial. Pág. 37.

[7] Gravano, A. (2003). *Antropología de lo barrial: estudios sobre producción simbólica de la vida urbana*. Buenos Aires: Espacio Editorial. Pág. 60.

perspectiva, el barrio actúa como referente de una representación, de una imagen sostenida por actores. Junto a su carácter físico- espacial pasa a ser un conjunto de rasgos, atributos, signos, ubicables en la esfera ideológica y simbólica y ligada a la relación entre esas imágenes y las ocupaciones del espacio barrial concreto. En términos históricos lo colocábamos en las imágenes clánicas, fratriales, gremiales y de clase social según las épocas. La relación contrastante entre las marcas urbanas de lo barrial y las vivencias barriales, se manifiesta en el desfasaje entre las unidades administrativas, circunscripcionales y distritales y los barrios concretos vividos por los vecinos. Y la imaginalidad también tiene importancia en la reinvindicación de lo barrial como utopía o aspiración, en relación con las condiciones y calidad de vida urbana, de la misma manera que un sentido connotativo lo situaba como ideal de la vida comunitaria, humana y digna dentro de la totalidad urbana, lo que podríamos llamar idealidad, tanto hacia el pasado como hacia el futuro.

La ciudadanía se había visto avasallada por la lógica del mercado y en dichas coordenadas se produjo más bien la emergencia de la figura del consumidor[8] por sobre el protagonismo del ciudadano. "El neoliberalismo, fundamentalmente a partir de la ley de convertibilidad, reforzó nuestro imaginario conjugando lo ilimitado, multiplicando las opciones, generando un ideario basado a imagen y semejanza del consumidor y consagrando 'la lógica de mercado' en tanto imperativo categórico para el conjunto de nuestra vida social y nuestras relaciones humanas".[9] Por el contrario, la figura del ciudadano adquirió relevancia en los espacios asamblearios ante el desvanecimiento que sufrió en años anteriores, donde no había espacio para su transcurrir debido al proceso neoliberal. La ciudadanía constituyó la matriz articuladora de los lazos como soporte subjetivo.

El conjunto de los sujetos vinculados por el lazo no tienen ningún vínculo autónomo entre sí, si no es mediado por un soporte discursivo. Incluso, existe un discurso que establece un lazo basado en la soberanía del pueblo, y "un soporte subjetivo para ese lazo que es el hombre concebido como ciudadano".[10] En los espacios asamblearios fundados después de los hechos del 19 y 20 de diciembre se resignificó la ciudadanía al intentar apropiarse simbólicamente del espacio público desmantelado en la última década a la vez que expropiado de la historia correspondiente a cada barrio. Así es que se interpela la cultura en su orden simbólico con el propósito de que articule en asambleas barriales las posibles alternativas a un período de crisis. Un

---

[8] Ver Lewkowicz, I. (2004). *Pensar sin Estado. La subjetividad en la era de la fluidez*. Buenos Aires: Paidós. Pág. 19.

[9] Bruera, M. (2003). Políticas del consumo. Progresismo y populismo. *Pensamiento de los confines*. 22, 53.

[10] Lewkowicz, I. (2004). *Pensar...*, ob. cit. Pág. 29.

período donde los sujetos invocan a la memoria oral local como una dimensión intangible en la cual también se superpone la historia territorial. En términos de Cervio cuando Maurice Halbwachs se pregunta por la "memoria colectiva" y, más aún, por la posibilidad de una "sociología de la memoria,"[11] el recuerdo y el olvido –hasta entonces abordados fundamentalmente por la psicología cognitiva y el psicoanálisis– trascienden el plano meramente individual para convertirse en componentes sustanciales de la acción y el sentido social. Inscrito en la tradición durkheimniana, su teoría de la "memoria colectiva" parte del presupuesto epistemológico de que los objetos del mundo social son producto de relaciones intersubjetivas y, como tales, están sujetos a permanentes reconstrucciones ancladas en el tiempo-espacio vivido en y con otros. Así, la evocación del pasado gestado dentro de los límites de una sociabilidad particular posibilita la acción en la medida que suministra los saberes necesarios que otorgan "fiabilidad" a la práctica en el presente tiempo-espacio vivido en y con otros.[12] El centro cultural analizado en este apartado se sitúa en tal intersección donde se entrama la ciudadanía que toma la forma de un grupo de vecinos preocupados por la coyuntura y la apropiación simbólica de un club olvidado.

Las instituciones comunitarias también reflejan y padecen los avatares políticos y sociales de un país. Esta entidad ejemplifica claramente la permeabilidad del ámbito vecinal-barrial a los procesos coyunturales, pero también muestra el gran empeño de la comunidad por la reconstrucción del tejido social.[13]

En el entramado vincular urbano se encuentra el Centro Cultural Resurgimiento, en el cual la memoria se resignifica en una trama cuya construcción la realizan los sujetos en torno a experiencias vividas o transmitidas en interrelación con ese espacio. Este proceso de historización es como el desván de la memoria. "En esa zona alta de la casa –más cerca de la tierra que del cielo – y no habitable, suelen guardarse objetos inútiles o en desuso que no se desechan en beneficio de la memoria o vaya a saber por qué otras curiosas razones. La historia nos hechiza como un fantasma omnisciente. En tanto desván, no es un lugar de paso sino un arcón al cual se recurre y que se abre cuando necesitamos hacer de la ausencia y la pérdida una presencia

---

[11] *Les Cadres sociaux de la mémoire* (1925), *La Topographie légendaire des Évangiles* (1942) y *La mémoire collective* (edición póstuma, 1950).

[12] Cervio L.A. (2010). Recuerdos, silencios y olvidos sobre "lo colectivo que supimos conseguir". Memoria(s) y olvido(s) como mecanismos de soportabilidad social. En *Revista Latinoamericana de Estudios sobre Cuerpos, Emociones y Sociedad.* 2, Pág.73-74.

[13] Lic. Teresa Fernandez y Lic. Mariela Rodriguez en el texto Trayectoria del Club Social y Deportivo [en línea]. [consulta: 7 de junio de 2008]. Disponible en: Resurgimiento en http:/www.resurgimiento.org.ar.

omnímoda. Ahora, somos conscientes de que toda perspectiva histórica es una lente que deforma, pues otorgar un significado autónomo o un valor absoluto a un acontecimiento del pasado es servir de víctima a la más profunda ilusión, hacer de la vigilia un sueño".[14] Y el sueño, es sabido, trabaja elaborando y reelaborando con empeño las huellas mnémicas que se tejen en resignificación con el presente. Así lo expresan en una fuente secundaria donde se narra el valor que tiene el proceso de historización y la distinción del contexto que se entrecruza en el club donde el grupo en sus inicios se empeña *"por amor al arte"*.

Territorio de la memoria

Al analizar los recursos expresivos Adrian Scribano[15] afirma que permiten bosquejar una pintura de una situación conflictual. En ese sentido, se reconstruye a partir del análisis de los recursos expresivos dentro de las estéticas-en-las-calles aquellas pinceladas que fueron caracterizando las redes conflictuales temporo espacialmente en la ciudad. Estas postales serán utilizadas como "analizadores estratégicos", pues al condensar el decir/actuar/sentir de los sujetos van bosquejando y pintando las problemáticas y "nodos conflictuales". Entender los lazos en un grupo situado en un espacio implica no sólo captar los enunciados y dichos por los sujetos en las entrevistas sino también aquello que, aunque latente signa los códigos informales de sus recursos expresivos en la vida cotidiana. En el momento de desgrabar las entrevistas realizadas a diversos integrantes del proyecto a veces resultó difícil la audición debido a que sonaba una música de fondo, un tango particular:

[...] En tu mezcla milagrosa
de sabihondos y suicidas,
yo aprendí filosofía... dados... timba...
y la poesía cruel
de no pensar más en mí.

Me diste en oro un puñado de amigos,
que son los mismos que alientan mis horas...[16]

---

[14] Bruera, M. (2003). Un olvido memorable. *Pensamiento de los confines.* 13, 75-83.

[15] Scribano, A y Cabral. X. (2009). Políticas de las expresiones heterodoxas: el conflicto social en los escenarios del las crisis argentinas. En *Revista Convergencia.* 51, Pág.138.

[16] Letra de Enrique Santos Discépolo. *Cafetín de Buenos Aires* con música de Mariano Mores.

Se trata de una vibración acústica que en momentos incluso interfirió el relato de las entrevistas, así se entrelazaron las letras del tango con el relato de María Luz que decía que desde la década del 30 el club era un espacio destinado al baile, un lugar social, de encuentro, como desprendimiento del Club Social y Deportivo Sahores, ubicado a pocas cuadras del Club Social y Deportivo Resurgimiento. La historia cuenta que se instaló con domicilio legal en la esquina de Artigas y Adolfo P. Carranza "en un galpón alquilado", según recuerda Jorgelina, que tiene 79 años y una vida radicada en el barrio. En ese espacio el motivo de encuentro fueron los juegos de salón: "billares, ping-pong y damas". El Resurgimiento "empezó como todos los clubes, como un lugar chico, cada vez se iba juntando más gente y entre todos los socios juntaron plata y se mudaron".[17] El club tuvo esplendor por muchos años, luego, según los vecinos *paso a manos del Gobierno, que lo tuvo durante 18 años cerrado como club*. Y recién se reabrió después del trabajo iniciado por el grupo de vecinos que empezaron en la asamblea a gestionar el antiguo Club Resurgimiento. Se entiende así que en su reapertura no sólo se reabrieron los *afectos* hacia ese espacio sino una memoria latente y patente en las cintas de grabación. Las vibraciones de la música constituían una continuidad entre el club del pasado y del presente. Se reabrió como un espacio solidario y también de encuentro. La música y el baile ocupaban un rol protagónico en la vida de los sujetos, no sólo en el club que resurge sino en el del pasado. Tal como se enuncia en la siguiente cita: *"En Resurgimiento se hacían bailes de carnaval y había bailes todo el año".*[18]

"Se dice que el tiempo *pasa*, que el olvido corroe la memoria; sin embargo, queda cierto consuelo: hay *"otra"* memoria, es la del olvido que se recuerda, una suerte de involuntario recuerdo evanescente, porque hay algo inolvidable en la vida olvidadiza. Si bien es cierto que el pasado *–lo que ya no es–* es el territorio de la memoria, para el olvido existe una vibración procedente del pasado".[19] Así es como una vibración era audible aún en las cintas de grabación de las entrevistas, en las cuales se oían letras de tango, incluso como un precedente del pasado, ya que antiguamente asistían vecinos del barrio de distintas edades y las madres *"acompañaban a las hijas a los bailes hasta que se casaban".* Asimismo, en algunas circunstancias asistía una madre o un padre con varios jóvenes porque *"por ahí no se usaba que fueran los padres de todos,*

---

[17] Lic. Teresa Fernandez y Lic. Mariela Rodriguez en el texto Trayectoria del Club Social y Deportivo [en línea]. [consulta: 7 de junio de 2008]. Disponible en: Resurgimiento. http://www.resurgimiento.org.ar

[18] Lic. Teresa Fernandez y Lic. Mariela Rodriguez en el texto Trayectoria del Club Social y Deportivo Resurgimiento. [en línea]. [consulta: 8 de junio de 2008]. Disponible en: http www.resurgimiento.org.ar

[19] Kaminsky, G. (1996). Elixires del olvido. *Pensamiento de los confines.* 3, 73-83.

pero el que iba controlaba a todos los del barrio (…). Resurgimiento era el club de las madres y de las novias, porque a la primera novia uno la tuvo acá".[20] Algunos manifiestan los recuerdos del siguiente modo:

> *A mi me dicen el saxo de La Paternal, si, así me dicen porque soy del barrio y me conocen como saxofonista de Memphis La Blusera pero ante todo soy producto del Club porque mis viejos se conocieron acá.*[21]

Aunque el olvido corroe la memoria hay un consuelo en esa *"otra" memoria* existente hasta en el ritmo gestual. Plejánov sostuvo que la gestualidad de los pueblos se determinó por su relación con la supervivencia. En esta experiencia cultural analizada sobrevive una gestualidad propiciadora de encuentros atravesados por cierta propuesta musical. Se trata de un estilo colectivo de encuentro entre sujetos, lo que organiza las formas de comunicación con consecuencias sobre la vida de los sujetos, sobre el clima que influye en el nivel de los sentimientos de los miembros del grupo. Luciano Privitellio[22] dice que conocimiento personal, modalidades afables, sentimientos generosos, ambiente familiar, preocupación por el progreso material y cultural del barrio: esos eran los valores que definían a los vecinos. La participación activa en las sociedades del barrio era su condición central, ya que ello no sólo conformaba un valor en sí mismo, sino que también funciona como encarnación de los anteriores. En la contrapartida, todo elemento diferenciador o potencialmente disruptor de la comunidad vecinal era considerado como un desvalor, aún cuando no lo fuera en términos abstractos, se convertía en tal vez que una ingresaba en el universo barrial. Por esa razón, las sociedades barriales insistían en la exclusión de las identidades políticas, abominaban del puro interés comercial y aseguraban que la sociedad vecinal desconocía la diferencia de clase.

Plejánov, amigo de Meyerhold y Maikovsky, descubrió estudiando la gestualidad de cientos de pueblos diversos que el ritmo y el gesto en la actitud al realizar un trabajo determinan las líneas generales del comportamiento. O dicho en términos de Foucault[23] cuando analiza la docilidad de los cuerpos y también sus resistencias como en esta experiencia. El autor quiere decir que

---

[20] Lic. Teresa Fernandez y Lic. Mariela Rodriguez en el texto Trayectoria del Club Social y Deportivo Resurgimiento. [en línea]. [consulta: 6 de junio de 2008]. Disponible en: http://www.resurgimiento.org.ar

[21] Expresión tomada de la entrevista a Fernando Primofrutto refiriendo en primera persona a tal saxofonista, vicepresidente de la Comisión Directiva de la Asociación Civil.

[22] Privitellio, L. (2003). *Representaciones de la sociedad porteña. Vecinos y ciudadanos. Política y sociedad en la Buenos Aires de entreguerras.* Buenos Aires: Siglo XXI. Pág.35.

[23] Foucault, M. (1989). *Vigilar y Castigar. Nacimiento de la prisión.* Buenos Aires: Siglo XXI. Pág.54.

estas relaciones descienden hondamente en el espesor de la sociedad, que no se localizan en las relaciones del Estado con los ciudadanos o en las fronteras de las clases y que no se limitan al reproducir al nivel de los individuos, de los cuerpos, unos gestos y unos comportamientos, la forma general de la ley o del gobierno; que si bien existe continuidad (dichas relaciones se articulan en efecto sobre esta forma de acuerdo con toda una serie de engranajes complejos), no existe analogía ni homología, sino especificidad de mecanismo y de modalidad. En esta experiencia, el comportamiento inscripto en la memoria territorial de los cuerpos del grupo guardaba latente la evocación colectiva del baile y el compás del encuentro solidario. "Su *attitude*, como dicen los franceses, es decir, la actitud que se mantiene al realizar otras actividades que podríamos llamar accesorias de la vida, como bailar, cantar, jugar, efectos todos que están ligados, en la forma en que se realizan, al oficio de fondo que se hace para vivir".[24]

Problema: ¿Cómo expresar el valor de un espacio para la promoción de la salud?

¿Los grupos que gestan espacios, clubes y centros culturales sostienen el "*compromiso*" de recuperar arquitecturas destruidas, *espacios no convencionales* para el desarrollo de actividades artísticas? ¿Qué es lo que intentan restaurar? ¿Espacios con *gestos* y actitudes de participación democrática y colectiva? El grupo que coordina el centro cultural empezó a detectar problemáticas comunitarias que merecían ser atendidas.

> *Nosotros estábamos acá casi todo el día si no teníamos trabajo, era una época muy compleja y la verdad venían también muchos curiosos pero también había algo llamativo. Había gente que entraba y nos preguntaba: ¿Ustedes no toman la presión? ¿Ustedes no dan inyecciones? Te repito era un momento particular pero también pensamos el problema.*[25]

Esta dimensión de la interconexión colectiva es la que resulta interesante para pensar dicha experiencia ya que convoca a los que no pueden o no saben cómo hablar de lo que esta pasando. En ese sentido considero que un problema no puede ser cancelado sino precisamente complejizado. En esta experiencia el grupo de la asociación del centro cultural reconoce la falta de

---

[24] Fo, D. (1997). *Manuale Minimo dell´attore*. Hondarribia: Einaudi Editore. Pág. 58.
[25] Fernando, vicepresidente de la Comisión Directiva de la Asociación Civil, el día 4 de septiembre del 2008.

un centro de salud en la zona lo cual configura una oportunidad para entramar una red comunitaria.

> *Ahí nos dimos cuenta de que el Hospital Tornú o el Álvarez están a 25 cuadras de acá y aunque no parece lejos nos separan la Avenida San Martín, el puente y dos barreras. Hay barreras. Ahí dijimos: ¿Por qué no hacemos algo?*[26]

La asociación responsable de la autogestión de Resurgimiento no sólo detectó la problemática sino que también la analizó. Se informaron, averiguaron, preguntaron, indagaron, leyeron, se reunieron, discutieron. Una opción fue dialogar con funcionarios públicos que estaban instalando CESACs (Centros de Salud de Acción Comunitaria[27]) para que distingan la importancia de trabajar en la zona con un dispositivo de atención primaria. Según el relato de los actores, tal diálogo resultó difícil, fue ardua la tarea para lograr que un funcionario público accediera a conocer el recinto y mucho más aún que distinguieran el valor de un espacio para la promoción de la salud en la zona. Incluso comentaron que al arribar al club el interrogante fue: "¿Están seguros que acá se necesita un CESAC? ¿Y yo cómo le demuestro al Jefe de Gobierno que esto es importante?"

El grupo responsable de la asociación le demostró con un método artesanal y amateur, pero eficaz, a los fines de constatar un deseo colectivo. No pudieron realizar mediciones o generar indicadores epidemiológicos, o diagramar una planificación estratégica y, mucho menos, sistemas de información georreferenciales. Pensaron que su interlocutor era el gobierno y más que la ciencia, el arte, la salud o incluso la participación vecinal algunos esperaban los votos como bastión de su gestión y el período electoral se encontraba próximo.

Propuesta de intervención: La trama urbana

El Club tenía una red informal que los legitimaba, todo el barrio conocía su historia y sus esfuerzos por resurgir, sabían quiénes trabajaban ahí y dónde vivían, a qué se dedicaba cada integrante del grupo que integraba la asociación y trabajaban *ad honorem*, conocían a sus padres y sus amigos. A los funcionarios públicos no los conocían y después de 2001 nadie confiaba en su labor, el lema de aquellos años había sido "que se vayan todos". Un eslogan que parecía vaciar el territorio, cuando a la vez es de suponer que

---

[26] *Idem.*

[27] Enmarcados en la Ley Básica de Salud 153 promulgada el 25 de febrero de 1999.

escondía en sus pliegues el reclamo hacia aquellos que "hundieron al país con el libre comercio".[28]

La trama existía; el grupo inscripto como asociación tenía capacidad para obrar, si bien no estaba formado por especialistas, al estilo del decálogo de Perrone, se propusieron sortear obstáculos de todo tipo para que *"pase lo que pase lograr el objetivo."* Armaron una lista para juntar firmas y en pocas horas todos los comercios de la zona la tenían y firmaban quienes asistirían. Asimismo, las madres recolectaban firmas, ellas llevaban sus hijos al Club porque desde ahí salía un micro que llevaba a los niños a una colonia. Al salir de dicha actividad del Club pedían una o dos listas y las completaban con sus amigas en pocas horas. Era verano y dicen que las listas tenían las huellas de los dedos marcados por el sudor del calor.

> *Un día pensando, pensando, dijimos…y, ¡la Iglesia! Bueno, entonces fuimos a la Iglesia. Mirá, yo voy sólo para casamientos y bautismos y terminé ahí con micrófono en mano. Nos presentamos para pedirle al cura que nos dejara al finalizar la misa estar en la puerta juntando firmas, fue por una cuestión de respeto. El cura no sólo aceptó sino que nos propuso quedarnos para hablar en la misa (se ríe y repite: ¿En qué quilombo nos metimos?) Lo que sí, fue emocionante porque a la salida vimos que todo el mundo tenía la listita, no estaba sólo la que llevábamos nosotros sino otra que habían fotocopiado en los comercios. Incluso, una señora me dijo que quería donar un montón de artefactos que ella tenía de su consultorio odontológico porque ya que estaba jubilada y no usaba.*[29]

Las firmas aumentaban cada vez más, la posibilidad de demostrar el valor que para ellos tenía se había traducido en firmas, simplemente apelando a la racionalidad electoral con la que a veces analizan los proyectos en el gobierno. Aunque no sabían si les daría resultado la finalidad estaba trazada y culminaron con ella. Finalmente, llegaron a reunir 10.000 firmas, lo que les posibilitó presentarse ante instancias gubernamentales demostrando que la inquietud planteada correspondía a un colectivo conformado no sólo por los amigos de la asociación sino por los integrantes de un territorio que respondían con su nombre, apellido, firma y documento nacional de identidad.

---

[28] Se trata de una expresión que utilizó una vecina en la entrada del Cesac existente en el Centro Cultural Resurgimiento y la escucho una tarde que fui a Resurgimiento. La señora protestaba porque se demoraban en la atención y en ese sentido decía: "No se olviden que ustedes tienen trabajo gracias a nosotros que juntamos firmas para que esto se inaugurara y pagamos con nuestros impuestos tu trabajo así como también pagamos el trabajo de los que hundieron el país con el libre comercio. Nosotros somos simples pero no por eso tarados."

[29] Fernando, vicepresidente de la Comisión Directiva de la Asociación Civil, el día 4 de septiembre del 2008.

> *Puse en la mesa las 10.000 firmas y entonces me dijo la secretaría del funcionario público: bueno, déjelas que cuando venga las contamos y vemos. Le dije que sabía el número exacto y que en todo caso les hacíamos fotocopias porque en ellas estaba la confianza del barrio y que no se las dejaría. Si ellos desconfiaban de nosotros porque pensaban que éramos zurdos o barras bravas, entonces nosotros desconfiábamos de ellos.[30]*

Finalmente, se instaló el CESAC.[31] Gracias a la odontóloga jubilada que donó el instrumental de su consultorio se logró contar con esta especialidad allí. Debido a que es una especialidad costosa suponían que no hubieran podido incluirla. Según sus relatos esa donación los salvó porque fue su estrategia de negociación[32], semejante artefacto operaba como verdadera instalación estética que convocaba no sólo a la erudición de críticos de arte respecto de la valoración de un objeto estético en la vida cotidiana sino al pensamiento crítico. Según sus relatos *"finalmente confiaron en nosotros porque teníamos el instrumental y la confianza."*

La desconfianza[33] entre el gobierno y los grupos de amateurs es una constante que se encuentra en varias experiencias. "Pero la confianza es ambigua y está siempre expuesta a los riesgos que le hace correr su contracara, la desconfianza, que se suele mostrar sobre todo realista. Tal como lo recuerda el decir popular, 'la confianza mata al hombre', y por ende no puede ser ciega ni ingenua. En el ámbito de la política, para ser efectiva, la confianza tiene que establecer controles; no puede dejarse al azar. Cornu distingue en su análisis dos formas de lo político referidas a la confianza y a la desconfianza. En una, la desconfianza genera una forma de lo político en cuyo extremo está la sujeción absoluta, el dominio autoritario; pero también es la idea de la política dominada por el experto, de una política alejada de la ciudadanía y puesta fuera de un espacio de visibilidad y de debate. En el fondo, en ese espacio de decisión reservado al saber experto también esta la desconfianza. Esta actitud está difundida en la modalidad gestionaría de lo político que ha impuesto el modelo neoliberal, y que aleja la decisión de los espacios deliberativos de la

---

[30] *Idem.*

[31] Centro de Salud y Acción Comunitaria N° 34, dependiente del Hospital Álvarez.

[32] "[...] En esa tradición es crucial la idea de que dichas relaciones no consisten en la imposición activa de determinado orden sobre actores que se vuelven receptores pasivos del mismo; lo simbólico es el espacio donde leer una infinidad de juegos de posiciones, donde los actores discuten, negocian, luchan —con distintos grados de énfasis y variadas posibilidades de éxito, que sólo pueden describirse adecuadamente en un análisis diacrónico y a la vez contextual— en torno de significantes y significados, para así disputar posiciones de hegemonía." Alabarces, P. (2008) *Resistencias y Mediaciones.* Buenos Aires: Paidós: Pág. 33.

[33] Villavicencio, S. (2003). La (im)posible República. En *Filosofía Política contemporánea. Controversias sobre civilización, imperio y ciudadanía.* Buenos Aires: Clacso.

democracia a favor de los saberes reservados y técnicos."[34] Por consiguiente, la expresión de Martínez Estrada antes citada, sirve para ilustrar las tensiones entre el saber experto y el saber autodidacta y de ese modo complejizar la relación entre el gobierno y los grupos de autogestión. Con anterioridad se explicaba que el del especialista es un mundo sometido a una organización taylorizada mientras quien trabaja *"por amor al arte"* es un autodidacta que malgasta su caudal, pierde su tiempo y arriesga su ganancia. A la vez que el primero juzga con su criterio estándar de una enseñanza recibida en su instrucción en serie porque compró a un precio módico artículos bien elaborados, en el segundo se saben muchas cosas incompletas porque el saber esta más bien en lo artesanal. En el especialista la asimilación de ese saber reporta un bienestar que resulta de la confianza y la certeza de lo que se aprende es así y ese saber está condicionado por la utilidad, ya que tiene, en primer término, una aplicación práctica inmediata que se agota en una demostración. Por el contrario, el amateur, *"por amor al arte"*, produce un saber más personal que está a trasmano del saber ortodoxo y lo que sabe no es teoría pura, no es tampoco experiencia teorizada.

A los fines de tornar legible este tipo de saber convendría detenerse en las conversaciones que sostuvieron las personas que asisten a un *taller de la memoria y los recuerdos* en Resurgimiento. El taller se dicta allí una vez por semana, coordinado por Teresa Fernández y Mariela Rodríguez, y está destinado a la realización de actividades lúdicas y recreativas. Trabajan a veces sobre cuentos literarios, fotos o relatos, o con el propósito de promover un envejecimiento saludable. Quien escribe conoce la existencia de dos grupos que se reúnen desde el reinicio del club con regularidad semanal durante todo el año. Son entre 20 y 30 personas, que tienen de 60 a 80 años, aproximadamente. Uno de los días del encuentro una de las integrantes, llamada Tamara, me anticipa, entre varias señoras que se abanican sentadas en ronda:

Acá no vamos a recuperar la memoria, yo tomo frascos de memorex y nada pero sí la podemos agilizar, porque resiste al tiempo y a la destrucción.[35]

El encuentro es divertido. Juegan y trabajan sobre la inquietud y participación. Al finalizar el taller –se da los miércoles- me invitan a un bar cercano, a dos cuadras de allí, donde siempre a la salida se reúnen para seguir conversando. Acepto la invitación y cuando llego al bar me dicen:

---

[34] Martinez Estrada, E. (1999). De técnica. *Revista Artefacto*. 3, 277-279.
[35] Telma.

> *Vení que acá hay aire acondicionado porque la verdad hace un calor allá, viste lo que es el ventilador si lo prendés no podes hablar porque hace mucho ruido, es viejísimo.*[36]
>
> *Realmente las coordinadoras ponen un esfuerzo enorme. Nosotros no faltamos porque además de que nos gusta percibimos su afecto y dedicación. Gracias a ellas se armó este grupo del bar.*[37]
>
> *A mí este grupo me permitió lograr amigos, y yo valoro mucho esa amistad.*[38]
>
> *¡Ah! Sí, porque si alguien falta nosotros nos llamamos por teléfono nos encargamos de averiguar cómo se encuentra cada uno o si está bien de salud.*[39]
>
> *Yo cuando llegué era un estropajo humano y estoy vivo gracias a este grupo.*[40]
>
> *Y con los talleres de los Centros Culturales sabemos que hubo mucho conflicto porque los financia el gobierno porque no creen que la cultura es también un encuentro y educación, no sé qué entienden por cultura.*[41]
>
> *Si, es verdad y lo peor es que el gobierno ahora pone ese cartel de la Ciudad Trabaja pero hay que ver qué entienden ellos por trabajo, que esté todo limpio y con cartelitos. Piensan que limpiando se administra, es como una casa, yo hablo con Elsa pero nosotras decimos si no sabés administrar, con que esté todo limpio no está organizada. "*[42]

En las últimas expresiones hablan del problema acontecido durante la gestión de Mauricio Macri en la ciudad de Buenos Aires cuando intentó el cierre de los talleres emplazados en el Programa Cultural en Barrios, creado durante la gestión de Pacho O´Donnell desde su coordinación de la Secretaría de Cultura de la Intendencia porteña durante la presidencia de Raúl Alfonsín. En una nota, O´Donnell recordó: "El sentido de los talleres, cuando asumí a fines de 1983, se imponía con mucha fuerza para instrumentar la cultura y sacar a la gente de las catacumbas en las que se habían refugiado por el terror a la dictadura. La intención era devolverles el uso de los espacios públicos, liquidar la desconfianza en el prójimo y atender la necesidad del reencuentro con las figuras que admiraban y habían estado suprimidas por las listas negras o el exilio".[43]

¿Cómo se explica la lógica de autogestión de un espacio a pesar de las tensiones existentes entre diversas lógicas? ¿Cómo un grupo inaugura un espacio en la trama urbana? ¿Cómo desarrollan sus encuentros, sus talleres,

---

[36] Norma.

[37] Ana María.

[38] Marta.

[39] Elsa.

[40] Moisés.

[41] María Tamara.

[42] Agripina.

[43] Ver Ferrara, E. (2008, marzo 23). Crece la Polémica. Pancho O' Donnel defiende los talleres barriales de cultura." *Diario Perfil.com, Sociedad.* http://www.perfil.com/

a pesar de la coyuntura y vicisitudes subyacentes? A tales respuestas respondemos a través de los lazos existentes en la calle, el barrio, la historia y el espacio[44]. Los vínculos en condiciones de incertidumbre se sostienen fundamentalmente en la confianza; o, dicho de otro modo, que el mundo de la incertidumbre plantea que hay que confiar, pero no porque haya algo confiable.[45] Las expresiones que se enunciaban en aquellos diálogos son producto de la experiencia y no han sido sistematizadas como técnicas de administración y gestión cultural porque sus conocimientos se forjan en la experiencia y se transmiten a través de la narración oral y se confía en el relato, tal como lo mencionan: *"gracias por escucharnos porque a veces piensan que por ser viejos no sabemos nada de la cultura y nos consideran obsoletos."*

Una experiencia relatada

Se explicó que las fuerzas dinámicas que inquietan a un grupo conformado en torno a una asamblea barrial, postcrisis de 2001, logran reinaugurar un espacio porque se conmueven en torno a la posibilidad de autogestionar un club cultural que es designado como tal por las políticas públicas. "La política se caracteriza por la performatividad y no por la constatividad, y se hace frecuentemente "sobre la marcha" en respuesta a presiones imprevisibles. En términos semióticos, tanto la cultura como la política tienen su *langue* (atributos formales gobernados por reglas) y su *parole* (el uso del idioma). Así como la *parole* implica la *langue,* del mismo modo hay una inevitable superposición entre el registro estético y el antropológico en la política cultural".[46]

---

[44] "La institución barrial como territorio próximo óptimo para el ejercicio directo de la democracia tendría una antigua raíz: los *demos* atenienses, que funcionaban como unidad territorial y política. En su opinión los barrios heredan este doble carácter de estructura institucional política y territorial comunitaria, característico de la polis griega. Las vinculaciones entre el barrio y la democracia serían bastante obvias, entonces, y la clave vinculante estaría en las cualidades comunitarias que el barrio posee. Si bien como habíamos dicho antes, el barrio porteño es producto de la modernización, al ser construido como un ámbito con una esencia comunitaria, debe oponerse a la modernización, desafiarla, sobrevivir a ella como si hubiera tenido una existencia previa, con una clase de vínculos distintos a los que la modernización propugna. Así, Sabugo afirma "los barrios respiran bajo la avalancha *moderna*" (Sabugo, 1985: 167). De esta forma, la identificación entre barrio y comunidad es completa, poniendo entre paréntesis las diferencias teórico – conceptuales e históricas. El barrio no sería sólo el legítimo heredero, sino el guardián del aura comunitaria." Menazzi, L. (2008). Construyendo el barrio. En *Revista Argumentos.* 10, Pág.13

[45] Ver Aguirre, E. y Burkart, M. (2006). Los vínculos actuales: confianza y amenaza. *Revista Campo Grupal.* 83, 8-9.

[46] Miller, T. y Yúdice, G. (2002). *Política cultural.* Buenos Aires: Gedisa. Pág.12.

Este capítulo comenzó planteando una coyuntura crítica en la que cayeron los valores instituidos socialmente y el interrogante subyacente a este apartado podría expresarse del siguiente modo: "¿Qué acontece ante una reversión del modo de catectización (cuando, por ej. la cooperación y la solidaridad fraterna es reemplazada por la competencia salvaje y el "¡sálvese quién pueda!")? ¿Qué sucede cuando ello se consuma como coyuntura sin perspectiva de transformación, de cambio o permuta en pos de una superación o alivio en las situaciones de convulsión, anomia y trauma social?"[47] En la experiencia analizada se encuentran actitudes y gestos de *"compromiso"* que se sostienen como gestos corporales y ritmos de solidaridad asociativa. Ante la competencia salvaje y de una situación de convulsión social como la acontecido en 2001 renace el Club Resurgimiento para la memoria del barrio. Asimismo, logran abrirse más allá de sus intereses puntuales, motivo por el cual se inscriben como asociación civil a los fines de mantener vivo el espíritu cooperativo de sus inicios. El grupo en esta experiencia afirma una certidumbre en la que *"creen"* y se *"comprometen"*, matizada con la duda "¿en qué quilombo nos metimos?" y a pesar de todo tiene confianza en alguien o en algo. "Sin embargo, ni la confianza ni la afirmación de existencia son presentadas como evidentes, como algo que va o debería ir de suyo; de ahí justamente la necesidad de reafirmarlas de manera constante, quizá para persuadirse, pero sobre todo para hacer constar una convicción que otros, al menos de derecho, podrían negar, y que de hecho niegan".[48]

En esta experiencia se encuentra en sus inicios un modo de pensar y autogestionar creativamente en un momento de crisis social. "Pues, finalmente, la diferencia no se establece entre lo social y lo individual (o lo interindividual), sino entre el dominio molar de las representaciones, ya sean colectivas o individuales, y el dominio molecular de las creencias y de los deseos, en el que la distinción entre lo social y lo individual carece de sentido, puesto que los flujos ya no son ni atribuibles a individuos ni sobrecodificables por significantes colectivos. Mientras que las representaciones definen ya grandes conjuntos, o segmentos determinados en una línea, las creencias y los deseos son flujos expresados en cuantos, que se crean, se agotan, se mutan, y que se suman, se substraen o se combinan".[49] Así desde las creencias se afirma: *"y es que colaborar colectivamente así, sólo se explica porque los clubes culturales, espacios como este, surgen de la crisis."*

---

[47] Romero, R. (2008). *Grupo, Objeto y teoría*. Buenos Aires: Lugar Editorial. Pág. 31.

[48] De Ipola, E. (1997). *Las cosas del creer. Creencia, lazo social y comunidad política*. Buenos Aires: Espasa Calpe. Pág. 10.

[49] Deleuze y Guattari. *Mil...*, ob. cit. Pág. 223.

"Si no canto lo que siento
me voy a morir por dentro."

Luis Alberto Spinetta

8. γ. TROUPES *"INDEPENDIENTES"*

8.1 DIAGNÓSTICO DE SITUACIÓN: Incomprensión de las condiciones de producción de las propuestas artísticas-culturales locales. Disímiles formas organizativas Economía informal. Denominaciones provenientes de otros territorios (especialmente Europa para explicar las propuestas regionales). Escasos intermediarios culturales con una identificación de las diferencias existente en el arte local. Hay propuestas que presentan dificultades para ser pensadas en el marco de las industrias culturales por sus inconvenientes en los procesos de serialización. Desconocimiento de las condiciones de producción más apropiadas para cada forma diversa de expresión. Homogeneización indiscriminada.

Conflictividad subyacente; pequeños grupos que producen arte y cultura disputando contenidos simbólicos.
- Propuesta de intervención: redes que establecen tramas colectivas a los fines de que la producción cultural local en pugna con las industrias culturales homogeneizantes atienden la singularidad de las propuestas autogestivas.
- Espacio: *troupes "independientes"* que sin localizarse en un ámbito específico preservan modos de producción grupales.

En este apartado se trata esa dimensión micropolítica existente en los grupos. Asimismo, se problematiza en las experiencias y su complejidad con el propósito de analizar a través de las mismas sus modalidades y condiciones de producción. Se intentan distinguir las características indisciplinadas que comparten las experiencias autogestionadas por diversos grupos. A continuación, se adjunta una cita en la cual se torna legible determinadas tensiones que se dilucidan en el desarrollo de este apartado. La expresión corresponde a una reconocida bailarina que reflexiona:

> *Tenés la cultura pública (orquesta sinfónica, filarmónica, la comedia, etc). Sólo en música y teatro tenés un circuito comercial para grandes públicos (cumbias, teatro en general picante, libros [...]), y luego todo el resto se mueve, con más o menos desarrollo en un circuito alternativo muy peleado. Dentro de este gran grupo hay subgrupos a nivel estético.[1]*

Las experiencias heterogéneas se presentan en torno a los diversos niveles estéticos de los subgrupos que se podrían caracterizar por encarnar lo raro, misterioso e incomprensible y por estar guiadas por impulsos no razonables, impredecibles y a veces, en movimiento, inefables para las agendas de las políticas públicas. Se caracterizan por un ímpetu dinámico difícil de encorsetar. En el circuito del arte según lo ya explicado parecieran surgir por acontecimientos pasionales[2] cuya fuerza colectiva transmiten sus saberes y pretender encontrar otros sentidos de la cultura. Los grupos se desplazan nómades a través de redes informales como territorios en movimiento siguiendo las rutas inefables donde se da la *"movida cultural,"*[3] difíciles de circunscribir y delimitar porque se trata de la vitalidad de las iniciativas según las épocas, las tendencias, etc. Por consiguiente, sus propuestas se presentarían como inaprensibles e ilegibles para determinados programas.[4] En términos de Ford, se las podría enunciar: "Culturas del afecto y del sentimiento, del azar y de la incertidumbre, del misterio y de lo negro, de la articulación y de la improvisación, del humor y la irrespetuosidad, de la aventura y de la 'pulsión exploradora', de lo oral y lo 'no verbal', de la cotidianeidad y de la construcción cotidiana de sentido (que abarca todas sus formas de construcción, incluso las más sofisticadas), del juego, la fiesta, la simulación y el

---

[1] Natacha, Coordinadora de la Red Sudamericana de Danza, N. (2004). *Periódico de Artes Escénicas, Cultura Independiente.* 47, 12.

[2] Las pasiones han sido trabajadas por Spinoza como si se tratasen de estados vividos cuyas fuerzas afectivas entran en movimiento como una política que entrelaza la afectividad a una racionalidad decretada por el alma. Así señala cierta contextura pasional de lo social desplegada por los deseos en la indisociable unidad cuerpo-alma. Así el bien y el mal, el orden y el desorden, lo verdadero y lo falso se tratan de ideas que son incapaces de reconstruir el proceso causal que determinan realidades. Ver Spinoza, B (2003). *Tratado teológico-político.* Madrid: Alianza Editorial.

[3] La categoría presenta similitudes con lo que se denominó como "movida madrileña."Se trata de un fenómeno que tienen lugar en la España de la Transición, es decir postdictadura (1975) y que constituyen el germen de lo que se denominó en principio la Nueva Ola madrileña y que luego se catalogó como la "movida." Ver Fouce, H. (2006). *El futuro ya esta aquí.* Madrid: Velecio.

[4] En Buenos Aires existieron estudios sobre la noche porteña aunque centralizados en la geografía temporal de la ciudad en territorios específicos del espacio urbano que propone itinerarios que se relacionan con aspectos históricos y simbólicos de la ciudad y con la compleja trama de la diferenciación social y cultural. Ver Margulis, M. (Comp.) (1997). *La cultura de la noche: la vida nocturna de los jóvenes en Buenos Aires.* Buenos Aires: Biblos.

entretenimiento fueron desjerarquizadas por las culturas oficiales —aquellas que desde el Estado, o no, cumplían un rol organizador de la sociedad— que las consideraban bárbaras, irracionales o, en el mejor de los casos, mero campo de la curiosidad".[5]

Hasta la autogestión siempre

En diversas épocas los grupos autogestionan sus proyectos. Se autodenominan *troupes* como grupos que no se encuentran establecidos en áreas gubernamentales de trabajo y sus *formas* escapan a los criterios estandarizados, no por eso son irracionales, ya que albergan un pathos distinto que los guía. Si bien la dimensión referida a una economía informal o de construcción colectiva podría inscribirse en relación a las últimas tendencias por nuestro continente, sin embargo, se trata de una modalidad de producción de larga data y prevaleciente en el amplio período que se ha delimitado. Asimismo, es el modo que eligen los diversos grupos cuyas éticas y estéticas no viven bajo el amparo del Estado y tampoco pretenden las formas que podrían imponerles las industrias culturales. Por consiguiente, es posible luego de conocer la complejidad de las tensiones existentes en ese subsector demostrar ese nivel de subgrupos que están al margen de las industrias e indagar la forma en que los amateurs trabajan, el modo en el que confeccionan sus productos o propuestas, los distribuyen ellos mismos y los circulan en el mercado, conformando si un núcleo de producción pero siempre creativo y vinculado a la autogestión. Motivo por el cual además entraman redes como un modo de autosustentabilidad.

Las diversas nominaciones varían según la región e incluso las décadas, tales como *"underground"*, cultura *"off"*, *"independiente"* o *"alternativa"* y en esta última década *"emergente"* dan cuenta siempre de esos grupos que se autoproducen y le dan ese potencial creativo a la ciudad. Underground es un concepto definido por Michel de Certeau con estas palabras: "El desarrollo marginal de contraculturas en los bordes de cada estructura (educación, prensa, teatro, etc.), un hormiguero bajo la hierba, una vida multiforme corresponde a lo que la leyenda oficial llama el underground".[6] Se trata también de una expresión utilizada en la ciudad de Buenos Aires sin un sentido unívoco. Incluso, se podría afirmar que condensa discrepancias, tal como lo demuestra la siguiente cita:

---

[5] Ford., A. (1994). Culturas populares y (medios de) comunicación, en *Navegaciones. Comunicación, cultura y crisis*. Buenos Aires: Amorrortu. Pág. 149.
[6] De Certeau, M. (1999). *La cultura plural*. Buenos Aires: Nueva Visión. Pág. 163.

> *Los que hicimos el under jamás aceptamos esa palabra, siempre dijimos que era teatro. Teatro nuevo, joven, no sé. Pero era teatro. Muchos usaron esa palabra despectivamente. Otros la usaron para engancharse diciendo 'yo pertenecí al under' cuando no pertenecían. Fue un movimiento teatral. Yo no salí del under. Fuimos un grupo de gente que hicimos un movimiento de teatro junto con un público. Fue una época. Pero no lo llamábamos under; hacíamos teatro. Éramos gente con formación. Esa cosa yanqui del loft, del alternativo, me parece canallesco, porque el buen teatro no depende de la sala.[7]*

Al retornar la democracia, esta categoría nombró una serie de experiencias que acontecían en diversos recintos donde los grupos de arte presentaban sus *performances*, desde subsuelos insólitos en diversos recovecos de la ciudad hasta la sala denominada hoy "Batato Barea", del Centro Cultural Rojas de la UBA. Los grupos se habían acostumbrado a cierto camuflaje o exilio en la dictadura, una especie de *"cultura escondida"* que no tenía demasiada visibilidad pero si vitalidad y poseían sus redes o circuitos escasamente comerciales aunque de un alto nivel de circulación. En la década del 80 existieron aunque fueron nombrados con un vocablo que alude a ese mundo subterráneo saliendo de las reglas del terrorismo de Estado. Incluso, en la cita se denuncia la apropiación de la palabra *"under"* en coexistencia con un sentido peyorativo denotando que no importaba tanto el decorado donde se presentaban sino los contenidos que su arte podría transmitir. La crítica incluye también cierto romanticismo porque, según lo relevado en las fuentes analizadas, la época imponía determinadas condiciones. "El nuevo teatro habita los mismos ámbitos que el *rock*, espacios tomados o creados para tal mezcla, como Café Einstein, Cemento, el Parakultural (en el que llegaron a tocar Patricio Rey y sus Redonditos de Ricota), Babilonia, Nave Jungla, Prix D'ami, Die Schule".[8] Aunque existan contradicciones en torno al vocablo no resultaría posible negar la existencia de tal *"movida"* que signó un período tal como el actor advierte. En tanto, demarca la existencia de un público durante toda una década y también a través de las experiencias relevadas se dilucida una realidad social subyacente.

> *Una mirada atrás a la producción escénica de los 80 nos muestra un potente movimiento off, que funcionaba subterráneamente durante la dictadura y que estalló con fuerza en la democracia...Producir un espectáculo sin o con escasos*

---

[7] Urdapilleta, A. (2006). Buscando los márgenes; on, off. *Periódico de Artes Escénicas, Cultura Independiente.* 47, 12.

[8] Mauro, K *Apuntes para una pareja ¿imposible? Teatro y Música.* [alternativa teatral]. (2007, 10 de junio). [en línea]. [fecha de consulta: 2 de agosto 2010]. http://www.alternativateatral.com/nota169-apuntes-para-pensar-una-pareja-imposible-teatro-y-musica

recursos personales, en Europa podría considerarse off, en Argentina forma parte de la cotidianeidad.[9]

Resulta pertinente esclarecer entonces que algunos artistas producen *"por amor al arte"*, es decir, con recursos personales, motivo por el cual la autogestión y la asociatividad en dinámicas grupales configuran una *alternativa* de difusión y circulación de sus obras. No obstante, tal como se manifiesta en la cita, lo *"off"* es parte de la cotidianeidad en estas latitudes latinoamericanas. La comparación con Europa provoca desventajas en tal aspecto tal como se enuncia en la expresión adjuntada, porque al momento de clasificarlas con determinados criterios standarizados vigentes en otras realidades sociales se provoca una desestimación, incluso, de las formas que se han encontrado para la realización en este contexto.

> *Yo siempre armé proyectos independientes, autogestionados, como mi sala (llamada el Portón de Sánchez) y mi estudio de danza que tengo hace muchísimo tiempo. Supongo que si hasta ahora me he autogestionado, me seguiré autogestionando en el futuro. Los bailarines y los actores hemos estado siempre desregulados. Eso nos da un entrenamiento que es parte de nuestra actividad. Ese acostumbramiento genera una sabiduría que reduce la angustia en los artistas independientes.*[10]

La autogestión[11] se consolida como una forma de producción en gran parte de las experiencias culturales relevadas. Así, específicamente tal sector pareciera diferenciarse a la cultura oficial. Se desprende de lo expuesto que la modalidad de producción *"desde abajo"* podría pensarse tanto como un modo *"independiente"* de la cultura oficial y como *"alternativa"* para producir al margen de determinados circuitos comerciales. "Estas formas han separado en forma tajante al teatro alternativo del comercial y del oficial, pero sin trazar un límite demasiado estricto. Está abierta la posibilidad de que el actor, el director, raramente el autor (es quien en este asunto lleva la peor parte), salte la valla y, beneficioso salario mediante, actúe en alguno de esos dos campos donde circula el dinero seguro. Hay quienes acusan de traición, marcando

---

[9] Pansera, C. (2006). Redacción. *Periódico de Artes Escénicas, Cultura Independiente*. 47, 12.

[10] Roxana Grinstein (COCOA-datei) [en línea] [consulta 8 de diciembre del 2008] Disponible en: http://www.cocoadatei.com.ar/ladanzacontemporanea.html

[11] Hablar de autogestión en el campo del arte refiere a emprendimientos productivos realizados por los amateurs, y si bien se podría relacionar con la marginalidad, no es la arista de algunas *experiencias* relevadas. Es decir, hay una extraña línea roja que conecta a los campesinos de los pueblos aragoneses de 1936 con los partisanos yugoslavos de 1945, los desposeídos venezolanos del nuevo siglo, o los obreros fabriles argentinos de hoy, pero no parecer ser la única lectura posible para grupos que en verdad siempre se han desempeñado sin demasiados intermediarios culturales. O dicho de otro modo, la producción es una tarea más para algunos de los miembros del grupo que también lo integran.

estos pasos como una renuncia al teatro alternativo, usado, dicen, como las divisiones inferiores para luego jugar en las grandes ligas. Con las excepciones que puede haber, estimo que estas escapadas no suelen ser definitivas, son simples trasnochadas toleradas por el cónyuge, porque apenas se termina de actuar o de dirigir en el espléndido escenario del Teatro San Martín, con todos los medios técnicos a disposición, los actores, los teatristas debería decir, vuelven a la ratonera de su infancia teatral, con sus modestas sesenta butacas, donde verán cómo se hace teatral un relato de Dostoievsky".[12]

¿Por qué la autogestión es la modalidad prevaleciente? ¿Por qué determinadas expresiones artísticas han estado siempre desreguladas? ¿Qué se sabe acerca de los espacios y condiciones en las que se producen? ¿Cuál es el entrenamiento que poseen aquellos amateurs cuya sabiduría no es experiencia teorizada? ¿Por qué se trabaja en espacios no convencionales? ¿Se trata de esa micropolítica[13] que se entrama como fuerza colectiva? ¿Por qué se desconfía de los ámbitos oficiales? El grupo de arte denominado "Escombros, artistas de lo que queda"[14] expresa en sus postulados una reflexión que otorga claves para pensar la relación de las fuerzas dinámicas que operan en los grupos y también una estética que se articula en este contexto:

> *El artista de hoy es un sobreviviente.*
> *Lo que sobrevivió de una cultura que fue reducida a escombros.*
> *Entre esos escombros trabaja y en medio de ellos construye el futuro.*
> *¿Qué forma tendrá el nuevo edificio?*
> *No lo sabe.*
> *El arte experimental es, precisamente, eso: un experimento.*
> *Imposible prever el resultado.*

La expresión hace referencia tanto a una cultura que fue reducida a escombros —se infiere que desde la dictadura— y a la vez proclama que el arte experimental busca nuevos horizontes. Resulta relevante recordar que si el amateur tuviese una técnica ya trazada también tendría no sólo procedimientos sino previstos los resultados, porque las técnicas sirven para alcanzar un

---

[12] Perinelli, R. (2010). Los múltiples oficios en el arte del espectáculo. Nuevas Condiciones de Representación. *Florencio.* 5, 26.

[13] "Pero no hay orden lógico preformado de los devenires o de las multiplicidades, hay *criterios,* y lo importante es que estos criterios no son posteriores, se ejercen sobre la marcha, bastan para guiarnos entre los peligros. Si las multiplicidades se definen y se transforman por el borde que determina cada vez el número de sus dimensiones, cabe la posibilidad de distribuirlas en un mismo plano en el que los bordes se siguen trazando una línea quebrada." Deleuze y Guattari. Mil..., ob. cit. Pág. 256.

[14] Grupo Escombros [en línea] [consulta 10 de diciembre del 2008] Disponible en: http://www.grupoescombros.com.ar

fin prefijado. Por el contrario, en esta región prima el arte experimental donde se desconoce la forma que tendrá. En esta perspectiva se construye un futuro sin preveer los resultados, tal como lo afirma el Grupo Escombros, conformado por artistas argentinos que, bajo ese nombre, trabajan desde 1988 en la realización de performances, instalaciones, arte digital, murales, afiches, grabados, dibujos, etc. Es un grupo que combina diversas artes plásticas y nace en plena hiperinflación. Por lo tanto, su arte está en correlación con la crisis desde su fundación tal como lo explican. Sus integrantes enuncian, entonces, que el lugar de su nacimiento fue debajo de la autopista, en Paseo Colón y Cochabamba, y en su primer manifiesto, la estética de lo roto detalla su sensibilización por el período y contexto en el que producen:

> *En ese país caótico, donde la realidad se armaba y desarmaba al ritmo vertiginoso de un caleidoscopio, los integrantes del grupo hicieron una elección que, en muchos aspectos, no fue modificada hasta el día de hoy. Se eligió, para exponer, un no-lugar. Es decir, un lugar absolutamente ajeno a cualquier expresión artística.*

Los talleres, las salas de ensayo, los espacios pequeños de exhibición de obras que permiten zonas de encuentros remiten a su modalidad artesanal y también dan cuenta la desregulación en el sector en aquellos años. No obstante, Sadaic[15], Argentores[16], Prodanza[17], Proteatro[18], Fondo Nacional de las

---

[15] Sadaic (Sociedad Argentina de Autores y Compositores) es un organismo sin fines de lucro que nuclea a compositores y autores argentinos de música, defendiendo sus derechos, bajo el art.17 de la constitución para proteger la propiedad intelectual. Ver [en línea]. [consulta: 10 de agosto 2010]. Disponible en: http://www.sadaic.org.ar/

[16] (ARGENTORES) Presidida por R.Cossa la Sociedad General de Autores de la Argentina es una asociación civil de carácter mutual y profesional integrada por los autores que hayan estrenado una obra en cine, teatro, televisión o radio y su función es la protección de los derechos del autor. Fue fundada hace 100 años. Ver [en línea]. [consulta: 10 de agosto 2010]. Disponible en: http://www.argentores.org.ar/

[17] "Es el instituto para el fomento de danza no oficial de la Ciudad de Buenos Aires (PRODANZA) es un organismo fuera del Ministerio de Cultura del Gobierno de la Ciudad, destinado a la protección y al fomento de la actividad independiente de esta Ciudad. El instituto fue creado en el año 2000 por la ley N ° 340 reglamentada por el Decreto N°1599 del 19 de octubre del 2001. Ver [en línea]. [consulta: 10 de agosto 2010]. Disponible en: http://www.buenosaires.gov.ar/areas/cultura/danza/presentacion.php

[18] "El instituto para la protección y fomento de la Actividad Teatral No Oficial de la Ciudad de Buenos Aires (PROTEATRO) otorga subsidios para salas, grupos teatrales estables o eventuales y proyectos especiales." Ver [en línea] [consulta: 10 de agosto 2010]. http://www.buenosaires.gov.ar/areas/cultura/teatro/presentacion.php?menu_id=10291

Artes[19], Inca[20], son algunos organismos con cierta incidencia sobre el exceso de grupos existentes en la ciudad y sus variadas propuestas difíciles de clasificar. Asimismo, las instituciones creadas para la observación de la producción cultural se han forjado post convertibilidad a los fines de medir la economía creativa[21] de nuestra ciudad buscando la posibilidad de gestionarla. "Creatividad. Palabra con múltiples definiciones que remite intuitivamente a la capacidad no sólo de crear lo nuevo, sino también reinventar, diluir paradigmas tradicionales, unir puntos aparentemente inconexos y, con ello, plantear soluciones para nuevos y viejos problemas. En términos económicos, la creatividad es un combustible renovable, cuyo inventario se incrementa con el uso. Además, la "competencia" entre agentes creativos, en lugar de saturar el mercado, atrae y estimula la actuación de nuevos productores. Estas y otras características convierten la economía creativa en una oportunidad de rescatar al ciudadano (insertándolo socialmente) y al consumidor (incluyéndolo económicamente), por medio de un activo que emana de su propia formación, cultura y raíces. Este escenario de coexistencia entre el universo simbólico y el mundo concreto es lo que transmuta la creatividad en catalizador de valor económico".[22] La creación del Observatorio de Industrias Culturales[23] da cuenta de esa preocupación actual por el desarrollo del sector y por consiguiente generan indicadores donde constan año a año las ventas de diversos productos tales como revistas, discos, libros, etc. combinando metodologías aunque se destacan por presentar documentos con estadísticas sobre la industria local.

Aquellos grupos que cuidan sus formas estéticas, por la relevancia de la singularidad de cada obra en tanto artesanía y no producto, han autogestionado sus proyectos y han delineado búsquedas estéticas propias que exceden

---

[19] "El Fondo Nacional de las Artes fue creado en 1958 con el objeto de instituir un sistema financiero para prestar apoyo y fomentar las actividades artísticas, literarias y culturales de todo el país. [en línea]. [consulta 30 de agosto del 2010] Disponible en: http://www.fnartes.gov.ar

[20] Instituto Nacional de Cine y Artes Audiovisuales. Ver [en línea]. [consulta: 10 de agosto 2010]. Disponible en: http://www.incaa.gov.ar/castellano/index.php

[21] "El concepto de economía creativa tiene su origen en el término *industrias creativas*, que a su vez, se inspira en el proyecto *Creative Nation*, de Australia, de 1994. Entre otros elementos, éste defendía la importancia del trabajo creativo, su aporte para la economía del país y el papel de las tecnologías como aliadas de la política cultural, posibilitando la posterior inserción de sectores tecnológicos en el rol de las industrias creativas." Ver A.C. Fonseca Reis. (2008) *Economía Creativa como estrategia de desarrollo: una visión de los países en desarrollo.* San Pablo: Itaú Cultural. Pág.15,16

[22] Ver Fonseca Reis. Ob. cit. Pág. 15.

[23] Ver Observatorio de Industrias Creativa. [en línea] [consulta: 24 de junio 2008]. Disponible en: http://oic.mdebuenosaires.gov.ar/system/contenido.php Organismo que cambia de nombre ante la nueva gestión al de Observatorio de Industrias Creativas. [en línea] [consulta: 7 de marzo 2016]. Disponible en: http://www.buenosaires.gob.ar/oic

a las mediciones porque refieren a la dimensión de sutiles aspectos que los gobiernan y se muestran en sus cualidades. Se hace referencia a esos detalles que les dan *forma* y los vuelven atractivos, diferentes, únicos. Los estilos en cada proyecto, sus formas artesanales predominan por sobre la técnica industrializada de producción. Estas obras se realizan generalmente en grupos de amigos y conocidos y su formato acabado suele ser muy original. Incluso, muy reconocidos en el exterior ya que trabajan con técnicas artísticas que los diferencian por su innovación, incluso con escasos recursos logran posicionarse a escala internacional donde se destacan por tal particularidad.

¿Lo grupal como una modalidad de gestión colectiva amortigua la realidad que se arma y desarma al ritmo vertiginoso de un país caótico? ¿Por qué se eligen no-lugares como expresión? ¿Por qué es imposible prever un resultado en nuestra región? ¿Cómo lo imprevisible se articula tanto con una estética como con un modo de producir cultura atravesada por coyunturas críticas? ¿Por qué el *"under"*, lo *"off"*, lo *"independiente,"* lo *"alternativo,"* los *"espacios no convencionales"* y el *"no-lugar"* han sido los ámbitos para expresiones artísticas con gran reconocimiento internacional durante las décadas del 80 y 90 y escasa visibilidad en la región? No hay respuestas para tales preguntas sólo se remite al período; los grupos y sus formas tanto organizativas en torno a la autogestión como a los estilos de sus obras. Se detalla una breve lista a los fines de mencionar diversos grupos y dar cuenta precisamente de sus singularidades. El criterio de selección resulta del criterio de enunciabilidad del campo problemático y dado que resulta imposible nominar la cantidad de grupos existentes, se tomaron sólo aquellos emblemáticos y se fueron enunciando en el desarrollo del libro así como en un apartado al final al modo de fuentes.

Problema: Motorizar el empleo

> "El hombre de cultura es sustituido por el mero especialista
> que resuelve técnicamente problemas técnicos, sin ser jamás capaz
> de tener una visión de conjunto".[24]

En este apartado se pretende vincular la categoría *"independiente"* con la labor de aquellos que han sido denominados amateurs, no porque estén desposeídos de formación académica sino *"por su amor al arte"* en torno a los modos de producción vigentes en los grupos con capacidad para

---

[24] González García, J. M. (1992). *Las huellas de Fausto. La herencia de Goethe en la sociología de Max Weber*. Madrid: Tecnos. Pág. 102.

autogestionar, ya sean sus obras e insertarlas en un circuito de difusión o de realizar sus intenciones expresivas por el gusto de compartirlas con otros, en espacios, clubes y centros culturales. A continuación, se adjunta una expresión que condensa precisamente lo que hace al campo problemático en cuestión:

> *Para mí tiene que haber un recambio generacional. Porque la gente que forjó este proyecto tiene entre 40 y 60 años. Y tiene ese discurso de confianza, desconfianza, amistades y traición. Para mí tiene que entrar gente más liviana que diga, bueno, armamos un festival y si encontramos un esponsor de gandara; ¡bienvenido sea! (dibuja en el aire con las manos una bandera) ¡Y no toda esta persecuta ideológica. Que le estas vendiendo el alma al diablo!*

> *¿Cómo fue lo de la banderita de gándara?*

> *No hubo banderita pero tiene tal nivel de densidad todo. ¡Traición al sistema! (exclama) Mirá, un día vino un amigo de Héctor al parque. El tipo se jubiló joven y con buena posición económica. Y le pintó aportar al parque. Pobre chabón estuvo un año tratando de aportar al parque y le rebotaban todos los proyectos. Se le había ocurrido a través de un contacto tener un globo aerostático que tenía que tener una mínima marca pero resulta que el logo no podía ir. ¡El mercado capitalista en el Parque Avellaneda, no! Todo un discurso…y el tipo venía a pensar maneras de autosustentar el parque".*[25]

Se podría complejizar el problema esbozado en la cita adjunta con lo que aconteció en los inicios de la sociedad moderna donde se afirma el destino de la racionalización e intelectualización y, sobre todo, de desencantamiento del mundo; un período donde ya no prima la magia, ni la alquimia; tampoco, —es decir, un mundo desmitificado que ya no reconoce ni siquiera la existencia del aura—. El hombre de cultura descripto en *Fausto* del Goethe comienza a extinguirse. De tal obra proviene la expresión pretérita de *"vender el alma al diablo"*.[26] Es en este contexto donde se da la industrialización, acompañada de la maquinización y la burocratización, en un proceso de transición del Estado liberal al Estado intervencionista. Por un lado, el Estado se destaca por sus funciones de protección y compensación, dirigidas a los grupos más débiles de la sociedad; por el otro, se caracteriza por su intervención

---

[25] Entrevista-encuentro con Soledad ya mencionada.

[26] La leyenda de Fausto perduró porque el personaje aceptó los riesgos espirituales de relacionarse con los demonios para obtener conocimientos secretos. Probablemente, su historia sea una de las que más veces ha sido llevada a la música: hay más de cuatrocientas obras (que incluyen sinfonías, óperas, cantatas, oratorios, piezas para piano y oberturas) que recrean *la leyenda de Fausto*. Entre los músicos que se inspiraron en la versión de Goethe están Wagner, Listz, Mahler y Schumann. De las óperas basadas en el drama del escritor alemán, las tres más

pública en la esfera de la sociedad civil. La división técnica del trabajo, en un contexto de racionalización, significa someter a la fuerza de trabajo a su parcialización y establecer una distribución de las tareas. El ideal romántico ya no prima en el desencantado mundo racional, que adviene con el capitalismo y la limitación del trabajo especializado. La búsqueda del hombre de cultura se ve escindida por la división del trabajo en un momento histórico de transición entre los códigos de la belleza y los de la producción. En este marco se produce el paso del mundo de la nobleza al mundo de la burguesía; en el ámbito económico, dichos ideales se corresponden con la necesidad de renunciar a la personalidad clásica y limitarse al ejercicio de una profesión. La fuerza de trabajo, entonces, se limita a una actividad en un campo acotado de acción donde las tareas están organizadas de modo tal que obligan a los sujetos a recortar su quehacer. La especialización está regida por la utilidad. Se exige, de este modo, una vida metódica y acciones calculadas, predecibles, eficientes y racionales. "Para Max Weber, la burocracia mantiene su eficacia gracias a la jerarquía administrativa que regula todos los asuntos objetivamente, con precisión y sin alma, precisamente como una máquina".[27] En esta perspectiva el surgimiento de la burocracia acompaña el desempeño laboral caracterizado por una fuerza neutral que mecaniza, disciplina y deshumaniza las acciones. La burocracia surge a la par de la división de competencias; ambas exigen dedicación y rendimiento respecto de obligaciones objetivas que constan en documentos. Archivos, registros, carpetas —en otras palabras, la despersonalización y la desespiritualización— requieren del poderío de las técnicas utilizadas por los especialistas. Las técnicas se caracterizan por la administración de una serie de procedimientos racionales condicionados por fórmulas y reglas. En este sentido, rigen criterios estandar para producciones seriadas con una aplicación práctica inmediata.

---

importantes son: *La condenación de Fausto*, de Berlioz; *Mefistófeles*, de Arrigo Boito; y *Fausto*, de Gounod. Goethe escribió su obra en un contexto de transición entre las corrientes románticas y clásicas en Alemania: el Fausto es, también, un reflejo de dicho período histórico. Se conoce la participación del autor en el grupo *Sturm und Drung* —«tormenta e ímpetu»—, caracterizado por la insatisfacción vital y la autonomía del corazón frente a la razón, y la reacción contra los academicistas en el marco de un determinado tipo de pensamiento que se inaugura en la modernidad. Fausto es descripto como aquel dispuesto a arriesgarlo todo, incluso su alma, por ampliar el conocimiento humano. Finalmente obtiene el perdón por la nobleza de sus intenciones: "A aquél que se afana siempre a un ideal, podemos nosotros salvarle", dicen los ángeles cuando transportan su alma. El personaje condensa las cosmovisiones de una época en un momento de transición entre la Edad Media y la modernidad, que se caracterizó por el aumento de la racionalización y el comienzo de la extinción del ímpetu que se afana ante un ideal.

[27] González García, J. M. (1989). *La máquina burocrática. Afinidades electivas entre Max Weber y Kafka*, Madrid: Visor. **Pág.** 27.

¿La profesionalización borraría las almas implicadas en el arte, anunciando la defunción del hombre de cultura a partir del surgimiento de especialistas en gestión cultal? Tal preludio introduce las condiciones contemporáneas que acechan a los amateurs y sus grupos, integrados por quienes autogestionan sus proyectos y son quienes no delegan la toma de decisiones y rumbos de sus proyectos debido a que todo el grupo está implicado. La profesionalización y la especialización en esta última década que se presenta como un requisito o encargo laboral planteado por las empresas culturales o políticas públicas donde el especialista resuelve técnicamente problemas de gestión trastoca modalidades prevalecientes en la décadas anteriores. "Estas tendencias, desgraciadamente poco asumidas por los poderes públicos, presentan una nueva tendencia de la gestión cultural evidenciando la importancia de una capacitación de acuerdo con estas nuevos escenarios".[28] Mientras que se requieren de especialistas, los amateurs a su modo producen no sólo arte sino un saber sobre el modo de posibilitar la circulación de sus trabajos respetando determinados códigos que ennoblecen sus obras. Se corresponde a que están implicados sus afectos y códigos de belleza, lo cual está a trasmano de lo estandarizado y de determinados mecanismos de producción y reproducción en serie. Los procedimientos racionales condicionados por fórmulas y reglas buscan generar productos culturales vendibles en el mercado lo cual entra en tensión con determinadas tradiciones existentes en el sector cultural.[29] El auge de la gestión cultural,[30] las estrategias de marketing[31] y administración cultural pretenden una división técnica del trabajo a los

---

[28] Lacarrieu. M. M. Alvarez. (2008). *La indigestión cultural.* Buenos Aires. La Crujía. Pág. 295.

[29] "Que la población se beneficie de la existencia de producción cultural en general, algo que en economía se suele denominar como "efectos externos positivos", y que este beneficio pueda ser de alguna manera racionalizado en términos económicos, no impide, pues, que se defina la necesidad social del producto cultural. La cultura, como las artes, siempre ha tenido ese aura de reflejar lo que de humano hay en individuos sociales."Duran, J. M. (2008). *Hacia una crítica de la economía política del arte.* Madrid: Editorial Plaza y Valdés. Pág. 209.

[30] Las tendencias vigentes en gestión cultural oscilan desde las profesionalistas y conservadoras destinadas solo a la administración pública y a monopolios empresariales u otras como la de Barcelona, perspectiva en la que se adhiere. Ya que se considera que políticos, gestores, equipos y sociedad civil pueden intervenir como productores y no sólo como consumidores. Ver Tony Puig, P. (2001). *Se acabó la diversión. La cultura crea y sostiene ciudadanía.* Buenos Aires: Libros del Rojas.

[31] Existen diversas estrategias de marketing en torno a productos culturales que incluyen desde aquellos que requieren una producción industrial hasta otros que se hacen en las ciudades, conocido como el city marketing, una forma articulada a los planes estratégicos urbanos en cuyos objetivos se pretende posicionar la ciudad en el mercado global para atraer inversores económicos a la vez de reorientar políticas sociales desde la dimensión simbólica de la cultura. Ver Torres Ribeiro, A. y Sánchez García, F. (1996).*City marketing: a nova face da gestao da cidade no final de século. Política e cultura. Visoes do passado e perspectivas contemporaneas.* Sao Paulo: Editora Hucitec.

fines de facilitar tanto las tareas para el sector público como la comercialización a escala internacional. La observación[32] de la cotidianeidad laboral de las experiencias culturales analizadas demuestra que los integrantes realizan una amplia variedad de tareas. Incluso se podría constatar que en diversos proyectos culturales, la misma persona cumple de manera simultánea diversos roles traducidos en atender actividades que oscilan entre las relaciones públicas y constatar la eficacia de la prueba de sonido para un concierto a ejecutarse, o así como la compra de materiales para una muestra. En pocas experiencias culturales relevadas aparece una problematización de dichas condiciones que incluye múltiples acciones. No obstante, se podría afirmar que en ciertas circunstancias se describe la cantidad de tareas con entusiasmo, resaltando la importancia de trabajar en equipo en diferencia de otras latitudes. Se nombra a cada uno de los compañeros que integra el grupo o se los llama por su apodo e incluso, usualmente, agregan a tal enunciación un adjetivo calificativo amigable.

Se revaloriza la cooperación existente en tales ámbitos, se distingue así el sentimiento de pertenencia a un grupo, y se prioriza la asociatividad. La trama de vínculos delinea la conformación de estos grupos, en los que la amistad parecería definir a quienes son considerados como miembros de tales experiencias culturales: *"...ah, ellos son amigos"*, *"son de la casa"*. A la vez que define un modo de producir que no se podría denominar ni *"alternativo"*, ni *"off"*, ni *"independiente"* sino simplemente local ya que se caracteriza por la amistad; *"es muy importante trabajar con amigos porque el arte no es una empresa. Y mirá, hasta para los empresarios creo que es difícil sobrevivir en este país a los sobresaltos. Es importante la buena onda porque trabajamos por amor al arte."* La camaradería parece derivar de las fuerzas morales iniciales, de la cotidiana evidencia de que dadas las condiciones que comparten todos se encuentran ante las coyunturas impredecibles de nuestro continente. El sentimiento de grupo se expresa en tanto pertenencia y a la seguridad que esa confianza puede dar cuando *"hay buena onda."*

La cultura como motor de empleo es la propuesta contemporánea proveniente de organismos internacionales, nacionales, gubernamentales y del ámbito empresarial. Es decir, en este nuevo siglo se reactualizan intereses económicos y políticos en torno al campo cultural en nuestra región; básicamente, consisten en tornar comercializables los bienes y servicios culturales, porque estiman que generarán rentabilidad. Dichos principios se enuncian del siguiente modo; "Consideramos asimismo a la cultura como un motor del desarrollo económico y social, generadora de inclusión y empleo (...)

---

[32] Ver Bourdieu, P. (2003). Participant objetivation. *The Journal of the Royal Anthropological Institute*. UK. 2, 281-294.

promovidos por la UNESCO".[33] Las leyes del mercado que rigen los modos de empleo implican una división del trabajo, en vistas de la reproducción técnica de los productos culturales para su exportación. "La producción de cultura ha llegado a ser tanto una cuestión de prácticas individuales o colectivas, más o menos tradicionales, como de competencia y oportunidades en mercados globales".[34] Así, se visualiza la posibilidad de generar empleo, tal como lo expresa el Foro para la Defensa de las Industrias Culturales de Buenos Aires que se propone:

> *Reconocer a las industrias culturales como a uno de los sectores económicos más dinámicos, con mayor potencial de expansión, y con mayor capacidad de generación de puestos de trabajo. Excediendo el carácter estratégico de la producción de bienes culturales, las industrias culturales conforman un conglomerado altamente reconocible en el PBI destacándose, además, el carácter mayoritariamente pyme del sector y la cantidad y calidad de los puestos de trabajo que genera.*[35]

El problema detectado en este apartado y signado ya desde el inicio del mismo hace referencia a *"no vender el alma al diablo"* a las banderas del mercado. No obstante, la cuestión resulta de mayor complejidad respecto de la estrecha relación existente entre al sector de la cultura, su dimensión simbólica y las leyes del mercado.

Propuesta de intervención: respetar las variedades sin homogeneizar

Las experiencias culturales analizadas priorizan las modalidades del quehacer, tales como la camaradería —antes mencionada— y pretenderían contrarrestar, sin proponérselo, así el mundo racional del capitalismo moderno a través de dinámicas grupales con formas autogestivas. En la siguiente cita se amplifica la cuestión que se pretende dilucidar.

> *Los sellos discográficos saben replicar, y las formulas de éxito comercial funcionan sólo un tiempo y lo suyo es vender a un gran público y vender en grandes*

---

[33] Declaración de Mar del Plata del Primer Congreso Argentino de Cultura, Mar del Plata, 2006.

[34] Durán. J. M. (2008) *Hacia una crítica de la economía política del arte.* Madrid: Plaza y Valdés. Pág. 210.

[35] Documento emitido por el Foro para la Defensa de las Industrias Culturales Buenos Aires con la participación de (A.A.A.) (A.A.D.E.T.) (AATRAC) (CAPIT) (DAC) (FAPCA) (FATPREN) (FATIDA) (SAT) (SICA)(SUP) (SUTEP) (SAL) (SADEM), 4 de junio de 2002.

cantidades. [...]. Y en ese sentido hay quienes tienen idea de cómo construir fa-
chadas de música, algo que parece...y los que no tienen muchos elementos para
discernir dicen: ¡guau! Y al año siguiente desaparecen. [...] Pero las obras buenas
prevalecen porque, por algún motivo, ese arte no se olvida y los artistas que tienen
algo muy importante que los lleva a ser música lo hacen porque sale de un adentro,
un interior. Y no lo pierden porque no hayan vendido una cantidad de discos, viven
en eso. Realmente quienes hacen algo bueno lo hacen porque sale de un adentro
indestructible, y no los van a sobornar. Y no se cansan porque no se vendieron los
discos esperados. Entonces esa persona va a insistir e insistir. [36]

¿Y el Club?

El Club se propone a ayudar a quienes no venden millones y por eso los sellos
discográficos nos los tienen bajos sus techos. Y tiene un valor muy grande lo que
están haciendo, y están en esta situación de autoproducción, producciones indepen-
dientes y no lo hacen por un interés comercial o porque creen que lo van a lograr
sino porque tienen una necesidad imperiosa, interior, de producir esa obra que tie-
nen en la cabeza. Eso a nuestro entender merece la pena ser conectado con quienes
buscan esas obras genuinas."

Se podría conjeturar, entonces, que una experiencia como el Club del
Disco se da en ese intento de subsistencia homóloga a la situación de los
grupos de artistas locales que se autoproducen *"por amor al arte"* tanto como
los mencionados así como otros de los que se han nombrado en el transcurso
de este libro e incluso a los que no se ha logrado relevar. En el sentido relevado, el arte tiene intereses no razonables, *inefables o afectivos* tal como se
expresa en la cita *"porque tienen una necesidad imperiosa, interior de producir
esa obra."* En la entrevista se presenta explícitamente que dichas multinacionales aspiran a vender grandes cantidades, mientras el Club prefiere albergar
otros valores y otras estéticas también *"por amor al arte"* ya que aunque hay
una lógica económica implicada, el respeto se encuentra en esa distinción y
reconocimiento por las variedades. De ese modo se disputan contenidos simbólicos tal como se desprende de la entrevista realizada al músico Santiago
como también en la siguiente:

Más que nada independientes como categoría que tiene que ver con todos, que
atraviesa a todos... es el hecho de que no tienen... o sea... grupos que están con-
formados desde un punto de vista político-ideológico y no desde el punto de vista
mediático exclusivamente. Y que son de bajos recursos, no pertenecen a un grupo
comunicacional o a un grupo de televisión [...]. Después podés entrar a discutir si
lo alternativo, además de no pertenecer a un grupo económico poderoso, implica

---

[36] Entrevista-encuentro con Santiago el día 22 de diciembre del 2006.

tener una propuesta diferente a la que tienen los poderosos. No sólo por el hecho económico sino que además en el discurso se construye otra apuesta. No sé, si en todos hay una construcción de un discurso diferente, lo que sí hay en todos es que no tienen un acceso masivo.[37]

"Independiente" es una categoría cuya característica central consiste en la diferenciación respecto de las políticas públicas y del mercado, aunque no podría ser entendida en un sentido puro donde existe una dinámica característica de lo que hemos denominado *"por amor al arte."* Además se propicia la asociatividad y la pertenencia a un colectivo, grupo, red o movimiento. Por este motivo resulta pertinente acentuar que se trata de un modo de propiciar los lazos para resistir a las exigencias de fenómenos complejos como la globalización cultural, donde se homogenizan tendencias bajo nomenclaturas que no reparan en distinciones e imponen etiquetas, como es el ejemplo de los grandes sellos discográficos.

En la expresión adjuntada se homologa la categoría relevada como los *"poderosos"* con los medios de comunicación masivos o grupos empresariales constituidos como monopolios de las industrias culturales. Y también podríamos afirmar que *"no todos"* los grupos tienen escasos recursos, y tal vez vislumbren la coyuntura e inauguren un camino para el reconocimiento de las obras de arte autogestionadas desde este territorio y para su comunidad disputando así sentidos colectivos frente a las multinacionales tal como lo pretende, incluso, el Club del Disco que se apoyan en las nuevas tecnologías facilitando así la distribución y circulación a escala internacional de las propuestas que alberga. "El problema ya no es desplazar los límites del arte, sino poner a prueba los límites de su resistencia del arte dentro del campo social global. A partir de un mismo tipo de prácticas se plantean dos problemáticas radicalmente diferentes; ayer se insistía en las relaciones internas del mundo del arte, en el interior de una cultura modernista que privilegiaba lo 'nuevo' y que llamaba a la subversión a través del lenguaje; hoy el acento esta puesto en las relaciones externas en el marco de una cultura ecléctica donde la obra de arte resiste a la aplanadora de la 'sociedad del espectáculo.' Las utopías sociales y las esperanza revolucionaria dejaron su lugar a micro-utopías de lo cotidiano y estrategias miméticas: toda composición critica 'directa' de la sociedad carece de sentido si se basa en la ilusión de una marginalidad ya imposible, e incluso retrógada."[38]

El análisis de los vericuetos del campo cultural no comprueba el ideal de que los amateurs *"no transan"* con ciertos intereses económicos y políticos,

---

[37] Cita de la entrevista realizada a Martín, coordinador del Centro Cultural Chilavert Recupera, que existe en una imprenta recuperada. (5 de junio del 2006).

[38] Bourriaud, N. (2008). *Estética relacional*. Buenos Aires: Adriana Hidalgo Editora. Pág. 35.

ya que ese postulado remitiría a una visión romántica e ingenua de la cuestión. Las aspiraciones implícitas relevadas en las entrevistas convergen, por un lado, en sus sentimientos de pertenencia a un grupo, colectivo o red y, por el otro, en una determinada apuesta que pretende una *producción de sentido* intentando visibilizar[39] otra formas de pensar, hacer, sentir cultura. Así es que se distinguen en los grupos micropolíticas que permiten su existencia e interacción en un campo complejo de fuerzas en tensión y aún así, "[...]sería engañoso limitarse a hilvanar estas manifestaciones y declararlas contrahegemónicas: no puede ignorarse que aun en las experiencias más directas y autogestionarias existe acción y actuación, expresión de lo propio y reconstitución incesante de lo que se entiende por propio en relación con las leyes más amplias de la dramaturgia social, como también reproducción del orden dominante."[40] En este sentido, a los fines de pensar la gramática social y matizar las dinámicas existentes tal como lo expresa una reconocida coreógrafa:

> *Cuando Nucleodanza se presentaba en distintos ámbitos, siempre decíamos 'Nucleodanza es un grupo independiente de la Ciudad de Buenos Aires'. Pero en el extranjero nos preguntaban '¿independientes de qué?'. Explicábamos que éramos independientes porque no éramos oficiales, pero justamente lo que queríamos era depender, desesperadamente queríamos depender, soñábamos con que algún organismo nos cuidara.*[41]

"¿Independientes de qué?" Una pregunta que seguirá resonando entre los grupos ya que complejiza la cuestión de este capítulo porque es notoriamente una expresión *made in Argentina*,[42] y alberga contradicciones, e incluso sueños, tal como el enunciado: *"desesperadamente, queríamos depender, soñabamos con que algún organismo nos cuidará."* La expresión precipitaría controversias moralistas que simplifican la cuestión en dicotomías de lo bueno y lo malo sin complejizarse en una gramática social más amplia en la que el sector público ha intervenido poco y nada en determinados aspectos. Motivo por el cual existen tensiones en torno a la relación que podría establecerse entre la cultura como un producto en un circuito de distribución comercial

---

[39] "Lo más oculto se ha vuelto lo más manifiesto, todas las viejas paradojas del devenir deben recobrar el rostro en una nueva juventud: transmutación." Deleuze. G. (1994). *La lógica del sentido.* Barcelona: Paidós. Pág. 31.

[40] García Canclini, N. (1990). *Culturas híbridas: estrategias para entrar y salir de la modernidad.* México: Grijalbo. Pág.260.

[41] Bali, M. (2004) (COCOA-datei) [en línea] [consulta 8 de diciembre del 2008]. Disponible en http://www.cocoadatei.com.ar/ladanzacontemporanea.html

[42] Ver Benito, K. (2005). "Experiencias culturales como intervenciones o una invención made in Argentina." *Ponencia publicada en las memorias de la XI Jornadas de Investigación. Psicología, Sociedad y Cultura.* U.B.A: Buenos Aires.

y también en su tránsito por el sector público. Ya que hay quienes aspiran a una mayor intervención de las políticas públicas y hay otros que presentan resistencias entendibles también por las singularidades existentes en torno a lo industrial y lo artesanal en tanto procedimiento que mantiene el aura, el contexto de tradición para una determinada comunidad.

Un plusvalor no subsumible

La industria cultural modifica la función del arte que estuvo históricamente al servicio de la comunidad. Y una nueva praxis reemplaza su fundamentación ritual. Durante el siglo veinte, el arte se independiza del orden sagrado y el halo de su autonomía se extingue. La técnica permite la reproducción de la obra artística al modificar la relación preexistente y así se torna masiva. Esta capacidad de distribución y circulación del arte transforma sus potencialidades y vertiginosamente es captada por el capital que distingue otras formas de consagración y por lo tanto de acceso. Las relaciones de mercado y de producción reemplazan el concepto de "obra de arte" por el de "producto cultural". Esta mutación no se refiere a la reproducción técnica únicamente, sino que avanza más allá: la cultura comienza a consumirse, conforma un bien cultural cuya dimensión simbólica —cruce de valores comunitarios, religiosos, estéticos y/o políticos— es atravesada por una variable económica.

Las perspectivas de la administración y del marketing cultural abarcan los bienes tangibles y los intangibles con la condición de que puedan reproducirse, distribuirse y comercializarse. Así, en la actualidad, pueden disfrutarse en el ámbito privado, productos culturales como discos compactos, libros, posters de obras pictóricas y películas en video o en formato DVD, etcétera. La gestión cultural como mecanismo de administración de las industrias desde su nacimiento comparte las coordenadas de la técnica del gerenciamiento de empresas. No se trata de demonizar tal tendencia en boga sino repensar la especificidad del experto, el gestor, el especialista, quien administra, realiza trámites sobre obras cuya dimensión intangible transporta un *plusvalor* no subsumible a la técnica o a la mercancía. En este sentido es cuestión de reflexionar si las relaciones sociales de producción que involucran la cuantificación, la mecanización y la estandarización de los productos culturales, sobrestiman la técnica como un fin y no como un medio tal como se presenta en la siguiente cita adjunta:

Creo que la necesidad emocional no está peleada con lo otro, con lo técnico pero los proyectos parten de ahí y no de otro lado, la relación es con la comunidad.[43]

El sector de la cultura y de la comunicación ha comenzado a vivir una transformación casi tan radical como la experimentada con la invención de la imprenta, según el estudio realizado por el investigador español Lluís Bonet. La aparición de equipamientos multimedia, la digitalización de los formatos, así como los grandes logros en las tecnologías de telecomunicaciones, comportan un cambio sustancial en las formas de producción y consumo. De este modo, el sector cultural pasa a ser visto como una actividad clave en las estrategias internacionales de dominio de los nuevos mercados de las telecomunicaciones y el ocio; este hecho provoca un proceso acelerado de integraciones empresariales verticales y horizontales, y de globalización de las estrategias de los grandes grupos empresariales del sector. También Canclini[44] sostiene que la internalización del mercado está cada vez más asociada a la transnacionalización y concentración general del capital. En términos de Rubens Bayardo,[45] la validez jurídica a la liberación total del comercio terminaría de abrir las puertas al cine de Hollywood —con el que no se puede competir, porque ya ingresa amortizado a costo cero— y pondría freno a los subsidios que fomentan las creaciones locales, y terminaría con los acuerdos de coproducción con otros países, que posibilitan la ampliación de los mercados internos, alcanzando a 400 millones de hispanohablantes. No obstante, se detectan ciertas contradicciones en el papel de los Estados miembro en la OMC y en la UNESCO, y el panorama según el autor es más preocupante que alentador.

En esta perspectiva resultan impenetrables las industrias culturales ya que en el período analizado en la ciudad de Buenos Aires devinieron grandes corporaciones manejando el flujo de la información. Así como las multinacionales discográficas que más que albergar o cuidar acaparan. "Este fenómeno se da en la Argentina de una manera especialmente perversa, generando desde las reformas del Estado que iniciaron Menem, Dromi y Cavallo, un panorama casi monolítico y, al parecer, inmodificable. Hoy existen dos grandes grupos económicos que manejan —de manera monopólica— la televisión abierta, la TV por cable, el servicio de radiofonía, el servicio telefónico básico, la telefonía celular, la fibra óptica, internet, el desarrollo de servicios satelitales y radares. Íntimamente ligadas a este paquete de servicios están las

---

[43] Entrevista realizada a Soledad Gianetti, coordinadora del Complejo Cultural Chacra de los Remedios.

[44] García Canclini, N. (1990). *Culturas...*, ob. cit.

[45] Ver Bayardo R. (2005). Políticas Culturales y Cultura Política. *Revista Electrónica de Crítica Social. Argumentos.* 5, 1-5.

llamadas industrias culturales: producción y distribución de cine, industrias del libro y de la música. La concentración es tan grande que, así concebidos, los medios pueden fácilmente poner en juego no sólo la articulación de la cultura política, sino de la democracia en general". [46]

Desde el retorno de la democracia hasta el período estudiado, las políticas públicas en la ciudad de Buenos Aires han colaborado al desarrollo del sector con sus propios mecanismos.[47] Por ejemplo, el respaldo[48] que reciben determinados grupos o proyectos a través de financiamientos, subsidios que son evaluados por un jurado especialista, en lo que han denominado *"la presentación de carpetas."* El vocablo *"carpeta"* aparece enunciado por los sujetos involucrados en las experiencias culturales pero esta teñido también de determinados visiones en torno a ese objeto sagrado para quienes pretenden un financiamiento.

> *Eran los 90. Y teníamos como 200 obras para el festival. Generamos una ilusión. Y después fuimos a hablar con el Recoleta y nos dijeron que sí. Y fuimos nosotros porque no teníamos carpeta, no sabíamos ni cómo hacerla. Fuimos nosotros a hablar y nosotros confiábamos en que iba a salir bien. [...] Todo lo que pensamos era inclusivo, jamás nos salvamos solos, o vamos todos o no va nadie. [...] Pero la verdad en aquellos años era la antigestión de lo nuestro.*

> *Pero estábamos tan convencidos que lo íbamos a hacer y poner todo el amor que los directores del Recoleta dijeron esto va, pero después nos traen la carpeta.*

> *Lo que hay es "hacer" más que políticas y también más bien grupos que hacen políticas.*[49]

En la cita adjunta es destacable el sentido colectivo de tal expresión, lo cual da cuenta de la existencia de esas micropolíticas que buscan formas

---

[46] Massuh. G. (2004). Conversaciones con H. Gonzáles, León Rozitchner, A. Kaufman ¿Qué es una política cultural y cuál es su relación con la cultura política? *Revista Argumentos*. 4, 12-13.

[47] Diversas formas de financiamiento promovidas desde un modelo de administración de recursos que redistribuye fondos según los organismos antes mencionados entre los cuales se podría agregar el Fondo Metropolitano que tiene "por objetivo el financiamiento total o parcial de proyectos, programas, actividades e iniciativas de fomento, ejecución, difusión y conservación de las artes, las ciencias, el patrimonio cultural en sus diversas manifestaciones y la infraestructura cultural." Ver Fondo Metropolitano de Cultura [en línea] [consulta: 20 de agosto 2008]. Disponible en http://www.buenosaires.gov.ar/areas/cultura/fondo_cultura/

[48] En diversas entrevistas relevadas se encuentra que artistas padecen los procedimientos de presentación de "carpetas" a Prodanza, Proteatro, Fondo Cultura BA, Fondo Nacional de Artes etc. ya que desconocen los parámetros existentes en tales evaluaciones.

[49] Entrevista en el bar del Centro Cultural Rojas a Gabriel, Cristina y José en la cual relatan tal anécdota los tres en el orden en el que se los presenta. Hacen mención a un festival convocado por ellos en el marco del Centro Cultural Recoleta. Junín 1930. CABA.

asociativas. Incluso expresan ese movimiento productivo-deseante del quehacer que tienen los grupos que en diversas ocasiones relevadas configuran lo que han denominado la *"antigestión"* en su desden por cualquier trámite burocrático a pesar de un fuerte sentido de pertenencia a un grupo tal como declaran que son los encargados de hacer políticas. Aunque pareciera que la experiencia narrada tiene un final feliz ya que, aunque no tenían carpeta en la década de los 90, valía con la sola presentación del grupo. Desde la perspectiva de los amateurs se encuentra en algunos grupos una gran distancia entre sus quehaceres creativos y las dificultades para plasmar sus intenciones en otros formatos referidos a las lógicas administrativas. Algunos comprenden que detrás de tales objetos hay parámetros que reconocen a ciertas propuestas culturales, incluyen y excluyen a través de criterios que se evalúan por las mismas. Mientras que determinados grupos afirman que desconocen y tampoco entienden desde su visión artística algunas pautas que dicen mutan con cada gestión de turno. En ese sentido prefieren sostener con sus propias búsquedas criterios, sentidos e incluso una reflexión crítica sobre sus prácticas. A continuación, se expresa una reconocida bailarina que narra ciertas coordenadas de época:

> *Mi compromiso social consiste en preguntarme y reflexionar qué es lo que quiero decir o hacer, cómo, con quién, cuándo, dónde, qué cuerpo quiero presentar, qué ser humano quiero mostrar. Todas estas inquietudes las pienso desde y para mi sociedad. Por la ventana de mi casa veo cómo la gente se emborracha, se pelea, se acuchilla, veo cartoneros, gente muerta de frío en la calle, una realidad hiper-violenta, muy distinta a la de Europa. Los artistas argentinos partimos de otras condiciones de producción: sin dinero, sin salas de ensayo, o con salas donde tiritamos [...]. Así, no se puede, ni tiene sentido imitar el modelo que viene de Europa. ¿Qué validez tiene hacer una comparación de la producción local con la extranjera, cuando las condiciones para la creación son tan desiguales?[50]*

Otra vez la idea de desiguales circunstancias se presenta en torno a las formas existentes y a las cuales se aspiran. No obstante, a pesar de la inexistencia de expertos en la especificidad se han exportado durante todo el período analizado gran cantidad de artistas y sus obras que alcanzan difusión y circulación en el exterior por los esfuerzos de diversos grupos en sus dinámicas autogestivas. Las compañías, las obras, las bandas, las troupes y demás formatos de obras argentinas recorren el mundo *"por amor al arte"*, ya que *"un puñado de entusiastas"* es capaz de inaugurar no sólo espacios culturales anclados en un territorio sino de articular una proyección internacional de comercio exterior. ¿Cómo lo logran? ¿Qué ser humano muestran? ¿Qué

---

[50] Romero, G. (2005). *Puentes y atajos.* Buenos Aires: De los Cuatro Vientos. Pág. 14.

preguntas se formulan para nuestra sociedad? ¿Cuál es su *"compromiso social"* con la realidad cotidiana?

El período analizado es extenso aunque ha sido signado por la falta de intervención del Estado y la ausencia de regulaciones, que deja estos ámbitos librados a la "mano invisible" del mercado,[51] donde usualmente se cumple la ley del más fuerte. La expresión *"de boca en boca"* y de *"mail en mail"* se usa ya que remite a un murmullo colectivo, un rumor que se traslada, un modo informal de circulación de las redes de información que ha llegado como modalidad elegida para la existencia de muchos de los grupos que autogestionan sus experiencias. Aunque también la difusión de una obra también se conoce porque se *"corre la voz"* ya sea para un evento, una performance, una presentación, un concierto, etcétera. Dicha costumbre posibilita que cierta información se divulgue por canales de comunicación *"no oficiales, ni comerciales."*

Se detalla a continuación las formas que toma este otro modo de propagación de la comunicación. El modo usual que han tenido algunas experiencias en la década de los 80 y 90 ha sido la entrega de *"tarjetas"* que se dan *"de mano en mano,"* en las que se detalla la programación de sus actividades, así como también la famosa *"pegatina"* de carteles en la Ciudad. Los propios realizadores y a veces organizadores de eventos artísticos, además de volantear —es decir, entregar en forma personal volantes con la información de las perfomances— utilizan otras tácticas. Las obras, asimismo, suelen difundirse con una folletería que denominan *"postalitas"* —ya que su tamaño es menor al de las postales—. Así como la difusión en revistas especializadas o programas radiales vinculados a cada área específica del arte en cuestión.

La aparición de las nuevas tecnologías suscita un cambio de coordenadas respecto de las posibilidades de realizar difusiones, ya que se participa ingresando a una página web y *"de mail en mail"* publicitan sus propuestas. El soporte virtual configura posibilidades de conexión a través de diversas redes, donde existen los blogs y se postean, chatean, escriben en muros virtuales y dialogan a través de foros. Otro tipo de estrategia parece ser una *"pancarta"*[52] que alguien alza en una multitud; quien la sostiene está sentado sobre los hombros de un compañero, así queda a mayor altura; esto también permite divisar a la persona que sujeta la publicidad. La *"pancarta"* es bastante artesanal, pero muy distinguible en un evento multitudinario como concierto u otro en el espacio público. El análisis de esta metodología de comunicación se inscribe en la perspectiva trabajada sobre los grupos, sus

---

[51] Bayardo R. (2005).Políticas Culturales y Cultura Política. *Revista Electrónica de Crítica Social, Argumentos.* 5, 1-5.

[52] Modo de difusión de las Fiestas Clandestinas realizado por Ariel observado en la multitud que se encontraba en el marco de la Noche de los Museos 2006, organizada por el G.C.B.A.

gestos, actitudes que se articulan con sus *lógicas*. En el desarrollo de este análisis, se los denomina *"hacedores"* —también tal como se enuncian ellos mismos en ciertas oportunidades—. La categoría supone hechos realizados por sujetos involucrados en la producción y, precisamente, los medios masivos de comunicación no muestran a los productores, sino a los productos. Quizá la costumbre descripta intenta *valorizar los procesos* y los sujetos involucrados en los mismos, motivo por el cual convocan a la camaradería, a la proximidad —de mano en mano, de boca en boca, de mail en mail—, se emprenden modos de relación, y no sólo medios de difusión. En este apartado, donde se encuentran costumbres en común, se trató de distinguir diversas actitudes para concluir que existen modalidades con sus respectivos códigos vigentes en una trama de vínculos y modos de producción poco explorados con el afán de establecer legislaciones gubernamentales proteccionistas o normativas para el sector cultural.[53] En este sentido, el proceso capitalista y el comportamiento no económico están en pugna activa, probablemente causando la resistencia de los amateurs a las nuevas pautas de consumo o producción que promueven determinadas racionalizaciones del trabajo, ya que podrían considerarse como una amenaza a la usanza acostumbrada.

Desde y para la sociedad

La cantidad de subgrupos existentes en ese sector no oficial de la cultura autogestiona sus proyectos en ese circuito *"alternativo"* donde se mueven con desarrollos heterogéneos y muy difíciles ya que a la vez conviven diversas tendencias estéticas. La Red Sudamericana Danzas creada en sus inicios por un grupo de amigas[54] bailarinas, por ejemplo se han propuesto al igual que el

---

[53] "A su vez, correspondió al Estado en algunos países, como la Argentina, encarar las primeras inversiones para la creación de los primeros canales de TV, sometiendo los mismos al modelo de financiamiento y de programación norteamericano, lo cual facilitó el crecimiento de los intereses de esa nación en el interior de la economía nacional y en la promoción de sus empresas y productos manufacturados. Las políticas económicas impuestas por los gobiernos militares y civiles, más que propender al desarrollo de una industria nacional, abrieron las compuertas del país a inversiones extranjeras, a menudo de tipo golondrina, que aprovecharon todo lo que estuvo a su alcance hasta que, satisfechas, volaron a otros destinos, o bien se quedaron en el país a cargo del sector comercial más que del productivo." Getino, O. (2003). *Las industrias culturales entre el proteccionismo y la autosuficiencia.* Disponible en: http://www.oei.es/pensariberoamerica/ric04a05.htm

[54] Siempre en la última parte de su vida Foucault se plantea el problema de cómo volver simétricas las relaciones estratégicas. Esta temática es sólo esbozada a través del tema de la "amistad." Gabriel Tarde, un autor del que he confrontado, en otro lugar, su pensamiento con el de Foucault, expresa la necesidad, partiendo de las mismas "relaciones estratégicas" foucaultianas, de fundar su dinámica no sólo sobre la asimetría, sino también sobre la simpatía.

Club del Disco albergar disímiles experiencias y tal como se lo han pensado esgrimen:

> *Favoreciendo sinergia, capacitaciones, circulación y sistematización de saberes, promoviendo herramientas, modalidades y espacios asociativos de trabajo, la red vincula nuevas formas de organización social con nuevas formas de desarrollo artístico y apoya una danza que investiga, en un contexto más amplio, nuevos sentidos en la cultura.*[55]

La particularidad organizativa remite en principio a un momento fundante donde se vislumbra un fuerte liderazgo de la fundadora del proyecto. No obstante, la *red* se expande a escala latinoamericana y de ese modo aprovechan los usos de las nuevas tecnologías para mantenerse en comunicación desde distancias insalvables. Asimismo, generan un nodo (lugar de encuentro en cada ciudad) donde los responsables de diversas áreas se conectan para repensar en creatividad colaborativa cuestiones que les atañen en su región. También realizan un encuentro cada año para pensar las problemáticas comunes en jornadas de trabajo. Se centran en intercambios que hacen a las conflictividades tanto de su quehaceres locales como distinguiendo las particularidades sobre cuestiones que también les competen a su especificidad. La organización autónoma de los agentes se caracteriza por intentar establecer alianzas tanto con las políticas públicas como con fundaciones para recibir financiamientos pero siempre respetando una dinámica ya instalada que propicia el conocimiento compartido: la red sudamericana.

> *El desafío planteado era entonces encontrar herramientas específicas para aplicar al complejo sistema de vínculos, proyectos e ideas en proceso de conformación entre colegas de distintas localidades de la región. Y fue un desafío sumamente motivador. Nos preguntamos cómo instalar nuevos hábitos de trabajo colectivo, dinámicas comunes entre grupos heterogéneos, sistemas de comunicación efectivos en un mapa de diversidad, maneras de trabajar que fueran eficientes, respetando asimismo el tiempo relativo y subjetivo de cada espacio cultural y social. Propusimos y probamos casi tantos matices organizativos como años tiene la red. A veces cerrando el año con poca o mucha frustración porque aquello que en teoría pensamos iba a funcionar, en la práctica no resultó; porque lo que en un gráfico parecía simple y realizable, cruzado por miles de kilómetros, de distancias territoriales y culturales, realmente no era viable.*[56]

Las redes existieron en nuestras sociedades desde épocas remotas como

---

[55] Ver Red Sudamericana de Danza [en línea]. [consulta: 10 de agosto 2010]. Disponible en: http://movimientolaredsd.ning.com/profile/redsd
[56] RSD. (2009). *Territorios en Red*. RSD: Buenos Aires. Pág.9.

modos de atenuar y facilitar la supervivencia ya sea en situaciones de temor, incertidumbre y promoción de la ayuda mutua. Auslande[57] y Litwin señalan que el desarrollo del pensamiento sobre redes sociales tuvo dos orígenes: primero surgió como concepto sociológico al final de la década del cuarenta y sirvió para definir las interrelaciones entre un sistema social como modelo alternativo para la entonces dominante perspectiva de acción estructural funcionalista. Desde esta perspectiva el foco se ciño a las características de lazos de unión entre los miembros, a partir de la estructura de la red. La red implica una representación espacio-temporal en la cual también se ocasionan formas de arraigo a través de las relaciones vinculares y el intercambio de información ya que se trata de un conjunto flexible. Es decir, posee una estructura propia. "Estas redes sociales que se establecen en forma natural dentro de la sociedad son un apoyo emocional, específicamente para dar y recibir amor, y afecto y también son ayuda instrumental, porque pueden proporcionar servicios, bienes, información y situaciones agradables de vida".[58]

Ante las racionalizaciones existentes en el período analizado se dilucidaron costumbres. Desde el retorno de la democracia hasta la actualidad existen en la ciudad de Buenos Aires experiencias autogestionadas que, si bien se caracterizan por su heterogeneidad, comparten la disputa de contenidos simbólicos, el cuidado de ciertas éticas, el valor por ciertas estéticas y búsquedas grupales con un sentido para su comunidad. Las experiencias en sus modalidades de producción cultural se encuentran signadas por el intento de contrarrestar, incluso sin proponérselo, ciertas hegemonías de un mercado cultural altamente competitivo. Dicho en otros términos, se aspira a un *"no venderse"* a los modos de distribución, circulación y promoción que imponen las multinacionales que monopolizan las industrias culturales. En esta perspectiva, priorizan otras lógicas y la construcción de sentido para tornar legible sus intenciones ya sea a través de redes virtuales o clubes también anclados en los territorios de la intranet. "Es decir, de un fluido sistema no gubernamental de instituciones que se inscriben globalmente, que poseen arquitecturas variables, cuyos miembros muchas veces recusan la profesionalización del militante y el gestor y mezclan perspectivas normativas y estratégicas. Incluso allí, a donde se abocan la prosecución de propósitos locales, estas asociaciones ensayan poner a circular esos circuitos en redes más globales: de ahí una preocupación particular por las formas de establecer puentes y vínculos." [59] Aún así, cabría la posibilidad de pensar que la coyun-

---

[57] Auslande.C y Litwin. R (1987). II *The parametmo. New York Intervention. A social work Aplplieation* Chiacago.

[58] Quiroga, S. y Cryan, G. (2010). *Conceptualización de las redes sociales desde la Psicología Social.* En Premio Facultad de Psicología.2010. Buenos Aires: UBA.

[59] Laddaga, R. (2006). *Estética de la emergencia.* Buenos Aires: Adriana Hidalgo. Pág. 65.

tura se imbrica en tales experiencias, de modo tal que sus micropolíticas tienden a propiciar lazos sociales, en un período histórico donde se considera un empobrecimiento de los vínculos durables sustituidos por la presencia de imágenes "on line" como visibilidad, e incluso publicidad, de la intimidad y la existencia. "En la lógica de la sociedad global, la verdad insolvente se reproduce, prima el constante movimiento y la conexión permanente. La compleja relación de tensión entre lo global y lo local, lo trasnacional con lo nacional, interfiere también en la conmutación de lo temporal y espacial respecto del afuera y del adentro. Se altera el tiempo sucesivo con su orden cronológico en la historia respecto del antes y del después porque el instante se maximiza con un presente signado por la velocidad del surgimiento. Se configuran otras socio-espacialidades donde se globaliza individualizando y se individualiza globalizando. Con el propósito de sobrevivir, los *sujetos* presentan las características de maleabilidad de la época a los fines de mantenerse incluidos. Se adaptan constantemente a un entorno fluido y en perpetuo cambio. ¿Cuál es su espacio en tanto fuerza de trabajo o como valor productivo?" [60]

Las experiencias culturales se dan en un contexto socio-histórico donde no se trata sólo de analizar si el *"under"* en los 80 fue una época festiva de la ciudad y apogeo de la democracia o si las troupes son *"independientes"* con sus apuestas de sentido en los 90 y sus medios de difusión de *"boca en boca"*, *"de mail en mail"* fueron *"alternativas"* o están al margen de lo comercial, y son en este nuevo siglo *"emergentes"* sino relevar lo que disputan con sus singularidades construyendo puentes desde y para nuestra sociedad.

---

[60] Benito, K. (2011). En busca del sujeto perdido. ¿Culturas del "link" en una navegación virtual y sin fronteras? En *Claves para el pensamiento actual*. Madrid: Plaza y Valdés. Pág.125-126.

"Para apreciar el jamón
¿No es indispensable ser chancho?
Quien no logre transformarse en caballo
¿podrá saborear el gusto de los valles y darse
cuenta de lo que significa «tirar el carro»?"

Oliverio Girondo

9. ¿Un yuyal histórico?
δ. Análisis del complejo cultural
Chacra de los remedios

Diagnóstico de situación: Espacio público deteriorado. Los vecinos detectan que el parque de su barrio se encuentra abandonado. Comienzan a averiguar su historia y los motivos de tal descuido. Empiezan a autoconvocarse para encontrar una forma de reclamo. Los grupos de arte independientes de la zona se interesan porque ven la posibilidad de realizar actividades en el casco histórico existente en el mismo predio. Intentan convocar a los políticos pero no tienen respuestas. En 1986 comienzan a realizar una fiesta que se trata de una fogata al estilo San Pedro y San Pablo. Crean una asociación vecinal destinada a la obra de recuperación en 1989: el Centro de Estudios Sociales y Vecinales. Emerge una apropiación simbólica por parte de los vecinos del parque Avellaneda que se configura en un proceso social cada vez más amplio. Se construye la categoría de vecino como una construcción especifica del modo de habitar este espacio público.

Conflictividad subyacente; deterioro de un parque público.
- Propuesta de intervención: articulación de recursos para movilizar fondos del gobierno para el cuidado del parque y la reapertura de un edificio histórico apelando a los afectos del pasado familiar de un jefe de gobierno.
- Espacio: Complejo Cultural Chacra de los Remedios reinaugurado a partir de la iniciativa promovida desde una asociación vecinal (CESAV, 1989) en parque Avellaneda.

En este capítulo se analiza la experiencia: Complejo Cultural Chacra de los Remedios, situado en parque Avellaneda, actualmente enmarcado en el Gobierno de la Ciudad, área de Promoción cultural, Circuito de Espacios Culturales en Ciudad de Buenos Aires, aunque cuando se autogestionó la propuesta ese encuadre no existía. En este capítulo se explicita un modo de trabajo colectivo originado a través de una trama de lazos entre vecinos, troupes de arte *"independiente"*, y finalmente, la participación del gobierno. Se intenta dilucidar esa dimensión asociativa característica de la micropolítica cuya trama vincular no sólo funda un espacio sino que además regenera lo descompuesto.

> *El mito fundante fue muy desde abajo para arriba porque nadie se estaba haciendo cargo del parque como muchos parques de la ciudad y los vecinos tomaron el espacio con mucha claridad de que el espacio público es nuestro.*[1]

En este apartado se explican los procesos que muestran el modo en que se configura una trama vincular capaz de gestar y autogestionar un complejo cultural *"muy desde abajo."* ¿Cómo fue que los vecinos se apropiaron simbólicamente del espacio? ¿Por qué los amateurs cuidan aquello de lo que *"nadie se estaba haciendo cargo"*? ¿Cómo es posible que un grupo de vecinos se asocien para recuperar un parque deteriorado, de casi de 30 hectáreas de la ciudad? Parque Avellaneda está ubicado entre las avenidas Directorio, Olivera, Lacarra y la autopista 25 de Mayo. En 1914, el parque se piensa y se planifica en 40 hectáreas de terreno, donde había algunas edificaciones ya históricas. Al retorno de la democracia, el parque tenía sólo 9,5 hectáreas libres (25% del total) para ser utilizadas y disfrutadas. Lo que sucedía es que los edificios se estaban destruyendo, las áreas no tenían césped y ni siquiera existían caminos marcados. Recién en el año 2000 se podría decir que se recuperan alrededor de 21,5 hectáreas para la utilización pública y ocho, son del vivero. A los fines de complejizar los interrogantes planteados se analizan fuentes secundarias: folletería, íconos, emblemas, reglamentos, revistas, páginas webs y en las entrevistas realizadas dichas inquietudes se despliegan. Se hace referencia también a la expansión de una dinámica de participación colectiva respecto del propósito de transformar un parque de la ciudad abandonado y a un modo de encuentro entre quienes se comprometen con su cuidado.

El análisis de las significaciones en torno a tal parque, es decir, las singularidades a través de las cuales tanto el espacio público como los sujetos y sus quehaceres son enunciados contemplando los relatos dan cuenta de un escenario complejo cuyas consecuencias políticas resultan de interés para los supuestos orientadores planteados en este libro preocupado por los grupos y sus lógicas. Motivo por el cual se analizará también la relación con su

---

[1] Entrevista-encuentro con Soledad, quien trabajó en principio en el Complejo Cultural Chacra de los Remedios desde su inauguración en 1998, empezó a trabajar el área de comunicación debido a su especialidad en el tema y luego asumió la gestión del mismo hasta su renuncia en el 2006. La entrevista fue realizada en diciembre de 2008.

territorio a los fines de discernir como construyen y sustentan determinadas operaciones, apelaciones o intervenciones que desde abajo hacia arriba transforman lo existente. Un vecino pionero en el proceso, Tito, sugiere una entrevista un domingo a las nueve de la mañana. Mientras conversa conmigo en el jardín de su casa y lo acompaña Fabio, un amigo incondicional, tal como lo presenta. Se reconocen como compañeros inseparables de aventuras y Tito enuncia:

> *[...] nosotros tenemos un mecanismo y funcionamos como un carro, Fabio es una rueda y yo otra, con eso andamos, si bien se necesitan más ruedas, a veces, están y otras no, pero nosotros andamos igual.*[2]

La expresión remite a la dinámica de roles de esta experiencia donde dos personas en su empeño han movilizado lo descompuesto aun ante avatares impensables. Su tarea consistió en encontrar a aquellos que se comprometieran con alguna responsabilidad en torno al espacio público. La conversación relatada contiene múltiples aristas, no obstante, el trabajo se circunscribirá sobre el análisis de lo grupal en sus inicios para dar cuenta de esa micropolítica. Así como el modo en el que han construido como vecinos de tal parque una conceptualización del espacio público fruto de la conflictividad subyacente. Al terminar, los entrevistados me despiden con la condición de respetar mi mirada sobre lo público, el parque, su tierra que resiste a la intemperie del tiempo. Los interrogantes que despejé en la entrevista han sido: ¿Cómo han extendido la transformación de un parque deteriorado en otro recuperado? ¿Cómo han trabajado para afirmar que *"el espacio público es nuestro"*?

La experiencia analizada presenta como constante que los grupos involucrados no sólo buscan palabras para nombrar su labor, en el sentido de pretender influir, entonces, con su discurso, ciertas transformaciones sociales, territoriales y culturales, sino que también buscan categorías para el cuidado del parque de su barrio porque *"nadie se estaba haciendo cargo"*. Sus intenciones están condicionadas por los intentos de formalizar y conceptualizar una experiencia gestada *"muy desde abajo."* Así como cualquier intento de enunciación no puede pensarse por fuera de los conflictos que se entraman en el plano del discurso e incluso de aquello latente que anhela un mayor grado de densidad categórica para expresarse. Entender tal proceso de autogestión colectiva supone tornar legible lo relevado en la utilización de diversas categorías que operan metafóricamente sobre determinado contexto

---

[2] Encuentro en la casa de Roberto con Fabio el día 2 de noviembre de 2008 donde refirieren a los roles que han asumido en el desarrollo del CESAV.

en torno a la historia[3] de ese parque en tanto espacio público. "La Atenas clásica introdujo una influyente división tripartita del trabajo social: algunos problemas debían ser debatidos en público, otros decididos en privado, y otros delegados a los expertos. Sin embargo, estas tres divisiones no se corresponden con la organización natural del trabajo social en las democracias constitucionales modernas. Por otra parte, las distinciones griegas originales proporcionan una base efectiva para la crítica de las modernas. Hoy en día entendemos que «lo público» es «político» en el sentido estrecho de «basado en intereses», mientras que los atenienses entendían que era «político» en el sentido amplio de una *res publica* —una cosa que sólo existe en público, esto es, algo que afecta a todo el mundo por igual".[4]

En el período estudiado, los vínculos entre lo político y lo público se ve escindida, hay un desacople respecto de lo que eran en la unidad republicana tal como se señalaba en el párrafo anterior. ¿Cómo entienden el espacio público[5] y la toma de decisiones en torno al parque? *¿Cuál es el lugar de los expertos?* "Si aceptamos la miseria tradicional de lo político y su incapacidad para explicar los principios de acción que rigen nuevos modos del pathos asociativo, más relacionados con lo estético-expresivo que con lo estratégico-instrumental, ¿obtendremos aquí la punta del ovillo que nos esclarezca sobre los modos de lucha?"[6]

---

[3] "Finalmente, con la "historia misma" la que comenzaba a abrir un espacio nuevo de experiencia. La nueva historia consiguió una cualidad temporal propia, cuyos diferentes tiempos e intervalos de experiencia cambiantes le quitaron la evidencia a un pasado ejemplar. Ahora hay que investigar estos antecedentes de la transformación de nuestro tropos en sus lugares sintomáticos." Koselleck, R. (1993). *Futuro pasado. Para una semántica de tiempos históricos*. Barcelona: Paidós. Pág.42.

[4] Fuller, S. (2003). La ciencia de la ciudadanía, más allá de los expertos. *Isegoría*. 28, 33-34.

[5] "Lo público se constituye como una instancia privilegiada de articulación entre la subjetividad y la objetividad sociales, entre los particularismos y lo universalizante, como usina, en definitiva, de esa condición de sujeto por la que los particulares se exhiben, elevan su voz, buscan el reconocimiento, y construyen la propia sociedad como «mundo» que habitan, bajo las condiciones en las que otros lo han construido antes. Lo público es, en este sentido, la enunciación que la sociedad profiere sobre sí misma." Caletti. (2006). *Comunicación y espacio público. Notas para repensar la democracia en la sociedad contemporánea*. (Mimeo). Buenos Aires. Pág. 103.

[6] Reigadas, C. (Comp.) (1998). *Entre la Norma y La Forma. Cultura y Política hoy*. Buenos Aires: EUDEBA. Pág. 106.

De la orfandad a la reapropiación del espacio

El Parque Avellaneda es, por su extensión, por su forestación y por su patrimonio sociocultural, el segundo parque de la ciudad de Buenos Aires. Desde su creación, en 1914, vivió diversas etapas de desarrollo y finalmente, en las últimas décadas, desde la dictadura, sufrió los mismos procesos de deterioro que afectaron a los espacios verdes públicos.

Históricamente, el predio perteneció a la Hermandad de Santa Caridad de Nuestro Señor Jesucristo, siendo conocido como la "Chacra de los Huérfanos." Luego fue adquirido por Domingo Olivera y empezó a ser conocido como la Chacra de Olivera o de "Nuestra Señora de los Remedios," establecimiento donde se abordó la cría de ganado ovino y equino. En 1852, la chacra se constituyó en Cuartel General del Ejército de la Confederación durante el Sitio de la ciudad y fue asiento del gobierno de Buenos Aires. En 1912, la Municipalidad de Buenos Aires compró 50 hectáreas alrededor del casco de la estancia para destinarlo a parque público pensando en la futura población de la zona. En 1914 fue inaugurado como parque Olivera y luego rebautizado como Parque Avellaneda. En 1917 se creó un vivero forestal. En 1919 comenzó a funcionar la primera colonia para niños. En 1925 construyeron la primera pileta-solarium de la ciudad y un patio de juegos, que en su época fueron modelo para Sudamérica. Luego se construyó un Centro de Salud y Acción Comunitaria, un gimnasio cubierto y nuevas piletas en el sector del Polideportivo. Según el relato de los vecinos del barrio, la construcción de la autopista durante la dictadura partió en dos el parque, luego se inició una etapa de deterioro y abandono acompañado de la instalación de dependencias municipales que cercenaron la concepción del parque como espacio de encuentro recreativo, consagrando así la expresión: *"Lo público quería decir de "nadie".*[7] Según las palabras de Ana Audicio:

> *El Parque Avellaneda era algo irreconocible, no se reconocía como un parque. Era… o sea, el yuyal tapiaba todo. No, no, luces no existían. Entonces los vecinos al ver el espacio así, aparte que es el segundo pulmón de la Capital Federal éste en su amplitud. Entonces los vecinos se interesan porque ven que está todo como desierto.*

En el proceso de recuperación del parque ocurre que los vecinos en sus encuentros debaten y piensan el modo de mejorar su calidad de vida en el

---

[7] Información revelada en folletería correspondiente al Complejo Cultural Parque Avellaneda.

barrio y los ámbitos de sociabilidad en el espacio público[8] y de ese modo participan, discrepan y se preocupan desarrollando un proceso colectivo que paulatinamente convoca a más vecinos.[9] "A la comunidad, con conciencia crítica de su existencia social, de los vínculos macros y micros que integra, de sus contextos de desarrollo y de sus propios potenciales, se le puede entregar la solución de innumerables problemas, sin que ello constituya un abandono de la responsabilidad por parte de las instancias de gobierno de garantizar una buena parte de los recursos necesarios".[10]

En el año 1986, los habitantes de la zona realizan una fogata al estilo de la tradicional San Pedro y San Pablo, una práctica de religiosidad popular que vincula el mundo profano y el mundo sagrado según una tradición ancestral que no distingue entre clases sociales. En la antigüedad, en los países nórdicos se recibía el solsticio estival con una fogata, luego el rito se desplegó por toda Europa y la Iglesia lo recuperó en conmemoración de los apóstoles San Pedro y San Pablo, ejecutados por orden de Nerón. Su mística radica en una reverencia hacia los acontecimientos de la naturaleza, aunque la ceremonia condensa también otras acepciones Por estas latitudes, los vecinos inauguraron el festejo por aquellos años, y leyeron al modo de una *"proclama"* sus intenciones y *"compromiso"* de recuperar el parque. "Los grupos

---

[8]"Desde la década de 1970 se asiste a la consolidación de una "nueva economía" mundial basada en transformaciones tecnológicas asociadas a la era de la información y en el surgimiento de espacios de flujos (Castells 2000), como así también a la generalización de políticas neoliberales que han colocado al mercado como estructurante de lo social (Lechner 1999). En simultaneidad con la gestación de este modelo posfordista de producción, las ciudades grandes, medianas y pequeñas de los cinco continentes experimentaron un conjunto de cambios territoriales que incluyeron —entre otras manifestaciones—: una dispersión urbana inusitada (productiva, comercial, residencial, etc.), la aparición de nuevas centralidades, una creciente desintegración socio-espacial y la reducción de las decisiones e inversiones públicas en materia de planificación y desarrollo metropolitano (Tella 2005). Muchos autores situaron en 1973 —año de la crisis internacional del petróleo— el inicio de esta fase de expansión alternativamente conceptualizada como ciudad global (Sassen 1999), ciudad posmoderna (Amendola 2000) o ciudad contemporánea (Donzelot 1999, 2004), con el propósito de diferenciarla de la compacta ciudad moderna-industrial que creció durante buena parte del siglo XX en función del eje centro-periferia." Girola.F. (2006). Procesos de transformación urbana en la Región Metropolitana de Buenos Aires: una mirada sobre el avance de la ciudad negocio. En *Intersecciones en Antropología.* 7, 363.

[9] "Se entiende por implicación activa en el caso ideal, el público participante debe involucrarse activamente desde las fases iniciales de la definición de problemas, no limitándose su participación a la elección entre una serie de posibilidades determinadas de antemano por expertos." Beatriz Estévez. (2005). Participación, comunicación y negociación en conflictos ambientales. En. Revista *Arbor.* N° 715.p 26.

[10] Wong, M.T.R. Yera A. Perez. (2003). Potencialidades del enfoque del grupo-sujeto para la intervención comunitaria. En Psicologíacientífica.com. [en línea]. [consulta: 20 de octubre de 2010]. Disponible en: http://www.psicologiacientifica.com/bv/psicologiapdf-148-potencialidades-del-enfoque-del-grupo-sujeto-para-la-intervencion-comunitaria.pdf

sociales se constituyen y estructuran en torno a símbolos. El ser social aleja-
do de un grupo de referencia se siente perdido y en peligro. "Naturalmente
el hombre se siente escindido, y a lo largo de su vida, busca elementos que
le permitan religarse", afirma el filósofo y teólogo Rubén Dri. Esa escisión
sólo puede subsanarse mediante símbolos religadores, que otorgan sentido a
la efímera vida humana. Ya desde su etimología el símbolo refiere a la unión:
"*Symbulum,*" en latín, quiere decir arrojarse uno en brazos del otro –explica
Dri–. Antiguamente cuando dos amigos se separaban, rompían una cerámica
o algo similar en dos trozos que cada uno de ellos conservaba consigo hasta el momento de reencontrarse. Entonces la pieza volvía estar completa".
El símbolo cierra un círculo y contribuye a la formación de una identidad
individual y grupal. La religiosidad popular es la manifestación de esa búsqueda y se erige sobre la creación y resignificación constante de mitos, en
torno a lo que se desarrolla una ritualidad comunitaria".[11]

Incluso, se suele incluir un *"fantoche de las miserias,"* una especie de muñeco al estilo de espantapájaros que se incinera como expiación colectiva o
como modo de rendir homenaje a mártires inocentes. Esta tradición funda
una fuerza dinámica en el parque que perdura hasta nuestros días. El acontecimiento resulta convocante y asisten los habitantes de ese y otros barrios. Se
trata de un ritual que propicia el encuentro, entrama lazos ya que *"por amor
al arte"* se espera tal acontecimiento. Los niños, las familias y los jóvenes esperan la magia de los festejos que se propician en el espacio público, donde
el horizonte, el territorio y el clima no son un fenómeno del mercado y por
ello se los respeta como culto pagano. El fantoche suele ser trasladado por
los vecinos desde un corralón en Floresta (ex centro clandestino de detención[12]) sigue así al parque como muñeco gigante que despierta la admiración
de los niños y explica los fenómenos mágicos en un momento de la vida en el
cual los acontecimientos no pueden ser comprendidos en términos lógicos y
culmina con un evento por parte de un grupo de artistas callejeros. Al decir
de Dri: "Cuando los símbolos de una sociedad pierden su sentido, el sujeto
se despotencia, pierde su vigor, le falta fuerza para seguir viviendo, porque
vivir humanamente significa siempre ponerse contra los obstáculos, luchar a
muerte por el reconocimiento. [...] Cuando ese entramado se deshace el sujeto desfallece, la sociedad entra en un cono de sombra. Hegel constata que

---

[11] Picabea.M.L. (2004, septiembre 10).Religiosidad Pop. En *Página 12*. [en línea].
[consulta: 20 de octubre de 2010] http://webcache.googleusercontent.com/
search?q=cache:QDE1z8HAVv0J:edant.clarin.com/suplementos/cultura/2004/07/10/u-791285.
htm+religiosidad+popular+Dri&cd=4&hl=es&ct=clnk&gl=ar

[12] Más conocido como el Olimpo que fue un centro clandestino de detención ubicado en el
oeste de la ciudad de Buenos Aires entre las calles Olivera, Ramón Falcón, Lacarra, Fernández
y Rafaela.

en la *polis* posterior al siglo IV antes de Cristo el arte se ha desprendido de la religión y de la filosofía. Es un arte muerto, lo que significa que no lo es, porque el arte no es simplemente una estatua, por ejemplo, sino una estatuta, que tiene sentido, que simboliza algo, que transmite mensajes. Cuando eso no ocurre el arte ha muerto".[13] Si las ciudades han perdido en este período de globalización[14] sus mensajes, sus espacios verdes, sus veredas y sus potreros para jugar como espacios al aire libre de encuentro y sociabilidad, en este parque el fantoche de las miserias configura la preservación de un ritual que es parte de un proceso de reapropiación simbólica del espacio público por parte de los vecinos. En términos de Colombres[15] más allá de la esfera privada, toda gran obra de arte aspira a permanecer, a imprimir una marca duradera en la historia de la comunidad en que se gesta, e incluso, en la de otras comunidades, por su aspiración a la universalidad, como paradigma de una identidad y una época. En el arte la apelación a lo ritual, especialmente en lo que hace a su circulación y consumo, no es nunca ajena al propósito de marcar un hito trascendente. La fiesta puede asimilarse en algunos casos al rito, al que siempre contiene, pero en vigor de verdad se trata de algo más complejo que las ceremonias que la vertebran. Es que antes que una acción o una serie de acciones, la fiesta es un tiempo especial, que se diferencia claramente de lo cotidiano, que es aquel en el que tiene plena vigencia las pautas de la cultura, todo lo que constituye el *ethos* social.

Desde entonces se empieza a iluminar un parque y su comunidad porque antes *"no se reconocía como un parque. Era... o sea, el yuyal tapiaba todo."* "Si la cultura implica cultivación y protección convendría entonces pensar la dimensión simbólica de la misma en la vida cotidiana, es decir, en los espacios en los que se cultivan, habitan, veneran y protegen con legitimación desde la comunidad. Aún con su "malestar" imbricado se estima que la cultura

---

[13] Dri. R. (2007). *Símbolos y fetiches religiosos*. II. Buenos Aires: Biblos.Pág.18.

[14] "En su esencia la noción de globalización no es nueva sino que deriva de procesos de dominación, colonización y transferencia y/o integración económica o cultural que se ha dado en otros períodos de la historia, cuando no contaban todavía con la plataforma tecnológica que los hace aparecer ahora mucho más evidentes y articulados. Parte de esos antecedentes históricos están comprendidos en la famosa antinomia "cultura" y "civilización", desarrollada por Oswald Spengler en *La decadencia de Occidente* (1923): la dominación económica, política o militar hace que las manifestaciones emanadas desde la metrópolis, que sojuzgan tiendan a socavar las bases e imponerse a las expresiones artísticas de las culturas locales. Se trata de una dialéctica histórica que ha estado asociada, como puede decirse, a muchos procesos de colonización desde la antigüedad. En Occidente el Imperio Romano había representado la manifestación más conspicua de ese proceso en la que buscó la uniformidad urbana, y urbanística, la cual ya había sido iniciada con la expansión helenística." Almandoz A. (2008). Para una reseña bibliográfica de la Globalización Urbana. En *Bifurcaciones* N° 7, pág. 2-3.

[15] Colombres, A. (2005). *Teoría Transcultural del Arte. Hacia un pensamiento visual independiente*. Buenos Aires: Del Sol. Pág.65.

articularía en sus expresiones artísticas, valores y creencias vinculando lo producido al ámbito de su tradición."[16]

La fundación del Centro de Estudios Sociales y Actividades Vecinales

En 1989 un grupo de la región funda el Centro de Estudios Sociales y Actividades Vecinales Parque Avellaneda (CESAV) y convoca a la tarea de cuidar el parque, lo cual paulatinamente comienza a provocar en sus reuniones el contagio colectivo de participación y cada vez son más, configurando así lo que podría denominarse una *muta*. La expresión remite a un modo de conformación grupal con un intenso sentimiento de pertenencia donde prima la igualdad y la direccionalidad. En términos de Elias Canetti llama la atención su imperturbable dirección y la igualdad está articulada en torno a que todos tienen la misma meta, en la *muta* todos se conocen porque se encuentran a diario y han aprendido a calibrarse en diversas situaciones colectivas. "Puede que la muta desarrolle determinados ritos y ceremonias; quienes han de ejecutarlos aparecerán, se puede confiar en ellos. Saben a quien pertenecen, no se dejan despistar por otros".[17] Se trata de una forma antigua y delimitada con un itinerario de acción y a la vez aparecen de un modo muy concreto ante los otros tal como la asociación vecinal y otros grupos que habitan el barrio y están presentes.

El grupo de teatro callejero La Runfla es otra *troupe* de arte *"independiente"* presente en el parque. Su nombre proviene de la expresión del lunfardo que significa *"gente de una misma especie unida por un objetivo común."* Se trata de una modalidad teatral cuyo quehacer se da en el espacio público como elección estética e ideológica. Un estilo que se inscribe en una antigua tradición, se supone que remonta a Grecia en el siglo V, donde los viajeros arribaban a la ciudad y contaban sus historias transcurridas en los viajes, así las aventuras y experiencias eran apreciadas por los habitantes bajo la luz de las estrellas. Incluso, algunos de los relatos sobreviven, otros se confunden y entrelazan con recuerdos, música, poesía e imaginación haciendo vibrar la vida de los pueblos y las tierras donde se derraman tales experiencias. En relación a su arribo al parque, el director de dicha *troupe* teatral Hector explica:

---

[16] Benito, K. (2009). Los modos de lazo social en el campo cultural, ¿legitimaciones comunitarias? En *La Mirada Crítica*. Buenos Aires: Nuevos Tiempos. Pág. 57-58.

[17] El autor dice que es una configuración muy antigua ya que han existido en la historia mutas de caza, de guerra, de lamentación y de multiplicación. Canetti, E. (¿1977). *Masa y Poder.* Barcelona: Editorial Muchnik. Pág. 90.

> *La Runfla se acerca al parque y a la Casona y conoce a Tito que estaba traba-*
> *jando con el Centro de Estudios Sociales y Actividades Vecinales Parque Avellaneda*
> *con todo un proyecto que fue creciendo y ese proyecto necesitaba de un contexto. Y*
> *así se empezó a hablar con funcionarios, siempre sobre la idea del consenso. A no-*
> *sotros nos gustó la idea de gestar una actividad horizontal donde todos los vecinos*
> *sean actores y participaran en la gestación de esto. Entonces, se puso primero el eje*
> *en lo cultural.*

La entrevista fue realizada en un espacio cultural llamado la Casita de la Selva,[18] en una calle nombrada como Pasaje de la Selva, en Floresta donde, en principio, tiene sede el grupo La Runfla y desde donde se aproximaron al parque y se contactaron con los otros vecinos de la zona. El grupo tiene dieciocho años de trabajo en esta disciplina, que resurgió con la democracia y se consolidó con continuidad hasta nuestros días, con un reconocimiento tanto a nivel nacional como internacional. En la Casita de la Selva los fines de semana hay peñas, obras, tertulias y durante la semana se realizan actividades artísticas. Los talleres son un espacio de encuentro y acercamiento al arte. La modalidad enunciada *"es transferida al parque"* según el director de teatro. Así se programa en el parque la Feria de Artesanos con un encuentro artístico cultural y recreativo bajo la consigna: *"Artesano, muestra y demuestra"*, donde se encuentran diversas curiosidades realizadas con materiales regionales. Es decir, los vecinos disfrutan también el arte callejero y las artesanías que se despliegan en el espacio público, lo cual les posibilita configurar formas de apropiación simbólica del parque.

Problema: Recuperar el parque

¿Por qué *"se puso primero el eje en lo cultural?"* ¿Cómo influye entonces la función simbólica de la cultura? ¿Cómo entienden los vecinos la posibilidad

---

[18] La entrevista fue programada para el 19 de diciembre de 2008 como un encuentro en el cual se conversaría sobre su grupo y la relación con el Complejo Cultural Chacra de los Remedios, donde participó en sus inicios como director del grupo de teatro, luego también estuvo a cargo de la coordinación del Complejo, y además vive en la zona. Al recibirme me propone conversar en un sector que podría nombrarlo como oficina, me comenta que estuvo de viaje en Santa Fe, me ofrece así apreciar un email que circula en esos días en cadenas de mensajes con motivo de las fiestas navideñas. Se escucha la voz de una mujer provinciana, que con un acento norteño dice algo más o menos así: "Papa Noel, aunque estamos orgullosos de vos, te queremos decir que no nos traigas la pelopincho porque primero necesitamos agua. Acá hay mucha pero no llega, ni cloacas tenemos, necesitamos la conexión para refrescarnos antes." Este material rememorado que Héctor escucha con atención, y a la vez señala en varios fragmentos de la escucha, que el acento pronunciado no es una imitación vocal digna de un actor sino el tono de voz genuino de una persona nacida en la provincia.

de iluminar el parque abandonado por el gobierno? ¿Por qué una fiesta entrama lazos en un parque? ¿Por qué la mística es tan importante para valorizar un *"yuyal"*? ¿Cómo es posible que cuando el artesano *"muestra y demuestra"* su arte comience a distinguirse parámetros estéticos-expresivos en la región?

> *Los vecinos de la asociación tuvieron la visión de entender a la cultura como una herramienta de reapropiación del espacio, sino yo creo que jamás Tito y Fabio se hubiesen juntado con Héctor de la Runfla y Juan de la murga porque hay un abismo de todo tipo. Y ahí, Tito tuvo la visión que desde la cultura se podía congregar a todos nuevamente en el barrio.*[19]

Se desprende de lo expuesto que en la asociación para la autogestión existe a pesar de las divergencias una preocupación alrededor de un asunto que delinea un fin; un determinado bien común, la recuperación del parque.[20] "Si en Occidente las ciencias sociales hicieron crisis es por su falta de compromiso con el hombre de carne y hueso, con los pueblos que luchan por abrirse un espacio digno bajo el sol. La posmodernidad occidental parece haber redescubierto las emociones por la vía del *kitsch*, pero el resto del mundo no desvalorizó nunca la esfera simbólica hasta el extremo de tener hoy que redescubrirla, aunque esta si precisa ser hoy reelaborada para que pueda proyectarse con fuerza en el contexto actual." [...] "Para ello es preciso fortalecer

---

[19] Entrevista realizada a Soledad ya mencionada, aunque convendría detallar que mientras espero en la puerta de su domicilio que abra la puerta, un vecino desde el balcón de enfrente me avisa que si no la encuentro ahí, me conviene ir al parque porque *"deben estar ahí, porque el marido es actor y trabaja ahí."*

[20] "En el largo proceso de la recuperación del Parque Avellaneda muchas personas pusieron ideas, esfuerzos, tiempo, bienes. Actores vecinales; vecinos, asociaciones, instituciones y organizaciones no gubernamentales tales como Centro de Estudios Sociales y Actividades Vecinales Parque Avellaneda C.E.S.A.V, Red de la Gestión Asociada del Oeste/ G.A.O, Grupo de Teatro Callejero La Runfla, Cooperativa de Artesanos T.A.P.E, Junta de Estudios Históricos de los Barrios del Oeste, Parroquia y Colegio Ntra. Sra. de los Remedios Obra de Don Bosco, Asociación Vecinal Florentino Ameghino, Unidad Básica Unidos o Dominados PJ, Comisión de Asociados del Banco Credicoop Fillial 46,Club de Leones de Parque Avellaneda, Cooperadora del Instituto Vocacional del Arte, Cooperadora del Centro de Salud y Acción Comunitaria n° 13, Encuentro Artístico y Recreativo "Los Artesanos Muestran y Demuestran," Murga "Los Descarrilados de Parque Avellaneda",Vocal Cumelen- Coro Quimey, Biblioteca Popular Carlos Vega Belgrano, Junta Vecinal Parque Avellaneda/ Floresta, Amigos del Parque Avellaneda, Cooperadora de la Escuela Zaccagnini Esc. N° 10 D.E.N. 13, Grupo de Teatro Callejero "Caracú", Grupo de Danza Folclórica "Atipac Ynalen",Grupo de Percusión "Sambaires", FM Abierta 91.1 "La Radio de la Buena Gente", La Movida de Floresta, Amigos de la Plaza Vélez Sarfield, Centro José Hernández/ Frepaso, Asociación Corredores Unidos de Parque. Avellaneda A.C.U.P.A., Revista "Floresta y su Mundo", Revista "La Bocina", Revista "El Visitante", Revista "De par en par", Malito Hnos. Inmobiliaria, Escuela Técnica Casal Calviño, Escuela Técnica Brig. C. Saavedra, Hermanas de Don Orione, Alvear Club, Liga de Madres/Parroquia Virgen de los Desamparados."

los lazos de solidaridad y revalorizar la base colectiva de las prácticas artísticas, interesantes más en el imaginario social que en el individual. La sociedad debe afirmarse e identificarse en su cultura y no contra ella, y la cultura no puede volver la espalda al hombre y la sociedad".[21]

La cultura configura una herramienta de reapropiación del espacio público desde su función simbólica cuya relación entre la asociación conformada por los vecinos del barrio con su determinada impronta comienza a *"congregar"* a los habitantes de la región y de ese modo se acercan a otros para trasmitirles su preocupación respecto del deterioro que tenía el parque. Así comienzan a ofrecer diversas actividades artísticas generando la participación y de ese modo acontecen muestras de arte, talleres de realización de artesanías, performances, grupos de música, danzas circulares, zanquistas, murgas, malabaristas y otras acrobacias se despliegan en el parque.

Los parques públicos mantienen una lógica de sociabilidad o de encuentro desde su nacimiento en Europa porque fueron diseñados como espacios para el ocio, el esparcimiento y el tiempo libre. Luego de la revolución industrial se pensaron estrategias para optimizar la vida de aquellos que requerían de espacios de sociabilidad pensados como ámbitos saludables, de descanso y a la vez de placer. Algunos son admirados por arquitectos, paisajistas, diseñadores urbanos, como el de Versalles y tantos otros.[22] Incluso, rastreando aún más en la historia, siempre han existido tales espacios de sociabilidad a cielo abierto y han sido valorados, disfrutados como espacio de encuentro a nivel comunitario. Los vecinos apreciaron así, a través de las diversas propuestas artísticas y culturales con sus lógicas de participación, las distintas actividades que ofrecía el parque. Recién en 1995, desde el Gobierno de la Ciudad, en la ordenanza 48.892 se recoge la innovación realizada y en su artículo 12 se dispone la creación de una *"Mesa de Concertación"* en la que deben estar los vecinos para una toma de decisiones junto al gobierno. De ese modo se inaugura una paulatina valoración y reconocimiento por el trabajo realizado en el parque.

---

[21] Colombres. A. (2005). *Teoría Transcultural del Arte. Hacia un pensamiento visual independiente.* Buenos Aires: Ediciones del Sol. Pág. 46.

[22] "La ciudad es el arca en la que podríamos sobrevivir a la debacle medioambiental del próximo siglo. Las ciudades genuinamente urbanas son la forma medioambientalmente más eficiente que poseemos de existir en la naturaleza, puesto que pueden sustituir el lujo público por el consumo privado o familiar. Pueden cuadrar el círculo entre la sostenibilidad medioambiental y un nivel de vida decente. Sin embargo, por muy grande que sea tu biblioteca o tu piscina, nunca llegará a tener las dimensiones de la Biblioteca Pública de Nueva York o las de una gran piscina pública. Ninguna mansión, ningún San Simeón, serán nunca equivalentes a Central Park o Broadway. Sin embargo, uno de los mayores problemas radica en que estamos construyendo ciudades que no tienen cualidades genuinamente urbanas." Mike Davis. La ciudad imperial y la ciudad miserable. En *Sin Permiso*. N° 27, 13.

Se entiende que dicho reconocimiento es también producto de una interacción, ya que existe como lugar que condensa un valor asignado por la comunidad aunque se encuentren en la periferia de la zona céntrica de la ciudad. La presencia de los lazos entramados que buscaron un *formato creativo* permite iluminar y valorizar un parque y su patrimonio. En este sentido "el valor que una zona urbana posee no es entonces una propiedad esencial suya, sino que cobra significado sólo en referencia a zonas carentes de él".[23] El Parque Avellaneda careció de valor por un largo período y luego a partir de los procesos de negociación de los vecinos las coordenadas se modifican pero no por un incremento de precios o negocios inmobiliarios que cotiza la zona sino porque los habitantes de la región celebran con orgullo tanto su experiencia como su relación con su territorio.

> *Ser de Parque Avellaneda, en fin, es tener el orgullo, la ventaja y el desafío de estar en un lugar "que estamos haciendo". Es tener, también, la responsabilidad y el compromiso colectivo de sostener, perfeccionar y potenciar al máximo, extendiéndola a todo el barrio esta experiencia de muchos años de construcción social y política, no confesional, no partidaria, no ideologizada, abierta y pública.*[24]

El *"compromiso"* es una categoría recurrente como en diversas experiencias donde se denota la construcción tanto social como simbólica, en términos de asumir una responsabilidad colectiva.[25] "Sea cual fuere el medio de expresión, pensamos/creamos porque algo de nuestra vida cotidiana nos fuerza a inventar nuevos *posibles* que integren al mapa de sentido vigente, la mutación sensible que pide paso –nada que ver con la demanda narcisística de alinearse a la "tendencia" del momento para ganar reconocimiento institucional y/o prestigio mediático. La especificidad del arte como modo de producción de pensamiento es que en la acción artística, las transformaciones

---

[23] Arq. Busnelli, R., Blinder, R., Janches, F., Solari, M., D, y Rodriguez D. (2008). De la dinámica del orden urbano. *Revista Summa*. 95, 88.

[24] Si bien la acuñación de tal definición es contemporánea, es decir, se realiza a los efectos de lo que implica ser vecino, la misma también ha surgido con el tiempo "desde abajo hacia arriba". En su folletería expresan en los primeros festejos del día del barrio, que se celebra el 3 de marzo, se preguntan y responden "la" gran pregunta: ¿qué significa ser vecinos de Parque Avellaneda?

[25] Incluso destacada también por los grupos de arte que habitan el territorio como una vehemencia tal como lo enuncia Javier Gimenez: "Por supuesto superar la adversidad no es una conducta que ha inventado y que solo lleva adelante el teatro callejero, todo Grupo de Teatro conoce y da testimonio constantemente de superación de dificultades de todo tipo. Pero esta relación pasional y tan directa a nivel de la piel desnuda de los sentidos, con los elementos como los vientos y sus mudanzas, el sol, la lluvia y las tormentas, el frío, la luz, la oscuridad, el aire —solo por citar algunas condiciones de la naturaleza— se manifiestan en el teatro callejero con una encantadora y multiplicadora vehemencia." Alvarellos, H. (2007). *Teatro Callejero en la Argentina. 1982-2006*. Buenos Aires: Ediciones Madres de Plaza de Mayo.

de la textura sensible se encarnan, presentándose en vivo. De allí el poder de contagio y de transformación que esa acción lleva potencialmente: es el mundo el que esta pone en obra, reconfigurando su paisaje. No es de extrañarse entonces que el arte indague sobre el presente y participe de los cambios que se operan en la actualidad".[26] Es decir, los amateurs exploran la situación del entorno en el que se inscribe su quehacer y entienden que se trata de un lugar en el que participan activamente en su recuperación y saben posicionarse en determinadas fuerzas en tensión para alcanzar sus objetivos. En términos de Foucault[27] se trata de las relaciones que pueden existir entre poder y saber. Desde el momento que se puede analizar el saber en términos de región, de dominio, de implantación, de desplazamiento, de transferencia, se puede comprender el proceso mediante el cual el saber funciona como un poder y reconduce a él los efectos. Existe una administración del saber, una política del saber y que inmediatamente si se las quiere describir reenvían a estas formas de dominación a las que se refieren nociones tales como campo, posición, región y territorio. El saber amateur de los vecinos reconoce los efectos tanto del discurso como de la trama de relaciones sociales en las cuales se encuentran situados y por ese motivo apelan a la cultura como forma de congregación hasta que en 1996 el primer Gobierno de la Ciudad Autónoma de Buenos Aires acuerda trabajar en forma asociada con las organizaciones vecinales, se nombra un director y se inician determinados trabajos que apuestan a limpiar e iluminar, y finalmente, se aprueba el proceso de licitación de obras para restaurar un edificio histórico que se encuentra en el corazón del parque.

De la Casa Embrujada a un Centro de Arte Contemporáneo

En el corazón del parque se encuentra una antigua edificación cuyo deterioro y yuyal circundante provocaba en la región la denominación de *"casa embrujada"*. Durante varios años se entretejió en el ámbito regional un trabajo voluntario[28] por parte de los vecinos en tanto se trató de una acción asumida libremente, sin ánimo de lucro y sin retribución económica, con un propósito social; la recuperación del parque incluyó también el cuidado de sus edificios históricos, entre los que se encuentra la *"casa embrujada"*: la Casona de los Olivera. La responsabilidad asumida colectivamente se moviliza

---

[26] Rolnik, S. (2006). Geopolítica del rufián. *Revista Ramona.* 67, 10.

[27] Foucault, M. (1992). *Microfísica del poder.* Madrid: Ediciones de la Piqueta.Pág. 119.

[28] Ver Jerez, A. (1997). *¿Trabajo Voluntario o Participación?* Madrid: Editorial Tecnos. Pág.129.

hasta lograr el interés del Gobierno de la Ciudad, que decide y financia la restauración de sus edificios históricos, reconociendo la situación de un patrimonio natural, histórico, artístico e integral. "Pese a lo caótico y contradictorio de la información producida por sus protagonistas, sin embargo es el camino que elegimos para tratar de hacer comprensible el sentido que los actores le adscriben a sus acciones, que está presente precisamente en lo caótico y contradictorio. Incluso yendo un paso más allá, diremos que serán los propios sujetos, cuya problemática es objeto de estudio, quienes han de adscribirle sentido a la información que producen y que es precisamente este proceso reflexivo el que forma parte del proceso que les permitirá transformar aquellas dimensiones de su propia existencia que consideren oportunas. Por lo tanto, el concepto de situación que vamos a manejar es perfectamente pertinente y válido para nuestro propósito y coherente con los demás enfoques teóricos empleados".[29]

El 14 de noviembre de 1998[30], ya iniciadas las obras de reacondicionamiento del edificio histórico, la Mesa de Trabajo y Consenso, en una concurrida sesión extraordinaria presidida por el vicejefe de Gobierno, define por consenso el área histórico-cultural del parque y decide el destino de los edificios que en ella se encuentran: la Casona será Centro de Exposiciones y Sede de la Gestión del parque con oficinas de la dirección y de la Mesa de Trabajo y Consenso, el Antiguo Natatorio será un Centro para la Producción Cultural: aulas, talleres, ensayos, etc. Y el Antiguo Tambo será Teatro o Centro de Artes Escénicas.

Desde esa fecha se inicia la recuperación del estado de deterioro de los edificios mencionados e incluso se transforma la Casona porque a través de la convocatoria de la participación del *"vecino"*. Esta palabra fue clave ya que según lo analizado discursivamente aparece reiterado y resulta implícito el acuerdo en torno al vocablo que asumen quienes se sienten protagonistas de un proceso activo e incluso como un modo de nombrarse ante instancias gubernamentales. Asimismo, podríamos decir que dicho consenso aglutina y da cohesión al proceso de recuperación porque distingue un *bien común* que identifica a los que allí participan. Esta expresión constituye un rasgo común en tanto identidad demarcada regionalmente por una pertenencia y podríamos decir, facilita el impulso transformador de la *"casa embrujada."* El cuidado sostenido colectivamente provocó una reforma en tanto se permitió que embellecieran y tornaran agradable un espacio degradado en una

---

[29] Gutiérrez, M. (2010). *La planificación participativa desde una perspectiva de las redes sociales.* Tesis de Doctorado. Universidad Complutense de Madrid. Facultad de Ciencias Políticas y Sociología. España. Pág.175.

[30] Ver documentación correspondiente a la Actualización del Plan de Manejo del Parque Avellaneda del año 2000.

atmósfera grupal de entusiasmo contagiado en la región que invitaba a la participación *"por amor al arte."*

> *El tema de la Participación cada vez va tomando más protagonismo. Desde todos lados se escuchan voces a favor y principalmente todos los programas de gobierno lo colocan en el centro de la escena o lo incluyen en algún módulo, un apartado, etc. etc. Todos son participativos pero es difícil encontrar que se discuta qué entendemos por participación. Esa pregunta me la hice por mucho tiempo y encontré la respuesta en los escenarios que instalamos con la metodología de Planificación Particpativa y Gestión Asociada.*

> *Algunas características: la participación real es cuando está en juego una decisión y los que participan pueden ser parte de alguna manera de la misma, el concepto de comunidad de pares, todos sabemos algo que podemos aportar, todos ignoramos algo que podemos aprender, que promueve la horizontalidad, el concepto de corresponsabilidad en lo público como una nueva cultura frente al "clientelismo", el "no te metas", el "pago mis impuestos", etc, la búsqueda del consenso fruto del compromiso y el trabajo, los disensos se registran y se siguen trabajando, la integralidad y la transversalidad en los abordajes complejos frente a los procesos que tienden a la fragmentación y la especificidad como única alternativa.[31]*

Los vecinos, en su dinámica de participación cambiaron la forma previa, estética y también política, caracterizada por el deterioro, tanto en su aspecto como en el abandono del espacio público. Es decir, ante *"el no te metas"* y el *"clientelismo"* imperante buscaron modos de aprender colectivamente a sobrellevar un parque público donde cada cual aportó lo que sabía, participando en tanto sujetos críticos ante una determinada coyuntura. Existe una tensión[32] entre lo que la Casona fue para el barrio —*"casa embrujada"*— y luego de la recuperación por parte de los vecinos en asociación con el gobierno, cuando se conforma en lo que es hoy; Centro de Exposiciones y Muestras de Arte Contemporáneo declarado Patrimonio edilicio histórico[33] de la Ciudad de Buenos Aires. El espacio se distanció de lo que fue para el barrio y los niños de la zona que la creían *"embrujada"* *"porque daba miedo con todo el yuyal y sin luz"* *"mira yo he estado ahí dentro y los pisos de pinotea no sabés lo que eran"* *"me acuerdo que cuando entré parecía una casa fantasma con un*

---

[31] Expresiones de Fabio, un vecino que resulta un actor clave porque trabajó sin ánimos de lucro desde sus inicios en la recuperación del parque y sus conocimientos refieren a la arquitectura.
[32] "La tensión existente entre aquello de lo que arte ha sido expulsado y el pasado del mismo es lo que circunscribe la llamada cuestión de la consistencia estética." Se hace referencia a la cita que expresa categorizaciones respecto de la estética y salvando las distancias respecto de lo que corresponde a la experimentación formal se podría articular la relevancia que la forma tiene en esta experiencia. Adorno, T. W. (1983). *Teoría Estética*. Madrid: Ediciones Orbis. Pág.74.
[33] Ley APH N ° 45.

sillón y una tela arriba como en las películas."[34] En su desarrollo los amateurs encontraron un proceso de formalización, y por ello la belleza, si atendemos a sus tendencias históricas, es algo *formal* en términos de Adorno.[35] Paulatinamente se alcanzó un *formato* para ordenar el espacio abandonado, lo cual implicó también un modo estético y político. En términos estéticos, podríamos homologar la transformación con un principio que enuncia que "su especificidad le viene precisamente de distanciarse de aquello por lo que llegó a ser; su ley de desarrollo es su propia ley de formación"[36] La belleza requiere de un orden formal para ser apreciada como tal y esta se encuentra en el desarrollo donde se alcanza una ley acorde. Así fue que en esta experiencia la cultura congregó y operó con una eficacia performativa que posibilitó el desarrollo de una determinada legitimidad barrial no sólo circunscripta en torno a los festejos en el parque sino también al diseño de una *formalidad,* estética y política. De este modo se encuentra que la modalidad de participación se instaura como una práctica legalizada por la ley 1153 que avala tanto la instalación de Centro de Arte Contemporáneo en el marco del Complejo Cultural Chacra de los Remedios como un modo de gestión asociada entre vecinos y gobierno.[37]

Propuesta de intervención: Articular la administración con la innovación

¿Cómo es posible que todos aporten y cómo es posible que todos ignoren algo que se puede aprender? ¿Por qué es necesaria la corresponsabilidad ante lo público? ¿Por qué se buscan miradas que problematizen a la vez que sesguen ante escenarios complejos? ¿Por qué se cuestiona que la especificidad podría producir un conocimiento fragmentado como única alternativa?

---

[34] Expresiones de Marina, responsable del área de comunicación del Complejo Cultural Parque Avellaneda.

[35] Adorno, T. W. (1983). *Teoría Estética.* Barcelona: Ob. cit. Pág.74

[36] *Idem.* Pág.12.

[37] "Quienes trabajan en gestión asociada se abocan a la conformación de escenarios de planificación-gestión mixtos, intersectoriales, interdisciplinarios, pluripartidarios, que se manejan con reglas de juego claras y conocidas por todos (metodología), donde se construye una nueva forma de "saber-hacer", un nuevo conocimiento a partir de los saberes e ignorancias de todos los que participan, una nueva cultura de lo político, de lo público y de lo social, donde "se preparan las decisiones" que serán adoptadas por los funcionarios responsables, ampliando la base en la toma de decisiones, es decir colaborando en la profundización del sistema democrático." Documentos de trabajo del Parque Avellaneda.

Los interrogantes que surgieron se relacionan con el trato que han tenido con el espacio público y se plasmaron en un aula a cielo abierto[38] con un amparo legal surgido *"desde abajo"* cuya dimensión administrativa pretende articular la vitalidad de innovación característica de las troupes artísticas con los marcos administrativos y las *"carpetas"* características de la gestión pública. Así lo afirma también el Dr. Alejandro Rofman, Subsecretario de Desarrollo Regional de la Secretaría de Medio Ambiente y Desarrollo Regional:

> *Todas estas experiencias implican avances respecto de dos cuestiones centrales: la idea de que la gestión pública no puede ser una gestión burocrática y el tema de la innovación de los modelos de participación, buscando nuevos territorios participativos.*[39]

El problema de la gestión burocrática ya ha sido mencionado con anterioridad en torno a la complejidad de motorizar el empleo en el sector de la cultura debido a otras usanzas acostumbradas. "En las últimas décadas del siglo XIX y en las primeras del presente siglo tiene lugar un proceso de burocratización acelerada que parece afectar a todos los aspectos de la vida social e individual."[40] Asimismo, en el apartado anterior se cuestionó el problema de las leyes del estado (cultura oficial) y las del mercado (mano invisible) que inciden sobre un sector informal donde existen subgrupos que producen estéticas y éticas que disputan contenidos simbólicos. Se desprende de tal enunciación que la burocracia como esa matriz jurídica en la cual se articulan tanto leyes como instituciones se presenta con matices de heterogeneidad en nuestras latitudes. Por consiguiente, se suscitan interrogantes adyacentes que se pretenden dilucidar en este apartado en torno a las siguientes cuestiones: ¿Cómo es la relación entre el Estado[41], sus leyes, sus modalidades de administración y planificación en torno al sector cultural? ¿Cuál es la relevancia de esta experiencia en tanto innovaron en ese aspecto? El problema ya presentado con anterioridad circunscribía a la gestión

---

[38] Se trata de la realización de visitas guiadas para escuelas públicas al patrimonio artístico, natural, histórico e integral (con el Programa Buenos Aires en la Escuela), cursos de planificación docente (con el Cepa), eventos, jornadas temáticas y de lectura (con el Programa de Lectura del Gobierno de la Ciudad de Buenos Aires).

[39] Información relevada en documentos de gestión del Parque Avellaneda.

[40] González García, J. M. (1989) *La máquina burocrática.* Madrid: Visor. Pág. 57

[41] "En principio, el Estado de justicia, nacido en una territorialidad de tipo feudal, correspondería a una sociedad de la ley —costumbres o leyes escritas— que implicaba todo un juego recíproco de litigios; en segundo lugar, el Estado administrativo nacido en una territorialidad de fronteras en los siglos XV-XVI correspondería a una sociedad de reglamentos y disciplinas y finalmente un Estado de gobierno que no se define esencialmente por la territorialidad, por la superficie

cultural pública como gestión burocrática[42] *"de carpetas"* en la cual podría quedar atrapado cualquier amateur acostumbrado a realizar sus propios proyectos de un modo autogestivo. Motivo por el cual deslegitiman las tareas de expertos, gestores o quienes realizan trámites. "Si bien las organizaciones públicas, cuentan con una estructura formal para coordinar y controlar sus actividades y sus pasos administrativos; los elementos que las estructuran muchas veces son frágiles. En este sentido, el carácter racional e impersonal de la estructura burocrática termina por prescribir recetas de funcionamiento muchas veces carentes de sentido para lograr materializar el movimiento propio de la organización. Esto lleva a que muchos elementos de la estructura formal se constituyeran en "mitos racionales" (Meyer y Rowan, 1999). Por lo general, las organizaciones incorporan políticas, programas y procedimientos que ponen en práctica, sólo por el hecho de que ya se encuentran institucionalizadas. De modo que la garantía de que dichas reglas operen de forma correcta se basa en la legitimidad de las mismas. Esta legitimidad, entonces se constituye *a priori* y desde el exterior. Así determinados elementos estructurales aparecen frente a la organización y sus participantes, como mecanismos que se los identifica como técnicos pero en lo concreto pueden no serlo."[43]

De todos modos aparece con recurrencia en esta experiencia que la cultura tuvo el rol central de reorientar el sentido de una búsqueda colectiva como convocatoria local. Así los vecinos pasaron del *"no te metas"* a ser corresponsables de una gestión pública en una innovación de los modelos de participación. La experiencia se gestó por grupos que dedicaron su tiempo *"por amor al arte"* y sostuvieron el proyecto desde la asociación hasta

---

ocupada, sino por la masa de la población, su volumen, su densidad y ciertamente su territorio sobre el que la población, se asienta pero que ya no es más que un componente. Este Estado de gobierno que se centra especialmente sobre la población y que se refiere y utiliza como instrumento el saber económico, corresponde a una sociedad controlada por los dispositivos de seguridad." Foucault. M. Donzelot. J. otros (1991). *Espacios de poder.* Madrid: Ediciones La Piqueta. Pág. 26

[42] "Esta construcción, que hoy puede parecer un monstruo delirante, fue eficaz. Fue sumamente exitosa mientras el mundo resultó calculable, o mejor, mientras resultó calculable el conjunto de sus efectos como organización. Funcionó efectivamente mientras el proceso no fue un puro mito ideológico, mientras no fue un señuelo descarnado, sino un señuelo creíble." Lewkowickz, I. (2004). *Pensar sin Estado.* Buenos Aires: Paidós. Pág. 45. Según el autor las instituciones a veces poseen mitos que son creíbles y en otras épocas simplemente pierden su legitimidad. Es decir, en determinadas situaciones la lógica del progreso racional y predecible articula con su entorno y resulta eficaz mientras que en otros períodos genera desconfianza. Simplemente porque las instituciones ante problemáticas emergentes se encuentran a la deriva con una lógica burocrática que obstaculiza respuestas a circunstancias coyunturales. Aunque tal postulado se ensambla con el campo de los problemas detectados y problematizado en el capítulo anterior.

[43] Ver Crojethovic, M. y Benito, K (2010). Avatares de las instituciones en nuestro territorio; análisis situacional de las culturas organizativas. En *Evaluando una estrategia de intervención pública.* Buenos Aires: Sacyt.

que lograron involucrar al gobierno como responsable. Se demuestra así el supuesto orientador de este trabajo en tanto se afirma que los amateurs diagnostican la situación e intervienen colectivamente sobre la misma.

Estos grupos sostuvieron ideales respecto de lo colectivo que parecían aniquilados por la dictadura, pero aún existen y pareciera que se transmiten y circulan de *"boca en boca"*, de un modo informal pero eficaz en la cotidianeidad. Aunque cabría la pregunta: ¿por qué los amateurs se *"comprometen"* innovando en territorios participativos *"desde abajo"*? En esta experiencia los vecinos tramitan sus leyes (se hace referencia tanto a la sanción de la Ley 1153 de Parque Avellaneda que da sustento legal, ratifica y consolida la experiencia de planificación participativa y gestión asociada de la ciudad de Buenos Aires. Y el proyecto de ley ley APH 45 que fue votado favorablemente a partir del trabajo realizado por los vecinos) y se asocian ante una coyuntura crítica responsabilizándose por el yuyal. El equipo de curaduría que coordinan Ana Luz y Laura ante la muestra de arte llevada a cabo en la Casona bajo el título *"Público-Privado; Acuerdos y tensiones sobre territorios, vínculos, identidades y memorias"*, se plantea los siguientes interrogantes:

> *¿Cómo construir sentidos sobre el espacio público? ¿Cómo plantear propuestas de exhibición que involucren al visitante? ¿Cómo movilizar la acción y el consenso para que las decisiones sobre lo público nos representen?.* [44]

La transformación de la Casona se originó por la participación de los vecinos cuya *micropolítica* movilizó decisiones y sentidos. La belleza de la Casona fue producto del proceso de formalización. Es decir, con el tiempo los amateurs lograron encontrar un *formato* que ordenará los consensos y disensos ante la toma de decisiones desde una metodología, y asimismo, también una forma estética respecto de una perspectiva curatorial para cada espacio de programación artística. Así se articula una modalidad política acorde con la ideología y valores que se articulan en su cotidianeidad. En la perspectiva medioambiental alcanzaron la valorización de su *"yuyal"* que notoriamente se transformó y desde su dimensión patrimonial y educativa aportaron al cuidado tanto de la tierra como de las construcciones allí emplazadas. Según Adorno, el carácter formal de la belleza, aún en la ambivalencia de su triunfo, no se somete a las leyes de su expresión, pero expresa, sin embargo, una mezcla entre el dominio de la naturaleza y añoranza por lo dominado que

---

[44] Texto correspondiente a la folletería de una muestra de arte denominada "Público-Privada" del 6 de septiembre al 2 de noviembre en el Complejo Cultural Chacra de los Remedios. El anterior curador fue Marcelo de la Fuente quien se desempeñó entre el 2000 y 2008 en el Centro de Exposiciones de Arte Contemporáneo La Casona de los Olivera.

sigue existiendo en ese acto de dominio. En este sentido, la *forma*[45] es un momento de equilibrio que es constantemente destruido porque lo bello no puede retener la identidad consigo mismo. Dicha conceptualización estética resulta articulable al modo de analogía para interpretar que se logró dominar el deterioro de un parque en un equilibrio que añora lo dominado aunque siga existiendo en ese acto de dominio del *"yuyal"*.

Los vecinos involucran al Gobierno de la Ciudad

En primera instancia cabría detallar que los vecinos adquieren un modo de discurso construido a través de determinada capacitación que ellos buscan para poseer más legitimación ante sus reclamos. Los vecinos toman talleres en la Facultad Latinoamericana de Ciencias Sociales a través de diversos cursos y herramientas metodológicas[46] que les permitieron acentuar sus palabras y ampliar así su discurso hasta alcanzar a través del mismo el dominio del espacio público con un vocabulario específico en torno a un modo de planificación participativa en el que se han formado. Es decir, su táctica innovadora fue introducir categorías a sus acciones que habían sido iniciadas espontáneamente sin demasiada técnica durante el proceso de gestación. No obstante, en sus inicios no se trataba de un procedimiento pautado por parte de un grupo que ejecuta determinadas fórmulas para arribar a una finalidad. Es la coyuntura crítica que interpela a los amateurs, quienes intervienen tratando de atender un problema del cual *"nadie se estaba haciendo cargo."*

En Buenos Aires suelen referir a que si la figura del intelectual remite a una forma de pensamiento crítico, independiente de los poderes, la del experto[47] evoca especialización y entrenamiento académico. En su acción pública el primero dice anteponer un conjunto de valores y un tipo de sensibilidad; el segundo actúa en nombre de la técnica y de la ciencia, haciendo de la neutralidad axiológica la base para la búsqueda del bien común. En esta experiencia los actores sociales no parten de un saber experto en todo caso lo pretenden pero no es un a priori sino que es la *situación* que interpela sus valores o sensibilidad y de ahí su perfeccionamiento en la cuestión que se va forjando

---

[45] Adorno, T. W. (1983). *Teoría Estética*. Ob. cit. Pág.75.
[46] Poggiese, H. Metodología (1994). FLACSO de planificación-gestión (Planificación participativa y gestión asociada).Buenos Aires, Argentina. Disponible en: http://www.flacso.org.ar/areasyproyectos/proyectos/pppyga/pdf/6.pdf
[47] Plotkin, M. y Neiburg, F. (2004). *Intelectuales y expertos*. Buenos Aires: Paidós.

desde *"abajo hacia arriba."* En términos de Héctor Poggiese[48] la obligación política vertical en la que el Estado de Bienestar encontraba suficiente legitimidad está debilitada y no puede, por sí sola, asegurar la realización de los valores de la cooperación, la democracia o la prioridad de las personas sobre el capital o el mercado. Para subsistir políticamente, esa obligación política vertical necesita del concurso de la obligación política horizontal propia del principio de comunidad. Todo proyecto de reinvención solidaria y participativa del Estado deberá refundar democráticamente tanto la administración pública como el tercer sector, mediante la articulación entre democracia representativa y democracia participativa. Los amateurs, aquellos cuyos saberes no son expertos en esta experiencia se involucran a participar en problemáticas comunes comprometiéndose desde tal búsqueda de articulación. Se torna pertinente recordar que el emprendimiento se gesta paulatinamente entre vecinos preocupados por el espacio público y es desde el barrio que se logra el interés por parte de las políticas públicas en una lógica denominada *"a pulmón"* que invoca también a una democracia participativa.

A continuación, se hilvana el proceso histórico que posibilita la articulación entre vecinos y gobierno. La historia se remonta a una familia y su tradición: los Olivera. En 1828, Domingo Olivera adquiere el predio (donde estaría el parque) y lo convierte en un centro de experimentación y explotación agrícola-ganadero. Uno de sus hijos, Eduardo Olivera, viaja a Europa y estudia agronomía. Él es quien se encarga de la explotación de la chacra. También es Eduardo el que realiza la primera Exposición Rural de Buenos Aires. En 1912, la familia Olivera vende la propiedad a la municipalidad de Buenos Aires. En 1914 se convierte en espacio público. Se lo denomina Parque Olivera. Ese mismo año se le cambia el nombre y pasa a llamarse, ya de forma definitiva, Parque Nicolás Avellaneda. Esta breve introducción histórica resulta destacable para relacionar el contexto socio-histórico político en tanto permite a los vecinos del Parque Avellaneda aprovechar la oportunidad al encontrar como Jefe de Gobierno de la Ciudad de Buenos Aires al Dr. Enrique Olivera. Así es que la asociación lo interpela con este proyecto que comenzó *"desde abajo"* ante el cuidado del parque y se extendió también hacia sus edificios históricos. En esta circunstancia específica, los vecinos apelan precisamente al pasado familiar de Enrique Olivera ya que sus antepasados fueron propietarios de dicho predio. Se podría inferir que cierta lógica afectiva operó detrás de una trama de vínculos haciendo posible la reinauguración del espacio, lo cual influyó entre muchos otros factores para

---

[48] Poggiese. H. (2008, del 4 al 7 de noviembre) de *Participación popular en políticas públicas y transformación del Estado en Argentina.* Ponencia presentada en el XIII Congreso del CLAD Consejo Latinoamericano de Administración Pública.

que se designara a la Casona como cabecera simbólica representativa. En esta experiencia, la dimensión *afectiva* fue fundamental, ya que interesó al Jefe de Gobierno por su pasado familiar, lo cual no se explica por parámetros de la racionalidad técnica ni desde la perspectiva de los teóricos de la movilización de recursos que definen al actor racional (individuo o grupo)[49] que emplea un razonamiento estratégico e instrumental con cálculos de costos y beneficios. En este caso la solidaridad entramada regionalmente ansía el reconocimiento del parque, su historia, su patrimonio. Y la trama de lazos entre los vecinos impulsó el acuerdo con el Gobierno de la Ciudad debido a una búsqueda de responsabilidad desde la función pública. En términos de Habermas,[50] sostiene que no es realista la suposición de que todo comportamiento social puede concebirse como acción estratégica y, por tanto, explicarse como si fuera resultado de cálculos estratégicos.

En la experiencia analizada, la aceptación de la propuesta por parte de las autoridades gubernamentales se basó entre otras cuestiones en la interpelación de la historia familiar de Olivera respecto de este casco histórico. La oportunidad fue aprovechada por los vecinos, no obstante, no se podría inferir que ellos conocerían previamente y, por consiguiente, predijeran que un funcionario del gobierno, en este caso el máximo responsable, se interesaría por la preservación del parque. Es decir, la recuperación fue un desafío local gestado *"desde abajo."* El impulso fundacional no se gestó a partir de un procedimiento predecible. Por el contrario, en el devenir de su accionar *fue tomando forma*[51] un espacio de diálogo entre algunos vecinos, luego se organizó la asociación, articularon con troupes de artistas y después encontraron un método de planificación. Finalmente, el gobierno destinó presupuesto para la restauración. El encuentro hizo posible la difusión de sus ideas ante el cuidado del parque y de la Casona.

En términos de Cohen Arato, la *influencia* pareciera que es el recurso cultural por excelencia de los que carecen relativamente de poder o se encuentran fuera del poder político de la toma de decisiones. Y en este sentido las diversas actividades artísticas hechas por las troupes *"independientes"* de

---

[49] Ver Cohen. J. y Arato. A. *Civil Society and Political theory.* Mit Press. Cambridge. Mass. 1992. Pág.567.

[50] Ver Habermas, J. (1998). *Facticidad y validez.* Madrid: Trotta. Pág. 416.

[51] "Las formas escenciales o sustanciales han sido criticadas de muy diversas maneras. Pero Spinoza procede radicalmente: llegar a elementos que ya no tienen forma ni función, que en ese sentido son, pues, abstractos, aunque sean perfectamente reales. Sólo se distinguen por el movimiento y por el reposo, la lentitud y la velocidad. No son átomos, es decir, elementos finitos aún dotados de forma. Tampoco son infinitamente divisibles. Son las últimas partes infinitamente pequeñas de un infinito actual, distribuidas en un mismo plan, de consisténcia o de composición." Deleuze y Guattari. Mil..., ob. cit. Pág.258.

la región operaron como una herramienta provocadora de la atracción de las políticas públicas.[52]

> *Miremos un poquito el pasado: ¿cómo se lograron las cosas acá? Se lograron yendo a los lugares, invitando, buscando a las autoridades para que conozcan esto, para que conozcan cómo funciona, para que se haga un presupuesto para el lugar. O sea, pero hay que ir, no se puede sentar uno y decir: que vengan las autoridades. No, porque no vienen. O sea, los derechos que tenemos los tenemos que defender, pero nosotros mismos.*[53]

Los vecinos invitaron a las autoridades, así promovieron una transformación tanto estética como política ya que transformaron el estado de cosas porque invitaron al gobierno a asociarse a su proyecto y a expresar las decisiones en un espacio de diálogo y consenso regido por la Ley 1153. En dicho proceso de transformación de la Casona de los Olivera, denominada como Complejo Cultural Chacra de los Remedios (incluida en el circuito de Promoción Cultural en Barrios, Gobierno de la Ciudad de Bs. As.) subyace una modalidad innovadora en torno a la toma de decisiones respecto de los modos habituales de las políticas públicas.

En perspectiva histórica se puede recordar que la Casona estuvo cerrada durante años. El grupo de teatro callejero La Runfla desarrolló puestas escénicas cuyas *perfomances* configuraron también *apuestas de sentido* tornando evidente un descuido naturalizado. El 8 de julio de 2000, esta *troupe* participó activamente en la Casona de los Olivera cuando se reinauguró, tras su proceso de restauración, comenzado en noviembre de 1998. Estuvieron presentes el Presidente de la Nación, Dr. Fernando de la Rúa, y el Jefe de Gobierno de la Ciudad de Buenos Aires, Dr. Enrique Olivera. La *"troupe"* teatral rememoró los viejos tiempos, cuando la casa aún pertenecía a la familia Olivera, celebrando la inauguración con una fiesta de época, al estilo de 1870. Se ambientó el lugar con vestuario, muebles y carruajes. Participaron los actores culturales del parque, quienes llegaron a la Casona en un carruaje, *"se trajo de Luján especialmente, llovía, garuaba, el clima era impresionante y el violoncello vibraba."* Se representaron estampas típicas en cada una de las salas, también hubo música de cámara, candombe, vino y empanadas, en una noche de llovizna fina. El espacio se destinó como cabecera simbólica representativa del Complejo Cultural Chacra de los Remedios, como sede de la gestión asociada y como centro de exposiciones y muestras. El 16 de julio abrió sus puertas al

---

[52] Poggiese, H. (2000). *Alianzas transversales, reconfiguración de la política y desarrollo urbano: escenarios del presente y del futuro.* Buenos Aires: FLACSO. Disponible en: http://www.flacso.org.ar/ areasyproyectos/proyectos/ pppyga/ pdf/. alianzastransversales.pdf
[53] Ana Audicio también vecina del Parque Avellaneda entrevistada en una de las visitas al parque.

público estrenando las salas con muestras de pintura, fotografía, video, instalaciones y esculturas. La trama vincular en esta *experiencia* se anuda en torno al espacio público cuidado por el vecino en tanto resignifica al ciudadano como fundador de un proceso que cambia y (trans)forma al parque.

¿Vecinos y gobiernos juntos?

El Parque Avellaneda expresa sus valores en un *"emblema"*; el símbolo presenta dos manos entrelazadas y resignifica el reflejo de la solidaridad, y el espíritu laborioso de la colmena en el hexágono. Asimismo, el ramo de hierbas existente evoca tanto al que lleva Nuestra Señora de los Remedios como al ramo de olivo del escudo de los Olivera. Es decir, el emblema porta valores significativos de la historia fundacional que se entrecruzan con otros de los cuales los vecinos se reapropian, como el esfuerzo del espíritu laborioso que se entrelaza y del cual se enorgullecen en la vida barrial. En términos de Gravano[54] esa trascendencia de lo barrial, como valor en sí mismo, compartido por distintos grupos sociales, podría plantear la posibilidad de constituirse en cultura, entendida como sistema de representaciones y prácticas compartidas socialmente en torno a valores distintivos; potencialidad a la que vamos a llamar *culturicidad* de lo barrial.

La función simbólica de la cultura, ese valor que no es subsumible en tanto mercancía porque se trata de su culturicidad, configura los lazos sociales en esta experiencia. La solidaridad no es sólo un *"emblema"* que podría identificarse en escudo es también un *"orgullo"* por una práctica cotidiana. Es decir, a través de algunos símbolos se conoce esa forma de exteriorizar un pensamiento en torno a un modo cotidiano. Por un lado, así se plasma una perspectiva histórico-social y por otro, denota una solidaridad que atraviesa y permite el agrupamiento de los habitantes. Lo cual se relaciona interpretativamente con esa *micropolítica* que emprendieron los amateurs iniciada desde parámetros estéticos–expresivos. Es decir, al carecer relativamente de poder por estar fuera de la política y de la fuerza económica, las *intervenciones artísticas* revalorizan con sus performances un parque deteriorado. De este modo alcanza visibilidad y se produce el cambio. "La visibilización de ciertos espacios con competencia específica (Faret, 2001) y recorridos opera

---

[54] Gravano, A. (2003). *Antropología de lo barrial. Estudios sobre producción simbólica de la vida urbana.* Buenos Aires: Espacio Editorial. Pág. 61.

en la producción de sentidos y signos como marca efectiva para los decididamente *visibilizados* y como desmarca para los *invisibilizados*".[55]

En esta experiencia existe una producción de sentidos que opera a veces
visibilizada y otras no, en torno a la existencia de una red de lazos sociales, expectativas de reciprocidad, comportamientos confiables entre vecinos
que promueven un bien colectivo, una solidaridad que se expresa en el emblema donde *"se dan una mano."* Se trata de una *micropolítica* en el Parque
Avellaneda, donde "el capital social juega un rol importante en estimular la
solidaridad y en superar las fallas del mercado a través de acciones colectivas
y el uso comunitario de recursos. James Joseph (1998) lo percibe como un
vasto conjunto de ideas, ideales, instituciones y arreglos sociales, a través de
los cuales las personas encuentran su voz y movilizan sus energías particulares para causas públicas. Bullen y Onyx (1998) lo ven como redes sociales
basadas en principios de confianza, reciprocidad y normas de acción."[56] La
trama de vínculos opera en la realidad de esta región donde se realizan acciones cooperativas en tanto son sujetos con pensamiento y voz propia que
toman la iniciativa. Así, el Parque Avellaneda está signado por una búsqueda
de diálogo entre los vecinos y las políticas públicas.[57] Aunque se sabe que la
innovación no está regida por una constante fija,[58] sino que varía según la
coyuntura y es revitalizada.

Discrepancias en la deliberación

*"El parque tiene un plan, lo construimos entre todos: vecinos y gobierno jun-
tos."*[59] La expresión es la idea central respecto de la construcción a la que
aspiran y la forma que los caracteriza en cada Mesa de Trabajo y Consen-

---

[55] Guerra Welch, M. (2005). *Buenos Aires a la deriva. Transformaciones urbanas recientes*. Buenos
Aires: Biblos. Pág. 385.

[56] Klisberg, B. y Tomassini. L. (2000).*Capital social y cultura: claves estratégicas para el desarrollo*.
Buenos Aires: BID/ Fundación Felipe Herrera/ Universidad de Maryland. Fondo de Cultura
Económica.. Pág. 7

[57] Documentación relevada sobre ejes estratégicos. Secretaría de Cultura. Gob. Ciudad de Bs. As.

[58] Edwards, B., Foley, M. y Diani. M. (2001). *Beyond Tocqueville, Civil society and the social
capital debate in Comparative Perspective*. Hanover: University Press of New England. Tufts
University. Pág. 279.

[59] El plan refiere también al Plan de Manejo ya efectuado en 1996 y reactualizado luego donde
se explicita que elaborado como proyecto de gestión asociada, dando encuadre y sentido a
las acciones necesarias para lograr soluciones de fondo y permanentes a sus problemas como
espacio verde público. El plan busca concretar la aspiración de un espacio verde, público,
saludable y significativo organizando y articulando los intereses y necesidades de los múltiples
actores que allí intervienen: comunidad barrial y regional, municipalidad, concesionarios y
otros.

so donde se reúnen a dialogar sobre los asuntos del parque. Se tratan de plenarios que se realizan una vez por mes con una duración de cuatro horas. Asisto el tercer sábado del mes, específicamente el 20 de diciembre de 2004,[60] sin el propósito de realizar una observación participante, ni aún elegir la experiencia para este libro. Al finalizar, dadas las particularidades de la experiencia, distingo que podría ser analizada y anoto en el primer papel que encuentro las descripciones. En el papel borroso dice "15 personas aproximadamente en un amplio salón con varias sillas, un pizarrón y un papel afiche. Alguien se pronuncia como coordinador, pareciera el responsable de lograr la circulación de la palabra, designan a otra vecina como moderadora y le dan un marcador. Siguen arribando otros vecinos se saludan, se conocen y conversan mientras esperan que lleguen más personas, el clima se asemeja a una reunión de consorcio por los comentarios que efectúan informalmente mientras se esperan. Llega un señor anciano con un grabador, lo enciende junto a un micrófono, y luego el coordinador anuncia que esperarán 20 minutos más. Comienza un señor un tanto calvo, de jean y zapatillas a hablar, enuncia unas palabras de bienvenida a los allí presentes; explica que el encuentro consta de dos momentos:

1. En primera instancia, se plantean cuestiones informativas y se realiza una agenda de temas a tratar en un orden de prioridades consensuado.
2. En el segundo momento, se discute. El coordinador da la palabra a quien levanta la mano y evita que se superpongan exposiciones.

El rol de la moderadora consiste en anotar en el pizarrón las cuestiones informativas mientras transita un libro de actas donde se anotan los datos personales además de la pertenencia institucional y datos tales como; personal rentado por el Gobierno de la Ciudad perteneciente al Complejo Cultural, integrantes de un grupo de teatro, de una murga, de la asociación de artesanos, de una institución vecina, de un club, vecinos del barrio, etc.

La deliberación, característica del segundo momento del plenario, plantea un tema sobre el que dialogan, se trata de una encuesta destinada a los vecinos. Se mencionan varias opciones, entre las cuales se incluye una encuesta redactada por un vecino presente ese día. Si bien se tratan diversos temas, en un determinado momento el foco de la discrepancia se circunscribe respecto de la posibilidad de incluir o no en la encuesta el logo del Gobierno de la Ciudad de Buenos Aires. Debaten sobre la cuestión del *"logo"*, resulta destacable que no lo llaman *"emblema"* o *"escudo"* sino *"logo"* y tal expresión

---

[60] Asisto tal día sin preveer que luego se configurará como una experiencia a analizar. No obstante, a la salida de tal encuentro, anoto inevitablemente en el primer papel que encuentro lo dialogado en tal espacio, dichas anotaciones las recupero dos años después.

opaca el tema preponderante sobre la realización de la encuesta. Se debate sobre eso y queda en evidencia que por un lado, hay orgullo de *"emblema"* solidario y por el otro, un conflicto en torno al uso del *"logo"* gubernamental. En un determinado momento, el administrador del Parque Avellaneda, Enrique, vislumbra un problema en cuestión y la encuesta para los vecinos queda en un segundo plano. El destaca la participación de los legítimos usuarios del parque. Plantea la dificultad de distinguir tal *"logo"* en la región a pesar de que es el encuadre vigente del proyecto en el que se encuentran y habla de *"un grupo de chicos que cuidan la canchita"*, a quienes se aproximó ya que son los jóvenes quienes disfrutan de los espacios verdes del parque. No obstante, resulta dificultoso convocarlos al espacio de Mesa de Trabajo y Consenso, donde se toman las decisiones respecto del espacio público. Se desprende de lo expuesto que se considera incluso desde el rol de un funcionario público que los *"legítimos usuarios"* son quienes participan activamente en el cuidado del parque. Eso no está en discusión, lo que propicia el conflicto es enunciar cualquier tipo de cuidado hacia el parque y sus edificios históricos cuyo *"emblema"* es el de la solidaridad, de difícil articulación con el *"logo"* del gobierno y también con la lógica de las políticas públicas con procedimientos más piramidales que las acostumbradas en sus plenarios.

En estos encuentros se promueve el consenso y según el relevamiento realizado en las actas, la mayor participación es de personas mayores de 35 años, mientras quienes disfrutan del parque son en su mayoría adolescentes. La idea inicial de un momento fundante se formalizó en estatutos, legislaciones ya mencionadas que articularon con el gobierno de un modo complejo. La legitimación deseada de su práctica fue posible porque su accionar se organizó según herramientas metodológicas que facilitaron los acuerdos en las dinámicas de planificación participativa. Y los *"legítimos usuarios"* se parecen mucho a los vecinos pioneros de la asociación, ya que respetan y cuidan el parque. La semejanza radica en el modo de comportamiento de los primeros en sus años de juventud que se asemeja a las actitudes que tienen actualmente los segundos. La diferencia se basa en el paso del tiempo, porque ya se formalizó la Mesta de Trabajo y Consenso. Entonces, los jóvenes despliegan su vitalidad en dinámicas participativas lúdicas, recreativas o artísticas que difieren de dicho espacio de diálogo, que hoy ocupan los vecinos pioneros. Mientras que por un lado, su modo, su formato de trabajo los une, por otro genera dificultades a los que desconocen la tradición metodológica ya internalizada por muchos vecinos en tantos años de plenarios desde la inauguración de la Mesa de Trabajo y Consenso. A los fines de entender tanto los códigos formales como los informales correspondientes a la cultura organizativa de esta experiencia se ha enfocado analíticamente sobre determinados relación existente sobre los modos de participación y los conflictos articulados sobre tales *imaginarios sociales.*[61] Se entiende por tal noción una trama de significaciones que operan en lo implícito porque son compartidas de un modo colectivo y anónimo y si bien no se los considera racionales si se estima que son eficaces en tanto orientan y dirigen la vida social. Es decir, una urdimbre de sentido que no sólo representa sino que configura esquemas organizadores en tanto condición de representabilidad de lo que una sociedad puede darse. Cornelius Castoriadis señala que las instituciones deben entenderse dentro de una red de símbolos social e históricamente construidos. Toda institución se va constituyendo —en un proceso nunca cerrado— a través de una serie de rituales cargados de significados, que nunca pueden reducirse totalmente a racionalidades extrínsecas —económicas, políticas, científicas, etc.— Dichos significados, responden a los condicionamientos históricos, racionales y simbólicos de la sociedad en la que se encuentran. Los sujetos utilizan los recursos simbólicos que les provee su medio socio-histórico y así crean las significaciones que le dan sentido y cohesión no sólo a las instituciones en las que participan sino también a su vida".[62]

Los grupos amateurs emprendieron el proyecto atravesaron la primavera democrática, el neoliberalismo de los noventa y la crisis de 2001, y aún en el paso del tiempo, sostuvieron un espacio colectivo *"desde abajo porque los de arriba, la gestión, cambia con la política de turno y cada cual viene y hace todo distinto al anterior y los que estamos acá siempre somos nosotros"*, comenta un vecino. Durante el proceso de gestación, brevemente detallado, lograron solidarizarse por un objetivo común, incluso entre quienes existía *"un abismo"*. Así se encontraron sin ánimo de lucro, con el fin de recuperar el espacio público y luego de muchos años de trabajo encontraron su metodología, su formato estético y político, sus leyes de reconocimiento y la inclusión del Gobierno, a pesar de que los más jóvenes desconozcan ese tramo de la experiencia y su historia. El *"logo"* del gobierno de la Ciudad de Buenos Aires está instalado en el Complejo Cultural enmarcado en el Circuito de Promoción Cultural en los Barrios, con su forma establecida en el marco de las políticas públicas. Si bien lograron incluir personal contratado, a veces conformado por vecinos capacitados, ellos mismos recuerdan que es necesario que no se *"burocraticen"* ya que señalan *"nosotros no concebimos que cada cual haga lo suyo y punto, trabajamos de un modo solidario"*. *"El Gobierno evalúa al personal, y en cambio nosotros siempre evaluamos y seguimos los proyectos, es distinto el modo."* La expresión remite a cierta desconfianza respecto de lo que

---

[61] Castoriadis, C. (1998) "Lo imaginario: la creación en el dominio histórico social." En *Los dominios del hombre las encrucijadas del laberinto.* Barcelona: Gedisa.
[62] Ver Benito K. y Di Leo, P. (2009). *La creación en épocas de crisis.* Quinto Encuentro de Investigadores en Psicología del Mercosur. Universidad de Buenos Aires. Tomo II. Pág. 34-36.

entienden como trabajo desde la lógica del sector público[63] tal como lo enuncian según sus propias palabras; *"y a veces nos mandan personas que no saben trabajar y hay que explicarles"*, *"recientemente el Gobierno nos mandó 12 personas del plan trabajar que no tienen cultura del trabajo, podrían estar acá como en cualquier lugar"*, *"y otros también son muy vivos como saben que en el Estado se permanece aunque están muy capacitados no trabajan."* Se trata de tensiones que se sobrellevan entre formatos que intentan determinada convivencia que prevalecen en el parque con su emblema barrial, vecinal, participativo, artístico, solidario y que articula con la legalidad del Gobierno de la Ciudad con su *"logo"* a veces de burocracia, administración, *"carpetas"* y gestión.

¿Entre *"logo"* y *"emblema"*, una zanja irreparable y/o ciudadanos responsables?

"Como se ha dicho, ahora que la cultura ha sido puesta en ese lugar de "solución" a los problemas de diverso tipo, son los mismos gestores culturales quienes observan con temor el peso con que empiezan a cargar y paradojalmente, las imposibilidades con que también cuentan para hacerse cargo de todo".[64] A través de este capítulo no se intentó demostrar el esplendor de la dimensión simbólica en torno a los lazos sociales como una cura de todos los males. Por el contrario, se expusieron tensiones entre *"emblema"* y *"logo"* y discrepancias existentes, incluso, con temores implícitos respecto de que *"se vendan"* los propios vecinos cuando asumen algún rol de funcionario

---

[63] "Estas prácticas particularísticas no se manifiestan sólo en corrupción lisa y llana; también aparecen en nepotismo, clientelismo, aplicación arbitraria o discriminatoria de normas legales, uso abusivo de las ventajas del cargo, y otras. Estos comportamientos implican una extra-limitación: ir más allá de los límites impuestos por las reglas que establecen las obligaciones y derechos de los funcionarios del caso. Esto significa que en las respectivas interacciones hay aún funcionarios estatales (y también posiblemente un edificio y oficinas), quienes pueden hacer lo que hacen precisamente porque son tales funcionarios. Pero aunque el estado así corporizado "está ahí", el estado como sistema legal se ha evaporado, ya que ha ocurrido una perversa privatización, mediante la cual el aspecto público de la legalidad estatal es "vendido" por medio de transacciones particularísticas. Esta moneda tiene su anverso, las infra-limitaciones. Me refiero a obligaciones de su rol que algunos funcionarios omiten o desempeñan bien por debajo de los *standard* impuestos por las reglas respectivas." O'Donnell, G. (4-7 de noviembre de 2008). *Algunas reflexiones acerca de la democracia, el Estado y sus múltiples caras.* Conferencia Plenaria en el XIII Congreso del CLAD, Buenos Aires. Pág. 11.

[64] Lacarrieu, M. y Alvarez, M. (2008). *La indigestión cultural. Una cartografía de los procesos culturales contemporáneos.* Buenos Aires: La Crujía. Pág.30.

público, porque podrían *"burocratizarse"* a diferencia del modo participativo que detentan.[65]

> *Son los vínculos que se sostienen con los lazos de confianza y que se construyen trabajando. [...] Es como una tela de araña que hay que reconstruirla todo el tiempo. Y hay que apostar a que más gente[66] adquiera capacidades colectivas porque no es lo mismo trabajar solo que en forma colectiva.*

En varias oportunidades la participación de los grupos funciona como un verdadero mecanismo de control del conflicto social que pueden complementarse con el accionar del Estado, revalorizando siempre el espacio de toma de decisiones de la propia comunidad. De este modo se estima que involucrar a diversos actores sociales es vital en términos de visibilizar problemáticas para diseñar nuevas propuestas ya sea en su formulación, ejecución o evaluación. Ya que en una determinada comunidad la posibilidad de propiciar cuestionamientos colabora con la posibilidad de diseñar estrategias tales como conformar un diálogo plural entre los diversos agentes. Mantener la articulación a nivel horizontal y vertical de una determinada organización resulta una estrategia que evita un sistema piramidal que desconoce las bases de las realidades territoriales donde se asientan determinadas decisiones. Motivo por el cual se ha hecho tanto hincapié en los diversos apartados sobre las metáforas, sus costumbres, lógicas y particularidades de producción regionales.

En una sociedad como la nuestra, pero en el fondo en cualquier sociedad, dirá Foucault[67], relaciones de poder múltiple atraviesan, caracterizan, constituyen el cuerpo social; y esas relaciones de poder no pueden disociarse, ni establecerse, ni funcionar sin una producción, una acumulación, una circulación, un funcionamiento del discurso. Los actores involucrados, sus modos de agruparse, la modalidad de gestar una experiencia, el Gobierno de la Ciudad y sus correspondientes discursos normativos, operan en transversalidad cuando se trata de la recuperación de tal parque público. La asociatividad

---

[65] "Todo lo cual nos sugiere la existencia de una moralidad que los asuntos privados y ninguna moral capaz de regir los asuntos públicos en un sentido específico y concreto. El problema con esta perspectiva es que niega los procesos en que los conflictos morales, o la coexisistencia de distintos estándares de evaluación moral del comportamiento, organizan —a veces conflictivamente— la política." Frederic, S. (2004). *Buenos vecinos, malos políticos.* Buenos Aires: Prometeo. Pág. 31

[66] "Y cuando hablo de la gente hablo de mí misma, no hablo de la gente como si fuese el vecino Doña Rosa de la esquina sino de todos los que pusimos una ficha ahí por una convicción ideológica." Dicha salvedad la realiza luego de usar la palabra en la entrevista realizada en su domicilio, en la calle Tandil en la zona de Parque Avellaneda, Soledad.

[67] Ver Foucault. M. (1992). *Microfísica del poder.* Buenos Aires: Ediciones La Piqueta. Pág. 142.

caracteriza a esta experiencia donde se vislumbró un proceso local que participó en la atribución de significados con herramientas metodológicas[68] de su propio quehacer. Es decir, se presenta como constante que los actores sociales nombraron su labor e *influyeron*, entonces, con su discurso ciertas transformaciones sociales. Por consiguiente, el proceso social esta fuertemente condicionado por el modo en el que acentúan sus palabras de manera que expresan su experiencia y su aspiración con expresiones tales como; *vecinos y Gobierno juntos*. A pesar de que el entrecruzamiento de pluralidades en esta experiencia, tal como lo expresa Ana Luz, que ocupa un rol en la coordinación del Complejo Cultural, no resulte tan fácil:

> *La casona cuando se abrió en el 2000 ya tenía vicios de obra porque no se hizo cierre de obra porque la empresa que trabajó era una empresa fantasma. Esos vicios de obra fueron aumentando y nunca se repararon. El Administrador inició el trámite para que en mayo del 2008 la Casona entrará en obra para reparar esos vicios: humedades, filtraciones. Trabajan un mes y se detiene la obra y queda congelada con esa zanja.*

A pesar de esa tensión[69] aún existente, se desprende de la última fuente donde aún quedan vicios de obra referidos a una empresa fantasma. Durante la dictadura, fue *"casa embrujada"* y se tornó visible para los vecinos en la década del ochenta, finalmente se declaró Centro de Exposiciones y muestras de Arte Contemporáneo, Patrimonio edilicio histórico de la Ciudad de Buenos Aires en la década del 90. No obstante, en el nuevo milenio existe una zanja por tratar. El espacio se distanció de lo que fue: *"una casona que daba miedo"* y un *"parque irreconocible, un yuyal."* En su devenir, la experiencia incluso tramitó su ley, la 1153/03. Se transformó de un espacio "abandonado" por otro legitimado en el barrio y legalizado por las políticas públicas, tal como se declara en su artículo primero.

---

[68] "Con esto no quiero dar a entender que los científicos sean especialmente razonables o inteligentes, o que haya un «método científico» capaz de solventar todos los problemas sociales. Al contrario, la familiaridad con la Ciencia fomenta la humildad intelectual, pues nos recuerda que los dogmas están para ser puestos en cuestión; las teorías, para ser ensayadas empíricamente; los supuestos hechos, para discrepar de ellos; los pensamientos hermosos, a menudo (¡ay!), para abandonarlos; las conjeturas alocadas, sin embargo, no siempre están para ser descartadas; y las autoridades establecidas están para ser debilitadas." Zimman, J. (2003). Ciencia y Sociedad civil. *Isegoría*. 28, 12.

[69] "Un Estado democratizado es un Estado que, tanto en su democracia como en su legalidad, está dispuesto en la práctica a ensancharse, a escuchar opiniones, voces, identidades, demandas, de todos los sectores sociales. Y que, dentro de un proceso democrático, acepta inscribir derechos y decide implementarlos, porque no alcanza con dejarlos escritos por ahí." O' Donnel, G. "Sobre los tipos y calidades de la democracia." *Página 12*. Diálogos. febrero 27 de 2006. [en línea]. [consulta: 5 de junio 2006]. Disponible en: http://www.pagina12.com.ar/diario/dialogos/index-2006-02-27.html

- Declárese al Parque Avellaneda como una unidad ambiental y, de gestión contenida en el espacio público así denominado, conformada por un patrimonio natural, cultural y social que incluye los ámbitos físicos integrados por el espacio verde, los viveros, el Antiguo Natatorio, La casona de los Olivera, el Polideportivo, el Tambo, el Frigorífico, y se reconoce la organización social e institucional que se viene desarrollando en forma continua en dicho espacio mediante prácticas consolidadas de gestión asociada que promocionan la participación ciudadana corresponsable en la planificación y el manejo del espacio público.

Se trata de una formato político y estético cuya influencia promovió no sólo una legislación *"desde abajo hacia arriba"*, sino una transformación territorial a partir de una micropolítica de vecinos preocupados por su barrio. "El problema que se debe enfrentar es la sujeción de los sujetos, en la disminución de la potencia de actuar (Spinoza), que termina siendo la resignación o el decir "no podemos hacer nada" o "esto no lo cambia nadie". El peligro sin embargo es creer que la mera voluntad de poder puede, con el riesgo de creernos superhombres y terminar siendo elitistas automarginados del todo social. El desafío consiste en poner en juego la creatividad, la posibilidad de negar el pensamiento único. El cuidado de sí, como esta posibilidad de resistencia y creatividad da a la ciudadanía toda la fuerza de la imaginación para entender que el poder no es disciplinamiento des-subjetivador ni es dominio sobre la especie. En este contexto el cuidado de sí propone a la ciudadanía democrática el desafío de aumentar la potencia de actuar, que como dice Spinoza, se manifiesta en alegría. Si es un riesgo una sociedad de los poetas muertos, no lo es menos una sociedad de cuidadanos tristes!" [70] El nivel de eficacia del grupo fue clave para que el proyecto se sostuviera en las situaciones más adversas aún con alegría y, finalmente, se geste el centro cultural con un ambicioso proyecto medioambiental que valorizen los entrevistados esgrimiendo: *Actuamos como ciudadanos responsables y dueños libres de este pedacito de patria que nos tocó en suerte.*

---

[70] Cullen, C. (2007). Ciudadanía *urbi et orbi*. Desventuras de un concepto histórico y desafíos de un problema contemporáneo. En *El Malestar en la Ciudadanía*. Buenos Aires: La Crujia. Pág.36.

"Comprendió esto:
Que las asociaciones hacen al hombre más fuerte
y ponen de relieve las mejores dotes de cada persona,
y dan una satisfacción que raramente se consigue permaneciendo por cuenta
propia...
O sea que éste de los incendios fue un buen verano:
había un problema común que a todos interesaba resolver,
y cada cual lo anteponía a sus otros intereses personales,
y los compensaba de todo la satisfacción de hallarles en avenencias
y estimación con muchas otras óptimas personas...
Más adelante, entendería que cuando el problema común ya no existe,
las asociaciones ya no son tan buenas como antes,
y que es mejor ser un hombre solo, y no un jefe".

Italo Calvino

10. El gusto es mutuo

Se presenta en este capítulo la relevancia que tiene para un determinado grupo un gusto compartido. En una producción colectiva se entretejen singularidades y de ese modo no se estima que a todos les guste lo *mismo*. En lo grupal se da la posibilidad de un espacio compartido entre cada cual y se da también la oportunidad de albergar lo extraño, y es en ese abismo donde se aloja el gusto mutuo. Se considera que a partir de la posibilidad de hospedar lo impensando en torno a un otro no predecible se delinea un espacio investido afectivamente como ámbito de encuentro donde no hay propiedad de uno, ni otro, ya que el gusto mutuo se ocasiona en ese espacio de lo que acontece. En términos de Mónica Cragnolini[1] para los autores postnietzchanos, la idea de la comunidad surge de una posición diametralmente opuesta a la comunidad que no es propiedad, ni atributo, ya que el hombre no es pensado como "sujeto" —en el sentido moderno del término— que entra en relación con otros. Por eso el planteamiento de estos autores es básicamente metafísico: se parte de la cuestión de la crítica de la subejtividad moderna, y a los modos de relación que genera el concepto de individuo (modos que llevan a pensar la comunidad como atributo). Desde la deconstrucción del concepto moderno de sujeto, la comunidad exige ser pensada en otros términos: como "no pertenencia", "no atribución", "no propiedad" y en el extremo de la paradoja, como "no comunidad", en tanto el "lazo" que une es el que desune, separa, aleja." Se trata lo que no se puede pensar, describir racionalmente

---

[1] "Cragnolini, M. (2005). *Modos de albergar lo extraño*. Buenos Aires: Santiago Arcos. Pág.23.

porque no se corresponde con la *mismidad*[2] de una representación[3] homogénea sino que se suscita y por consiguiente deviene.

En las experiencias analizadas por su autogestión colectiva *"desde abajo"*, que se han denominado *"por amor al arte"*, se ha vislumbrado que el interés comercial no es el eje de los encuentros sino la posibilidad de estar con otros inventando un formato creativo aun ante coyunturas críticas. Se trata de un proceso desencadenado por los cruces y anudamientos deseantes entre miembros singulares. Es decir, se articula en torno los procesos de encuentro entre sujetos y en tales coordenadas tienen características afines a las del juego por el matiz lúdico que habita en ellas, ya que se trata de un espacio de sociabilidad donde se improvisa con otros en las relaciones de intercambio entre sujetos en un determinado grupo, cuya motivación pauta, incluso, los ritmos lógicos de su desarrollo.

Se trata de un particular intercambio e interrelación con otros en dinámicas que a su modo son alegres, sin por ello perder la seriedad del asunto ni el motor implícito del entusiasmo colectivo. Resulta oportuno recordar que en el campo de las ciencias sociales algunos fenómenos sociales como espacios, clubes o centros culturales autogestionados en momentos de crisis, si bien se suelen explicar provocados por causas vinculadas a los procesos de la globalización, reformas estructurales, terciarización, precarización y flexibilización laboral como algunas de las experiencias analizadas también son producto del *amor fati*. Es decir, a pesar de las vicisitudes que impone el destino, surgen también por el desafío de los sujetos al inventar colectivamente en determinadas circunstancias, incluso, las adversas y en eso radica el gusto compartido.

---

[2] "Uno o múltiplo" no estamos ya allí; hay una composición colectiva de enunciación, una composición maquínica del deseo, la una en la otra y enlazadas sobre un prodigioso exterior que hace multiplicidad de todos modos." Deleuze, G. y Guattari, F. (1994) *Rizoma*. Valencia: Dialogo Abierto.

[3] "El hombre había sido dado una figura entre dos modos del ser del lenguaje; o por mejor decir, no se constituyó sino por el tiempo en que el lenguaje, después de haber estado alojado en el interior de la representación y como disuelto en ella, se liberó fragmentadose: el hombre ha compuesto su propia figura en los intersticios de un lenguaje fragmentando. Con certeza, no son éstas afirmaciones, cuando más son cuestiones a las que no es posible responder; es necesario dejarlas en suspenso allí donde se plantean, sabiendo tan sólo que la posibilidad de plantearlas se abre sin duda a un pensamiento futuro." Foucault, M. (2001). *Las palabras y las cosas*. Buenos Aires: Siglo XXI. Pág. 374, 375.

De la diversión a la aparición de lo diverso

¿Cuál es el motivo por el que se fundan estos espacios para el encuentro con otros? ¿Por qué los colectivos autogestionan espacios, clubes o centros culturales aun ante coyunturas críticas? ¿Qué posibilita que los sujetos se agrupen para contrarrestar los efectos de una crisis? ¿Cómo es posible que se elija un centro cultural como propuesta de amparo ante el quiebre de las protecciones clásicas? No resulta factible encontrar un correlato de sentido unívoco si se considera que en las dinámicas creativas emerge algo del orden de la diversión y eso implica, tal como las raíces etimológicas de la palabra lo indican, la aparición de lo diverso. Sin embargo, quienes lo emprenden le asignan su tiempo, dedicación y seriedad a tal asunto, además de un ingrediente de apasionamiento que los caracteriza. Según Spinoza[4] las pasiones si bien son episódicas y precarias individuaciones de estados vividos también son articuladoras de lo social. Se trata de estados afectivos de fuerzas puestas en movimiento. Es decir, existe una intensidad difícilmente mesurable, aunque condensa en sí la distinción de quienes están *"comprometidos"* y quienes solo asisten como espectadores o consumidores. Por consiguiente, la participación no es subsumible a un producto que se compra en el mercado porque el gusto se encuentra en determinados procesos de sociabilidad.[5]

Su principal característica es que no consiste en una obligación ya que el mandato no es lo que parece convocar a los sujetos. Tampoco la diversión es algo que se pueda encargar, ni opera por determinismos ya que se da a partir de factores azarosos y complejos de explicar. Se podría, incluso, afirmar que generalmente está más ligado al gusto que al orden, al placer que a la obligación, al deseo que al deber moral, porque sus particularidades se afirman en lo que experimentan quienes lo llevan a cabo. Existen tensiones características que dominan los quehaceres a modo de un ritmo interno que impone un

---

[4] Ver Deleuze, G. (1974). *Spinoza, Kant, Nietzsche.* Barcelona: Labor.

[5] "Dentro de esta constelación llamada sociedad, fuera de ella, se desarrolla una especial estructura sociológica correspondiente a las realidades del arte y del juego, que toma su forma de éstas, pero que sin embargo, deja su realidad detrás de éstas. Estimar en qué medida posee valor explicativo el concepto de impulso lúdico o impulso artístico es una cuestión abierta; pero al menos llama la atención el hecho de que todo juego o actividad artística incluye un elemento común no afectado por sus diferencias de contenido. Un cierto dejo de satisfacción se encuentra tanto en los juego gimnásticos como en los de cartas, en la música y en el arte plástico; algo que no tiene nada que ver con de que ambos son artes, y de que tanto los juegos gimnásticos como los de cartas son juegos. Un elemento común, una semejanza en la reacción y la necesidad psicológica se encuentra en todas esas varias cosas —algo fácilmente distinguible del propio interés especial que distingue a cada uno—. En el mismo sentido, se puede hablar de un impulso del hombre hacia la sociabilidad." Simmel, G. (2002). La sociabilidad. En *Sobre la individualidad y las formas sociales.* Buenos Aires: UNQUI. Pág. 195-196.

dinamismo característico del movimiento lúdico. Se traten de prácticas con reglas explícitas, u otras que el grupo descubre sobre la marcha como códigos implícitos que con el tiempo se enuncian, y así atemperan lo que podría verse como un caos aparente. Aun cuando no existen reglas explícitas en los procesos se construyen decálogos, manifiestos, proclamas, leyes e incluso en las formas regladas los participantes apuestan a determinadas construcciones respetando códigos existentes. De este modo, los patrones de intercambio[6], entonces, son avalados por los involucrados ya que los respetan porque nacieron generalmente por dinámicas cooperativas y asociativas. En términos de Ladagga hay individuos capaces de dividir y conectar actores y procesos cruciales, donde le presta a esos grupos de individuos, la posibilidad de separar y reunir algunas de sus experiencias que facilita la activación de una cierta interacción creativa que ofrece contextos en que los participantes pueden establecer "acuerdos generales sobre procedimientos y resultados", en que algunos pueden ponerse en posición de árbitros que establecen límites a las actuaciones, la habilidad individual el conocimiento. En la gestación de estos espacios, clubes o centros culturales se buscó un formato, es decir, a través de pautas concensuadas, se sostuvieron las tensiones que pautan los tiempos lógicos en los grupos.

Los improvisadores en diversas artes conocen la importancia de acuerdos consensuados en una atmósfera grupal a modo de un orden que se suscita en el encuentro mismo. Así, por ejemplo, en el jazz conocen la importancia del clima alcanzado grupalmente y perciben los códigos implícitos, básicamente porque saben que la ejecución de las interpretaciones no es a partir de la lectura de una fiel partitura, sino que la base está en la improvisación en tanto que el intérprete recrea respetando una estructura armónica. La atmósfera grupal está en la interpretación más que en el compositor, diferenciándose así de la tradicional música clásica. Eso genera que el grupo se mantenga en atención ante la formación y los patrones que se dan rítmicamente[7] en ese encuentro. Incluso, en la improvisación en danza se crean partituras de movimiento que se gestan en la interacción con otros en un determinado espacio y tiempo. Se trata de secuencias a través de un gesto lúdico en la interacción con otros donde se compone en tiempo real. Es un gesto, o una forma, que adviene en torno a un gusto mutuo sin seguir un procedimiento estrictamente reglado que paute las acciones porque se conoce previamente el fin a alcanzar. En relación a tal dimensión, Agamben enuncia el modo en el que se da, por ejemplo, respecto de que en la danza el gesto es, precisamente,

---

[6] Ladagga, R. (2006). *Estética de la emergencia.* Buenos Aires: Adriana Hidalgo Editora.
[7] "En ese sentido, devenir todo el mundo es hacer del mundo un devenir, es crear una multitud, es crear un mundo, mundos, es decir, encontrar sus entornos y sus zonas de indiscernibilidad." Deleuze y Guattari. Mil..., ob. cit. Pág. 281.

porque no consiste en otra cosa que en soportar y exhibir los movimientos corporales. El gesto es la exhibición de una medialidad, el hacer visible el medio como tal.

En las experiencias trabajadas lo que queda en evidencia no es sólo el telón de fondo, el marco en el que los amateurs sitúan sus propuestas, sino que también tornan legible las circunstancias coyunturales en tanto se exhibe la medialidad. De modo que se enuncian los movimientos corporales, es decir, las intenciones de los sujetos en sus búsquedas, quedan expuestos en sus gestos. Según Spinoza el cuerpo humano dispone de una potencia de obrar dada, cuyo crecimiento se da por el modo en el que es afectado. Es decir, las afecciones humanas son impresiones de los cuerpos entre sí. Dicho de otro modo, el alma produce ideas y conoce pero desde el soporte de un cuerpo, desde su medialidad. Motivo por el cual, la *forma* no es dada *a priori* sino *a posteriori* de una problemática común que interpela a la sensibilidad de un determinado colectivo. "Es decir, el gesto abre la esfera del *ethos* como esfera propia por excelencia de lo humano".[8]

El gesto, en ese carácter ético, entonces, se entiende porque los valores se articulan en el modo de relacionarse, no sólo como un contenido articulado con su forma, es decir, se lo estima imbricado también en su proceso. En la experiencia relatada en el capítulo anterior ese interrogante por los medios se encuentra vigente desde los inicios de la recuperación del Parque deteriorado, donde se ha planteado una ley incluso para tomar decisiones de otra forma. Además la *troupe* artística denominada La Runfla que desarrolla en el espacio público la obra *Galileo Galilei*, de Brecht, también plantea la inquietud ética del siguiente modo:

> *Los nuevos astros no abaratan la leche, es cierto, pero nunca habían sido vistos antes y sin embargo existían. De este hecho, el hombre de la calle deduce que seguramente hay muchas otras cosas que podría ver con sólo abrir un poco los ojos. Y a ese hombre le debemos una explicación.*[9]

Se desprende de lo expuesto que el hombre de la calle, el ciudadano, también entiende que hay mecanismos que existen aunque no habían sido identificados como tales y podrían ser distinguidos con sólo abrir los ojos. En ese sentido, en las experiencias analizadas se exhiben los medios al igual que los instrumentos que utilizaba Galileo para medir los astros. ¿Por qué resulta relevante exhibir los medios? ¿Por qué no se enuncia a los amateurs

---

[8] Agamben, G. (2001). *Medios sin fin. Notas sobre la política*. Valencia: Editorial Pretextos. Pág. 53.

[9] Ver Monólogo final de Galileo en Brecht, B. (2007). *Galileo Galilei*. Buenos Aires: Editorial Losada. Pág. 59.

que si bien no abaratan la leche existen autogestionando espacios, clubes y centros culturales?

La exhibición de una medialidad

En algunas experiencias se analizó el contexto en tanto se inmiscuye sobre la modalidad de la trama vincular cooperativa, de modo tal que sus condiciones de posibilidad se encuentran efectuadas, o dicho de otra forma, las circunstancias propician la aparición de determinadas asociatividades. Es decir, se contemplan las variables temporales y espaciales de las experiencias a los fines del análisis en articulación con las siguientes preguntas: ¿Cómo es posible que los conflictos sociales se amortigüen por *"por amor al arte"*? ¿Por qué los gestos de solidaridad asociativa facilitan su existencia?

Las experiencias analizadas demuestran que ante situaciones de cambios sociales se apela y se convoca a la cultura desde esa función simbólica e intangible en tanto (plus)valor que no se subsume como mercancía y opera ante circunstancias de crisis. El arte en su carácter dinamizador de cambios aparece en distintas experiencias como herramienta, incluso, capaz de procesar nuevos símbolos en tanto reelabora determinadas conflictividades subyacentes. Se apela a la cultura para entramar espacios en peligro de extinción que están escondidos o deteriorados. En este sentido, se la invoca para atemperar transformaciones sociales a los fines de que algún *aura* se extienda a pesar de las conmociones socio-históricas imbricadas. Lo relevante es que en una atmósfera grupal y en un estado de entusiasmo colectivo, se la convoca para articular estructuras de relaciones entre sujetos en circunstancias disímiles. En las experiencias analizadas las coordenadas se presentan como desfavorables y se requiere del vínculo con otros como el revés de un trazo hilvanado delicadamente. En tal perspectiva, se presenta a la cultura como aquello que atraviesa a todos los sujetos, en tanto preexiste como medio y a la vez existe cuando se la utiliza como tal, se expresa que puede ser *"herramienta de reapropiación del espacio público."* En este sentido, aparece interviniendo[10] en conflictividades sociales donde además causa su emergencia porque ya se

---

[10] "La estrategia de intervención apunta a lograr una coordinación de actividades conjunta entre los agentes [...]. La finalidad de esta coordinación es lograr una eficacia operativa en torno de un proyecto concreto que permita efectivizar compromisos en participación intersectorial. La metodología de intervención apunta a evitar, disminuir o reducir el impacto traumático y las consecuencias negativas de la fragmentación, disociación y destrucción de vínculos saludables tanto a nivel individual como social. Esta metodología incluye diversos dispositivos en distintas áreas[...]. "Quiroga,.S. Cryan,.G. (2010). *Premio Facultad de Psicología.* Buenos Aires: UBA. Pág.19.

explicó que no está exenta de su entorno económico, histórico, político y social. "En el modo de producción capitalista, ni el arte ni la cultura en general pueden sobreponerse, superar, las condiciones de producción a las que están sometidos. Lo que sí puede y debe hacer la cultura, en su constante autodestrucción, es mostrar esas condiciones de producción".[11]

En las experiencias estudiadas, específicamente se trata de presentar la relevancia que los sujetos involucrados le otorgan a las relaciones con otros como si el tejido social configurará las condiciones ante cambios sociales, económicos, políticos, gubernamentales. No se trata de avalar ni demonizar la modalidad existente porque el pensamiento dicotómico obtura la reflexión sino que se pretende enunciar el mecanismo vigente. En las experiencias analizadas se puede distinguir básicamente como la trama de lazos sociales recompone, mantiene o sostiene los espacios, clubes, asociaciones, centros culturales. No se trata de una comunión de sujetos, ni una fraternidad grupal sino que más bien existe la posibilidad de encuentro con otros a pesar de las discrepancias. No se piensa en términos de reuniones entre sujetos sino de algo que se pone en contacto y facilita la vinculación. "La esencia de la práctica artística residiría así en la invención de relaciones entre sujetos; cada obra de arte en particular sería la propuesta para habitar un mundo en común y el trabajo de cada artista, un haz de relaciones con el mundo, que generaría a su vez otras relaciones, y así hasta el infinito".[12]

Cultura: ¿Proteger, cultivar, habitar y venerar?

La raíz latina de la palabra cultura es *colere,* que puede significar desde cultivar y habitar hasta veneración y protección, y que a través del latín *cultus* desemboca en culto. Es un término que se encuentra en un umbral porque encierra en sí mismo controversias que oscilan entre lo dado y lo creado, la tradición y la innovación. En el sentido de producción, la cultura evoca un control y a la vez un desarrollo espontáneo, de modo tal que es asequible porque lo cultural es lo que podemos transformar pero el elemento que hay que alterar tiene su propia existencia autónoma. Así es que la cultura tiene reglas; se encuentra en ese umbral de interacción entre lo regulado y lo no regulado. La dimensión simbólica es intrínseca a la cultura y través de su función es posible articular una aplicación creativa de las mismas y no un determinismo.

---

[11] Arribas, S. (28-29 de noviembre del 2007) *Seminario Internacional. Memoria e Industria Cultural.* Imagen-Aceleración- Digitalización. Imagen y Autodestrucción de la Cultura. IFS-CCHS-CSIC. Madrid, España.

[12] Bourriaud, N. (2008). *Estética relacional.* Buenos Aires: Adriana Hidalgo Editora. Pág. 23.

De modo tal que la propia categoría implica tensiones entre racionalidad y espontaneidad y tal como se detectó en las experiencias, también *conflictos* entre burocracia y participación, gobierno y vecinos, inquietudes ya analizadas respecto de la *"carpeta"* y la *"lógica amateur."*

En la cultura siempre hay algo que la descentra; una tensión o excentricidad como residuo de aquello inaprensible por el progreso o la racionalidad. Es simultánea a ella una conflictividad que la pone en su sitio y a la vez amenaza con desmantelarla. La dimensión simbólica de la cultura en las experiencias analizadas demuestra el modo en el que se legitiman espacios desde la comunidad, se producen valores, fuerzas morales y puestas de sentido. Aunque también existen incongruencias que no remiten solo a una irregularidad de la planificación, un problema técnico, una grilla mal mesurada o el descuido de los expertos en la abstracción modélica de la burocracia y la gestión. No se trata tampoco de un exceso, desvío o accidente sino que es el elemento constitutivo de la cultura y su apropiación por parte de la modernidad y su lógica racional. Las contradicciones del progreso se describieron en las experiencias al modo de explicar, incluso, las complejidades en las que el arte en situaciones de fragilidad social sobrelleva propuestas. Los colectivos atemperan las incoherencias de las conmociones sociales y de las ruinas que dejó la dictadura, el deterioro de lo público, la precariedad de la asociatividad y los dispositivos de desconfianza que socavaron las lógicas cooperativas. Buscan construir sentidos y también afectos a los fines de mitigar las incoherencias de la modernidad. Las experiencias culturales en coyunturas críticas demuestran la existencia de espacios en peligro de extinción mientras los grupos buscan nuevas formas posibles.[13]

Gestación de formatos creativos

Las experiencias analizadas conforman espacios de sociabilidad y han sido delineados definiendo el valor del desarrollo de una confianza mutua. No sólo se hace referencia a una delimitación geométrica sino a una localización simbólica para respirar *"camaradería"* incluso en tales espacios. Las experiencias relevadas resultan particulares porque se dan en una gestación colectiva en un formato creativo; una fábrica en quiebra que inaugura un centro cultural en su interior; un club que le da albergue a un emprendimiento asociativo entre varias asociaciones como el Club Alemán, Asociación

---

[13] "El buen método, decía Spinoza, no precede al conocimiento, es interior a él; la idea de la idea —la reflexión, el método— requiere partir de una idea verdadera, la cual es tanto signo de sí misma como de lo falso. Cuando se parte de ahí se trata de producir, de extraer consecuencias

Belga en Buenos Aires, Club Francés, Asociación Holandesa, Club Danés, Sueco, Español, Asociación Austríaca y Circulo Italiano que, conmovidos por la crisis social, deciden aunar sus esfuerzos y conforman el Club Europeo o el Complejo Cultural Chacra de los Remedios, un espacio público abandonado que los vecinos reciclan pidiendo al gobierno el reconocimiento de sus edificios como patrimonio histórico al retorno de la democracia; un club que resurge a través de las asambleas de la crisis 2001; además de las diversas troupes *independientes* que producen de un modo autogestivo durante un período extenso que empieza en los 80 y que se ha estudiado hasta la crisis de 2001.

Las experiencias se inscriben con sus formatos como acciones estéticas gestadas y autogestionadas por grupos donde no se trata sólo de un gesto estético que exhibe sus medios sino también de un trazo social en una gramática política. Así como en tiempos pretéritos los grupos escultóricos aparecían en el espacio público gracias a los escultores, en la contemporaneidad aparecen las troupes con sus intervenciones. De este modo, operan sobre diversos espacios donde se provoca un diálogo con lo preexistente por un gusto compartido. Si bien la búsqueda es artística, se pretende la participación activa, ya que la intencionalidad es reinventar espacios porque se toman escenarios de interacción. Se trata de una invención ante arquitecturas que pretenden relaciones entre todos los sujetos donde el arte también alberga nuevos sentidos posibles. En tal perspectiva, el encuentro con otros es también contingencia de diversas formas de pensar y hacer otros procesos sociales. En las interacciones entre el espacio existente y el posible, los valores y las fuerzas morales no se conciben separados del transcurrir que gestan sino al vibrar al acecho de una estructura armónica.[14]

---

de ello y punto (indagaciones efectivas). Por eso me gustaría sugerir una inversión a la *doxa* que sostiene que la teoría (la filosofía) es *per se* idealista y especulativa mientras que la política es, en cambio, práctica y activa. Al contrario, sostengo que incluso en la teoría puede haber pensamiento —aunque no sea tan frecuente—, que incluso en la filosofía puede haber materialidad, que por extraño que parezca puede haber allí mismo un grano de real; mientras que la política puede estar dominada por algún filosofema, explícito o no, que la vuelve repetitiva e inútil. Claro, esto no va de suyo, hay que trabajar sobre los conceptos bajo condiciones específicas para que algo material precipite, para que algo anude imprevistamente. Sin embargo, para que algo de ello acontezca es preciso interrumpir o suspender cualquier prescripción normativa, cualquier estándar fijo o protocolo de producción." Farrán, R. La ley del deseo esencia ética de lo político. (2010). *Revista Isegoría*. N° 42. Pág.92.

[14] "Hay territorio desde el momento en que hay expresividad del ritmo." Deleuze y Guattari. Mil..., ob. cit. Pág. 321.

Un efecto de distanciamiento

En capítulos anteriores se mencionó que se invoca a las formas creativas de la cultura para valorizar y así dilucidar una determinada problemática en una coyuntura crítica. Se presentó que a través del análisis de diversas experiencias es factible encontrar la *función simbólica* de la cultura en tanto se ofrece para desocultar conflictos que parecían desatendidas tal como se enuncia en la siguiente frase:

> *El gobierno en vez de aprovechar la energía de todos nosotros con ganas de participar para nuestro barrio, siempre nos tiene miedo y piensa que somos unos incivilizados.*[15]

Los grupos culturales, desde una dimensión *performativa,* ubican problemáticas que sufrían la desatención de las políticas públicas. Esta capacidad de estar advertidos respecto del entorno fue destacada en varios apartados donde se enuncia, incluso, que las obras de arte no resultaron sólo puestas escénicas sino también puestas de sentido, donde se muestran los medios y las dificultades de sostener espacios en determinadas circunstancias sociohistóricas. Así, diversas troupes emprendieron la tarea de mostrar la coyuntura; el espacio, el fondo de las cuestiones ubicándolas en el *"tapete".* Se entendió que diversos soportes expresivos, sus formas y sus sentidos imbricados disputan un modelo de la sociedad, es decir, sentidos de la vida individual y colectiva donde se instalan preguntas que incitan a la reflexión. La intervención del arte y los grupos que interrogan un determinado contexto histórico facilitan la posibilidad de provocar un *efecto de distanciamiento.*[16]

La micropolítica cuestiona lo que aparece aceptado como inmutable, es decir, aquello que se cree socialmente naturalizado sin que se distinga que es producto de una construcción sociohistórica. O incluso, se podría decir que denota la fragilidad de los gestos que no protegen, cultivan, habitan o veneran no sólo determinados espacios sino a los *"ciudadanos responsables y dueños libres de este pedacito de patria que nos tocó en suerte."* Se conjetura que

---

[15] Entrevista realizada a Soledad ya mencionada en el capítulo anterior.

[16] "Brecht ataca también al ilusionismo mimético porque, en su opinión, la realidad social se ha vuelto funcional y las relaciones humanas se han cosificado. Como resultado de ello, las superficies visibles de la vida social representadas por el ilusionismo mimético no son capaces —por más tiempo— de cambiar las condiciones estructurales que caracterizan al capitalismo contemporáneo." Fernández, T. Comp. (1998). *Actas del Encuentro Internacional de Brecht.* España: Diputación de Sevilla. Pág. 48.

las troupes analizadas provocan una deshabituación[17] en tanto suscitan una perturbación ocasionada por la inquietud, confusión o incluso desconcierto ante determinadas modalidades que se imbrican en varias de las problemáticas relevadas. El efecto de distanciamiento es un concepto de Bertolt Brecht[18] que remite a las artes escénicas en tanto cuestiona la construcción de una ficción de decorados construyendo una fascinación. Por el contrario, quiere demostrar que eso es sólo una sugestión donde se pierde la posibilidad de la atención y en ese sentido trabaja por la posibilidad de construir un intervalo. Maurice Blanchot, refiriéndose a su búsqueda estética, explica: "Asimismo, aquel sol que alumbra, no es la luz del día, sino un proyector, por eso hay que mostrarlo, y el teatro ya no debe disimular lo que es: un conjunto coordinado pero inestable de artificios, un espacio extraño y capaz de hacer extrañas y lejanas las cosas que allí se cumplen, de modo que podamos tomar nuestras distancias con estas cosas, pese a lo familiar y lo consagrado que nos parezcan, dejando de considerarlas como naturales, viéndolas al contrario como insólitas, hasta injustificarlas, y ya no diremos: 'así es, así será siempre', sino: 'así fue, también podría ser de otro modo'".[19] Aunque se remite a las artes escénicas la expresión "podría ser de otro modo" hace referencia al *efecto de distanciamiento* existente en los grupos que decidieron cambiar el yuyal de un parque, el estado de deterioro de un club olvidado de un barrio, o el abandono del modelo de industrialización que sumergió en una gran crisis a las pequeñas y medianas industrias. Los grupos percibieron como una extrañeza tal naturalización instalada postdictadura, de algún modo señalaron que se trataron de fascinaciones sociales olvidando que los artificios provocados en torno a los mismos son productos de decisiones humanas y no de cuestiones fortuitas. Se trata de movimientos sociales intangibles cuya evidencia reside en el hilván de tramas a partir de formatos que se buscan como alternativa apelando al interrogante: ¿podrían ser de otro modo? Contra la idea de una falsa naturaleza, Brecht[20] ubica al arte como crítica donde evita caer en

---

[17] Esta idea refiere a la estética desarrollada por Ricardo Carreira relevada por Marcelo Percia en el ensayo "Estética como deshabituación", sobre la obra de Carreira en el CD *Los inicios del arte conceptual en la Argentina en los años setenta*. Universidad de la Plata. Facultad de Bellas Artes. Secretaría de Ciencia y Técnica. Margarita Paksa dirigió la investigación y reconstrucción de su obra para la exhibición en la muestra del Museo de Arte Moderno de Buenos Aires del 2/ 11/ 2000 y del 31/1/2001.

[18] "La autarquía conceptual de las obras contiene un factor de crítica: el escritor analiza la caducidad de los conceptos y percepciones de su propio tiempo." Brecht. B. (1977). *Diario de Trabajo*. Buenos Aires: Ediciones Nueva Visión. Pág. 278.

[19] Blanchot, M. (1993). *El diálogo inconcluso*. Caracas, Monte Ávila. Pág. 562.

[20] "Ustedes han visto y escuchado. Han visto lo habitual, lo que constantemente se repite. Pero, atención, bajo la apariencia de lo familiar, descubran lo insólito. En lo cotidiano, desentrañen lo inexplicable." Brecht, B. (1986). *La excepción y la regla*. Buenos Aires: Teatro General M. San Martín. Pág. 54.

un arte de la ilusión escencialista. Así inserta una pregunta dentro de una evidencia.

La Doctora Arribas explica ideas centrales acuñadas por Brecht e identificables en *Historias del Señor Keuner* y *Me-ti, Libro de los cambios*, donde aparecen retratados dos tipos de conductores: uno aprendió perfectamente las reglas de conducción, las respeta y las aprovecha para abrirse camino entre el tráfico. Otro maneja el coche colocándose mentalmente en la posición de los que marchan a su lado. A este segundo conductor le preocupa el tráfico en su conjunto: maniobra ante lo que se le cruza por el camino sin dejar de atender a lo que se le cruza al de delante. Logra su satisfacción cuando el tráfico fluye, sintiéndose una mínima parte integrante de él. ¿Una mínima parte? Brecht también la llama "unidad mínima", en tanto sus miembros no tienen por qué quererse entre sí, pues lo que quieren de verdad es el objetivo compartido. Por eso no es cuestión de uno, ni de dos, ni de tres o cuatro sino de eso tercero, en movimiento, que les une. Ese movimiento productivo-deseante se ha explicado también en otros apartados donde en un grupo se establece una relación productiva en torno a esa *terceridad* que los vincula. De modo tal que se *"comprometen"* entre sí, y ellos son los responsables de ese quehacer advertidos del contexto sociohistórico en analogía a un tráfico que fluye en el que se inscribe su ética, su estética y su unidad mínima. Los amateurs trabajan identificando la existencia de esa *terceridad* como persecución de un *bien común* que opera interviniendo en las experiencias analizadas respecto de lo naturalizado socialmente.

En este sentido, Arribas[21] enuncia en relación a los conceptos de Brecht que tampoco se trata de la desaparición de la división del trabajo. Dicho problema que se ha encontrado en otros apartados como una tensión existente a cualquier forma burocrática y experta regida por *"carpetas"* características del mundo desencantado. Por tales motivos cuestionan determinadas modalidades del saber técnico y del experto porque en su especificidad profesional de gestión, a veces, olvidan la complejidad de ciertos asuntos sin distinguir esa terceridad o complejidad del bien común. Entonces, la autora explica que todo depende de lo que se quiera decir con la división del trabajo, y en ese sentido, se podría pensar que un centro cultural, a veces, se centra en su programación porque esa es su tarea, si bien el conflicto se soluciona cuando el interrogante respecto del bien común no se opaca. El modo en el que se construyó en sus inicios cada espacio, ya que el conflicto era la existencia subyugada detrás de la construcción de sentido para el tratamiento específico a través de la sociabilidad de una determinada propuesta cultural para

---

[21] Arribas, S. (2007). Vivir en Tercera Persona. *Revista Diagonal*. 49. [en línea]. [consulta: 5 de junio 2008]. Disponible en: http://www.diagonalperiodico.net

atender a la problemática fundante. *La tercera cosa* de la cual habla Brecht resulta intimada por los amateurs aunque a veces encarnen en sus experiencias el mismo conflicto que pretenden atender. Ya que lo cotidiano se encuentra implícito en las condiciones de su existencia y a veces, resulta tan obvio que demuestra el arbitrio y posibilidad de cambio. Se desprende de lo expuesto que obran como diagnóstico de situación que convoca a la reflexión operando como terceridad del bien común e intervención colectiva a la vez.

"Buscar
No es un verbo sino un vértigo.
No indica acción.
No quiere decir ir al encuentro de alguien sino
yacer porque alguien no viene."

ALEJANDRA PIZARNIK

11. ε. Análisis de la experiencia: Club Europeo

En el capítulo anterior se explicó que la persecución del bien común, también se articula con los modos de vinculación de los sujetos. Así, se especificó en otros apartados que el encuentro con otros incluye también el encuentro con formas heterogéneas. Se trata de alojar lo diverso, y de ese modo se puede pensar el encuentro con lo *otro* aunque queda por dilucidar la aparición de lo diverso en los *gestos* de nuestra sociedad. Tzvetan Todorov[1] sostiene que no basta con ser otro para ver: ya que desde el punto de vista suyo, el otro es un sí mismo, y todos los demás son bárbaros. La exotopía debe vivirse desde el interior; consiste en el descubrimiento, en su corazón mismo, de la diferencia entre *mi* cultura y *la* cultura, *mis* valores y *los* valores. Se puede hacer este descubrimiento para sí, sin abandonar en ningún momento la tierra natal, apartándose progresivamente —aunque no del todo— del grupo de origen; se puede acceder también a través del otro, pero en este caso antes hay que realizar igualmente un examen de sí mismo, única garantía para poder dirigir hacia él una mirada atenta y paciente.

Diagnóstico de situación: Diversas asociaciones encuentran un problema mutuo. Sus proyectos aparecen obsoletos. Intentan aunarse para sumar fuerzas y potencialidades. Pretenden renovar y darle continuidad a sus asociaciones. La autogestión se propicia a través de un eje intergeneracional donde los socios fundadores se conectan con los jóvenes. Su intención es entramar lazos de una generación hacia otra donde se transmiten conocimientos, de prácticas y quehaceres. Se trata del aval de una generación hacia

---

[1] Todorov, T. (1993). *Las morales de la historia*. Barcelona: Paidós. Pág. 35.

otra ya que se respaldan las acciones de los jóvenes y se los legitima a los fines de posibilitar la continuidad de sus tradiciones.

Conflictividad subyacente; asociaciones que perdían su identidad y proyección futura.

- Propuesta de intervención: estrategia de articulación en red recurriendo al trabajo de generaciones anteriores para establecer lazos entre diversos clubes, sus cámaras de negocios y otras alianzas, incluso, a escala internacional.

- Espacio: Club Europeo gestado por asociaciones de diversas nacionalidades para promover sus tradiciones.

En esta experiencia se demuestra la existencia de la herencia y su modo de operar cuando existe la transmisión generacional de un grupo a otro en un tiempo sucesivo. Los lazos se inscriben, entonces, en una filiación simbólica que marcan pertenencias hacia asociaciones que se corresponden con colectividades de determinadas nacionalidades europeas a través de las cuales se habilita la transferencia de lo heredado. En las experiencias analizadas en capítulos anteriores, se resalta el valor que tiene para los sujetos la existencia de espacios que no sólo se preservan *"por amor al arte"* sino que a la vez cooperan desde tramas vinculares para sostener su existencia a pesar de situaciones adversas. ¿Por qué la amistad como valor también colabora con la preservación de tales espacios? ¿Qué filia a los sujetos? ¿Cómo los afectos se implican en tales circunstancias atemperando incluso coyunturas críticas?

El Club y su emplazamiento amigable

El Club Europeo[2] está situado en la zona céntrica[3] de Buenos Aires, precisamente, en el piso 21. En la planta baja no hay nada que indique que allí hay un club, ni carteles, ni señales. Sólo al llegar al piso 21 se lo encuentra: una mesa de informes y folletos. No hay decorados suntuosos y, generalmente, la folletería disponible denota que es la recepción. El espacio totalmente alfombrado representa el umbral de ingreso, donde hay pequeñas banderas de nacionalidades. Al costado se ve un cartel, una gigantografía, con publicidad: *"150 años. Club Alemán en Buenos Aires. 1855-2005"*, refiriendo también

---

[2] Situado en Avenida Corrientes 327.

[3] "La tentación de identificar los polos barrio–centro con los clásicos comunidad–sociedad es fuerte. Sin embargo, a pesar de análogos recorridos y peripecias, estas categorías poseen un vínculo tenso: tomando a la comunidad como forma de agrupación históricamente situada o como categoría típica ideal, esta se sitúa en el polo opuesto de la moderna sociedad capitalista." Menazzi, L. (2009). Construyendo el barrio: la postulación del barrio como territorio político durante la transición democrática. *Revista Argumentos.* 10, 5.

a la fundación del Hospital Alemán en Buenos Aires. El Club alberga determinadas asociaciones como lo demuestra la información de la página web, donde explica:

> *El 9 de mayo de 2003 diez prestigiosas asociaciones, representantes de diferentes comunidades europeas, decidieron darle un matiz especial a la 53° conmemoración de la Declaración Schumann; el Día de Europa. En dicha oportunidad, los "Clubes Fundadores" (Club Alemán en Buenos Aires, Asociación Belga en Buenos Aires, Club Francés, Asociación Holandesa, Club Danés, Hurlingham Club, Club Sueco, Asociación Argentino Austríaca, Club Español y Círculo Italiano) cristalizaron el proyecto que alinearía las distintas tradiciones provenientes del viejo continente, presentes en nuestro país, con una nueva concepción sociocultural; unir tanto a las naciones como a quienes las representan. De esta manera, la Unión Europea, tiene su correlato en nuestras latitudes: ese día nace el primer y único Club Europeo en el mundo.[4]*

Las instalaciones del club remiten específicamente al Club Alemán, y por ese motivo, el lugar está tapizado de escudos e insignias en el hall principal. Los escudos de más de un metro poseen un formato circular y están precisamente en el sector de entrada con sus imágenes que remiten al Consulado Real de Prusia, al Consulado de Hamburgo y al Consulado de Hannover, entre otros que resultan ilegibles para nuestro idioma. De este modo reposan sobre las paredes revestidas en madera los íconos de otros estados que son rememorados o al menos presentados como dignos de conformar el mobiliario. El club tiene la particularidad que no resulta predecible aunque su ubicación es de fácil acceso por su emplazamiento en la zona céntrica. La señalización es mínima del mismo modo que no existe una publicidad masiva. Se da a conocer por el mecanismo que hemos denominado, de *"boca en boca"*, de *"email en email"*, así como tampoco se resalta desde el edificio un estilo promocional. Allí pareciera que la mayoría se conoce y por ese motivo mi actitud de observación despertó la curiosidad de Piet, un señor canoso que me interrogó por mi modo de llegada al club. Y me explicó que otros amigos asistían al club y así lo había encontrado, me remarcaba en un gesto de sorpresa respecto de ese día; *"muy valiente por venir sola."* De este modo deduje después de varias entrevistas que en sus inicios todos llegaban acompañados de sus amigos o familiares. De un modo u otro, después de tal conversación, entendí que se conocían entre sí debido al tiempo que pasaban en el club y mi presencia era significativa porque podían reconocerme como alguien nueva. De ese modo Piet intentaba ser cordial y amablemente pretendía describirme su

---

[4] Club Europeo [en línea]. [consulta: 6 de junio de 2007]. Disponible en: http://www.clubeuropeo.com/

manera de funcionamiento, su historia, sus costumbres. Mi deducción luego fue comprobada en otras entrevistas, ya que en sus inicios fundacionales se llegaba principalmente por *"recomendación de un amigo"* y así se encontraba el sitio.

La recomendación de un amigo

La amistad es algo que se elige pero que no constituye un lazo pasivo, ya que se sostiene sobre una benevolencia recíproca donde se busca el bien para el otro y se coopera y complace ante el bien del amigo. No hay más que el compartir de la amistad y eso funda la relación en tanto beneficencia mutua. "El bello ensayo de Lewis sobre la amistad contenido en *Los cuatro amores* defiende que la matriz de la amistad está en el compañerismo de quienes comparten determinado quehacer u ocupación, y, claro está, departen sobre los pormenores y detalles de su actividad."[5] La idea de camaradería, ya sea entre dos o más, es posible por ese hallazgo de la existencia de algo en común que los hace felices, se trate de cierta preferencia, cierto punto de vista o inclinación especial que, para cada uno de ellos, posee una singular significación o relevancia personal y así dos amigos se articula la satisfacción cuando se les une un tercero, y aún más. El autor comenta que *los movimientos culturales,* incluso, nacen de grupos de amigos que trazan el camino a recorrer juntos. "Pero el primer gran análisis teórico acerca de la amistad dentro de la tradición occidental, escrito hace dos mil quinientos años y que todavía hoy deslumbra al lector sensible, empezaba más bien por sostener que la amistad 'es lo más necesario para la vida'. Y lo argumentaba con esta asombrosa tesis: "Sin amigos nadie querría vivir, aun cuando poseyera todos los demás bienes". A esta declaración radical de Aristóteles en el inicio del libro octavo de la *Ética a Nicómaco* añadía el filósofo enseguida que la amistad "no es sólo algo necesario sino algo hermoso".[6] Las diversas formas de philia son encontradas en el club, ya que basadas en lo placentero coexisten los lazos y se promueve la lealtad, la confianza y la franqueza. Ese tipo de vínculo se preserva, incluso, ante los avatares y se renueva en la convivencia e implica tanto don y tarea, regalo y cuidado. En las asociaciones, se encuentra la relevancia del don hacia la generación siguiente, la tarea de cuidar sus costumbres hacia los nuevos interesados y el cuidado de lo propio articulando tanto lo singular como lo colectivo.

---

[5] Serrano de Haro, A. (2004). Apuntes Filosóficos sobre la amistad. Esa comunión radical. *Revista Crítica.* 918, 18-21.
[6] *Idem.*

Tras las huellas de una tradición en la cotidianeidad

La superficie entera del club está rodeada de ventanales que permiten ver la metrópolis desde tal altura y desde allí no se distinguen ni sus barrios, ni sus suburbios, tampoco el deterioro por las crisis que azotan la región. Las luces atractivas centellean y opacan el contexto sociohistórico. Es decir, la pobreza[7] no se advierte en primer plano, tampoco la informalidad característica que resalta en las ciudades de Latinoamérica sólo es el fondo de una lejana perspectiva. En términos de Lacarrieu: "Efectivamente, Buenos Aires, que fuera la ciudad sudamericana 'más europea', en los últimos años se ha 'latinoamericanizado' simultáneamente a que el colapso socioeconómico fue profundizándose y sus calles fueron atestándose de ambulantes, indigentes, cartoneros, hechos de inseguridad. Sin embargo, tanto los imaginarios internos como externos consensúan una representación mucho más contradictoria. Aún quedan huellas de la ciudad de las luces, bien sexy y seductoramente espectacular, luces que en ocasiones mutan en apagones, momentos en que la urbe se observa ensombrecida y espanta a sus habitantes".[8]

La ubicación geográfica se podría reducir desde una explicación simplista; un punto en un superficie desde donde también se traza una determinada perspectiva y enfoque desde el cual se observa. Kandisky[9] explicó en sus tratados sobre las formas geométricas respecto del punto y línea en el plano, demostrando que el punto geométrico es invisible. De modo que debe ser defendido como un ente abstracto. Pensado materialmente, el punto semeja al cero y dice entonces, que está ligado a una concisión en tanto habla, pero con la mayor reserva, porque hasta en la escritura es un puente entre el silencio y la palabra. Aunque un punto en un mapa no es lo mismo que la posición que asume un investigador cuya mirada desde determinado ángulo traza un

---

[7] Si bien la ciudad de Buenos Aires se considera que en relación al territorio nacional y especialmente, respecto de la frontera de la General Paz ha constituido un espacio diferencial y privilegiado respecto de los procesos de desempleo del último período el problema del trabajo ha afectado su estructura productiva y por consiguiente también su fachada. En 1992, la tasa de desempleo abierto se ubicó por debajo del 5%; durante 1993 viro en aumento triplicando hacia 1995. La desocupación, en octubre de 1997 ascendió al 11,1% lo cual indica una leve disminución pero sin alcanzar los niveles precedentes. Si se estima en forma articulada con la tasa de subocupación, el 20% de la población económicamente activa se encuentra en una inserción insatisfactoria en el mercado de trabajo. Seguir con las cifras es aumentar en sufrimiento, ya que basta con apreciar el mercado laboral informal deambulando en las calles donde se venden desde fundas de celulares hasta collares, transitando los márgenes junto a los cartoneros.

[8] Lacarrieu, M y Pallini, V. (2007). *Buenos Aires Imaginada.* Buenos Aires: Secretaría de Cultura de la Presidencia de la Nación. Pág. 33.

[9] Ver Kandisky, V. (1993). *Punto y Línea sobre el Plano.* Colombia: Editorial Labor. 1993.

atisbo, que también si se naturaliza merece *reflexividad* tal como ya se ha problematizado. La complejidad interrogada en esta experiencia radica en revisar lo subyacente en la autogestión del club en torno a lo grupal.

Desde la altura del piso 21 se respira otro aire aunque al salir de ese ámbito el entorno con su contaminación ambiental y sonora irrumpe ante el primer paso que magnifica la vida cotidiana en los Buenos Aires. Se trata sólo de poner un pie en el espacio público y advertir la diferencia o deterioro urbano en sus calles. El estado de desequilibrio en el que se transita la ciudad[10] genera a sus habitantes tanto desconcierto como búsqueda del bien común. Y el descalabro social de cada día impone dinámicas complejas en los grupos y sus matrices asociativas. La heterogeneidad y los cambios recientes[11] tensan las relaciones entre fines y medios. No obstante, prevalece la supervivencia de un determinado club cuyas tradiciones aún sacudidas por diversas crisis en su historia atemperan las inclemencias del tiempo. ¿Cómo es posible que ante coyunturas críticas sobrevivan las asociaciones de colectividades? ¿Cómo se articula la cotidianidad urbana con determinadas tradiciones?

Problema: Los límites terrenales del espacio

El espacio de encuentro es el lugar central en las coordenadas espaciales del club, es un ámbito con sillones de cuero y sillas de estilo que conforman de este modo un cuadrilátero con paredes recubiertas por cuadros y óleos de Ludwig de Baviera que es una donación del Príncipe Gerog Von Waldburg, otro cuadro del revolcador del pueblo de Hamburgo en un óleo sobre tela de C.Lave. Se trata de otra donación en este caso de Hafen-Klub Hamburg y otro cuadro de Franz Defregger. Allí transitan, circulan y se encuentran a dialogar. Algunos parecen conocerse por el simple hecho de asistir siempre al mismo club, se miran, se cruzan, se saludan y simplemente comienzan a conversar. De ese modo se aproximó a mí el señor Piet Verdult, tiempo después entendí que era uno de los fundadores de la Asociación Belga, también integrante del club. Así es factible encontrar grupos de dos tres o más en situación de

---

[10] Siegfried Kracauer señala que "las imágenes espaciales son los sueños de la sociedad. Dondequiera que se describe el jeroglífico de cualquier imagen espacial, se presenta la base de la realidad social" Frisby, D. (1992) *Fragmentos de la modernidad; Teorías de la modernidad en la obra de Simmel, Kracauer y Benjamin.* Madrid: Visor. Pág. 263.

[11] En la ciudad de Buenos Aires se presenta un mapa socioeconómico diversificado y heterogéneo, fragmentado y desigual que se inscribe en un contexto general de transformación urbana asociada con la desindustrialización que ya fue planteada en el capítulo 7. En tal apartado se explicó el abandono de tal modelo durante la dictadura lo cual sucedió no sólo en el área central sino más aún de los barrios de antigua tradición industrial más próximos a ella instalándose de ese modo en la city el núcleo de la ciudad en las actividades terciarias.

diálogo por distintos sectores del espacio donde la disposición de los sillones enmarca distintos agrupamientos improvisados.

En las entrevistas y conversaciones distinguí que se trata de un proyecto que comienza a definir su identidad luego de un largo período de crisis que atravesaron cada una de las asociaciones que lo componen. Es decir, la autogestión aparece como articulación entre determinadas colectividades que ante la postconvertibilidad se plantean los modos posibles de continuidad de sus proyectos. En las distintas conversaciones se releva información respecto de las asociaciones, ya anteriormente mencionadas, y se explicita que tenían un grave problema; sus proyectos estaban quedando arcaicos con muy poca participación de asistentes a las actividades que realizaban y a la vez algunos tenían problemas financieros, dicho con sus palabras:*"Y muchos de los clubes estaban terriblemente anclados."* De un modo u otro la crisis era evidente en varios aspectos, lo que obligaba a sus fundadores a cuestionarse la existencia de los mismos o las potencialidades que podían otorgarles continuidad a las asociaciones, que perdían el esplendor de años anteriores. Así fue que entre vínculos de amistad y familiaridad, refundaron con entusiasmo la propuesta ya que, frente a la posible extinción de su tradición, decidieron convocar a sus hijos. La idea de convocar a jóvenes estuvo en relación con el propósito del despliegue de nuevas ideas para revitalizar a las asociaciones que estaban perdiendo su corazón, precisamente porque ya no había asistencia a las actividades propuestas. El Club Europeo nació como persecución de un cambio, esa modificación se percibe en la explicación sintética que enuncian a pesar de que no expresen la crisis subyacente que los atravesó. Por el contrario reluce la *semejanza* a la situación de la Unión Europea correlacionando un sistema de significaciones, lenguaje, creencias y valores. Aunque las coordenadas de los meridianos difieren notablemente.

Las fuerzas dinámicas que obraron en esta micropolítica fueron las mismas que en otras experiencias analizadas. A partir de una situación crítica se encontraron, discreparon, concensuaron y esgrimieron la cooperación ante una problemática común con determinada modalidad de asociatividad, también, jurídica. En esta experiencia los lazos sociales se configuran en torno al espacio de encuentro que las asociaciones ofrecen ya desde sus momentos fundacionales. No obstante, en el último período se encontraban *"ancladas"* según sus palabras y al divisar ese problema recuestionaron un presente en posible decadencia así como un futuro incierto. Luego de diversas discusiones encontraron un modo de vincularse con su entorno vigorizando sus asociaciones. Según sus expresiones:

> *Entonces tenemos una discusión que es distinta a la de antes, ¿no? De repente hay gente… ahora sí, la gente sabe de esto de los clubes, pero de repente había gente*

que no tenía la menor idea que existía el Sueco, o existía el Danés, y tenía esa o tal actividad.[12]

Tal como se explicita en la expresión, determinadas asociaciones no eran reconocidas ni siquiera entre sí y la articulación refunda tanto aquellos intentos particulares correspondientes a cada colectividad, como la comunicación entre ellos. Al articular intereses ven reforzada su identidad en el nuevo proyecto que les posibilita un nuevo acercamiento de jóvenes. Así es que lo expresan en su página de difusión:

Ante la necesidad de un lugar de encuentro social, cultural, empresarial y profesional para personas afines a la cultura europea, nuestra institución constituye un nuevo espacio con identidad propia para fortalecer los vínculos y relaciones entre sus integrantes, apuntando a revitalizar las formas de comunicación en las generaciones más jóvenes. Se conjugan las tradiciones europeas centenarias y costumbres nacionales junto la vitalidad y afianzamiento de nuevas generaciones.[13]

¿Cómo las tradiciones europeas y centenarias se conjugan con las costumbres nacionales junto a la vitalidad y afianzamiento de nuevas generaciones? ¿Por qué recién a partir de la conmoción de 2001 se apunta a revitalizar las formas de comunicación? ¿Cómo las nuevas generaciones pretenden articular tradiciones desde un club? ¿Cómo fortalecer una identidad articulando innovación y tradición?

Los jóvenes como promesa de un cambio

Las nuevas generaciones, entonces, constituyeron el corazón del nuevo club. Incluso son quienes se responsabilizaron y asumieron la gestión. Se encuentran allí no como promotores, animadores culturales o intermediarios culturales[14], ya que quienes emprendieron labores son descendientes de europeos. Se encuentran ahí *"por amor al arte"*. Esta nueva generación es la que piensa en actividades que identifiquen a los jóvenes, ya que las asociaciones

---

[12] Entrevista al presidente del Club Clas el 26 de agosto de 2007.

[13] Club Europeo [en línea]. [consulta: 6 de junio de 2007]. Disponible en: http://www. clubeuropeo.com/

[14] No resultan adecuadas tales categorías para pensar el modo en el que participa la clase media alta del Club Europeo que asume un protagonismo ad honorem sin pretensiones de difundir una industria cultural. Tal como lo señala Feathersone enfocando en los especialistas en esa estrecha relación entre economía y consumo que plantean el incremento de bienes así como su circuito de distribución. Ver Featherstone, M. (2000). *Cultura de consumo y posmodernismo.* Buenos Aires: Amorrortu.

preservaban las tradiciones ancestrales pero no articulaban entre sí y tampoco con las nacionales, lo cual no abría la convocatoria a otros. Es decir, no se renovaba el circuito de quienes participan ya que se trataba solo de los fundadores y sus amigos, que estaban desde hacia muchos años. La categoría "jóvenes" es un concepto relacional, históricamente construido. Es situacional, es representado, cambiante, se produce en lo cotidiano pero también puede producirse en lo imaginado, se construye en relaciones de poder y es transitorio. Desde esa limitación que caracteriza no sólo un momento de la vida sino también una energía de cambios se enuncia la pertinencia de aquellos quienes reaniman el rumbo de las asociaciones y diseñan aportes en las propuestas que el Club brinda.

Los nuevos integrantes, cuya frecuencia esta pautada, entonces arriban a lo que se denomina la *"comisión de jóvenes."* En las diversas comunicaciones me ofrecen asistir a ese espacio, ya que es el ámbito a través del cual se recibe a quienes quieren participar y es desde donde adquieren protagonismo: *"En nuestro club los socios se sienten los protagonistas."*[15] El lema referido al protagonismo en el club da cuenta de la proactividad de quienes participan en el mismo y, asimismo, ese es el espacio que tienen destinado a la recepción de integrantes. También asumen responsabilidades en la organización motivo por el cual al asistir a alguna de las reuniones se entiende también la lógica de la amistad que prima en su funcionamiento. Si bien tienen estipulado el día y horario de reuniones, no obstante, los miembros llegan antes y en ese lapso de tiempo previo esperan en el bar tomando algo. La demora propicia los encuentros, se desconoce si la circunstancia es premeditada o azarosa, no obstante, facilita el cruce e intercambios de conversaciones. Se trata de la dinámica de encuentro y quienes son nuevos empiezan a disfrutar desde ese ámbito informal. Otra cuestión a ponderar en esta descripción es que en las reuniones de jóvenes no son precisamente jóvenes, ya que las edades oscilan entre los 25 y 35 años, lo cual denota que la expresión es una categoría que opera en contraposición a la de los *"fundadores"* quienes representan lo que se podría entender como otra generación.

En el registro de una observación, la dinámica del grupo coordinada por Roberto Bauer, se inaugura luego de unas breves palabras que dan inicio a la lectura detallada de un documento preparado para el encuentro con una puntualización minuciosa de la cantidad de actividades realizadas. En este sentido, el ritmo de la lectura se da de un modo presuroso y evidencia la cantidad, si bien no innumerable, de tareas realizadas. Asimismo, se revisan los informes de las distintas subcomisiones y ante el arribo de un integrante

---

[15] Club Europeo [en línea]. [consulta: 6 de junio de 2007]. Disponible en http://www.clubeuropeo.com/

"nuevo" se propicia una conversación en este tono: *"Y lo interesante es que, cuando vienen los nuevos se presentan, y bueno se pregunta: "vos a qué te dedicas".* Según los intereses que cada cual narra, se integran al área específica donde se pueden desplegar habilidades, destrezas o gustos.

El modo organizativo que se da está pautado por subcomisiones y éstas son el modo en el cual se incluyen los nuevos socios que integran el Club, también constituye el modo de colaborar en el desarrollo de algún área en particular.[16] La modalidad es vertiginosa ya que en el encuentro se enuncian tanto los avances como los requerimientos de algunas cuestiones que explorarán.[17] Este es el mecanismo de funcionamiento interno que obra como una fuerza dinámica en tanto anuda las diversas intencionalidades de los involucrados. Así, el desarrollo se da en la asociación con el propósito de cooperar en el crecimiento de cada eje y por un gusto mutuo se integra al club, donde se disfruta con otros pero también se obra ante problemáticas comunes. Esta tradición es distinguible en el club, aunque no siempre destacable y así lo explica Beatriz:

> *Yo noto aquí, no es normal, no es común, perdón, no es algo que de ordinario suceda que una asociación responda al disfrute, al compartir. Una asociación responde a necesidades. Por ahí, las barriales, me pasa, lo que yo noto es que responden a una necesidad. No sé, nos reunimos los vecinos de tal porque queremos un semáforo y del grupo luego surge algo, pero primero hay una necesidad muy concreta.[18]*

Así también surgió este club, por una necesidad muy concreta. Sus tradiciones se extinguían sino se provocaba alguna apertura. Esto no es algo que sólo se circunscriba a la dinámica de la comisión de jóvenes sino que incluso el Presidente enuncia como una característica particular de la modalidad organizativa:

---

[16] Así es que han establecido una división entre las siguientes áreas; arte y Cultura, Fiestas y Entretenimientos, Eurolounge, Prensa y Relaciones Públicas, Ciencia, Tecnología y Ambiente, Eurobusiness, Acción Solidaria, Marketing y Publicidad, Eurotango, Política y Relaciones Internacionales, So to speak, Eu Informativo del Club Europeo y Deportes.

[17] Resulta ponderable que es rotativo tanto quién está a cargo de la subcomisión de jóvenes como del mismo Club.

[18] Coordinadora del área de Arte y Cultura entrevistada en el Club en una entrevista que fue interrumpida en diversas ocasiones ya que quienes entraban al salón, la conocían y saludaban mientras observaban el grabador con curiosidad y prestaban atención a la conversación para luego disiparse hacia otras tertulias. El encuentro fue el 27 de agosto de 2008.

> *Y bueno, acá seguro que encuentro a alguien que me pueda dar una manito y que me diga: no, tenés que hablar con fulano. Suena vulgar como lo expresé recién pero, quiere decir eso de una forma un poquito organizada.*[19]

La atmósfera no es sólo de ocio, entonces, no se asocian sólo para el disfrute sino también para el trabajo. Así es como se desprende de lo expuesto aunque resulte vulgar: *"acá seguro encuentro a alguien que me pueda dar una manito."* Por consiguiente, se intercalan también preocupaciones por quienes no asistieron a un encuentro de la comisión de jóvenes, ya que preguntan por quienes no están, e incluso, dialogan y hablan de las personas que conocen en común y que posibilitan un vínculo con el club en un tono amigable. Es decir, es frecuente recibir mensajes de los ausentes con anuncios de sus motivos. Así como reciben y expresan los saludos desde otras latitudes. El encuentro de la denominada comisión de jóvenes se caracterizó en un determinado momento por una vorágine de eventos que describían y leían y los *"nuevos"* se entusiasmaban. Se podría conjeturar que al ser espectadores, se genera cierto efecto de contagio que los motivaba no sólo a adherir al club sino a *"comprometerse"* también en esta experiencia y pretender asumir algún protagonismo. Al finalizar un determinado encuentro, quien participa por primera vez, es invitado a exponer en breves palabras las inquietudes que lo acercaron. Y con timidez, un hombre expresa; *"Tienen muchos eventos sociales muy buenos yo me sumé por eso y supongo que muchos están interesados por eso y ese es mi caso."* Otro explica; *"El club es un lugar para colaborar y disfrutar, eso fue lo que me convocó a mí."*

Las discrepancias también son parte de la reunión,[20] donde se dirimen cuestiones heterogéneas que convocan también a la reflexión, entre las cuales se encuentra el modo de presentarse frente a otros. Ante la posibilidad de participar de un evento denominado *Expotrastienda*, donde resultaría propicio exponer un stand del Club, porque se trataría de una oportunidad para difundir sus propuestas, destacan: *"es importante que no exista sólo una bandera, tenemos que estar nosotros también porque no somos sólo una bandera, tienen que estar lo nuestro."* La coordinadora del área de Arte y Cultura, encargada de esa actividad, explica que planificaron una muestra de óleos con artistas plásticas. Hay una preocupación por demostrar su producción estética articulada a sus tradiciones, costumbres y modos de apreciar el arte, y no sólo de hacer flamear banderas como únicos símbolos.

---

[19] Entrevista realizada al presidente del Club, Clas, el día 26 de agosto de 2007, aunque cabe destacar que el directorio es rotativo y si bien se encuentra integrado por todos los presidentes de cada club cambian en un mecanismo de rotación donde cada presidente de cada asociación asume la gestión también del Club por un determinado período.

[20] Observación de un participante de la reunión del 14 de septiembre de 2007 en el club.

Se trata de un formato para las nuevas generaciones donde los lazos, entonces, se entraman de un generación hacia otra como si actuará una temporalidad que se resignifica. Existe un eje intergeneracional que marca las diferencias entre jóvenes y socios fundadores pero también se avalan las acciones de los primeros, que se encuentran respaldados y legitimados. Incluso hay un núcleo paterno-filial en el que se inscriben algunos de los jóvenes del club, ya que son hijos de los socios fundadores de las asociaciones. De algún modo se supone la herencia y la posibilidad de transmisión generacional, la existencia de un tiempo sucesivo y regular en el que transcurre dicha transmisión. Los lazos producen una filiación duradera ya que marcan pertenencias hacia las colectividades y habilitan la transferencia de lo heredado.

La transmisión obra porque se encuentran dos términos involucrados: los adultos mayores, socios fundadores, y los jóvenes, como promesa de un cambio respecto del futuro. En esta perspectiva se filia a los integrantes del club a una trama vincular, la correspondiente a las nacionalidades de las cuales provienen los fundadores, la de sus colectividades y sus asociaciones. Y también se entrelazan las costumbres ancestrales con las nacionales, la tradición con la innovación, lo culto y lo popular, en una trama que conecta la ópera[21] y el tango[22] a escasos metros de la denominada city porteña.

Propuesta de intervención: Un intercambio moderado de información

El lenguaje interviene no sólo para posibilitar la comunicación, incluyendo los malos entendidos, también convendría recordar la existencia de tantas ideas como palabras para expresar sentidos colectivos y modos de expresión. Aunque a veces la vida dificulta la expresión de la misma ya que inefable no logra ser conceptualizada.[23] Un *efecto de distanciamiento* también implica recordar que existen mundos detrás de la música de las palabras y que en los

---

[21] *Vamos a la Ópera* es una actividad que se realiza con una frecuencia mensual coordinado por Beatriz Acosta e incluye la siguiente propuesta grupal programada a los fines de apreciar propuestas culturales tales como *La Traviata* de Verdi, *Carmen* de Bizet, *Lucía di Lammermoor*, de Gaetano Donizetti, *Las bodas de Figaro* de Mozart, *Cecilia*, de Lucinio Refice, *Iphigénie en Tauride*, de Christoph Gluck, *El barbero de Sevilla*, de G. Rossini, *La Flauta Mágica* de Mozart, *Attila* de Verdi, *La Bella Durmiente* de P. Tchaikowsky, *Los Bandidos*, de Giuseppe Verdi, *Tosca*,de G. Puccini, *Fidelio* de Ludwig van Beethoven.

[22] *La milonga After Office* es una de las actividades de mayor convocatoria, con su estética fileteada invita a bailar los viernes por la noche.

[23] Los estudios sobre el lenguaje en el campo de la psicología han tomado aportes de perspectivas teóricas disímiles que oscilan desde estructuralistas como Saussure hasta la pragmática lingüística de Wittgenstein o la citada obra de Foucault sobre las palabras y las cosas y en todas

idiomas no sólo se transportan categorías sino cosmovisiones, gestos y formas. En estas latitudes se piensa en español en detrimento de otras lenguas. En el club se recuerda que el español no es la única, y por lo tanto, se crea un espacio de encuentro para la preservación de otras tradiciones existentes. Se trata de un grupo que practica la conversación de idiomas; tertulias. Las reuniones se plantean como semanales y se practican las siguientes lenguas; alemán, francés, holandés, inglés, italiano, portugués y español.

Si bien parece un eje central, la práctica del idioma se presenta como una posibilidad para interactuar y conocerse. La propuesta se realiza en el bar del club, allí se reúnen doce personas aproximadamente. En tal ocasión, asisto un miércoles por la noche y en la práctica se mezclan otros porque hay canadienses, italianos, mexicanos, franceses, argentinos y australianos en esta ocasión. Hablan en subgrupos de dos o tres personas. Da la impresión de que se conocen desde hace mucho tiempo y que frecuentan el ámbito. Toman té, cervezas, comen bocaditos y papas fritas. La atmósfera parece la de un típico bar. Luego de un tiempo de observar, entiendo la existencia de un sujeto que intervine en la dinámica de cada subgrupo y circula como moderador.

El moderador coordina el grupo pero de modo tal que no resulta el centro de atención ni ejerce un fuerte liderazgo, incluso pasa inadvertido en el grupo y su tarea consiste más bien en posibilitar los nexos de diálogo entre los participantes. Los que asisten no se conocen de antes aunque el clima de diálogo indique lo contrario. El moderador conoce esta circunstancia, que ante un observador externo, en primera instancia, no resulta relevante. Así opera como un facilitador del diálogo, es decir, se acerca a los grupos motivando presentaciones entre quienes no se conocen a modo de establecer acercamientos. Así se aproxima a mí y me explica la dinámica habitual. Se trata precisamente de que se conozcan quienes asisten a veces, siempre o circunstancialmente y que puedan dialogar e *"intercambiar información informal que no se encuentra en las guías"*. Algunos requieren conocimientos sobre la ciudad, sus circuitos y su vida, y otros llegaron para quedarse a vivir y quieren entender los códigos informales de nuestra cultura.[24]

El moderador articula al modo de un coordinador grupal, no actúa como un responsable de todo lo que acontece en el grupo aunque asume

---

las corrientes se ha planteado la existencia de *tramas* del lenguaje. Lo cual supondría por un lado, la posibilidad de clasificación de las experiencias y por otro, la confesión lingüística ha presentado la escasez de palabras para nombrar la gestualidad humana. Se ha denominado lo *inefable,* aquello que desborda el lenguaje en lo real e incluye matices diversos que refieren no sólo vibraciones acústicas sino también anímicas.

[24] Ver Certeau, M. de. (1999). *La invención de lo cotidiano*. México: Universidad Iberoamericana. Pág.105. Los recorridos que transitan y conforman los caminantes rompen la estructura unívoca de la ciudad moderna, y se van configurando como caminos de deseos y placeres, con un conocimiento tan ciego como en el cuerpo a cuerpo amoroso.

su compromiso ante el rol pero de algún modo esta ahí sin que se destaque su presencia. Es decir, entre la insinuación y la sugerencia, su responsabilidad consiste en estar detrás de los acontecimientos que facilita pero no los provoca, sólo los guía. De un modo particular se aproxima a quienes están en los márgenes del grupo y mientras intenta conversar con ellos, paulatinamente, los integra al resto del grupo. Entiende que los umbrales también configuran un espacio de participación. En este sentido, no busca que se homogenicen todos al mismo modo o forma de intercambio sino que posibilita que cada cual a su tiempo esté presente con otros sin estar conducido por pautas o consignas establecidas. Por el contrario, su rol habita una tensión entre la propuesta y la espera. Se podría decir que percibe la estructura armónica presente en un grupo percibiendo las singularidades de cada uno de los participantes y respetando los tiempos de interacción. Existe algo que los convoca, la tarea que los congrega en el deseo de estar, practicar un idioma y conocer a otros e intercambiar códigos informales. Tampoco se trata de un proceso autorregulado y autónomo ya que el grupo está inscripto en determinado encuadre donde se percibe un grupo, aunque albergue la diversidad, y un modo de grupo que se aleja de lo que podría ser una representación homogénea y anónima. La explicación sobre el rol del moderador posibilita entender la empiria recurriendo a las teorizaciones sobre el campo grupal a los fines de distinguir en la experiencia analizada la existencia de los lazos en una determinada tertulia moderada.

Se teorizó sobre el grupo como un campo unificado durante varias décadas y recién al retorno de la democracia se incorporaron perspectivas teóricas regionales[25] que instalaron la idea de *multiplicidad* en torno a lo grupal. En este sentido, se trata en cierto modo de esa dimensión donde existe una superposición de voces y actos, de tonos y de modulaciones que construyen en todo caso una unidad de lo múltiple pero nunca un campo unificado. En esta experiencia, cuando se analizan los intercambios de sujetos en un grupo y se centra la atención sobre el rol del moderador, se puede encontrar la polifonía de voces en un diálogo simultáneo en pequeños grupos. Se encuentran dispersos en el espacio en distintas configuraciones reinscribiendo relaciones donde se superponen enlaces comunicativos en situación de grupo. La tarea del moderador es estar atento a los acontecimientos y no pretender develar ninguna verdad profunda sino que está presente para facilitar el intercambio entre quienes participan, para lo cual intenta leer lo que se presenta en la

---

[25] Luis Herrera afirma que lo grupal necesita fundar su propia crítica; de lo contrario las experiencias grupales corren un riesgo: no pasar de las gesticulaciones artesanales a un trabajo de producción reflexionada. La escritura sobre lo grupal no interesa si reincide en un mito cierto e idéntico a sí mismo, pero importa si rescata las prácticas grupales a partir de la interrogación de sus actos. Ver Herrera, L. (1985). *Lo grupal 5*. Buenos Aires: Edit. Búsqueda.

inmediatez que no se trata ni de un intento de organizar, ni de liderar, sino de estar facilitando las condiciones de intercambio. Es decir, atiende la lógica, esa improvisación que se da en ese encuentro específico al que asiste. El moderador está implicado, así que también produce sus juegos identificatorios pero no como propietario de lo que acontece y de lo que sucede en los grupos que están ahí sino que interroga lo obvio facilitando el diálogo.

La integración de los extranjeros

La integración parece ser el eje del club, motivo por el cual se analiza el concepto y sus problemáticas adyacentes. Por un lado, se encuentran en las entrevistas expresiones donde se enuncia que actualmente el club pretende *"integrar a los extranjeros"* que se encuentran en la ciudad y por otro, las asociaciones que lo conforman desde su fundación se proponen *"transmitir sus costumbres"*. Asimismo, se propone cierto tipo de adaptación haciendo referencia a lo que los inmigrantes mismos vivieron al arribar a otro continente y sociedad que los albergó. "Los inmigrantes iban a estar presentes en todos los niveles de la actividad económica y en todos los niveles sociales. A diferencia de lo que ocurría en otros países donde los inmigrantes se encontraban en general, en los estratos más bajos de la sociedad, en la Argentina, eran muy significativos entre los obreros pero también entre los empresarios, entre los jornaleros rurales y los propietarios, en especial medianos y pequeños. Estaban bastante presentes, asimismo, entre las profesiones liberales de médicos a arquitectos, de profesores universitarios a maestros de escuela. Esa situación era el resultado de que los inmigrantes no habían llegado a un país con un Estado ya estructurado sino en paralelo con su conformación. Esa heterogeneidad social y omnipresencia en los sectores de actividad no implicaron que los inmigrantes se disolvieran en la nueva sociedad".[26] Actualmente, el Club Europeo es también producto de tal anhelo de integración ya que las actividades que realizan generan puentes e intercambios tanto entre Europa como entre las asociaciones locales que lo componen y la ciudad en la que se emplazan. Así se distingue que pretenden *"un espacio de integración"* donde encontrar *"una telaraña de vínculos"*, según expresiones del Presidente, quien describe así a la dinámica asociativa que tuvieron desde sus inicios fundacionales donde los inmigrantes fueron quienes le dieron razón de existir a las asociaciones.

Generalmente, cuando se habla de procesos en los que se producen encuentros de culturas o instancias de extranjeridad se recurre al vocablo de la

---

[26] Devoto, F. (2011). Doscientos años llegando. En *Nuestra Cultura*. 9, 10.

integración en tanto aquello que se debe alcanzar. Es decir, está cargado de un tinte valorativo en términos de una moralidad que inviste a la categoría como si fuese aquello que se presenta como ideal. Aunque un ideal siempre implica un nivel de sufrimiento por parte de quienes se deben adaptar algún modelo o patrón. ¿Quienes integran las asociaciones se adaptaron a una cultura que les fue ajena? ¿Por qué ante las crisis se responde con asociaciones? ¿Las asociaciones se gestaron para evitar el sufrimiento que albergan, ya que no podrían vivir como en Europa? Se podría inferir que se encuentra encubierta la idea de que existen normas, valores, códigos característicos de una colectividad, etnia o grupo que da cierta pertenencia a quienes la comparten y excluye en cierto sentido a aquellos que no comparten tales símbolos. Tal conjetura se presenta complejizando la cuestión. El problema remite a la "ciudadanía como pertenencia, es decir, inclusión cultural, que se enfrenta, simplemente por estar con toda otra forma de inclusión cultural que no sea la propia. Es el problema de la identidad, que implica la contextualización y la vinculación con una tradición, un lenguaje, un territorio".[27]

En las asociaciones que conforman el club se trata específicamente de grupos que se identifican con otras nacionalidades, extranjeras a los límites terrenales donde viven como ciudadanos. Es decir, lo que cohesiona está signado por su pertenencia a asociaciones que se identifican con nacionalidades europeas. Asimismo, las mismas fueron formadas por una población de inmigrantes que llegó a principios de siglo dándole origen en distintos momentos al Club Alemán en Buenos Aires, Asociación Belga en Buenos Aires, Club Francés, Asociación Holandesa, Club Danés, Club Sueco, Asociación Argentino Austríaca, Club Español y Círculo Italiano. El sentimiento de pertenencia de los miembros ante tales asociaciones es factible de encontrar en torno a su filiación. Entonces, si se reflexiona sobre la idea de integración se trata de que los miembros de tales colectividades podrían pensarse como partícipes respecto del conjunto de la sociedad receptora. Aunque resulta necesario realizar otra salvedad; cada colectividad no se funde o confunde en otras porque no constituyen unidades homogéneas. Es decir, la integración de tales colectividades y los lazos que se entramaron en la sociedad argentina a la cual se incluyen no implica unión sin distinción de sus rasgos identitarios. En tal perspectiva operan las asociaciones como ámbitos de pertenencia. En el club se aloja lo ajeno pero sin olvidarse de lo propio.[28]Así es que los modos de albergar a los extranjeros en la Argentina se encuentra signado por

---

[27] Cullen, C. (2007). La ciudadanía como responsabilidad. La forma interpelada de la ciudadanía. En *El malestar en la ciudadania*. Buenos Aires: La Crujia.Pág.42.

[28] "El que una decisión sea "propia" o "ajena" depende de la legitimidad que tenga o, en otras palabras, de su grado de consistencia con la cultura propia del grupo."Bonfil Batalla, G. (1991) *Pensar nuestra cultura*. México: Alianza Editorial. Pág. 54.

el recuerdo existente en los fundadores o miembros de las distintas asociaciones que conforman el club respecto de su arribo también como extranjeros a estas latitudes. Así se encuentra una analogía con respecto a la contemporaneidad en la que se pretende albergar a los que llegan a la ciudad de Buenos Aires para pasear o vivir desde que la misma devino en un circuito turístico[29] promovido por distintos organismos a partir del fin de la convertibilidad. En las entrevistas, se rastreó que se destaca un tono significativamente entusiasta y receptor. "Aparece, por un lado, como lo seductor, como brindando la posibilidad de escapar a las rutinas y los hábitos pesados, la posibilidad de enriquecimiento y estimulación, de aventura y novedad".[30]

Las conceptualizaciones teóricas en torno al vocablo integración tienen un uso diverso pero resulta pertinente su precisión para entender los mecanismos de lazos entre sujetos que fundan asociaciones y este *"club de clubes"*. La categoría convendría utilizarla pero evitando que se use como sinónimo de asimilación con connotaciones coloniales o etnocéntricas porque eso atenta contra el bien común explicitado previamente. En términos de Cohen,[31] es preferible tal término a otros como "asimilación" o "inserción" que, según Héran,[32] reflejaban un proceso gradual en tanto se referían a la acogida en el mundo profesional. La idea de integración remitía a un conjunto de dimensiones económicas, sociales, culturales, cívicas sin que esto suponga el abandono de las identidades ya que hablar de asimilación supone un cambio completo de cultura. En esta perspectiva asimilacionista encontramos a Taguiff y Weil[33] que explican la integración y postulan la tendencia de las culturas a asimilarse y comunicarse. De modo tal que se prefiere pensar como un proceso interaccionista, donde se supone que los distintos grupos que están inscriptos en las asociaciones de colectividades no dejan sólo de preservar su cultura de origen para convertirse en culturas de aportación. En este sentido, hay quienes prefieren pensar la integración como procesos de hibridación. En términos de Canclini[34] hibridación refiere a procesos socioculturales en

---

[29] En el último período se ha notado un creciente interés en visitar los espacios urbanos representativos de épocas y culturas distintas, dando lugar a lo que se conoce como "turismo de ciudad o urbano." Asimilado en parte por otras expresiones como turismo cultural, turismo de circuitos. Ver Gotham. K (2005) "Tourism from Above and Below: Globalization, Localization and New Orleans´s Mardi Gras", Internacional Journal of Urban and Regional Research. 29, 309-26.

[30] Zamora, J. (2003). *Ciudadanía, multiculturalidad e inmigración*. Navarra: Verbo Divino.

[31] Ver Cohen, J. (1999). Intégration: théories, politiques et logiques d'État. *Immigration et intégration: l'état des savoirs*. París: Éditions La Découverte.

[32] Héran, F (2002). Les recherches sur l'immigration et l'insertion: avancées, débats, perspectives. *Immigration, marché du travail, intégration*. París: La Documentation Française.

[33] Taguiff, P. A. y Weil, P. (1990). Quelle politique pour l'immigration? *Espirit*, 12.

[34] Canclini, N. (2001). *Culturas híbridas, estrategias para entrar y salir de la modernidad*. Buenos Aires: Paidós. Pág.12.

los que estructuras o prácticas discretas, que existían en forma separada, se combinan para generar nuevas estructuras, objetos y prácticas. A su vez cabe aclarar que las estructuras llamadas discretas fueron resultado de hibridaciones por lo cual no pueden ser consideradas fuentes puras.

Se podría pensar en tal movimiento al momento de encontrar la relación que se establece entre el respeto de la tradición de la ópera y el interés ante la popularidad del tango. La perspectiva conceptual más oportuna para este trabajo es aquella donde prima la idea de adaptación mutua en tanto se acuerda, pacta y se generan encuentros; saberes cruzados. De ese modo se da la combinación entre vibraciones musicales disímiles como las enunciadas. Se trata de una tendencia de integración donde se valoriza el respeto a la diversidad como la que se propone en Malgesini y Giménez: "el proceso de adaptación mutua de dos segmentos socioculturales mediante el cual: la minoría se incorpora a la sociedad receptora en igualdad de condiciones, derechos, obligaciones y oportunidades con los ciudadanos autóctonos, sin que por ello suponga la pérdida de sus culturas de origen y la mayoría acepta e incorpora los cambios normativos, institucionales e ideológicos necesarios para que lo anterior sea posible". [35] Mientras que se concibe que los inmigrantes fundaron las asociaciones y filian a las nuevas generaciones a formar el club, la adaptación mutua, se entiende, continúa vigente aun en los procesos de interacción, en su ámbito de sociabilidad. En esta experiencia, los lazos, entonces, se entraman articulados por una cultura de filiación que opera facilitando los vínculos entre los sujetos que conforman los clubes. El potencial asociativo le otorga una expansión y crecimiento tanto al interior de cada asociación particular como en la red que establecen. La trama, se trata de una construcción compleja social, abierta y relacional donde se articula la pertenencia grupal sin exigir que la misma sea exclusiva y única. Las redes expresan así la relación entre sujetos localizados en diversos puntos geográficos insertos en el circuito con intercambios que generan determinada concatenación de procesos. Así lo expresa el Presidente:

> *La identidad propia es multifacética cuidando que cada uno preserve lo suyo y que todos podamos ir a la casa de otro, es decir, a otra asociación, ahí está el encanto y eso es tal vez lo que tuvimos como visión en aquel momento; ¡Unámonos! Eso es lo que vimos en aquel entonces. Porque somos un montón de clubcitos que cada uno por la suya no somos muy fuertes y ahora en la unión se ha dado muchísima fuerza.*[36]

---

[35] Malgesini, G. y Giménez, C. (2000). *Guía de conceptos sobre migraciones, racismo e interculturalidad.* Madrid: Ediciones La Catarata. Pág.251.

[36] Entrevista realizada al presidente del Club, Clas, el día 26 de agosto de 2007.

Los procesos de migración que dieron origen a las asociaciones estuvieron imbuidos de cambios de sistemas sociales y culturales de referencia entre el lugar de origen y el de destino. Estas transformaciones requirieron de procesos que no se redujeron solo al cambio de un traslado físico sino que se trataron también de cambios que afectaron incluso a más de una generación. El desarraigo que implicaron los flujos migratorios de principio de siglo condensó la inestabilidad y vulnerabilidad de pueblos, que se vieron obligados a cambiar de país y arribar a la Argentina en situaciones muchas veces desfavorables. Así es que se requirieron de códigos informales, aquello que no se encontraba en las guías pero constituía un proceso de aprendizaje para sobrevivir en un entorno diferente. No obstante, precisamente la trama de amistades, *"esa telaraña de vínculos"*, les posibilitó desarrollar una vida alejada de su país, sus costumbres, hábitos y paisajes. Muchos de los que arribaron se sintieron desorientados en el nuevo continente y las asociaciones les permitieron encontrar un ámbito de referencia. Quizás este fue su mayor objetivo, junto al de generar cierta integración de los inmigrantes. La mayoría de ellas preservó cursos de idiomas, espacios de tertulias para practicar la lengua, permitiendo de este modo el intercambio de vivencias, conocimientos, respecto de la comunidad lingüística, y a los fines de darle continuidad al contexto de procedencia fundaron también sus asociaciones. Ya que se sabe que el aislamiento comunicativo es generador de cierta inestabilidad psicosocial que trae aparejada para los sujetos una especie de dislocación entre la cotidianeidad y su tradición. Ya que la identidad se afirma en un cúmulo de expectativas propias pero también de otros que dirigen a los individuos tensionando las necesidades propias y los deseos que existen entre el reconocimiento y la afirmación del contexto en un sistema simbólico que se sostiene desde el lenguaje y que en los procesos migratorios se pierde. Las asociaciones preservaron sus espacios desde la amistad. Así, luego de la debacle de 2001 ya descripta, el Club Europeo revitalizó *"por amor al arte"* su espíritu asociacionista para reactualizar sus tradiciones.

Cuestión de perspectivas

En esta experiencia se distingue la prevalencia de determinada visión europeizante que dibuja un territorio de extrañeza en tanto no consiste en la propiedad natural de una persona o grupo, ni en una relación objetiva entre personas o grupos, sino que es un axioma que se basa en cierta atribución que se adopta como un criterio sobre determinados rasgos diferenciales. De algún modo opera como línea divisoria. La pregunta a complejizar podría explicitarse del siguiente modo: ¿Cómo son pensados los extranjeros desde la postconvertibilidad; se los identifica como turistas o se continúa sosteniendo el ideal de una ciudad con capacidad de albergar a los foráneos, especialmente europeos? La construcción de la idiosincrasia que remite "*a los extranjeros a quienes integrar*" supone la selección de algunas diferencias como base para la identificación de un sistema de acción vinculante. ¿Quiénes son valorados positivamente? ¿Aún prevalece una visión europea de la ciudad?

Las asociaciones promueven la pertenencia a una comunidad definida en términos de cultura, historia, lengua o tradiciones compartidas. Es decir, por la pertenencia a una comunidad territorial, lingüística o cultural portadora de valores y sentido, que posee raíces y crea vínculos entre sus miembros capaces de sustentarse bajo la forma simbólica de un club. La cuestión que aún no se ha dirimido y se torna un interrogante a plantear al modo de una reflexión se circunscribe sobre los modos en que la cultura europea se presentó en esta sociedad, lo cual provocó un enfrentamiento entre la barbarie y la civilización, entro lo bueno y lo malo, lo pagano y lo cristiano, lo culto y lo popular todavía vigente.

La historia, se sabe, no sólo ha tenido problemas de peinetas que no entran en los marcos de las puertas, sino que también incluye el problema de "*vender espejitos de colores*".[37] Es decir, *gestos* y *formatos* que no condicen con los conflictos territoriales en el que se emplaza la complejidad de América Latina. Si bien se dice que si se ignora la historia se corre el riesgo de repetirla, pero no por conocerla se sabe que es lo que se debe hacer. Se supone que no se trata sólo de que se obedezca a un sistema cronológico de fechas sino de visiones que, inmiscuidas en la cotidianeidad, son tan arbitrarias como el sitio que se elige para ubicar un punto en un plano para trazar una perspectiva y desde ahí una mirada. En el proceso de refundación del club se identificó una coyuntura crítica como en las otras experiencias analizadas, donde las tramas vinculares amortiguaron las vicisitudes sociohistóricas. El grupo también se asoció por un problema subyacente y ante la adversidad encontraron una alternativa, advertidos del contexto, actuaron *micropolíticamente*.

---

[37] "El carácter europeo de Buenos Aires llegó a asumir la estatura de un mito. Piedra de toque en la convicción acerca de la excepcionalidad de esta ciudad en el contexto latinoamericano o consigna para repudiar su desinterés manifiesto por el país y el continente que deja "a sus espaldas," el carácter europeo de Buenos Aires había quedado, hasta hace poco tiempo, preservado en las principales representaciones de la ciudad, como si fuese un dato de la realidad cuya evidencia urbana, histórica o cultural no mereciese discusión." Gorelik, A. (2004). *Miradas sobre Buenos Aires*. Buenos Aires: Siglo XXI Editores. Pág. 72.

"Un motivo notorio me veda referir la pelea. Básteme recordar que el desertor malhirió o mató a varios de los hombres de Cruz. Éste, mientras combatía en la oscuridad (mientras su cuerpo combatía en la oscuridad), empezó a comprender. Comprendió que un destino no es mejor que otro, pero que todo hombre debe acatar el que lleva adentro. Comprendió que las jinetas y el uniforme ya le estorbaban. Comprendió su íntimo destino de lobo, no de perro gregario; comprendió que el otro era él. Amanecía en la desaforada llanura; Cruz arrojó por tierra el quepis, gritó que no iba a consentir el delito de que se matará a un valiente y se pusó a pelear contra los soldados, junto al desertor Martín Fierro."

JORGE LUIS BORGES

12. Culminación con tributo a la ética

En el desarrollo de de este libro se analizaron diversas experiencias, se focalizó en los modos de autogestión ocasionados en los procesos grupales en la ciudad de Buenos Aires. A la pregunta respecto a si los clubes o centros culturales resultan espacios de sociabilidad se respondió afirmativamente, y que persiguen el *bien común* en una trama de relaciones. También a su inversa, es decir, la asociatividad propicia espacios delineados para tal fin; *"por amor al arte."* Las experiencias estudiadas no son un simple reflejo del orden de cosas, sino que el análisis permite entender tanto la particularidad de cada una como visibilizar rasgos generales, es decir, compartidos, incluyéndose así a un modo de habitabilidad en Buenos Aires. En este sentido, la exploración situada en una urdimbre de significaciones dilucidadas contempló tanto el registro como el análisis e interpretación de determinadas expresiones que operan metafóricamente a partir de entender tramas de significación superpuestas. Al establecer relaciones y seleccionar entrevistas, y transcribir textos, el pensamiento y la reflexión sobre mi trabajo reveló también una cartografía inusitada; vecinos, amigos y artistas me confiaban información porque también me conocían, a veces por circunstancias previas al desarrollo del trabajo de investigación y otras por redes de amigos o conocidos. Eso facilitó una determinada confianza para el trabajo ya que la mayoría de las veces atesoran la documentación en sus casas, además de diversas anécdotas.

Los amateurs; artistas, vecinos y amigos aún seguían preservando documentos en sus casas y los compartían conmigo, y también en ese legado había algo de sus *"almas"* que no se subsumían a las lógicas del mercado y resultaba paradójico que aunque constituía material valioso para diversas instituciones estatales preferían conservarlas de otro modo por miedo al descuido, extravió o desvalorización. De ese modo, material relevante, incluso, era atesorado con cariño junto a fotografías, lo cual resultaba significativo. Si bien algunos se fastidiaban con la burocracia y con diversas formas de gestión, encontré que en verdad parecía que temían a los fines para los cuales podrían ser aprovechados por las lógicas administrativas o políticas. Se desprende de lo expuesto que los actores sociales no es que desconocen esa matriz abstracta del Estado o incluso, administrativa. Mientras los archivos estaban incompletos y las bibliotecas tenían un agujero respecto de la información sobre las expresiones artísticas locales, los grupos conservaban material histórico a pesar de que la dictadura terminó en 1983. Ese vacío en la historia se articulaba también con las modalidades de relación en los grupos analizados. Finalmente, incluso, sin pensarlo, elegí experiencias que por una serie de circunstancias tenían un respaldo jurídico que los sobresaltos históricos —incluida *"la formalidad escolar"* de mi trabajo— no podría perjudicarlos.

Los grupos con capacidad para autogestionar espacios, clubes, centros culturales me habían transmitido también una herencia. Ya que no eran sólo gestos, sino códigos establecidos con una multiplicidad de aristas complejas, a veces, no explícitas. No sólo se trataba de entender lo visible, se trataba de una gramática social con un sistema de discursos sociales que al analizarlos encontraba modos de rescatarlos de sus ocasiones perecederas. Las elecciones de los fragmentos de entrevistas o diverso material que se expuso remite constantemente no a una cronología histórica, sino más bien a su lógica de pensamiento. Así se explica que cada momento significativo en las experiencias (se trate de los talleres, los eventos artísticos, las noches de tertulia, las performances, las asambleas donde se toman decisiones, la difusión de boca en boca, programación, u otras) está inserta en un modo cooperativo o asociativo de trabajo con otros, que se ha denominado como un gusto mutuo. Cada experiencia en su propio nivel gestaba un espacio cultural, un ámbito para el encuentro con otros, que si no podía aproximarse a lo que un centro cultural o club significa —y unos pocos de los más idealistas lo lograban—, podían al menos intentar crear hasta cierto punto un ámbito propicio para el desarrollo y tratamiento de problemáticas comunes que las *"formalidades escolares"* no contemplaban. En términos de Cullen[1] el mundo moderno como dirá lucidamente el Rosseau educador, escinde al hombre del ciudadano, al Estado de la naturaleza o al Estado social o civilizado. Lo que importa es que la ciudadanía es ingreso a un orden social construido desde un acuerdo o pacto entre individuos libres. La ciudadanía, en este sentido, es una elección, es el resultado de una acción que consiste básicamente en defender el derecho natural que cada hombre tiene. Es una cesión de la ilimitación de este derecho, para adquirir nuevos derechos en el orden social así construido. Es decir, la ciudadanía deja de ser una categoría ético-política y pasa a ser una categoría solamente política, pero en un sentido instrumental. La separación

---

[1] Cullen, C. *El malestar ...*, *ob. cit.* Pág.31.

de la ética y la política se ha consumado. Justamente en el debate contemporáneo, como lo hemos señalado, se busca suturar ese corte, planteando la necesidad de bases normativas para el pacto o para la autolesgislación soberana del pueblo. En este contexto surge la escuela moderna, con el mandato claro de socializar a los individuos naturales, sacarlos del estado de naturaleza, incorporarlos al orden social. El tema es que esta socialización no puede ir contra el derecho natural; tiene que reconstruirse de modo tal que se respete esa dignidad, no sometida a ningún orden social determinado, pero que termina postulando una homogeneidad abstracta, que legitima las dificultades sociales porque en definitiva, se la liga a la lógica de la producción y de los lugares sociales (relacionados con la competencia y los méritos). Esto es enunciado desde el inicio en el capítulo metodológico en el cual se narra la distancia entre el sujeto con un *"compromiso"* y el atravesado sólo por una *"formalidad escolar"* ya que pareciera que se desdeñan esos ámbitos donde lo político es funcional a los fines del Estado desde una lógica partidaria pero sin una mayor complejización de la dimensión política en virtud de la posibilidad de una determinada transformación social. Las experiencias se encuentran así en tensión entre ambas fuerzas; las formales e informales.

Entre roles, credenciales, contratos y pactos

El análisis a través de la dimensión espacial en la que se situaba cada experiencia, ya sea una asociación de colectividades, un club barrial deteriorado, un parque público abandonado, una industria en quiebra, permitía ahondar en los modos de lazo social al autogestionar cada experiencia cultural analizada. Así se podría decir que encontraba en algunas un modo nítido de estructuras jerárquicamente demarcadas coincidiendo con las credenciales correspondientes y en otras había un desfasaje entre lo enunciado y lo valorado en cada grupo. Lo recurrente en cada experiencia se distinguía más bien como un sistema de legitimación de roles y liderazgos por *"compromisos"*. La legitimación de cada rol en los grupos se ejercía por la capacidad para la toma de decisiones en situaciones conflictivas donde existía un aval en cada grupo de las personas en cuestión. Se trataba de la acumulación de destrezas, e incluso adquiría más relevancia que las credenciales que podían portar. En cada experiencia, los registros implicaron descripciones y análisis pero sin codificar regularidades abstractas, sino generalizando a partir del estudio sistematizado. Las observaciones participantes y la cantidad de entrevistas realizadas tuvieron una periodicidad y un tiempo de dedicación distinta según lo requerido en cada experiencia, además de mi "estar" previo. Es decir, no se comenzó con una serie de procedimientos establecidos para la elaboración de entrevistas dirigidas sino se partió de observaciones con el propósito de lograr inferencias al modo de presunciones que se indagaban y paulatinamente se sistematizaban.

El análisis en torno a la interpelación de mi rol resultó un modo también de entender estructuras conceptuales sobre la perspectiva de los amateurs. Así se planteó en una entrevista en un tono provocativo, aunque conocían que mi tarea se realizaba en el marco de la Universidad de Buenos Aires: "*¿Y específicamente cual es tu contrato para esta tarea?*" En la transcripción de la entrevista me encontré dando explicaciones respecto del modo en el que comencé a trabajar *ad honorem* en la Universidad durante los cinco primeros años y luego presentando un proyecto que posibilitó la calificación para el Doctorado. Me precipité a dar explicaciones respecto de la situación de la universidad y de lo que se ha denominado el movimiento de jóvenes científicos precarizados,[2] creado a partir de la evaluación de precariedad en el que se encuentra el sistema de investigación en Argentina en esa franja etaria. La desconfianza fue una atmósfera a disipar pero también los fines para los que se realiza una investigación, motivo por el cual expresaban: "*Bueno, así como estuviste tanto tiempo* ad honorem, *también estamos acá por honor, por lo público, y el aporte de tu trabajo no puede ser para unos pocos que saben mucho sino para unos muchos que saben poco.*"[3]

En las experiencias que tomé como estudio, e incluso en aquellas que luego no seleccioné, encontré en reiteradas y disímiles circunstancias que descreían del experto, aquel que realiza una actividad sin entenderla en su conjunto. Es decir, se sostenía una mirada crítica hacia el técnico y también hacia el gobierno pero como matriz abstracta, más allá de la gestión de turno ya que aparecía enunciado como desatento respecto de lo que sucedía en el territorio. Es decir, suponían que tomaban decisiones afines a una realidad o cosmovisión europea pero no situada en articulación con las particularidades

---

[2] Se trata de un movimiento (JCPs) que nuclea a jóvenes becarios de organismos de investigación científica de todo el país que pugnan por la mejora de las condiciones precarias en que desarrollamos nuestras actividades. A partir de nuestra experiencia de socialización y cooperación entre becarios, los JPCs adoptamos como uno de nuestros lemas centrales: "Investigar es Trabajar". La agrupación surgió el 15 de julio de 2005 en una primera Asamblea a la que asistieron más de 120 becarios pertenecientes a diversas instituciones tales como CONICET, INTA, INTI, ANPCyT, UBA, CONEA, Fundación YPF, de diferentes regiones del país. JCP (Jóvenes Científicos Precarizados) [en línea]. Disponible en: http://www.precarizados.com.ar/

[3] Este tipo de apreciaciones me recordaban determinados apartados de la obra de Ranciere: "La igualdad no era un fin a alcanzar sino un punto de partida, una *suposición* que hay que mantener en toda circunstancia. Jamás la verdad hablaría por ella. Jamás la igualdad existiría más que en su verificación y con la condición de verificarse siempre y en todas partes." Ranciere, J. (2002). *El maestro ignorante*. Barcelona: Laertes. Pág.75.

locales. Es decir, los amateurs encontraban un modo de dislocación entre las formas organizativas existentes y las que ellos habían descubierto para sobrellevar asociaciones aún en situaciones adversas.[4] Así como también las recurrencias en las distintas organizaciones, donde resultaba factible encontrar que la lógica de los actores sociales estima que al encontrarse y responsabilizarse ante una tarea y establecer relaciones con otros construyen la posibilidad de plasmar y desarrollar un proyecto no sólo en papel. Ya que de un trámite burocrático[5] sin lazos generalmente descreen porque valoran más el encuentro con otros en una asociatividad ante problemáticas comunes.

El lazo social como un modo asociativo donde se genera en principio una idea y luego se constituye como un proyecto específico con su respectivo formato. Entonces, la mayoría de las experiencias al ser fundadas desde lo grupal creen en el asiduo encuentro, *"desde abajo"*, en torno a la cooperación, y ese no es sólo la indumentaria de la organización, que varía según el barrio, la coyuntura, el año o el estilo estético que elijan, sino su corazón. La vitalidad de las experiencias se encuentra en las interrelaciones, no tanto como una retórica sino como una condición de su existencia y singularidad característica. Sin olvidar por ello las realidades económicas y políticas dentro de las cuales los miembros de cada experiencia cultural se inscriben y, por lo tanto, incluso los amateurs señalan advertidos de su entorno.

Procesos y productos

El problema sobre la cuestión entre fines y medios se complejizó a partir de encontrar de un modo recurrente en las diversas experiencias que las relaciones sociales primaban sobre lo que producían. Es decir, de modo tal

---

[4] "Lucho a favor de políticas y epistemologías, de la localización, del posicionamiento, en las que la parcialidad, y no la universalidad es la condición para que sean oídas las pretensiones de lograr un posicionamiento racional. Se trata de pretensiones sobre las vidas de la gente, de la visión desde un cuerpo, siempre un cuerpo complejo, contradictorio, estructurante, y estructurado, contra la visión desde arriba, desde ninguna parte, desde la simpleza." Haraway, D. (1995), *Ciencia, cyborgs, y mujeres. La reinvención de la naturaleza*. Madrid. Cátedra. Pág. 335.

[5] "La fórmula que simbolizó el proceso de formación estatal y que dio contenido esencial a la agenda pública se expresó en el lema "orden y progreso," que, por otro lado, señaló la necesidad de establecer (1) quiénes se convertirían en miembros legítimos (y quiénes serían excluidos) del nuevo modo de organización capitalista que se gestaba; y (2) qué reglas de juego deberían institucionalizarse para que las transacciones económicas se volvieran estables y previsibles, promoviendo de ese modo el desarrollo de las fuerzas productivas a través la articulación de los factores clásicos de producción (tierra, trabajo y capital) y, por lo tanto, según la visión de la época, harían posible el progreso indefinido. Oszlak. Burocracia Estatal: Política Pública. En *posdata*. Revista de Reflexión y Análisis Político. N° 11, Abril, 2006, Buenos Aires. Pág. 5.

que no se convertían así los fines en medios, ni los medios en fines, sino que preservaban aquello que se encontraba en peligro de extinción, así como entendían que su asociatividad se sostenía por su camaradería. Los grupos se encontraban en su contexto de tradición y eso evitaba que se perdieran los diversos significados que conforman su aura. El formato evidenciaba así la valorización por los procesos, sin que se pudiera responder a las modalidades estandarizadas por las industrias culturales. Conociendo tales formas, los amateurs pretendían otras que no reprodujeran la competencia individual característica de un modelo capitalista. Sin desconocer, por eso, que el paradigma social vigente se articula con la utilidad; es decir, la arquitectura de servicios cuya premisa se rige por la hegemonía de los consumidores o clientes donde todo debe servir. La condición de utilidad[6] atenta con determinados procesos, ya que *"por amor al arte"* los grupos aspiran a otros ideales, incluso difíciles de capturar con conceptos dislocados respecto del entorno en el que se generan. En los grupos, la asociatividad aunque a veces parecía a contramano de las lógicas del consumo, posibilitaba procesos de participación y protagonismo ante una problemática compartida.

Las propuestas en las experiencias surgidas de diversas coyunturas críticas se hacían sobre la marcha y también encontraban sus propios patrones de desarrollo en respuestas a presiones impredecibles, no obstante, no se regían por guías sistematizadas o regulatorias. En la mayoría de las circunstancias porque no existían, tal como se expresó respecto del problema de la autogestión en las dinámicas *"independientes."* Y en otras porque ante su ausencia ellos también elaboraban, consensuaban, en tanto se adaptaban a determinadas pautas. No obstante, respetan su propia estructura armónica, como si se tratara de un espacio acústico para lograr componer una obra para todos, *"una multiplicidad de voces en una misma partitura"*.[7] Los formatos creativos se gestaron a partir de coyunturas críticas en determinado espacio y tiempo. No se podría afirmar que la *función simbólica* de la cultura evita el descalabro social o cancela los conflictos subyacentes. Aunque se considera que surgen de problemáticas colectivas y trazan un devenir posible. No se trata de leer tampoco un presagio de la cooperación como cura de todos los males sino pensarlas como analizadores de procesos sociales. "Se denominará analizador a lo que permita revelar la estructura de la institución; provocarla, obligarla

---

[6] Si el artista Duchamp descontextualizó objetos inútiles, desligándolos de su función original, no fue para vender productos de fácil digestión en el mercado cultural, sino para disparar sobre un paradigma estético. Así revolucionó el concepto de "obra de arte" y puso al artista, quien señala qué es una obra de arte, y al espectador, capaz de desentrañar el sentido de ese complejo señalamiento, en el centro de la escena.

[7] La expresión se refiere a la expresión utilizada por los vecinos del Parque Avellaneda *"Multiplicidad de voces latían al ritmo de un mismo objetivo"* haciendo referencia a la audiencia pública por la ley de APH N° 45.

a hablar. Provocación institucional, acting-out institucional: [...]. En cambio, es cierto que el *acting out* (el pasaje al acto) supone un pasaje a la palabra (una provocación en el sentido primario del término), y por consiguiente exige la mediación de individuos particulares, a quienes su situación en la organización permite alcanzar la singularidad de provocadores".[8]

Contexto y territorio

En el contexto de la modernidad, el espacio era una categoría no sólo territorial sino que aludía al tipo de organización económica: cuidar el territorio era cuidar las riquezas económicas. Se relacionaba con espacios de vida articuladas al bien común y también con el modelo de la revolución industrial y el modelo keynessiano de producción, que en la contemporaneidad se encuentra en cuestión. Se sabe que cuando finalizó la Segunda Guerra Mundial, la declaración Universal de los Derechos Humanos de las Naciones Unidas (1948) actualiza la declaración fundacional de la Revolución Francesa y así se incluyen diversos derechos. La idea de ciudadanía se relaciona con tal Estado de Bienestar y la noción de igualdad social que se acuñan en aquel período se articula con nociones que en estas latitudes aun generan determinado malestar.[9] "Esto fue la base de la creación de la masa de población expulsada de Europa, nuestros abuelitos formaban parte de ella, no eran las aristocracias de la tierra ni nada parecido: entre 1845 y 1945 en que se produjo la inmigración europea y en los años posteriores a la Segunda Guerra se crearon los Estados de Bienestar, después de la muerte de setenta millones de personas en la Segunda Guerra. En definitiva, Europa expulsa 600 millones de personas en cien años".[10]

El período estudiado para el presente trabajo encontró no sólo un Estado imposibilitado de dar respuestas a múltiples problemáticas ya enunciadas,

---

[8] Lourau,.R. (2001) *El análisis institucional.* Buenos Aires: Amorrortu. Pág. 282.

[9] "Sacar con responsabilidad el pasado del olvido no es una tarea fácil, y tampoco lo es mantener socialmente la clara aspiración a una memoria que no ceda ni se conforme ante las versiones fáciles y autocomplacientes que le fueron heredadas; que no termine reduciéndose a monumentos o rituales (ni a la simple exigencia de su desaparición), o al "perdón" y a las disculpas en sus dimensiones formales. Asimismo, no es menor el esfuerzo social que hay que realizar para resistir una tendencia a hacer memoria que, asociada a determinadas identidades o proyectos, acaba en una mera victimología. A la vez, es sabido que la memoria es un acto político, pero como bien afirmara Josep Yerushalmi hace ya algún tiempo, el antónimo del olvido no es sólo la memoria sino la justicia." Francisco Fernández Buey y otros. (2010). *El derecho a la memoria y el pasado como afrenta presente.* Mesa de diálogo y discusión, 10 de Noviembre de 2010. Institut d´Estudis Catalans. (IEC).

[10] Argumedo, A. (2008). Conversaciones. *Revista Argumentos.* 10, 14.

sino que prevaleció un avance desmedido del mercado con su lógica de costos y beneficios que arrasó con tradiciones y valores hacia lo público durante la hegemonía menemista en la instauración del neoliberalismo. ¿Cómo se relacionan las culturas, su potencial creativo y el Estado-nación en la Argentina? ¿Qué sucedió en ese periodo que el cocoliche informal encontró más protagonismo que un Estado abatido por la desregulación? ¿Cómo creer entonces en el Estado cuando la dictadura aniquiló a tantos amateurs y dejó un gesto de desconfianza en la sociedad? ¿Cómo entender las formas que tomaron las experiencias analizadas ante las crisis que sacuden no sólo el esquema político económico existente sino cualquier procedimiento en busca de valores?

No se trata de concluir diciendo que se necesitaría una política cultural como si en esa cuestión se sintetizara todo el asunto para ordenar otra vez procesos que no se sabe como encauzar y entonces se apela a una "reorganización." La denominación "política cultural"[11] merecería cierta revisión ya que anida las contradicciones que despiertan los fantasmas de los autocratismos de Hitler o Mussolini. La política pública, ya sea elitista o popular, se interesa por los legítimos intereses del gobierno. Ahora bien, otra vez el encuentro con el pensamiento dicotómico podría ubicarnos ante la confrontación entre los amateurs versus gobierno, espontaneismo contra previsibilidad, improvisación ante planificación, autenticidad opuesto a encorsetamiento, alma y burocracia, como si se tratasen de senderos que se bifurcan. Y así podría seguir una serie de antinomias, incluso legitimadas en marcos conceptuales tales como culturas de masas y cultura de elite, cultura de establishment y contra-cultura, cultura tradicional y cultura de vanguardia, cultura burguesa y cultura proletaria. Una serie de enfrentamientos, que lejos de ayudar a comprender los procesos analizados en las diversas experiencias y los padecimientos sociales ante coyunturas críticas se opacan las búsquedas del bien común. Cualquier cuestión pensada en el marco de sistemas binarios provoca un romanticismo o demonización de categorías que operan como pares de opuestos sin lograr articulaciones. Así se establece una lectura sesgada que anula la complejidad social e histórica, ya que se sigue un itinerario sin mostrar las perspectivas posibles. Incluso, sin albergar el disenso que atenúa así las idealizaciones y las cristalizaciones de sentido. La cuestión no es acartonar procesos para encuadrarlos en la administración pública cuando existen experiencias con lógicas colectivas que no se reducen a una política de la cultura sino que persiguen lo político en el arte y la cultura en tanto proyecto colectivo.

---

[11] Ver Yúdice, G. (2004). *Política Cultural*. Barcelona: Gedisa. Pág. 25.

¿Cómo es posible que al resquebrajarse determinados derechos civiles, en el último período se han buscado alternativas? ¿Cómo sobreviven creencias que tampoco son sólo un espejismo religioso o ingenuidad respecto del afecto y la amistad? ¿Cómo cuidar lo propio sin caer en la preferencia de lo que históricamente han sido los mecenas; Papas, Reyes, Príncipe, Estado, Burguesía quienes han sido los difusores de determinado arte y cultura? ¿Cómo es la difusión, circulación y distribución de las propuestas culturales locales que sobreviven sin caer en las lógicas estándar de las industrias culturales multinacionales, que convierten en producto seriado el formato de cualquier artesanía? ¿Por qué intervienen críticamente instalando un interrogante ante un determinado contexto sociohistórico? ¿Cómo entender también que el entusiasmo es parte de una ilusión grupal que se vive en los inicios de auto-gestión de un proyecto cultural y luego se necesita de un *formato* que ordene pero sin imponer?

En relación a la categoría de supervivencia resulta conveniente pensar que a los fines de entender lo que ocurre, resulta conveniente el uso del vocablo pero concibiéndolo en tanto sentido colectivo, en términos históricos, no sólo en tanto el modo de mantener una vida sino como construcción de un sentido colectivo, de una comunidad, de una sociedad. Incluso contemplando el territorio que impone remitirse a una red de significaciones, a los fines de entender cuestiones que aunque conectadas a veces se encuentran dislocadas y por eso deben pensarse. En esta perspectiva "[...] existe una cuestión constitutiva de la sociedad argentina que refiere a la relación que mantiene con conceptos y elementos que son producidos en otra parte. La nuestra es una cultura implantada. Últimamente se describe este fenómeno diciendo que había gente que vivía en este lugar y que fue asesinada, suprimida, desplazada por otra gente. Pero la Argentina es uno de los países del mundo que en algún momento tuvo los máximos porcentajes de población inmigratoria. En un país con una fuerte impronta, un enorme impacto demográfico de una población que viene de otro lado, que llegó, se instaló, constituyó una cultura, un lenguaje, una forma de vivir y de pensar. Esto le ha dado en parte a nuestra forma de pensar y de actuar ese carácter peculiar de dislocación".[12] Se considera entonces que existe un dislocamiento en cierto sentido respecto del territorio en el que se emplazan *formas* de vivir y pensar ya que su cultura ha sido implantada. Asimismo, se podría afirmar que sobreviven los gestos y formatos de troupes que no se condicen con las políticas públicas a pesar

---

[12] Kaufman, A. (2008) Biopolítica, Trabajo y Ciudad. *Revista Pampa*. Número Especial. 126.

de que remiten a expresiones made[13] in Argentina. Es decir, se provocan encuentros y desencuentros entre formas de vivir y pensar extremadamente disímiles.

La cuestión es dilucidar si estos formatos creativos sólo nacieron del repollo de diversas crisis o portan consigo estructuras ideológicas y también organizativas que resultan posibles de hilvanar en la historia. ¿Por qué los amateurs piensan en salvarse en conjunto a pesar de que el capitalismo instaló la lógica del sálvese quien pueda? Una determinada micropolítica implica una intensidad difícilmente mesurable aunque condensa en sí la distinción de quienes están *"comprometidos"* en tanto asumen un alto nivel de participación. Las troupes elegidas demuestran que a pesar de las culturas dislocadas se pretenden sentidos colectivos a los fines de atemperar las incoherencias de las conmociones sociales y padecer en algunas circunstancias los mismos problemas que se pretende atender. Entonces, convendría explicitar que algunas de las experiencias estudiadas ya no existen pero sobreviven en la memoria y otras aún están en busca del bien común perdido. La cuestión es que se hallan dislocadas, fuera de la serie del mercado y en los márgenes de las lógicas que proponen las políticas públicas. En un contexto donde el Estado tiene grandes dificultades para hacer cumplir sus fundamentos debido al aumento de la crisis de legitimidad y de sus instituciones, sus sentidos también se encuentran implantados en tanto símbolos de la modernidad y descolonización. Esos logros se encuentran limitados en el período analizado a una estructura técnica-administrativa según las críticas de los amateurs; es decir, gestión y ya no políticas.

En 2001, la conmoción crítica reveló en su famoso eslogan *"que se vayan todos"* la deslegitimación del sistema electoral, el deterioro de las instituciones, la crisis financiera, el aumento de la desigualdad social, entre tantos otros efectos colaterales. Una crisis signada por la desregulación del sector público y desdibujamiento de las funciones del Estado en la década del 90 donde lo público se privatizó. El estallido de 2001 exhibió en el espacio público la legitimidad de experiencias, emancipándose de los dispositivos institucionales de representación. Ante la deslegitimación del rol del Estado, la participación ciudadana se precipitó en el espacio público configurando una intervención crítica que desnaturalizó lo evidente en el sentido brechtiano del término. ¿Cómo es posible la existencia de tal cultura política? ¿Cómo conviven determinados ideales democráticos en un mismo territorio sin que se logre articular una cultura situada? ¿Cómo leer la complejidad de

---

[13] A lo largo del libro, se han utilizado palabras de otros idiomas tales como *made, troupes, amateur* que dan cuenta también de vocablos interiorizadas frecuentemente en ese cocoliche de lenguaje que es el idioma de los argentinos que se ha impuesto incluso como mezcla y también conquista del supuesto desierto de otras lenguas existentes en el territorio.

los procesos característicos de las troupes? ¿Sobrevive la búsqueda del bien común o se trata de una cultura implantada y en permanente tensión entre procesos y productos, entre instituciones y vecinos?

Sobre la crisis de cada día

La represión sobre las troupes de artistas, amigos o vecinos politizados durante la dictadura obligó al exilio, al camuflaje y a la adaptación de sujetos a un destierro incierto. Se buscó disciplinar a una sociedad civil despolitizada cuyos lazos sociales se entramaban en la vida comunitaria. Durante esos años de dictadura militar el desorden social se disciplinó con "la cultura del miedo", y el desorden económico se intentó atenuar con la sobrevaluación del tipo de cambio, mientras entraba en quiebra gran parte de la industria nacional. Ante tal panorama, donde se deterioraba no sólo lo público sino las estructuras productivas, la democracia reveló la existencia de los aparecidos; los heridos y sobrevivientes, aquellos que se arriesgaron por sus ideas pero fueron salvados por un vínculo[14] con otro que los trajo de los sombras y de la vida en clandestinidad. No obstante, ese proceso en el ámbito cultural fue paulatino y sostenido con invisibles gestos de solidaridad durante todo el período estudiado.

Asimismo, en la denominada transición democrática se resaltó con mucho fervor el lema en torno a que con *"la democracia, se come, se cura y se educa"* desde la propuesta presidencial a los fines de consolidar la democracia invirtiendo los términos de una ecuación desarrollista. Es decir, el desarrollo económico y social dependía de la democracia y no a la inversa. "De esta manera, lo que las teorías clásicas de la modernización entendían como una *causa*, para los estudios de la transición serían el resultado, más bien incierto, de la capacidad de negociación y creación institucional de los creadores más relevantes. Pero de una manera significaba el abandono de la premisa normativa de que emulando los procesos de desarrollo del Primer Mundo, los países más atrasados mejorarían su calidad de vida; sólo que ahora la profecía o expectativa estaba puesta en copiar sus regímenes políticos, sus democracias

---

[14] Se ha citado con anterioridad la obra del autor De Brasi, quien en 1986 ya distinguió que el término alemán *Bindung,* conocido en francés como *lien,* se ha traducido en varias oportunidades como lazo, lo cual se podría asemejar a la conceptualización realizada por Durkheim en 1889 respecto del lazo social. Motivo por el cual quizá en la traducción convendría pensarlo en simetría con el término "vínculo" para evitar la superposición con el concepto utilizado por Durkheim.

políticas".[15] La idea de la copia como un modo de *imagen y semejanza* de los países del Primer Mundo cuyos territorios y lógicas son diversas a la que acontecen en este hemisferio. Ya luego la hegemonía menemista se convirtió en un pasaje en sintonía con la aldea global. Y el proceso de reestructuración de la política económica trajo aparejadas las estrategias de crecimiento de las elites interesadas en cambiar las reglas ante la instauración del neoliberalismo. Se trató de una lógica de costos y beneficios, de consumidores por sobre los ciudadanos, de productos por sobre los procesos. A la vez que se trasgredían las fronteras de lo público y se desbarataba no sólo las industrias sino el sistema productivo local, porque el mercado invadía las razones del Estado. Ante esto, las lógicas democráticas se limitaban a la gestión técnica, administración avasallada por el capitalismo y barbarie que pretendía eficacia, racionalización, procedimientos y medios prevaleciendo por sobre las cuestiones sociales que en el campo del arte se presentaban como un interrogante brechtiano que *desnaturalizaba lo evidente* en cada performance o escrache. La democracia había facilitado la aparición de otros procesos a través de las lógicas organizativas que encontraban los amateurs en sus experiencias, pero resultaban invisibilizados y adquirieron mayor visibilidad después de la crisis de 2001.

En este sentido resulto relevante revisar el rol de los grupos en un proceso sociohistórico de desregularización creciente, los distintos ámbitos de encuentro analizados se interesan en tanto asumen la forma de espacios, clubes o centros culturales. O incluso, de asociaciones ya existentes o grupos artísticos que se presentan con mayor participación en espacios públicos a pesar del contexto descrito. Es decir, mientras que en el capitalismo el sujeto beneficia a los individuos, lo político lejos de una *"formalidad escolar"* se empodera en otros ámbitos participativos que intentaron, desde la auto-organización, asumir determinados *"compromisos"*. Lo inédito de tal crisis también se trasladó a los modos de expresión, circulación y apropiación de la dimensión simbólica de la cultura ya que emprendieron la gestión de espacios culturales junto a asambleístas que intentaban otras salidas a la crisis eligiendo al arte como formato de la expresión. Es decir, la participación activa de asambleístas post cacerolazo renueva la participación de sujetos en el espacio público con performances, instalaciones, intervenciones u otras formas expresivas que se multiplican y proliferan en distintos ámbitos de la ciudad de Buenos Aires. Se entiende que las crisis se ocasionan con cierta periodicidad en estas latitudes, aunque difieren entre sí, se presentan en un

---

[15] Castorina, E. (2007). ¿Transición democrática o transición neoliberal? en *La Dinámica de la Democracia. Representaciones, Instituciones y ciudadanía en Argentina.* Buenos Aires: Prometeo. Pág. 59.

estado de vértigo e inexorabilidad donde las alternativas posibles se tornan ilegibles así como también los motivos de los desordenes que con frecuencia las atraviesan.

Si la fisonomía del espacio social y político se ha modificado en el período estudiado convendría revisar también las lógicas en las cuales se despliega la democracia. En el sentido de entender que las diversos avatares subyacentes en la gestión de cada espacio, club y centro cultural se articulan con la existencia de las troupes. Así visibilizan un problema respecto de que el exceso de gobierno puede ser tan terrible como su ausencia. De algún modo trazan un interrogante que se incrusta en una determinada cosmovisión existente en la ciudad de Buenos Aires, que sigue a *imagen* y *semejanza* las señales del Primer Mundo. Y a veces, seguir a los países avanzados no sólo obtura *procesos locales* sino que provoca la continuidad de una cultura implantada respecto del territorio donde se emplazan las experiencias. ¿Cómo posibilitar un encuentro entre tanta diversidad, y no sólo de lógicas organizativas sino de sus culturas y perspectivas? ¿Cómo provocar un entrecruzamiento entre esas dinámicas de la vida democrática y su arquitectura no sólo económica sino también política? Las diversas experiencias analizadas demuestran esa dislocación de la cultura e interrogan lo *naturalizado* en el sentido brechtiano de la noción; *efecto de distanciamiento*.

La tipología configurada a través del análisis de diversas experiencias demuestra una identificación de las dinámicas organizativas que operan desde el lazo social en la autogestión de cada recinto que interviene de un modo crítico aún sin proponérselo.

-Espacios culturales no convencionales:

Se dilucidó que en términos artísticos esa categoría remite a determinadas tendencias estéticas que tratan la memoria de los espacios donde se albergan las expresiones artísticas. De modo tal que se produce una interrelación particular entre participantes y las estructuras arquitectónicas donde se emplazan las propuestas. Por ejemplo, antiguos galpones situados en estaciones de trenes o arquitecturas industriales.

-Centros culturales recuperados después de las asambleas de la crisis de 2001:

Se encontraron diversos espacios con esas características. No obstante, el análisis se centró sobre el Club Resurgimiento, ubicado en la zona de Paternal. Se exploró que la participación vecinal posibilitó la reapropiación del espacio público durante las jornadas del 19 y 20 de diciembre. De ese modo los lazos se entramaron entre los vecinos en torno al reacondicionamiento de un ámbito local con redes territoriales comunitarias.

-Troupes "independientes":

Se exploraron las significaciones de determinadas expresiones metafóricas tales como *"no vender el alma al diablo"*, *"autogestión"*, *"de boca en boca"* que operaban en el campo de estudio. Es decir, determinados grupos con finalidades artísticas signaban con tales expresiones una serie de valores que condensaban su ideología. Se entiende que los grupos en escasas ocasiones logran articular sus actividades con las políticas públicas, así como también desestiman la lógica homogeneizante de las industrias culturales, motivo por el cual prefieren la amistad o camaradería como una dinámica que los caracteriza.

-Espacios culturales cogestivos:

Se encontraron proyectos con procedimientos de cogestión o con una apuesta participativa. Aunque se analizó específicamente la mesa de consenso que resulta clave para entender las dinámicas grupales que proponen otra forma organizativa. La experiencia del Complejo Cultural Chacra de los Remedios, en el Parque Avellaneda, resultó representativa de un modelo asociativo de gestión entre vecinos y gobierno. Ya que a través de los diversos lazos en la comunidad y de redes de planificación participativa recuperaron alrededor de treinta hectáreas de la ciudad y determinados edificios declarados patrimonio histórico.

-Asociaciones de colectividades:

Se exploró el modo de asociatividad sostenido por tramas vinculares configurados en torno a la historia específica de determinadas colectividades analizadas aunque se sabe existen muchas otras asociaciones de colectividades de diversos países en el nuestro. En las experiencias que se nuclean en torno al Club Europeo se distinguió la existencia de un eje intergeneracional que marcaba las diferencias entre los fundadores y los jóvenes que se incluyen a posteriori. Asimismo, después de la coyuntura de 2001, los jóvenes adquirieron protagonismo respecto de la capacidad de gestión debido a la crisis que también debieron afrontar. Así se encontró que los lazos se inscriben en una filiación simbólica a través de las expresiones artísticas y que se transmiten en sus tradiciones.

¿"Cartón pintado" o una responsabilidad histórica?

Buenos Aires no sólo tiene el problema de no haber discutido fehacientemente respecto de lo qué es lo que debe ser, sino que el centro de su problema radica en una indecisión identitaria en términos de Welch.[16] Todavía existe en el imaginario social la noción de la "Reina del Plata," la orgullosa capital del sur que extiende sus brazos para recibir a la migración europea.¿La inmigración europea llegó orgullosa a la Reina del Plata, que además ni siquiera tenía plata, ya que fue nombrada precisamente por lo que se buscaba y en verdad le faltaba? En palabras de Mario Casalla[17] fuimos lo que no éramos (plata), y lo que podemos ser es una posibilidad (encontrar oro). De aquí que nuestra historia sea la de un *desencanto* (para el otro) y la de una *invención* (para nosotros). No hay, en este sur del Sur, una identidad perdida que rescatar, como en muchos lugares del resto de América Latina (México y Perú, por caso), o en la misma Europa (plagada de ruinas eternas). Y para colmo de males, nuestros hermanos latinoamericanos nos miran con recelo, somos demasiados "blancos"; y los europeos con sospecha, somos todavía un poco "negros." En esa mirada del otro, fuimos construyendo nuestra conflictiva, descuida e inacabada "identidad." Entonces, ¿aún se gestan espacios de sociabilidad por un gusto mutuo a imagen y semejanza[18] de Europa? ¿Por qué se responde de un modo asociativo cuando en verdad subyacen determinadas crisis que dinamizaron su existencia? ¿Conforman de ese modo espacios de sociabilidad y espacios donde lo político adquiere el estatuto de construcción de ciudadanía y democracia?

Las crisis abren posibilidades para mejorar las condiciones de supervivencia ante los sucesos del mercado y las limitaciones del Estado según los estudios enunciados en torno a la historia asociativa en la Argentina, donde se vislumbra que ante coyunturas críticas se dan dinámicas novedosas. En este sentido, se destaca que para los amateurs las decisiones suponen siempre una responsabilidad y a pesar de la incertidumbre existe un *"compromiso"* que implica asumir también determinados riesgos. En una de las conversaciones narraron un problema que supone también reflexionar sobre

---

[16] Welch Guerra, M. (2005). *Buenos Aires a la Deriva. Transformaciones Urbanas Recientes.* Buenos Aires: Biblos. Pág. 255.

[17] "Casalla, M. (2003). *América Latina en Perspectiva. Dramas del pasado, huellas del presente.* Buenos Aires: Altamira. Pág. 486.

[18] La expresión remite a una connotación que dispara sobre el centro de la moral cristiana, aquella eclipsada "al descubrir América."Un momento donde las principales ideas en torno a los *otros* se complejiza porque se quiebra el ideal de semejanza ante un mismo Dios. Así la noción de *Identidad* desde los griegos, (Parménides, Platón y Aristóteles) y en la Modernidad entra en cuestión. Se complejiza la idea de *identidad* homóloga a la conciencia proveniente de la tradición de Locke. Aunque se desarrollaron otras versiones sobre la categoría siempre se afirma la dicotomía entre 'lo mismo' y 'lo diferente,'nosotros' y 'ellos', 'adentro' y 'el afuera,' lo propio y lo ajeno. Se prefiere un pensamiento que conciba que "uno puede descubrir a los otros en uno mismo, darse cuenta que no somos una sustancia homogénea, y radicalmente extraña a todo lo que no es uno mismo." Todorov, T. (2003). *La conquista de América: el problema del ótro.* Buenos Aires: Siglo XXI. Pág. 13.

las cosmovisiones que subyacen a la dimensión tanto crítica como simbólica que puede asumir el arte en sus formas.

En una exposición de arte relataron que se exhibían como obra unos *"cartones pintados"*, ante lo cual enunciaron *"algo así como una fachada."* Si bien se entiende que el arte impuso modas, la visión crítica nunca siguió alguna y mucho menos para continuar una tendencia[19] que pudiera resultar impactante en el circuito de los *"cartones pintados"* con gusto esnob. Estas tendencias son una rareza a escala internacional donde se exhiben en un pequeño reducto las pinturas de lo que se podría catalogar como cultura tropical o latina, a veces sin demasiadas especificidades respecto de lo que reciben de nuestras latitudes.[20] No es la moda, el look o una fachada de cartón lo que se entiende que remite a la expresión *"por amor al arte"*. En términos de Rafaela Carras señala que es evidente que no es un escrache lo que entra al museo, sino apenas su registro (ya sea a través de fotos, video, gráfica u otros documentos). Está claro que en esta mediación se pierde el impacto de una acción colectiva que incide en una situación concreta y transforma a participantes y ocasionales espectadores. Cada escrache es una práctica que implica un aquí y ahora irrepetible y –en cierta medida– irrepresentable. Los riesgos de su ingreso al museo son previsibles: la neutralización "políticamente correcta" de su condición política radical, la distancia banal y estetizante de un impecable montaje, la necesidad de reponer mucha información para un público que no conoce el contexto original de esas manifestaciones, la formalización de prácticas de acción que devienen en objetos-de-arte a ser contempladas, el recorte descontextualizado que provoca extraer un material que admite ser exhibido (por ejemplo, un afiche) que en su origen funcionó apenas como segmento de procesos muy complejos y dispersos y ahora

---

[19] En tal perspectiva se podrían pensar determinados estudios recientes y cada vez más preocupantes sobre el circuito del arte. "Cuando estudiaba historia del arte, tuve la suerte de acceder a muchas obras recientes. Nunca, sin embargo, tuve muy claro de que forma circulaban, cómo era que llegaban a considerarse dignas de atención crítica o lograban difusión, como entraban al mercado, se vendían o se coleccionaban. Hoy más que nunca, cuando las obras de artistas vivos conforman la mayor parte del currículo, vale la pena entender los primeros contextos del arte y los procesos de valoración que una obra experimenta entre el taller y su llegada a la colección permanente de un museo (o al basurero, o a alguna otra ubicación intermedia). Como me dijo el curador Robert Storr —que aparece en el capítulo de la Bienal de Venecia—, "la función de los museos es volver a desvalorizar el arte. Sacan la obra del mercado común." Mi investigación me ha llevado a pensar que las grandes obras no aparecen: se hacen. No sólo la hacen los artistas y sus asistentes sino también los galeristas, los curadores, los críticos y los coleccionistas que "apoyan" la obra. Esto no quiere decir que el arte no sea grandioso o que las obras que llegan a los museos no merezcan estar allí. En absoluto. Es sólo que la creencia colectiva no es tan simple ni tan misteriosa como podríamos imaginar." Thornnton, S. (2009) *Siete días en el mundo del arte.* Buenos Aires: Edhasa. Pág. 11.

[20] Rafaela Carras. (2009). GAC. *Pensamientos, prácticas y acciones.* Buenos Aires: Tinta Limón Ediciones. Pág.14-15.

deviene en "obra de arte" o pieza de una colección, sometida por ende a las reglas del mercado, etc. Se pregunta: ¿es ingenuo sostener el gesto radical dentro de contextos institucionalizados?

> *Los que tienen los medios para convencer a grandes masas de gente, o influenciar ya sea en términos artísticos o no y los han tenido al comienzo en los procesos de globalización lo que hacen o han tendido a hacer es a dirigir la mirada hacia lo que ellos ofrecen o hacia su ideología o su holding según cada caso y eso tiende a la homogeneización. El mercado latino. Ole, ole!!*

> *¿Muy standarizado?*

> *Como que de pronto Argentina es el sombrerito con el farol. Y ni siquiera. Desde Estados Unidos te ponen los bongó y creen que eso es Latino. Como vi en un documental de Humahuaca de los aborígenes y le ponen esa música de fondo, eso, y para ellos simplificamos; todo es latino. Porque te la simplifican. Y nos venden a todos Ricky Martin. Y si logran convencernos a todos que somos eso, ya está, porque nos lo venden a todos por igual con el efecto secundario de aniquilar la diversidad. Porque yo soy de acá. [...] Y la idea es disfrutar de lo que no se conoce, nutrirse de la diversidad.[21]*

¿Qué diferencia hay entre un arte producido en un contexto interviniendo ante problemáticas de una región y su dislocación en otro territorio? ¿Qué sucede al extrapolarse el valor donde se produjo el arte como ritual; es posible que se subsuma su aura y también los motivos que lo causaron? ¿Qué reconocimiento tienen los grupos que autogestionaron determinadas propuestas para el territorio en el que se emplazan? ¿Qué afinidades hay con otras situaciones en Latinoamérica? ¿Qué capacidades hay para albergar la diversidad existente? Dicha analogía podría resultar posible para pensar que la cultura dislocada en la ciudad que copió formas, incluso organizativas hechas a imagen y semejanza de otras realidades cuando las lógicas y formas institucionales territoriales presentan dinámicas distintas, problemas diversos, gestos y formas que no logran coincidir siquiera en determinadas circunstancias con las instituciones existentes.[22] Territorios que conjugan de otra manera las formas comunitarias y la organización política autónoma

---

[21] Encuesta-entrevista con Santiago Vázquez el día 22 de diciembre de 2006.

[22] "Para en este contexto lograr credibilidad los gobiernos intentan crear reglas y procedimientos rígidos que los obliguen fuertemente en sus decisiones de política pública, reglas muy difíciles de "desanudar." En otras palabras, para asegurarles a los actores políticos y económicos que no serán perjudicados por decisiones sobre políticas públicas, los gobiernos crean procedimientos que aseguran ciertos resultados y son muy costosos de cambiar. Aunque estos arreglos tan rígidos tienden a crear externalidades negativas en otras áreas, la voluntad del gobierno de

según Rivera Cusicanqui.[23] Estas premisas nos permiten relanzar, aquí y ahora, la pregunta por las prácticas de descolonización.

Las preguntas que se presentaban al inicio de este libro respecto de si las experiencias constituían espacios de sociabilidad ya han sido respondidas de forma afirmativa: se vislumbra que a pesar de la mercantilización de la cultura perviven otras formas democráticas. Al concluir, en este capítulo dejo demasiados interrogantes planteados pero que se desprenden de lo trabajado: ¿cómo posibilitar un encuentro entre las diversas lógicas, las micropolíticas, las dinámicas de la vida democrática y su arquitectura tanto económica como política?

Las preguntas planteadas en este capítulo podría ser motivo de otro trabajo de investigación, aunque cabría recordar que una posición no es sólo *"cartón pintado"*, el amueblamiento de un rincón olvidado. La elección de determinadas experiencias y el problema sociohistórico no es sólo el cumplimiento de un trámite. Incluso creen que la política se encuentra en peligro de extinción porque los expertos se limitan a un *"logo"* y algún cartel que los representa y las formas organizativas de la democracia se encuentran dislocados porque según las apreciaciones relevadas se basan en la gestión sin política. Por consiguiente, prefieren los lazos, a veces al margen, ya que determinadas asociaciones preservan lo que otros descuidan. Pensar en torno al bien común, no se trata sólo de un discurso y eficacia *performativa*, también implica asumir una posición y reflexividad ante la misma. De modo tal que conviene interpelar a la ética y no precisamente a la aristotélica, vinculada al concepto de virtud, ni a la kantiana en torno al deber sino a la contemporánea; la *responsabilidad histórica* que afecta los hechos presentes en virtud de hechos históricos pasados. La cuestión de la responsabilidad sería un modo de complejizar el problema del *"compromiso"* relevado en las experiencias remitiendo a determinadas ideologías. El concepto que se elije se encuentra tanto en el derecho como en la filosofía, según palabras de Reyes Mate, quien plantea la relevancia de asumir la experiencia y la conciencia histórica:

La responsabilidad en el derecho toma la figura de la imputatio, que significa "poner en la cuenta de alguien una acción condenable, una falta, es decir, una acción referida a la obligación de hacer algo o a la prohibición de no hacer algo." Es atribuir una acción determinada (en general reprobable) a

---

pagar estos costos suele ser esencial para la credibilidad de los arreglos. Así, los mecanismos de "hipercompromiso" pueden generar credibilidad en el corto plazo, pero lo hacen frecuentemente a costa de reducir la capacidad de los funcionarios públicos para adaptarse a condiciones cambiante de política o economía." Pecheny. M, Emiliozzi. S. Unzué. M. (2007). *La dinámica de la democracia. Representación, instituciones y ciudadanía en Argentina*. Buenos Aires: Prometeo. Pág. 187.

[23] Rivera Cusicanqui. S. (2010). *Ch' ixinaka utxiwa: una reflexión sobre prácticas y discursos descolonizadores*. Buenos Aires: Tinta Limón. Pág.8.

alguien para que dé cuenta de ella. Este planteamiento jurídico piensa en el sentido material o incluso materialista, en términos de confesión de una culpabilidad aun donde la ética se ve atrapada en la lógica de la indemnización. Así queda subsumida a la reparación material.

La filosofía trabaja tal categoría desde la concepción de Kant cuando se le atribuye a un sujeto que tiene que responder desde su acción cometida. Sólo somos libres de nuestros actos en tanto deriva de nuestra acción libre. "Toda imputación es un juicio acerca de una acción en tanto que esta resulta de la libertad de una persona".[24]

Esta perspectiva asume que no somos responsables de lo que no hemos hecho, lo cual implica la idea kantiana centrada en la responsabilidad, en la violación de la ley moral. Si bien se encuentra fundamentada en la libertad, sólo se trata de ser responsables apenas de lo que hemos hecho. Entonces, la noción de *responsabilidad histórica* plantea la afectación de los hechos presentes en virtud de hechos históricos pasados. Se pregunta si hay deudas pendientes contraídas en el pasado y de las que tengan que dar cuenta los descendientes.

"Para poder hablar de una responsabilidad que mire hacia atrás habría que pensar en una teoría de la justicia cuyo eje fuera el pasado, es decir, una teoría de la justicia que fuera sobre todo una respuesta a la injusticia cometida. Para eso la justicia tendría que contar con una categoría casi extraña o marginal en el vocabulario filosófico: la memoria".[25] No se trata de recurrir a una memoria que no olvida, porque eso supondría una memoria divina o al Funes memorioso de Borges[26] sino que para que sobrevivan determinadas experiencias y vivencias es importante recurrir a la conciencia humana que las recuerde, ya que sin memoria hay hechos que se olvidan. De modo tal que sin esa memoria el pasado injusto se extingue y así es que para los antiguos la memoria era un sentimiento que servía para traer a la conciencia hechos pasados, para así hacer presente la experiencia pasada. Rehabilitar las experiencias del pasado traza concordancias emocionales con el presente. Al escribir sobre el bien común, reflexionar en torno a lo político, se entrometen pensamientos que se enlazan a la idea de la responsabilidad histórica, como aquella que explica que cada generación tiene un poder respecto de las generaciones anteriores.

Durante mi trabajo de investigación visité lo que no entendía, me confié a la imprevisión para sorprenderme de lo que encontraba. Entendí luego

---

[24] Kant (1988). *Lecciones de ética*. Barcelona: Crítica. Pág. 97.

[25] Mate, R. (ed.) (2007). *Responsabilidad histórica*. Barcelona: Antrohopos. Pág. 357.

[26] En *Ficciones* (1944), una colección de cuentos y relatos; "Funes, el memorioso" refiere indirectamente al insomnio ya que el protagonista sufre de hipermnesia, trastorno médico que consiste en una exaltación anormal e incontrolable de la memoria.

que a veces, escribir es resistir a que las experiencias queden en el olvido. ¿Cuál es la relación entre una afectación presente y un recuerdo pasado? ¿Por qué no quiero sólo una visión romántica de una coyuntura crítica donde se construya una épica respecto de los grupos que asumen determinados *"compromisos"*? ¿Por qué entiendo que la asociatividad y la cooperación son formas de pensar en salvarse en conjunto aunque no quisiera que se lean como recetas para todos los males? ¿Por qué, aunque percibo la resiliencia en los amateurs, también entiendo que la capacidad de sobreponerse a los contratiempos es finita?

En la metodología expresé que la militancia desde el arte en el pasado me daba una determinada posición en el campo, una lectura sesgada muy necesaria de analizar para descotidianizar. No pretendí hacer entrar al pasado en el presente, sino reflexionar sobre determinas experiencias. No se pretende hacer habilitar un género autobiográfico. La preocupación es la supervivencia de ideas que transportan consigo su propia historia. ¿Qué visibilidad tienen aquellos que están comprometidos a determinada transformación social? Luego del advenimiento de la democracia, se podría provocar un *efecto de distanciamiento* para introducir el interrogante, ¿podría ser de otro modo la articulación entre determinada cultura que no es sólo política pública y su posibilidad de provocar cambios en la vida democrática?

En este trabajo se ha afirmado que los lazos se entraman *micropolíticamente* en grupos que han autogestionado espacios, clubes y centros culturales *"por amor al arte"* y por un gusto mutuo ante problemáticas compartidas. En las formas asociativas y cooperativas se encuentran no sólo vínculos, sino también, una camaradería que permite la supervivencia de formas colectivas de organización para recuperar espacios en peligro de extinción. Hay gestos disponibles en nuestra cultura para pensar las instituciones con otro tipo de dinámicas organizativas en las cuales reside la *responsabilidad histórica* que articula ante coyunturas críticas la democracia afectada por hechos presentes, en virtud de los hechos históricos del pasado.

BIBLIOGRAFÍA

Adorno, T. y Horkheimer, M. (1987). La industria cultural, el iluminismo como mistificación de masas. En *Dialéctica del iluminismo*. Buenos Aires: Sudamericana.

Adorno, T. W. (1983). *Teoría Estética*. Barcelona: Hispanoamérica.

Agamben, G. (2002). *L'aperto, L'uomo e l'animale*. Torino: Bollati Boringhieri.

Agamben, G. (2000). *Lo que queda de Auschwitz. El archivo y el testigo*, Valencia: Pretextos.

Agamben, G. (1996). *La comunidad que viene*. Tr. J. L. Villacañas y C. La Rocca. Valencia: Pre-textos.

Aguirre, E. y Burkart, M. (2006). Los vínculos actuales: confianza y amenaza. *Revista Campo Grupal*. 83, 8-9.

Alabarces. P. y Rodríguez. M. Graciela (2009) *Resistencias y Mediaciones. Estudios sobre cultura popular*. Buenos Aires: Paidós.

Alcaraz, M. V. (2007). *Centro Cultural San Martín, un clásico en evolución*. Buenos Aires: Gobierno de la Ciudad de Buenos Aires.

Alexander, J. (1994). Las paradojas de la sociedad civil. *Revista Internacional de Filosofía Política*. 4, 10-15.

Altamirano, C. (director) (2003). *Términos críticos de sociología de la cultura*. Buenos Aires: Paidós.

Anzieu, D. (1986). *El grupo y el inconsciente. Lo imaginario grupal*. Madrid: Biblioteca Nueva.

Anzieu, D. (1982). *La dinámica de los grupos pequeños*. Buenos Aires: Kapelusz.

Anzieu, D. y Yves Martín, J. (1971). *La dinámica de los grupos pequeños*. Buenos Aires: Kapelusz.

Appadurai, A. (2001). *La modernidad desbordada. Dimensiones culturales de la globalización*. Buenos Aires: Fondo de Cultura Económica.

Aristóteles. (1996). *La Poética*. México: Editores Mexicanos Unidos.

Arfuch. L. (2005). *Pensar este tiempo. Espacios, afectos, pertenencias.* Buenos Aires: Paidós.

Arfuch. L. (2008). *Pretérito Imperfecto. Lecturas críticas del acontecer.* Buenos Aires: Prometeo.

Arfuch, L. (2003). Crisis y Cultura. Intersecciones. *Revista Argumentos.* 3, 1-6.

Argumedo, A y otros. (2008) Conversaciones. *Revista Argumentos.* 10, 1-33.

Arrantes, O. (2000). Pasen y vean. Imagen y city marketing en las nuevas estrategias urbanas. *Punto de Vista.* 66: 16-19.

Austin, J.L. (1971). *Cómo hacer cosas con palabras.* Buenos Aires: Paidós.

Augé, M. (1994). *Los no lugares, espacios del anonimato.* Barcelona: Gedisa.

Augé, M. (2001). Espacios y memorias. En *Ficciones de fin de siglo.* Barcelona: Gedisa.

Augé, M. (2004) *¿Por qué vivimos?* Barcelona: Gedisa.

Axelrod, R. (2004). *La complejidad de la cooperación. Modelos de cooperación y colaboración basados en los agentes.* Buenos Aires: Fondo de Cultura Económica.

Badenes Salazar, P. (2006). *La estética de las barricadas. Mayo del 68 y la creación artística.* Castelló de la Plana: Publicacions de la Universitat Jaume.

Bajtín, M. (1987). *La cultura popular en la Edad Media y el Renacimiento.* Madrid: Alianza.

Ballart Hernández, J. y Tresserras, J. (2001). *Gestión del patrimonio cultural.* Barcelona: Ariel.

Ballart, J. (2002). *El patrimonio histórico y arqueológico: valor y uso.* Barcelona: Ariel.

Barba, E. (1997). *Teatro, Soledad, oficio y revuelta.* Buenos Aires: Catálogos.

Barba, E. (2000). *La tierra de cenizas y diamantes. Mi aprendizaje en Polonia. Seguido de 26 cartas de Jerzy Grotowsky a Eugenio Barba.* Buenos Aires: Catálogos.

Barbero. M. J. (1987). *De los medios a las mediaciones. Comunicación, cultura y hegemonía.* Barcelona: Gustavo Gili.

Baremblitt, G. (1987). *Revisión sintética y comentarios acerca de los modelos grupales. Lo Grupal 5.* Buenos Aires: Búsqueda.

Barela, L y Sabugo. M. (2004). *El libro del barrio.* Buenos Aires: Instituto Histórico de la Ciudad de Buenos Aires.

Bauleo, A. (1997). *Psicoanálisis y Grupalidad,* Barcelona. Paidós.

Bauleo, A., De Brassi, J.C. y Kaminsky, G. (1983). *La propuesta grupal.* México: Folio Ediciones.

Bauleo, A. (1989). *Contrainstitución y grupos.* Buenos Aires: Atuel Ediciones.

Bauman, Z. (2003). *Comunidad. En busca de seguridad en un mundo hostil*. Tr. J. Alborés. Buenos Aires: Siglo XXI.

Bayardo R. (2005). Políticas Culturales y Cultura Política. *Revista Electrónica de Crítica Social*. Argumentos. 5, 1-5.

Berardi, F. (2003). *La fábrica de la infelicidad*. Madrid: Traficantes de sueños.

Bell, D. (1976). *Las contradicciones culturales del capitalismo*. Madrid: Alianza.

Benjamin, W. (1973). *Tesis de filosofía de la historia*. Traducción de Jesús Aguirre. Madrid: Taurus.

Benjamín, W. (1989). *Discursos interrumpidos I, Filosofía del arte y de la historia*. Buenos Aires: Taurus.

Benito K, Gabriela Mera, María Verónica Moreno. (2015). Reflexiones en torno al mundo académico. En Novick. S. *Seminario Permanente de Migraciones. 20 años*. Buenos Aires: Catálogos.

Benito, K. (2013). Intervenciones Urbanas, radiografías de la Ciudad. En *Revista Contextos*. Dossier N°28. La experiencia urbana: ciudad objeto y ciudad sujeto. Universidad Metropolitana de Ciencias de la Educación. Facultad de Historia, Geografía y Letras.Santiago de Chile.

Benito,K. (2013). Resurgimiento. Un Centro Cultural Autogestionado por jóvenes durante la crisis del 2001. En *Revista Argentina de Estudios de Juventud*. Facultad de Periodismo y Comunicación Social. UNLP.
Vol 1, N° 7.

Benito, K.(2012). Metodología y posición en el campo: "No vender espejitos de colores." En *Revista Andamios*. Universidad Autónoma de la ciudad de México. Volumen 9. Número 19. Mayo-Agosto 2012. Pp.75- 102.

Benito, K. (2012). La invención colectiva ante circunstancias adversas. En *Revista Cuadernos de Filosofía Latinoamericana*. Vol.33. N°106. Enero- junio 2012. Universidad Santo Tomás. Colombia. ISSN 0120-8462.

Benito, K.(2012). Ágora, un modo de articular las relaciones de poder. En *Sobre Mujeres y Feminismos*. Comp. Diana Coblier. (Pp.45-51). Ediciones Mvpr. Buenos Aires. .

Benito, K.(2012). Ciudadanía y Vecindad. Análisis del film "El hombre de al lado". *Revista Solidaridad Global*. Año 8. N°18. Enero 2012. Pp.85-91. Universidad Nacional de Villa María. Córdoba.

Benito, K. (2010). Experiencias culturales gestadas por amigos, vecinos, y artistas como diagnóstico de situación e intervención comunitaria. En *Premio Facultad de Psicología*. Pág.52-35. Buenos Aires. UBA. Bicentenario.

Benito, K. (2010). Intervenciones urbanas, performatividad y cooperación en las tramas comunitarias como procesos creativos territorializados. Ponencia publicada en el CD de las VI Jornadas de Antropología Social. Buenos

Aires. UBA. Sección de Antropología Social.Agencia. Conicet. 3,4, 5, y 6 de agosto del 2010.

Benito, K, (2010). Una época de implícitos impensables en la comunidad científica ¿Problemas terrenales? Ponencia publicada en las memorias de II Congreso Internacional de Investigación y Práctica Profesional en Psicología. Sexto Encuentro de investigadores de Psicología del Mercosur. Buenos Aires. Universidad de Buenos Aires. Facultad de Psicología. Tomo IV. Pág. 43-45. 22, 23 y 24 de noviembre 2010.

Benito, K (2010). Comunidades y links ¿Dónde esta el sujeto en las cartografías contemporáneas? Ponencia publicada en el Cd de II Encuentro Internacional Teoría y Práctica Política en América Latina. Nuevas derechas e izquierdas en el escenario regional. Mar del Plata- Universidad Nacional de Mar del Plata. Facultad de Humanidades. Departamento de Sociología. Conicet. Agenica. 3, 4, 5 de marzo 2010.

Benito, K. (2009). En busca del sujeto perdido. ¿Culturas del "link" en una navegación virtual y sin fronteras? En *Claves actuales de pensamiento*. Madrid-México: Plaza y Valdés.

Benito, K. y Gómez, M. (2009). *Transformation of space in Buenos Aires city: The role of cultural policies since the end of convertibility. Urban Studies Journal* (en prensa).

Benito, K. (2009). Los modos de lazo social en el campo cultural de la Ciudad de Buenos Aires ¿legitimaciones comunitarias? En *La Mirada Crítica*. Buenos Aires: Nuevos Tiempos.

Benito, K. (2008). Micropolíticas en Ciudad de Buenos Aires desde el retorno de la democracia. *Revista Ciudadanías: Activismo Cultural y Derechos Humanos*. 2. Universidad Peruana Cayetano Heredia.

Benito, K. (2008). La cultura como articuladora de los lazos sociales. *Tramas*. 29, 207-233.

Benito, K. (2008, septiembre 25-27). La relación entre los movimientos artísticos y sociales. Análisis del caso Impar "Un centro cultural como recurso de legitimación". En Jornadas Internacionales de Problemas Latinoamericanos. Facultad de Humanidades. Universidad Nacional de Mar del Plata.

Benito, K. (2008, mayo 23). Transformación del espacio en la Ciudad de Buenos Aires: El rol de las políticas turístico-culturales a partir del fin de la convertibilidad. En IX Jornadas Nacionales y III Simposio Internacional de Investigación Acción en Turismo. Universidad Nacional de San Juan.

Benito, K. (2008, mayo 15-17). Nuevos modos de socialización: el rol del cuerpo en el marco de las sociedades de control. En Jornadas de Cuerpo y Cultura. Universidad Nacional de La Plata.

Benito, K. (2008, agosto 6). ¿Cultura organizacional o contexto configurado en grupos cerrados con escasos lazos sociales? Análisis de un caso. En 1.ª Jornada de Psicología Institucional. Universidad de Buenos Aires. Facultad de Psicología.

Benito, K. (2008, agosto 5-8). Problemáticas en torno a las diferencias existentes entre las perspectivas de los diversos grupos involucrados en el campo cultural. En 9.º Congreso Argentino de Antropología Social. Universidad Nacional de Misiones.

Benito, K. (2007). En búsqueda de lazos sociales en el malestar de la cultura. Ponencia presentada en *Universidad Complutense de Madrid*. Facultad de Psicología. Madrid. España.

Benito, K. (2007). La metáfora en el campo de la investigación científica: su pertinencia y aporte como unidad de análisis. *Memorias de las XIV Jornadas de Investigación: Psicología, Sociedad y Cultura*. Tomo II. Universidad de Buenos Aires.

Benito, K. (2007, septiembre 19-21). Metáforas de la cultura independiente. En IV Jornada de Jóvenes Investigadores. Instituto de Investigaciones Gino Germani. Facultad de Ciencias Sociales. Universidad de Buenos Aires.

Benito, K. (2007, noviembre 5-9). Antecedentes y contigüidades a la cuestión de los grupos con fines culturales. En *Pasado, presente y futuro*. VII Jornadas de Sociología. Facultad de Ciencias Sociales. Universidad de Buenos Aires.

Benito, K. (2007, noviembre 16-17). Lo grupal, un modo particular de gestar y habitar espacios, clubes y centros culturales. En I Reunión Nacional de Investigadores en Juventudes. Facultad de Trabajo Social. Universidad Nacional de La Plata.

Benito, K. (2007, marzo 2). En búsqueda de lazos sociales en el malestar de la cultura. Facultad de Psicología. Universidad Complutense de Madrid.

Benito, K. (2007, febrero 21). Movimientos artísticos y sociales en Ciudad de Buenos. Análisis del caso Impar La Fábrica Ciudad Cultural. En *Sujeto. com. Perspectivas del sujeto contemporáneo*. Seminario internacional. Consejo Superior de Investigación Científica. Instituto de Filosofía.

Benito, K. (2007, agosto 9-11). La metáfora en el campo de la investigación científica: su pertinencia y aporte como unidad de análisis. En XIV Jornadas de Investigación: Psicología, Sociedad y Cultura. Facultad de Psicología. Universidad de Buenos Aires.

Benito, K. (2006). Experiencias culturales y sus intentos de apropiación simbólica: ¿unidos ante la exclusión? *Memorias de XIII Jornadas de Investigación Segundo Encuentro de Investigadores en Psicología del MERCOSUR*. Universidad de Buenos Aires. Tomo 1.

Benito, K. (2006, octubre 19-21). Análisis de una metáfora política: Vender el alma al diablo. En Jornadas Nacionales de Investigadores en Comunicación. Facultad de Ciencias Sociales. Universidad de San Juan.

Benito, K. (2006, noviembre 13-14). Vicisitudes del impulso estético: entre medios y fines. En Jornadas de Nuevos Intermediarios Culturales. Instituto de Investigaciones Gino Germani. Facultad de Ciencias Sociales. Universidad de Buenos Aires.

Benito, K. (2006, agosto 10-12). Experiencias culturales y sus intentos de apropiación simbólica: ¿unidos ante la exclusión? En XIII Jornadas de Investigación Segundo Encuentro de Investigadores en Psicología del MERCOSUR. Facultad de Psicología. Universidad de Buenos Aires.

Benito, K. (2006, abril 8). ¿Grupos de autogestión como respuesta al individualismo y al aislamiento? En Comité de Estudio Permanente del Adolescente. Sociedad Argentina de Pediatría. Cepa.

Benito, K. (2005, septiembre 29-30). Experiencias culturales en Ciudad de Buenos Aires: una geometría que (d) enuncia el peligro de extinción. En III Jornada de Jóvenes Investigadores. Instituto de Investigaciones Sociales Gino Germani. Facultad de Ciencias Sociales. Universidad de Buenos Aires.

Benito, K. (2005, noviembre 10-13). Sociedad Civil: ¿Problema o promesa? En IV Congreso Internacional Salud Mental y Derechos Humanos. Universidad Popular Madres Plaza de Mayo.

Benito, K. (2005, julio 4-6). Una reflexión crítica sobre el quehacer de la gestión cultural. En 3º Jornadas de Cultura y Desarrollo Social. Red de Cultura y Desarrollo Social. Secretaría de Cultura de la Nación y Dirección General de Asuntos Culturales del Ministerio de Relaciones Exteriores.

Benito, K. (2004, julio 29-30). Experiencias culturales como intervenciones o una invención made in Argentina. En *Psicología, Sociedad y Cultura*. XI Jornadas de Investigación. Facultad de Psicología. Universidad de Buenos Aires.

Berardi Franco, B. (2007). *La generación post-alfa*. Buenos Aires: Tinta Limón.

Beverly, J. (1999). *Subalternity and Representation. Arguments in Cultural Theory*. Durham and London: Duke University Press.

Berardi Franco, B. (2003). *La fábrica de la infelicidad*. Madrid: Fabricantes de sueños.

Bion, W. R. (1963). *Experiencias en grupos*. Buenos Aires: Paidós.

Bidegain, M. (2007). *Teatro comunitario. Resistencia y transformación social*. Buenos Aires: Atuel.

Blanchot, M. (1993) *El diálogo inconcluso*. Caracas: Monte Ávila.

Bleger, J. (1989). El grupo como institución y el grupo en las instituciones. En *La institución y las instituciones*. Buenos Aires: Paidós.

Bokser, J. *Centros Culturales en Fábrica Recuperadas: Una invención estratégica* –Jornadas Internacionales de Problemas Latinoamericanos - Universidad Nacional de Mar del Plata – Publicado en CD-ROM–2008.

Bokser, J. *IMPA: Cultura de la Resistencia – Resistencia de la cultura* – II Encuentro Internacional de Teoría y Prácticas Políticas en America Latina - Universidad Nacional de Mar del Plata – Publicado en CD-ROM–2010.

Bokser, J. Cabrera, C. Calloway, C. *Desafío de las prácticas autogestivas en las fábricas sin patrón* - XVII Jornada de Jóvenes Investigadores "Universidad, conocimiento y desarrollo regional", Asociación de Universidades Grupo Montevideo (AUGM), Universidad Nacional de Entre Ríos. Concordia, Entre Ríos, 2009.

Borelli, M. (2008). *El diario de Massera. Historia y política editorial de Convicción: la prensa del "Proceso"*. Buenos Aires: Koyatun.

Bonfil Batalla G. (1991). *Pensar nuestra cultura*. México: Alianza Editorial.

Borthwick, P (2006). *XIV Encuentros Abiertos de Luz*. Buenos Aires: GCBA.

Bourdieu, P. (1995). *Las reglas del arte*. Barcelona: Anagrama.

Bourdieu, P. (1988). *Cosas dichas*. Barcelona: Gedisa.

Bourdieu, P. (1979). *La distinción: criterios y bases sociales del gusto*. Madrid: Taurus.

Bourriaud, N. (2008). *Estética relacional*. Buenos Aires: Adriana Hidalgo.

Bozzolo, R., Bonano, O. y L´Hoste, M. (2008). *El oficio de intervenir. Políticas de subjetivación en grupos e instituciones*. Buenos Aires: Biblos.

Brecht, B. (1977). *Diario de Trabajo*. Buenos Aires: Ediciones Nueva Visión.

Brecht, B. (2007). *Galileo Galilei*. Buenos Aires: Losada.

Brecht, B. (1986). *La excepción y la regla*. Buenos Aires: Teatro General M. San Martín.

Brecht, B. (1977). *Diario de Trabajo*. Buenos Aires: Ediciones Nueva Visión.

Brecht, B. (1957). *Brevario de estética teatral*. Buenos Aires: Ediciones La Rosada.

Bruera, M. (2003). Un olvido memorable. *Pensamiento de los confines*. 13, 75-83.

Bruera, M. (2003). Políticas del consumo. Progresismo y populismo. *Pensamiento de los confines*. 22, 53.

Burke, P. (1991). *La Cultura Popular en la Europa Moderna*. Madrid: Alianza.

Burke, P. (1996). *Hablar y callar: Funciones sociales del lenguaje a través de la historia*. Buenos Aires: Gedisa.

Burke, P. (2007). *Historia y teoría social*. Buenos Aires: Amorrortu.

Burke, P. (2009). *Formas de hacer Historia*. Buenos Aires: Alianza,

Bühler, J. (1996). *Vida y cultura en la edad media*. México: Fondo de Cultura Económica.

Bürger, P. (1987). *Teoría de la vanguardia*. Barcelona: Península.

Busnelli, R., Blinder, R., Janches, F., Solari, M., D, y Rodriguez D. (2008). De la dinámica del orden urbano. *Revista Summa*. 95, 88.

Butler, J. (2009). *¿Quién le canta al Estado Nación?*. Buenos Aires: Paidós.

Butler, J. (2008). *Cuerpos que importan*. Buenos Aires: Paidós.

Carballeda. A. J. (2005). *La intervención en lo social*. Buenos Aires: Paidós.

Carbó Ribugent. G. (2008). *La cultura, estrategia de cooperación al desarrollo*. Girona: Documenta Universitaria.

Carman, M. (2006). *Las Trampas de la Cultura*. Buenos Aires: Paidós.

Carpio, J. y Novakovsky, I. (comp.). (1999). *De igual a igual. El desafío del Estado ante los nuevos problemas sociales*. Buenos Aires: Siempro / Flacso.

Carrión, F. (2000). *Lugares o flujos centrales: los centros históricos urbanos*. Santiago de Chile: CEPAL. Serie Medio Ambiente y Desarrollo.

Casalla, M. (2003). *América Latina en Perspectiva. Dramas del pasado, huellas del presente*. Buenos Aires: Altamira.

Castel, R. (2005). *La Sociedad Insegura, ¿Qué es estar protegido?* Buenos Aires: Manantial.

Castel, R. (1997). *La metamorfosis de la cuestión social*. Buenos Aires: Paidós.

Casullo, N. (2004). *Pensar entre época. Memorias, sujetos, y crítica intelectual*. Buenos Aires: Norma.

Castoriadis, C. (1994). *Los dominios del hombre: las encrucijadas del laberinto*. Barcelona: Gedisa.

Castoriadis, C. (1983). *La institución imaginaria de la sociedad*. Barcelona: Tusquets.

GADIS (2006). *La sociedad civil por dentro: Tiempo de Crisis y de Oportunidades. Índice de Sociedad Civil (2004-2005)*. Buenos Aires: Civicus Argentina.

Cheresky, I. (comp). (2006). *Ciudadanía, Sociedad civil y participación política*. Buenos Aires: Miño y Dávila.

Clifford, J. (1999). *Dilemas de la cultura. Antropología, literatura y arte en perspectiva posmoderna*. Barcelona: Gedisa.

Cohen J. L. y Arato A. (2000). *Sociedad civil y Teoría Politica*. Buenos Aires: Fondo de Cultura Económica.

Cohen. J. & Arato. A. *Civil Society and Political theory*. Cambridge. Mass. Mit Press. 1992.

Cohen, J. (1999). Intégration: théories, politiques et logiques d'État. *Immigration et intégration: l'état des savoirs*. París: Éditions La Découverte.

Creischer, A. y Sikemann, A. (2004). *Pasos para huir del trabajo al hacer. Ex Argentina*. Buenos Aires: Goethe Institute.

Cruciani, F. (2004). Cultura y performatividad: la puesta en escena del proceso. *Revista Gestos*. 38, 13-34.

Curran, J., Morley, D. y Walkerdine, V. (comp.) (1998). *Estudios culturales y comunicación. Análisis, producción y consumo cultural de las políticas de identidad y posmodernismo.* Buenos Aires: Paidós.

Derrida J. (1989). *La deconstrucción en las fronteras de la filosofía: La retirada de la metáfora.* trad. P. Peñalver. Barcelona: Paidós.

De Brasi, J.C. (1990). *Subjetividad, Grupalidad, Identificaciones. Apuntes metagrupales.* Buenos Aires: Ayllu.

De Brasi. J.C. Kesselman H. Pavlosky E. *Escenas Multiplicidad (Estética y política)* Buenos Aires: Ayllu.

De Brasi J.C. (2002). *Notas mínimas para una arqueología grupal.* Madrid: Grupo Cero.

De Brasi J.C. (1996). *La explosión del sujeto.* Buenos Aires. Grupo Cero.

De Certeau, M. (1999). *La cultura plural.* Buenos Aires: Nueva Visión.

De Certeau, M. (1996). *La invención de lo cotidiano. 1. Artes de hacer.* México: Universidad Iberoamericana.

De Ipola, E. (1997). *Las cosas del creer. Creencia, lazo social y comunidad política.* Buenos Aires: Espasa Calpe.

De Piero, S. (2005). *Organizaciones de la Sociedad Civil. Tensiones de una agenda en construcción.* Buenos Aires: Paidós.

Deleuze, G. Guattari. F. (1993). *¿Qué es la filosofía?* Barcelona: Anagrama.

Deleuze, G. (2005). *Derrames. Entre el capitalismo y la esquizofrenia.* Buenos Aires: Cactus.

Deleuze, G. (1977). *Política y psicoanálisis.* México: Terra Nova.

Deleuze, G., Guattari. F. (2002). *Mil mesetas.* Valencia: Pretextos.

Deleuze, G. (1994). *La lógica de sentido.* Barcelona: Paidós.

Deleuze, G. Guattari. F. (1994). *Rizoma.* Valencia: Diálogo Abierto.

Deleuze, G. (1974). *Spinoza, Kant, Nietzsche.* Barcelona: Labor.

Di Stefano R., Sábato H., Romero L. A., y Moreno. J. L. (2002). *De las cofradías a las organizaciones de la sociedad civil. Historia de la Iniciativa Asociativa en Argentina, 1776-1990.* Buenos Aires: GADIS.

Diez, F. (2008). *Crisis de Autenticidad. Cambios en los modos de producción de la arquitectura argentina.* Buenos Aires: Donn.

Di Cori, P. (2002). La memoria pública del terrorismo de Estado. Parques, Museos y Monumentos en Buenos Aires. En *Identidades, Sujetos y Subjetividades.* Buenos Aires: Prometeo.

Di Paola, E. Yakowsky. N. (2008). *En tu ardor y en tu frío: arte y política en T. Adorno y Deleuze.* Buenos Aires: Paidós.

Douglas, M. (1999). *Estilos de Pensar. Ensayos críticos sobre el buen gusto.* Barcelona: Gedisa.

Dubatti, J. y Pansera, C. (comp.) (2005). *Cuando el arte da respuestas.* Buenos Aires: Ediciones Artes Escénicas.

Dubatti, (2008). *Cartografía Teatral.* Buenos Aires: Atuel.

Duhalde, E. (1999). *El Estado terrorista argentino. Quince años después, una mirada crítica.* Buenos Aires: EUDEBA.

Durán, J. M. (2008). *Hacia una crítica de la economía política del arte.* Madrid: Plaza y Valdés.

Domingo Moratall, A. (1997). *Ética y voluntariado. Una solidaridad sin fronteras.* Madrid: PPC.

Douglas, M. (1999). *Estilos de Pensar. Ensayos críticos sobre el buen gusto.* Barcelona: Gedisa

Eagleton, T. (1998). Carnaval y comedia: Bajtín y Brecht. En *Walter Benjamin o hacia una crítica revolucionaria.* Madrid: Cátedra.

Edwards, B., Foley, M. y Diani. M. (2001). *Beyond Tocqueville, Civil society and the social capital debate in Comparative Perspective.* Hanover: University Press of New England. Tufts University.

Escobar, T. Colombres, A y Acha, J. (2004). Hacia una teoría americana del arte. Buenos Aires: Del Sol.

Escolar, C. (2000). La recuperación del análisis institucional como perspectiva teórica- metodológica. En *Topografías de la investigación.* (pp. 29-47). Buenos Aires: EUDEBA.

Espósito, R. (2006). *Bíos, Biopolítica y Filosofía.* Buenos Aires: Amorrortu.

Ewen, F. (2008). *Brecht. B., su vida, su obra y su época.* Buenos Aires: Adriana Hidalgo Editora.

Featherstone, M. (2000). *Cultura del consumo y posmodernismo.* Buenos Aires: Amorrortu.

Featherstone, M. (comp.) (1990). *A cultura global.* Sao Paulo: Petropolis.

Feijóo, M. (2001). *Nuevo país, nueva pobreza.* Buenos Aires: Fondo de Cultura Económica.

Feirestein, D. (2007). *El genocido como práctica social.* Buenos Aires: Fondo de Cultura Económica.

Fernández, A.M. y Borakievich, S. "La anomalía autogestiva" en *El Campo Grupal*, n° 92, Buenos Aires, Agosto de 2007.

Fernández, A. M y Cols.(2006). *Política y subjetividad. Asambleas barriales y fábricas recuperadas:* Buenos Aires. Tinta Limón.

Fernández, A. M. (2008). *Lógicas Colectivas. Imaginarios, Cuerpos y multiplicidades.* Buenos Aires: Biblos.

Fernández, A. M. (1989). *El Campo Grupal.* Buenos Aires: Nueva Visión.

Fernández, A. M. y De Brasi, J.C. (comp.). (1993). *Tiempo histórico y campo grupal. Masas, grupos e instituciones*. Buenos Aires: Nueva Visión.

Fernández, A. M. y Del Cueto, A. (1985). *El dispositivo grupal. Lo Grupal 2*. Buenos Aires: Búsqueda.

Fernández, V., Amin, A. y Vigil, J. (comps.) (2008). *Repensando el desarrollo regional. Contribuciones globales para una estrategia latinoamericana*. Buenos Aires: Miño y Dávila Editores.

Fernández, T. (comp.) (1998). *Actas del Encuentro Internacional de Brecht*. España: Diputación de Sevilla.

Ferrer, A. (2004). *La Densidad Nacional. El caso argentino,* Buenos Aires: Capital Intelectual.

Filmus, D. (comp.) (1999). *Los noventa. Política, sociedad y cultura en América latina y Argentina de fin de siglo*. Buenos Aires: EUDEBA.

Fo, D. (1997). *Manuale Minimo dell´attore*. Hondarribia: Einaudi Editore.

Ford, A. (1994). "Culturas populares y (medios de) comunicación". *Navegaciones. Comunicación, cultura y crisis*. Buenos Aires: Amorrortu.

Ford, A. (1985). Cultura dominante y cultura popular. En *Medios de comunicación y cultura popular*. Buenos Aires: Legasa.

Fouce, H. (2006). *El futuro ya esta aquí*. Madrid: Velecio.

Foucault. M. (2002). *La hermenéutica del sujeto*. Buenos Aires: Fondo de Cultura Económica.

Foucault, M. (2007). *Nacimiento de la biopolítica. Curso en el Collège de France (1978- 1979)*. Buenos Aires: Fondo de Cultura Económica.

Foucault. M. (1992). *Microfísica del poder.* Madrid: Ediciones Endymión.

Foucault, M. (1983). *El discurso del poder.* Buenos Aires: Folios.

Franco, M. Levin, F. (2007). *Historia reciente*. Buenos Aires: Paidós.

Foucault, M. Deleuze, G. (1995). *Teatrum Philosophicam. Repetición y Diferencia*. Barcelona: Anagrama.

Frederic, S. (1998). Rehaciendo el campo. El lugar del etnógrafo entre el naturalismo y la reflexividad. En *Publicar en Antropología y Ciencias Sociales*. Año VI, Nº VII. Colegio de Graduados en Antropología.

Frederic, S. (2004). *Buenos vecinos, malos políticos*. Buenos Aires: Prometeo.

Freud, S. (1979). Psicología de las masas y análisis del yo. En *Obras Completas*. Buenos Aires: Amorrortu.

Ford., A. (1994). Culturas populares y (medios de) comunicación, en *Navegaciones. Comunicación, cultura y crisis*. Buenos Aires: Amorrortu.

Friedman, J. (2001). *Identidad cultural y proceso global*. Buenos Aires: Amorrortu.

Frisby, D. (1992) *Fragmentos de la modernidad; Teorías de la modernidad en la obra de Simmel, Kracauer y Benjamin*. Madrid: Visor.

Fuller, S. (2003). La ciencia de la ciudadanía, más allá de los expertos. *Isegoría*. 28, 33-34.

García Canclini, N. (2000). La globalización: objeto cultural no identificado. En *La globalización imaginada*. Buenos Aires: Paidós.

García Canclini, N. (1998). *Cultura y comunicación en la ciudad de México*. 2 volúmenes. México: Grijalbo.

García Canclini, N. (1997). *Consumidores y ciudadanos. Conflictos multiculturales de la globalización*. México: Grijalbo.

García Canclini, N. (1990). La puesta en escena de lo popular; Popular, popularidad: de la representación política a la teatral y Culturas híbridas, poderes oblicuos. En *Culturas híbridas: estrategias para entrar y salir de la modernidad*. México: Grijalbo.

García Canclini, N. (1984). Culturas populares. En *Las culturas populares en el capitalismo*. México: Nueva Visión.

García Canclini, N. y Moneta, C. (coords.) (1999). *Las industrias culturales en la integración latinoamericana*. Buenos Aires: EUDEBA.

García Delgado, D. y Nosetto, L. (2006). *El desarrollo en un contexto postneoliberal. Hacia una sociedad para todos*. Buenos Aires: CICUS.

Garretón, M. (2001). *El espacio cultural latinoamericano. Bases para una política cultural de integración*. Santiago de Chile: Fondo de Cultura Económica.

Gerchunoff, P. y Llach, L. (2007). *El ciclo de la ilusión y el desencanto. Un siglo de políticas económicas*. Buenos Aires: Emecé.

Geertz, C. (1995). *La interpretación de las culturas*. Barcelona: Gedisa.

Geertz, C. (1994). *Conocimiento Local*. Barcelona: Paidós.

Geertz, C. (1989). *El antropólogo como autor*. Barcelona: Paidós.

Geertz, C. (2000). *Negara. El Estado-teatro en el Bali del siglo XIX*. Barcelona: Paidós.

Gettino, O. (1991). *Las industrias culturales en la Argentina*. Buenos Aires: Fundación Ciccus.

Gerchunoff, P. y Llach, L. (2007). *El ciclo de la ilusión y el desencanto. Un siglo de políticas económicas*. Buenos Aires: Emecé.

Giarraca, N. (Coord.). (2001): Bidaseca, K.; Lapegna, P.; Mariotti, D.; Aramendy, C.; Lio, M.; Mingo Acuña, C.; Mingo Acuña, E.; Partenio, F.; Sosa, J.; Weinstock, A. *Vejaciones X 8. Arte y Protesta Social en Buenos Aires*. Buenos Aires: Instituto de Investigaciones Gino Germani. Facultad de Ciencias Sociales, Universidad de Buenos Aires (Informes de Coyuntura, Nº2).

Ginzburg, C. (1981). *El queso y los gusanos*. Barcelona: Muchnick.

Giunta A. (2009) *Arte Argentino después del 2001*. Buenos Aires: Siglo XXI.

Gómez, M. y Benito, K. (2008, mayo 23). Transformación del espacio en la

Ciudad de Buenos Aires: El rol de las políticas turístico-culturales a partir del fin de la convertibilidad. En IX Jornadas Nacionales y III Simposio Internacional de Investigación Acción en Turismo. Universidad Nacional de San Juan.

González García J. M. (1992). *Las huellas de Fausto. La herencia de Goethe en la sociología de Max Weber*. Madrid: Tecnos.

González García J. M. (1989). *La máquina burocrática. Afinidades electivas entre Max Weber y Kafka*. Madrid: Visor.

Gorelik, A. (2006). Modelos para armar: Buenos Aires, de la crisis al boom. *Revistan Punto de Vista*. 84, 45.

Gorelik, A. (2004). *Miradas sobre Buenos Aires*. Buenos Aires: Siglo XXI.

Gotham, K. (2005). Tourism from Above and Below: Globalization, Localization and New Orleans's Mardi Gras. *International Journal of Urban and Regional Research*. Volume 29.2, 309–26.

Gramsci, A. (1961). *Literatura y vida nacional*. Buenos Aires: Lautaro.

Gravano, A. (1989). *La cultura en los barrios*. Buenos Aires: Centro Editor de América Latina.

Gravano, A. (2003.) *Antropología de lo barrial: estudios de la producción simbólica de la vida urbana*. Buenos Aires: Espacio Editorial.

Grignon, C. y Passeron, J. (1991). *Lo culto y lo popular. Miserabilismo y populismo en sociología y en literatura*. Buenos Aires: Nueva Visión.

Grinberg, L., Langer, M. y Rodrigué, E. (1961). *Psicoterapia de grupo*. Buenos Aires: Paidós.

Grimson, A. (2004). *La experiencia argentina y sus fantasmas. La cultura en las crisis latinoamericanas*. Buenos Aires, Argentina: CLACSO.

Grüner, E. (2000).*Un género culpable*. Rosario: Serie Estudios Sociales.

Grüner, E. (1997). *Las formas de la espada. Miserias de la Teoría Política de la Violencia*. Buenos Aires: Ediciones Colihue.

Guattari, F. (1996). *Caosmosis*. Buenos Aires: Manantial.

Guattari, F. (1995). *Cartografías del Deseo*. Buenos Aires: La Marca.

Guattari, F. (1993). Chomage, pauvreté, exclusions: et si le capitalisme venait, lui aussi, à imploser?. *Panomariques*. 9: 13-16.

Guattari, F. (1990). *Las Tres Ecologías*. Valencia: Pre-Textos.

Guattari, F. (1979).*Psicoanálisis y transversalidad*. Buenos Aires: Siglo XXI.

Guattari, F. y Rolnik, S. (2005). *Micropolítica. Cartografías del deseo*. Buenos Aires: Tinta Limón.

Guerra Welch, M. (2005). *Buenos Aires a la deriva. Transformaciones urbanas recientes*. Buenos Aires: Biblos.

Guber, R. (2001). *La etnografía. Método, campo y reflexividad*. Buenos Aires: Norma.

Guha, R. (2002). *Las voces de la historia y otros estudios subalternos*. Barcelona: Crítica.

Habermas, J. (1999). *La inclusión del otro*. Barcelona: Paidós.

Habermas, J. (1998). *Facticidad y validez*. Madrid: Trotta.

Hall, S. (1984). Notas sobre la deconstrucción de lo popular. En *Historia popular y teoría socialista*. Barcelona: Crítica.

Harvey, D. (1992). *Urbanismo y desigualdad social*. México: Siglo XXI.

Harvey, D. (1999). La transformación económica-política del capitalismo tardío del siglo XX. En *La condición de la posmodernidad: Investigación sobre los orígenes del cambio cultural*. Buenos Aires: Amorrortu.

Héran, F (2002). *Les recherches sur l'immigration et l'insertion: avancées, débats, perspectives. Immigration, marché du travail, intégration*. París: La Documentation Française.

Hernandez, V. Svampa. M. (2008) *Gérard Althabe: Entre varios mundos*. Buenos Aires: Prometeo.

Hernández, V. (2005). *Etnografías Globalizadas*. Buenos Aires: Sociedad Argentina de Antropología.

Herrera Gomez, M. (1999). *El Tercer Sector en los sistemas de bienestar*. Valencia: Tirant lo Blanch.

Hudson, J. (2010).Formulaciones teóricas conceptuales de la autogestión en *Revista Mexicana de Sociología* Universidad Nacional Autónoma de México-Instituto de Investigaciones Sociales. 72, núm. 4 (octubre-diciembre, 2010): 571-597. México, D.F. 17.4.

Hoggart, R. (1990). *La cultura obrera en la sociedad de masas*. México: Grijalbo.

Iturraspe, F. (1986).*Participación, cogestión y autogestión en América Latina*, vol. 1. Caracas: Nueva Sociedad.

Jameson, F. (1991). *El posmodernismo o la lógica del capitalismo avanzado*. Barcelona: Paidós.

Jelin, E. (1996): ¿Ciudadanía emergente o exclusión? Movimientos Sociales y ONG en América Latina en los años 90. *Sociedad*. 8: 57-81.

Jerez, A. (coord.) (1997). *¿Trabajo voluntario o participación? Elementos para una sociología del Tercer Sector*. Madrid: Tecnos.

Jordan, J. (2008). El arte de la necesidad: la imaginación subversiva de la *anti-road protest* y *Reclaim the* Streets. *Ramona*.

Kaës, R. (1989). Realidad psíquica y sufrimiento en las instituciones. En *La institución y las instituciones*. Buenos Aires: Paidós.

Kaës, R. (1985). *Crisis, ruptura y superación*. Buenos Aires: Ediciones Cinco.

Kaës, R. (1977). *El aparato psíquico grupal*. Barcelona: Gedisa.

Kaminsky, G. (1990). *Dispositivos Institucionales. Democracia y autoritarismo en los problemas institucionales*. Buenos Aires: Lugar.

Kaminsky, G. (2005). *Tiempos inclementes*. Buenos Aires: UNLA.

Kandisky, V. (1993). *Punto y Línea sobre el Plano*. Bogotá: Labor.

Kant (1988). *Lecciones de ética*. Barcelona: Crítica.

Kaufman, A. (2008) Biopolítica, Trabajo y Ciudad. *Revista Pampa*. Número Especial. 126.

Kliksberg, B. (2004). *Más ética más desarrollo*. Buenos Aires: Ateneo.

Klisberg, B. y Tomassini. L. (2000).*Capital social y cultura: claves estratégicas para el desarrollo*. Buenos Aires: BID/ Fundación Felipe Herrera/ Universidad de Maryland. Fondo de Cultura Económica.

Kosacoff, B. (ed.) (2008). *Crisis, recuperación y nuevos dilemas: la economía argentina 2002-2007*. Buenos Aires: CEPAL.

Koselleck, R. (1993). *Futuro pasado. Para una semántica de tiempos históricos*. Barcelona: Paidós.

Lakoff, G. y M, Johnson (1991). *Metáforas de la vida cotidiana*. Madrid: Cátedra.

Laddaga, R. (2006). *Estética de la Emergencia*. Buenos Aires: Adriana Hidalgo.

Lacan, J. (1992). El reverso del Psicoanálisis. En *El Seminario, Libro 17*. Buenos Aires: Paidós.

Lacan, J. (1988). La Ética del Psicoanálisis. En *El Seminario, Libro 7*. Buenos Aires: Paidós.

Lacan, J. (1984). Los escritos técnicos de Freud. En *El Seminario, Libro 1*. Buenos Aires: Paidós.

Lacan, J. (1984). *Escritos 1*. México: Siglo XXI.

Lacan, J. (1976). El tiempo lógico y el aserto de certidumbre anticipada. Un nuevo sofisma. En *Escritos I*. México: Siglo XXI.

Lacarrieu, M. y Álvarez, M. (2008). *La indigestión cultural. Una cartografía de los procesos culturales contemporáneos*. Buenos Aires: La Crujía.

Lacarrieu, M y Pallini, V. (2007). *Buenos Aires Imaginada*. Buenos Aires: Secretaría de Cultura de la Presidencia de la Nación.

Laclau, E. (2000). *Nuevas Reflexiones sobre la revolución de nuestro tiempo*. Buenos Aires: Nueva Visión.

Landi, O., Vachieri, A. y Quevedo, L. A. (1990). *Públicos y consumos culturales en la ciudad de Buenos Aires*. Buenos Aires: Documentos CEDES.

Lapassade, G. (1987). *La intervención institucional*. México: Folios.

Lapassade, G. (1977). *Grupos, organizaciones e instituciones*. Barcelona: Gedisa.

Lapassade, G. (1980). *Socioanalisis y potencial humano*. Barcelona: Gedisa.

Lash, S. y Urry, J. (1997). *Economías de signos y espacios*. Buenos Aires: Amorrortu.

Lazzarato, M. (2006). *Políticas del acontecimiento*. Buenos Aires: Tinta Limón.

Levi-Strauss, C. (1968). *Arte. Lenguaje. Etnología. Conversación con G. Chaarbonnier.* México: Siglo XXI.

Lenclud, G. (2004). *Constructores de otredad. Una introducción a la antropología social y cultural.* Buenos Aires: Antropofagia.

Lewin, K. (1969). *Dinámica de la personalidad.* Madrid: Morata.

Lewkowicz, I. (2004). *Pensar sin estado. La subjetividad en la era de la fluidez.* Buenos Aires: Paidós.

Lewkowick I. Sztulwark. P. (2003). *Arquitectura plus de sentido.* Buenos Aires: Altamira.

Longoni, A. y Mestman, M. (2000). *Del Di Tella a Tucumán Arde.* Buenos Aires: Ediciones El Cielo por Asalto.

Lourau, R. (1969). *El psicoanálisis en la división del trabajo, La institución del análisis,* Barcelona: Cuadernos Anagrama, 1971.

Lourau, R.(1971). *Claves de la sociología,* (en colaboración con G. Lapassade), Barcelona: Laia, 1973.

Lourau, R.(1977) *Análisis institucional y cuestión política, y monografía de una intervención socioanalítica, Análisis institucional y socioanálisis,* México: Nueva Imagen.

Lourau, R.(1973) Pequeña historia de los institucionalistas. Objeto y método del análisis institucional. Referencias teóricas del análisis institucional, Waterloo 1971.

Lourau, R. (1976).*El Estado en el análisis institucional. El análisis institucional en el Estado. El análisis institucional.* Madrid: Campo Abierto, 1977.

Lourau, R. (1978). *El Estado y el inconsciente.* Barcelona: Kairós, 1980.

Lourau, R. (1986). "La pareja sospechosa". Monografía de la intervención socioanalítica en Ampag, Diario de una estancia en México en julio de 1981.

Lourau, R. (1963). La exposición mexicana en París, Revista de la Asociación mexicana de psicoterapia analítica de grupo, A.C., Vol. III, N° 1 y 2, México D.F., 1986.

Lourau, R. (1988). Grupos e institución, Ilusión Grupal N° 6, Universidad Autónoma del Estado de Morelos, Cuernavaca, 1991.

Lourau, R. (1989). *El diario de investigación,* Guadalajara: Universidad de Guadalajara.

Lourau, R. (2000). *Libertad de movimientos. Una introducción al análisis institucional,* Buenos Aires: EUDEBA.

Lourau, R. (2001). *El análisis institucional.* Buenos Aires: Amorrortu.

Lourau, R. (1979). *El analizador y el analista*. Barcelona: Gedisa.

Lourau, R. (1975). *El análisis institucional*. Buenos Aires: Amorrortu.

Malgesini, G. y Giménez, C. (2000). *Guía de conceptos sobre migraciones, racismo e interculturalidad*. Madrid: Ediciones La Catarata.

Mannheim, K. (1963). *Ensayos sobre sociología y psicología social*. México: Fondo de Cultura Económica.

Marin, J. C. (2009). *La silla en la cabeza*. Buenos Aires: Colectivo Ediciones.

Marin, J. C.(2009). *Cuaderno 8*. Buenos Aires: Colectivo Ediciones.

Massuh. G. (2004). Conversaciones con H. Gonzáles, León Rozitchner, A. Kaufman ¿Qué es una política cultural y cuál es su relación con la cultura política? *Revista Argumentos*. 4, 12-13.

Martínez. T. J. (2007). *Conceptos y experiencias de la Gestión Cultural*. Madrid: Solanas e hijos.

Martínez Estrada, E. (1999). De técnica. *Revista Artefacto*. 3, 277-279.

Margulis. M. (2009). *Sociología de la cultura*. Buenos Aires: Biblos.

Margulis M. (Comp.) (1997). *La cultura de la noche: la vida nocturna de los jóvenes en Buenos Aires*. Buenos Aires: Biblos.

Masseroni. S. (2006). *Experiencia y Memoria en la investigación social*. Buenos Aires: Mnemosyne.

Masotta, O. (2004) *Revolución en el arte*. Buenos Aires: Edhasa.

Mate, R. (ed.) (2007). *Responsabilidad histórica*. Barcelona: Antrohopos.

Mato, D. (coord.) (2004). *Políticas de ciudadanía y Sociedad Civil en Tiempos de Globalización*. Caracas: Faces. Universidad Central de Venezuela.

Mazziotti, N. y Terrero, P. (1983). *Recomposición de la cultura popular urbana (1935-1950)*. Buenos Aires: CLACSO.

Menazzi L. (2009). Construyendo el barrio: la postulación del barrio como territorio político durante la transición democrática. *Revista Argumentos*. 10.

Minujin, A. (1997). *Cuesta Abajo. Los nuevos pobres: efectos de la crisis en la sociedad argentina*. Buenos Aires: Losada.

Mongin, O. (2006). *La condición urbana. La ciudad a la hora de la mundialización*. Buenos Aires: Paidós.

Montero, M. (2004). *Introducción a la Psicología Comunitaria: Desarrollo, conceptos y procesos*. Buenos Aires: Paidós.

Moreno, J. (1978). *Psicrodrama*. Buenos Aires: Paidós. 1978.

Mnouchkine, A. (2007). *El arte del presente: Conversaciones con Fabienne Pascuad*. Buenos Aires: Atuel.

Ortiz, R. (1994). *Mundialización y cultura*. Buenos Aires: Alianza.

Padula Perkins, J. (2010). *El derecho a la autogestión cultural. Estética y política*. Buenos Aires: Portal Iberamericano de Gestión Cultural.

Pansera, C. (2006). Redacción. *Periódico de Artes Escénicas, Cultura Independiente*. 47.

Parramon, R. (2006). *Arte, experiencias y territorios en procesos*. Idensitat Calaf/Manresa 05. Centre Cultural El Casino. Manresa.

Pavlovsky, E. (1980). Historia de un espacio lúdico. En *Espacios y creatividad*. Buenos Aires: Búsqueda.

Pavlovsky, E., Kesselman, H. y De Brasi, J.C. (1996). *Escenas y Multiplicidad (Estética y Micropolítica)*. Buenos Aires: Búsqueda.

Pavlovsky, E. (1988). Reflexiones sobre los movimientos francés y argentino. En *Lo Grupal 6*. Buenos Aires: Búsqueda.

Percia, M. (2007). Instalación política de los grupos (decepciones de Bion). *Revista de AAPPG*. 1, 191-232.

Percia, M. (1991). *Notas para pensar lo grupal*. Buenos Aires: Lugar.

Percia, M. (1983). Función y espacio de la escena en la investigación analítica. En *Psicología Argentina*. Buenos Aires: Editorial de Belgrano.

Percia, M. (Comp.). (1998). *Ensayo y Subjetividad*. Buenos Aires: EUDEBA.

Petrella, R. (1997). *El Bien Común. Elogio de la solidaridad*. Madrid: Temas.

Petriella, A. (2003). *Fábricas y Empresas Recuperadas. Protesta social, autogestión y rupturas en la subjetividad*. Buenos Aires: Ediciones del Instituto Movilizador de Fondos Cooperativos.

Pichón Rivière, E. (1979). *Teoría del vínculo*. Buenos Aires: Nueva Visión.

Pichón Rivière, E. (1977). *Psicología de la vida cotidiana*. Buenos Aires: Nueva Visión.

Pichón Rivière, E. (1977). *El Proceso Grupal*. Buenos Aires. Nueva Visión.

Pichón Rivière, E. (1977). *El proceso creador. Del Psicoanálisis a la Psicología Social (III)*. Buenos Aires: Nueva Visión.

Pontalis, J. B. (1968). *Después de Freud*. Buenos Aires: Sudamericana.

Puig, T. (2001). *Se acabó la diversión. La cultura crea y sostiene ciudadanía*. Buenos Aires: Libros del Rojas.

Ranciere, J. (2002). *El maestro ignorante*. Barcelona: Laertes.

Rebón, J. y Saavedra, I. (2006). *Empresas Recuperadas. La autogestión de los trabajadores*. Buenos Aires: Capital Intelectual.

Rebón, J. (2004). *Desobedeciendo al desempleo. La experiencia de las empresas recuperadas*. Buenos Aires: Ediciones. Picaso – La Rosa Blindada.

Rebón, J. (2007). *La empresa de la autonomía. Trabajadores recuperando la producción*. Buenos Aires: Colectivo Ediciones Picaso.

Rebón, J.; Antón (2007). *Formas de lucha y construcción de ciudadanía: la acción directa en la Argentina reciente*. En Voces y letras insumisas: Reflexión sobre los movimientos populares en Latinoamérica. En L. Ocampo Banda y A. Chávez Ramírez. Aleph/Insumisos. Argentina.

Reigadas, C. (Comp.) (1998). *Entre la Norma y La Forma. Cultura y Política hoy*. Buenos Aires: EUDEBA.

Rifkin, J. (2000). *La era del acceso*. Buenos Aires: Paidós.

Rifkin, J. (2002). *El fin del trabajo*. Buenos Aires: Paidós.

Rocha, G. y Murga, M. L. (2004). Deseo, vínculo social y creación colectiva. Tramas. 23.

Roitter. M., Rippetou. R. y Salamon L. (1999). *Descubriendo el sector sin fines de lucro en Argentina: su estructura y su importancia económica*. Buenos Aires: CEDES y John Hopkins University.

Rolnik, S. (2006). Geopolítica del rufián. *Revista Ramona*. 67, 10.

Romero, G. (2005). *Puentes y atajos*. Buenos Aires: De los Cuatro Vientos.

Romero, R. y Sauane, S. (1995). *Grupo: Objeto y Teoría*. Vol. III. Buenos Aires: Lugar.

Romano, E., Bernard, M. y Puget, J. (1991). *El grupo y sus configuraciones*. Buenos Aires: Lugar.

Romero, R. (1992). *Grupo. Objeto y teoría*. Vol. II. Buenos Aires: Lugar.

Romero, R. (1987). *Grupo. Objeto y teoría*. Vol. I. Buenos Aires: Lugar.

Rousseau, M. (1995). *Grupo, esa posible imposibilidad*. Buenos Aires: Tekné.

Sader, E. (2009). *El nuevo topo*. Buenos Aires: Siglo XXI.

Saforcada, E.y otros. (2007). *Aportes de la Psicología Comunitaria a problemáticas de la actualidad Latinoamericana*. Buenos Aires: JVE ediciones.

Saidón, O. (1983). Propuestas para un análisis institucional de los grupos. En *Lo Grupal*. Buenos Aires: Búsqueda.

Salamon, L. y Anheir. H. (1999). *Global Civil Society*. Baltimore: The John Hopkins Center for Civil Society Studies, MD.

Saldarriaga Roa, A. (2002). *La arquitectura como experiencia*. Colombia: Villega Editores.

Santamaría Pargada, A. (2006). Poesía y filosofía son de palabra. *Revista Arbor*. 718, 248.

Sarlo, B. (2001). Ni esencia ni sustancia. En *Tiempo presente. Notas sobre el cambio de una cultura*. Buenos Aires: Siglo XXI.

Sarlo, B. (1994). *Escenas de la vida posmoderna. Intelectuales, arte y videocultura en la Argentina*. Buenos Aires: Ariel.

Sassen, S. (1999). *La Cuidad Global*. Buenos Aires: EUDEBA.

Scaglia, H. y García, R. (2000). *Fenómenos Sociales*. Buenos Aires: EUDEBA.

Serrano de Haro, A. (2004). Apuntes Filosóficos sobre la amistad. Esa comunión radical. *Revista Crítica*. 918, 18-21.

Schvarzer, J. (2000). *La industria que supimos conseguir*. Buenos Aires: Ediciones Cooperativas.

Schuster, F. L.; Pérez, G. J.; Pereyra, S.; Armesto, M.; Armelino, M.; García, A; Natalucci, A; Vázquez, M.; Zipcioglu, P. (2006). *Transformaciones de la protesta social en Argentina 1989-2003*. Buenos Aires: Instituto de Investigaciones Gino Germani. Facultad de Ciencias Sociales. Universidad de Buenos Aires.(Documentos de Trabajo 48). Disponible en: http://www.iigg.fsoc.uba.ar/Publicaciones/DT/DT48.pdf.

Sennet, R. (2006). *La cultura en el nuevo capitalismo*. Barcelona: Anagrama.

Simmel, G. (1986). Las grandes urbes y la vida del espíritu. En *El individuo y la libertad. Ensayos de crítica de la cultura*. Barcelona: Península.

Simmel, G. (2002) La sociabilidad. En *Sobre la individualidad y las formas sociales*. Buenos Aires: UNQUI.

Souto, M. (2000). *Las formaciones grupales en la escuela*. Buenos Aires: Paidós.

Spinoza, B. (2003). *Tratado teológico-político*. Madrid: Alianza.

Spinoza (1958). *Ética*. México: Fondo de Cultura Económica.

Svampa, M. (comp.) (2000). *Desde abajo. La transformación de las identidades sociales*. Buenos Aires: Universidad Nacional General Sarmiento.

Svampa. M.. y Pereyra. S. (2003) *Entre la ruta y el barrio: La experiencia de las organizaciones piqueteras*. Buenos Aires: Biblos.

Taguiff, P. A. y Weil, P. (1990). Quelle politique pour l'immigration? *Espirit*, 12.

Terán, O. (comp.) (1995). *Discurso, poder y subjetividad*. Buenos Aires: El Cielo por Asalto.

Thaysen, A. y Zambrini, A. (1993). *El grupo ¿una des-ilusión?* Buenos Aires: Lugar.

Thompson, E. P. (1990). *Costumbres en común*. Barcelona: Crítica.

Thompson, E. P. (1989). *La formación de la clase obrera en Inglaterra*. Barcelona: Crítica.

Thornnton, S. (2009) *Siete días en el mundo del arte*. Buenos Aires: Edhasa.

Trías, E. (1984). Freud y la tragedia griega. En *Lo Bello y lo Siniestro*. Barcelona: Seix Barral.

Turner B. S. and Rojek C. (2001). *Society and Culture. Principles of Scarcity and Solidarity*. London: SAGE Publications.

Thwaites Rey, M. (2004). *La autonomía como búsqueda, el Estado como contradicción*. Buenos Aires: Prometeo.

Todorov, T. (1993). *Las morales de la historia*. Barcelona: Paidós.

Villavicencio, S. (2003). La (im)posible República. *En Filosofía Política contemporánea. Controversias sobre civilización, imperio y ciudadanía*. Buenos Aires: Clacso.

Vinelli N. (2008). *Una experiencia de comunicación clandestina orientada por Rodolfo Walsh*. Buenos Aires: El Colectivo.

Virno, P. (2006). *Ambivalencia de la multitud, entre la innovación y la negatividad*. Buenos Aires: Tinta Limón.

Welch Guerra, M (2005). *Buenos Aires a la Deriva. Transformaciones Urbanas Recientes*. Buenos Aires: Biblios.

Williams, R. (2000). *Palabras clave. Un vocabulario de la cultura y la sociedad*. Buenos Aires: Nueva Visión.

Williams, R. (1996). *La política del modernismo: contra los nuevos reformistas*. Buenos Aires: Manantial.

Williams, R. (1982). *Cultura. Sociología de la cultura y del arte*. Barcelona: Paidós.

Wrigth Mills, Charles. (2009). *Sobre artesanía intelectual*. Buenos Aires: Lumen.

Wortman, A. (2003). *Pensar las clases medias. Consumos culturales y estilos de vida urbanos en la Argentina de los noventa*. Buenos Aires: Ediciones La Crujía.

Wortman, A. (1997). (comp.). *Políticas y espacios culturales en la Argentina. Continuidades y rupturas en una década de democracia*. Buenos Aires: EUDEBA.

Wortman, A. (comp.) (2009). *Entre la política y la gestión de la cultura y el arte. Nuevos actores en la Argentina contemporánea*. Buenos Aires: EUDEBA.

Yúdice, G. (2002). *El recurso de la cultura*. Barcelona: Gedisa.

Yúdice, G. y Miller, T. (2004). *Política cultural*. Barcelona: Gedisa.

Zamora, J (2008). El encanto de un mundo desencantado: La cultura del consumo en el hipercapitalismo. *Iglesia Viva*. 234, 41-57.

Zamora. J. (2003). *Ciudadanía, multiculturalidad e inmigración*. Navarra: Verbo Divino.

Zimman, J. (2003) Ciencia y Sociedad civil. *Isegoría*. 28, 12.

Zito Lema, V. (1985). *Conversaciones con Enrique Pichon Rivière*. Buenos Aires: Ediciones Cinco.

Zizek, S. (comp.). (2003). *Ideología. Un mapa de la cuestión*. Buenos Aires: Fondo de Cultura Económica.

Zizek, S. y Jameson, F. (1998). *Estudios culturales. Reflexiones sobre el multiculturalismo*. Buenos Aires: EUDEBA.

Fuentes periodísticas relevadas:

Courel, R. (2009, enero 15). La cuenta infinita del sultán. Sobre la crisis financiera internacional. *Página 12, Psicología*. [en línea] http://www.pagina12.com.ar/diario/psicologia/9-118237-2009-01-15.html.

Entrevista a Pablo Gerchunoff, economista e historiador, en Serrichio, S. (2008, octubre 28). *Alfonsín debió cargar con la cruz de la deuda*. [en línea]. Publicación Digital de la Universidad Torcuato Di Tella. [consulta: 6 de abril 2008] www.utdt.edu//ver_nota_prensa. php?id_nota_prensa=2674&id_item_menu=6.

Del Buono, M. (2001). El taller de los sueños. Revista *Entrecasa*. 82, 10-12.

Hernán "Cabra" de Vega, Las Manos de Filippi, En Provéndola, J. I. (2008, diciembre 4). *Las mutaciones del rock en democracia*. [en línea]. [consulta: 4 de diciembre 2008]. *Página 12: Suplemento No.* www.pagina12.com.ar/ diario/suplementos/no/12-3773-2008-12-04.html.

Fabregat E. (2008, diciembre 10) Ninguna bala parará este tren. [en línea]. [consulta: 4 de diciembre 2008]. *Página 12:* www.pagina12.com.ar/diario/ especiales/subnotas/116391-37070-2008-12-10.html.

Ferrara, E. (2008, marzo 23). Crece la Polémica. Pancho O' Donnel defiende los talleres barriales de cultura." *Diario Perfil.com, Sociedad.* www.perfil. com/

Gonzáles H. (2008, diciembre 10) La leyenda nacional en la cultura. Página 12. [consulta: diciembre de 2008 línea] Disponible en: http://www. pagina12.com.ar/diario/especiales/subnotas/116391-37068-2008-12-10. html

Grüner E. (2008, abril 16) ¿Qué clase(s) de lucha es la lucha del "campo"? *Página 12.* Disponible en: http://www.pagina12.com.ar/diario/ elpais/1-102489-2008-04-16.html

Guerreiro, L. (2001). Mundo IMPA. La Fábrica Ciudad Cultural. *Revista La Nación.* 1659: 24-36.

Lacarrieu, M. (2009, febrero 8). El espejismo de las multitudes por Raquel San Martín. *La Nación.* [en línea] http://www.lanacion.com.ar/nota. asp?nota_id=1097428)

Longoni, A. (2003, Marzo 21). Los colectivos de arte ganan la calle. *Clarín: Revista Ñ.* [consulta: mayo de 2006] Disponible en: http://www.clarin. com/

Marchini, J. (2007). *El Tango en la Economía de la Ciudad de Buenos Aires.* [en línea]. Publicación electrónica del Observatorio de Industrias Cul̵ turales. [consulta: 7 de mayo 2008] http://www.buenosaires.gov.ar/areas/ produccion/industrias/observatorio.

Provéndola, J. I. (2008, diciembre 4). Las mutaciones del rock en democracia. [en línea]. [consulta: 4 de diciembre 2008]. Página 12: Suplemento No. www.pagina12.com.ar/diario/suplementos/no/12-3773-2008-12-04. html.

Wortman, A. (2008, Septiembre 21). *La influencia de showmatch en la Argentina. Tinelli traspasa los límites.* [en línea]. Diario Perfil. http://www. diarioperfil.com.ar/edimp/0297/articulo.php?art=9995&ed=0297.

Otros ejemplos de troupes *"independientes"*

Teatro de objetos, la especificidad remite al nacido de sucesivas transformaciones del teatro oriental de títeres, de figuras y de sombras, el objeto de Duchamp, de Beuys, de Kantor, de Santantonin, etc. y es sometido a un procedimiento escénico tan antiguo como el teatro mismo: la manipulación. Teatro a Reglamento.[1]

Títeres para adultos, se trata de la combinación de las técnicas específicas del trabajo con títeres, pero combinada con las artes plásticas, y el montaje para espectáculos de un público adulto. El Bavastel.[2]

Circo criollo: "El arte circense de hoy es el arte de la destreza corporal exhibida para los espectadores, el espectáculo más antiguo del mundo que pueda rastrearse desde los tiempos remotos en los rituales de los cinco continentes."[3] (Se dice también que el circo criollo es el que rápidamente pierde su influencia de las artes provenientes de Europa al desarrollar una identidad sudamericana.[4]

Cine de terror, Clase B, caracterizado por sus efectos especiales. Farsa Producciones.[5]

Artes Visuales con técnicas mixtas, trabajan con otros artistas y/o con los espectadores, que de esta manera se convierten en coautores de sus propuestas. La constante búsqueda de nuevas formas moldean sus creaciones en las cuales hay una relación compleja entre la obra y el material que acercan de esta forma el arte al pueblo, de ahí su nombre: Mondongo.[6]

---

[1] Ver información de su última obra en: [en línea]. [consulta: 30 de junio 2010]. Disponible en: http://www.4temporadas.com.ar/

[2] Nacieron en 1993 como un grupo y tal como resulta usual en nuestra región luego conforman un festival de Títeres para adultos subsidiado por el gobierno pero gestado en principio por este grupo. En este momento se encuentran por la 7°edición. Ver [en línea]. [consulta: 2 de julio 2010]. Disponible en: http://www.elbavastel.com.ar/elbavastel.htm.

[3] Seibel. B. (1993) *Historia del circo*. Buenos Aires. Ediciones del Sol. Pág. 9.

[4] La Escuela de Circo Criollo de los hermanos Videla fue la primera de su tipo en el país, se fundo en 1980 es la segunda de toda América. Los hermanos Videla son la tercera generación de una tradicional familia circense. Ver [en línea]. [consulta: 2 de julio 2010]. Disponible en: http://www.esccircocriollo.com.ar/system/contenido.php?id_cat=36

[5] Hay una estética en su trabajo fílmico muy característico de este colectivo de amigos que emprenden el proyecto en principio trabajando en VHS enfocando en un propuestas que conjugan la ciencia ficción con el genero fantástico y aportes fundamentales del comic. Llevan 20 años trabajando juntos y su primer film con terribles efectos especiales fue Plaga Zombie en 1997. Si bien no se filma en la Ciudad se revaloriza en CABA porque se presento en el Festival de Sitges y en nuestras latitudes cuando años más tarde se edita el Festival de cine Rojo Sangre recién en el año 2001. Ver el grupo citado. [en línea]. [consulta: 2 de agosto 2010] http://www.farsaproducciones.com.ar/

[6] Ver el grupa citado. [en línea]. [consulta: 2 de agosto 2010]. Disponible en: http://www.youtube.com/watch?v=siN577fCJio, http://www.youtube.com/watch?v=lkt-eeRzbK0

Clowns, para algunos el famoso Pierrot nacido en Italia a mediados del siglo XVII, extravagantes, absurdos, payasos. Clu del Claun se precipita al retorno de la democracia pero Cristina Martí participa también luego en Clowns no perecederos también con masiva convocatoria de tales varietés.[7]

Danza contemporánea: composiciones coreográficas en torno a una propuesta conceptual. Casa Dorrego.[8]

Danzas circulares: son movimientos arquetípicos en círculo que exploran en terrenos de danzas tradicionales. Danzas del mundo.[9]

Teatro infantil, teatro con combinaciones de animación de títeres y música latinoamericana en vivo. Caracachumba.[10]

Teatral y Musical, combinación de *kitsch* con boleros, cumbia, reggaeton, habaneras o calipso. Maby y los Inmaculados.[11]

Expresión coral, en combinación de instrumentos musicales construidos por los mismos instrumentistas. Les Luthiers. [12]

Expresión coral de spiritual, rhythm & blues, Blacks and Blues[13] en fusión con algunos temas de jazz.

---

[7] "La sensación de esa etapa de mi vida fue la de haber estado parada en el lugar correcto en el momento indicado. Recordemos que 1983 era un momento importante para Argentina, empezaba a nacer la democracia, y junto con ella el deseo y la esperanza de un país mejor. Al menos eso era lo que se respiraba, alivio. Ese nuevo aire ayudó a dejar salir todo lo que se había tratado de oprimir y estrangular durante años y salió con una fuerza poderosa. No es casualidad que en ese momento surgieran nuevos espacios y grupos: El Parakultural, Cemento, Bolivia, Las gambas al ajillo, Los Melli, La banda de la risa, Los triciclos clos, La pista 4 (seguramente no esté nombrando a todos), y El Clú del Claun. Acá es donde empieza mi relato." Cristina Martí [en línea]. [consulta: 2 de agosto 2010]. Disponible en: http://www.cristinamarti.com.ar/cludelclaun.htm

[8] Ver particularidades de la propuesta en la obra Alguien Próximo en [en línea]. [consulta: 2 de agosto 2010]. Disponible en: http://www.youtube.com/watch?v=-38NCd6FsDQ

[9] Julia Martín es un referente en el Parque Avellaneda de tal propuesta de trabajo.

[10] Ver sus trabajos discográficos del grupo que trabajan desde el año 1993 [en línea]. [consulta: 2 de agosto 2010]. Disponible en: http://www.caracachumba.com.ar/ donde se narra que trabajan desde el año 1993.

[11] El grupo trabaja desde 1997 ver sus características en [en línea]. [consulta: 2 de agosto 2010]. Disponible en: http://www.youtube.com/watch?v=C8SnwK3sgHo&feature=related http://www.youtube.com/watch?v=_eCzb-H7UoQ&feature=related

[12] El grupo trabaja desde 1960 ver sus características en [en línea]. [consulta: 2 de agosto 2010]. Disponible en: http://www.lesluthiers.com

[13] Se dice que fueron las damas mimadas del blues local; Cristina Dall: piano y voz Débora Dixon: voz Mona Fraiman: voz Viviana Scaliza: guitarra y voz. Se iniciaron en 1992 y terminaron en 2006.

Revistas online, documentos de trabajo e información relevada de sitios web

Arribas, S. (2007, noviembre 28-29). Imagen-Aceleración- Digitalización. Imagen y Autodestrucción de la Cultura. En *Seminario Internacional. Memoria e Industria Cultural*. IFS-CCHS-CSIC. Madrid.

Bali, M. (2004) (COCOA-datei) [en línea] [consulta 8 de diciembre del 2008]. Disponible en http://www.cocoadatei.com.ar/ladanzacontemporanea.html.

Club Europeo [en línea]. [consulta: 6 de junio de 2007]. Disponible en: http://www.clubeuropeo.com/.

Grinstein Roxana (COCOA-datei) [en línea] [consulta 8 de diciembre del 2008] Disponible en: http://www.cocoadatei.com.ar/ladanzacontemporanea.html

Grupo Escombros [en línea] [consulta 10 de diciembre del 2008] Disponible en: http://www.grupoescombros.com.ar

JCP (Jóvenes Científicos Precarizados) [en línea]. Disponible en: http://www.precarizados.com.ar/.

R. Mate. *Contribución a la sesión de 2 de enero de 2007* en la que asistí en el Consejo Superior de Investigación Científica. España. Madrid. Cuestiones y Comentarios a *Cómplices del mal* (A. Arteta) Ver http://www.ifs.csic.es/holocaus/textos.htm.

Sitio web de Raúl Perrone [en línea]. [consulta: 6 octubre 2007].www.raulperrone.com/decalogo/decalogo.

Entrevista a Pablo Gerchunoff, economista e historiador, en Serrichio, S. (2008, octubre 28). *Alfonsín debió cargar con la cruz de la deuda.* [en línea]. Publicación Digital de la Universidad Torcuato Di Tella. [consulta: 6 de abril 2008] www.utdt.edu//ver_nota_prensa.php?id_nota_prensa=2674&id_item_menu=6.

Lic. Teresa Fernandez y Lic. Mariela Rodríguez en el texto Trayectoria del Club Social y Deportivo Resurgimiento. www.resurgimiento.org.ar.

Información relevada en IMPA LA FABRICA CIUDAD CULTURAL [en línea]. [consulta: mayo del 2005]. Disponible en: www.impa-lafabrica.com.ar

Poggiese, Héctor. Metodología (1994). FLACSO de planificación-gestión (Planificación participativa y gestión asociada).Buenos Aires, Argentina. Disponible en: http://www.flacso.org.ar/areasyproyectos/proyectos/pppyga/pdf/6.pdf

El Muererío Teatro [en línea] [consulta: junio del 2008]. Disponible en: http://www.elmuererioteatro.com.ar/

Percia, M. *Anaconda duerme en clase.* 2004. [en línea]. [consulta: 3 de diciembre 2004] www.rayandolosconfines.com.ar

Rebón y Salgado: *"Desafíos emergentes de las empresas recuperadas: de la imposibilidad teórica a la práctica de la posibilidad"*, en Observatorio de la Economía Latinoamericana N° 119 septiembre 2009.